JN203608

同盟外交の力学

ヨーロッパ・デタントの国際政治史 1968-1973

ヨーロッパ諸国は、米ソ超大国およびカナダとともに、
一九七三〜七五年にヨーロッパ安全保障協力会議（CSCE）を開催した。
対立する東西両陣営から三五カ国が集ったこの会議は、デタントの象徴となった。
しかし、このような会議はなぜ開かれたのだろうか。
また、そもそもどのような安保会議を開こうとしていたのだろうか。
本書はこれらの問いに答えるため、対立がなくなるわけではないが
一定の緊張緩和がもたらされた時代における同盟外交に焦点をあわせ、
CSCEが開催されるに至った国際政治過程を明らかにすることをめざしている。

山本 健
YAMAMOTO Takeshi

勁草書房

はしがき

昨年末、ベルリンのブランデンブルク門前の広場で、冷戦の象徴であったベルリンの壁の崩壊二〇周年を祝う式典が開かれた。雨の降るなかではあったが、多くの人びとが集まり、花火が空を彩った。

第二次世界大戦後、世界は冷戦と呼ばれる東西対立の時代にあった。ヨーロッパはその主戦場であった。だが、つい二〇年前まで続いた冷戦は、つねに最高度の緊張状態にあったわけではない。四〇年以上にわたって続いた冷戦は、対立と緊張緩和（デタント）を繰り返すかたちで展開した。本書は、そのなかでも、ヨーロッパにおける一九七〇年代初頭のデタントを国際政治史として描くものである。

ヨーロッパ諸国は、米ソ超大国およびカナダとともに、一九七三〜七五年にヨーロッパ安全保障協力会議（CSCE）を開催した。対立する東西両陣営から三五カ国が集ったこの会議は、デタントの象徴となった。しかし、このような会議はなぜ開かれたのだろうか。また、そもそもどのような安保会議を開こうとしていたのだろうか。本書はこれらの問いに答えるため、対立がなくなるわけではないが一定の緊張緩和がもたらされた時代における同盟外交に焦点をあわせ、CSCEが開催されるに至った国際政治過程を明らかにすることをめざしている。

冷戦の変容の時代とも呼ばれる一九七〇年代。ある国は安定を求め、ある国は世論を重視し、ある国は経済的利益を求め、ある国は敵陣営の分裂を図ろうとした。またCSCE開催に至る過程は、東西に分断されたドイツ・ベルリンや軍縮の問題と密接に関係しながら展開した。各国は、問題ごとにしばしば手を組み、しばしば対立した。駆け引きがあり、計算があり、密約があり、願望があった。大国のみならず、時には小国も重要な役割を果たした。

多国間外交のなかで、意図せざる結果ももたらされた。

多くの国を扱い、複数の問題を分析する本書の内容は、必然的に複雑にならざるをえない。だが、錯綜とした世界を理解し、未来を展望しようとするならば、多国間の国際政治を正面から見据える必要があるだろう。それゆえ本書では、歴史を過度に単純化せず、大国と小国がせめぎあい、さまざまな問題が交錯したデタント時代の国際政治を、新史料にもとづきていねいに描き出すことを試みた。希望を見つける一助となるために。

目次

※　本文における引用文中の〔　〕は、引用者による補足である。

略語一覧

AAPD	*Akten zur Auswärtigen Politik der Bundesrepublik Deutschland*	
ABM	Anti Ballistic Missile	弾道弾迎撃ミサイル
AN	Archives Nationales	
CAP	Common Agricultural Policy	共通農業政策
CDU	Christlich Demokratische Union	キリスト教民主同盟
CFE	Conventional Armed Forces in Europe	欧州通常戦力
CIA	Central Intelligence Agency	アメリカ中央情報局
CO COM	Coordinating Committee for Export Control to Communist Countries	対共産圏輸出統制委員会
CSCE	Conference on Security and Cooperation in Europe	ヨーロッパ安全保障協力会議
CSU	Christlich-Soziale Union	キリスト教社会同盟
DBPO	*Documents on British Policy Overseas*	
DNSA	Digital National Security Archives	
EC	European Community	ヨーロッパ共同体
EDC	European Defense Community	ヨーロッパ防衛共同体
EEC	European Economic Community	ヨーロッパ経済共同体
EMU	Economic and Monetary Union	経済通貨同盟
EPC	European Political Cooperation	ヨーロッパ政治協力
FO	Foreign Office	イギリス外務省
FCO	Foreign and Commonwealth Office	イギリス外務・コモンウェルス省
FDP	Freie Demokratische Partei	自由民主党
FRUS	*Foreign Relations of the United States*	
KGB	Komitet Gosudarstvennoy Bezopasnosti	国家保安委員会
MBFR	Mutual and Balanced Force Reductions	相互均衡兵力削減
MAE	Ministère des Affaires Étrangères	フランス外務省
MLF	Multilateral Force	NATO 多国籍戦力
NATO	North Atlantic Treaty Organisation	北大西洋条約機構
NPT	Non-Proliferation Treaty	核不拡散条約
NSC	National Security Council	国家安全保障会議
NSDM	National Security Decision Memorandum	国家安全保障決定覚書
PAAA	Politisches Archiv, Auswaertiges Amt	
PTBT	Partial Test Ban Treaty	部分的核実験禁止条約
SALT	Strategic Arms Limitation Talks	戦略兵器制限交渉
SAR	*Soviet-American Relations*	
SPC	Senior Political Committee	NATO上級政治委員会
SPD	Sozialdemokratische Partei Deutschlands	社会民主党
TNA	The National Archives (旧 Public Records Office)	
WEU	Western European Union	西欧同盟

地図１　ドイツ・ベルリンの分断

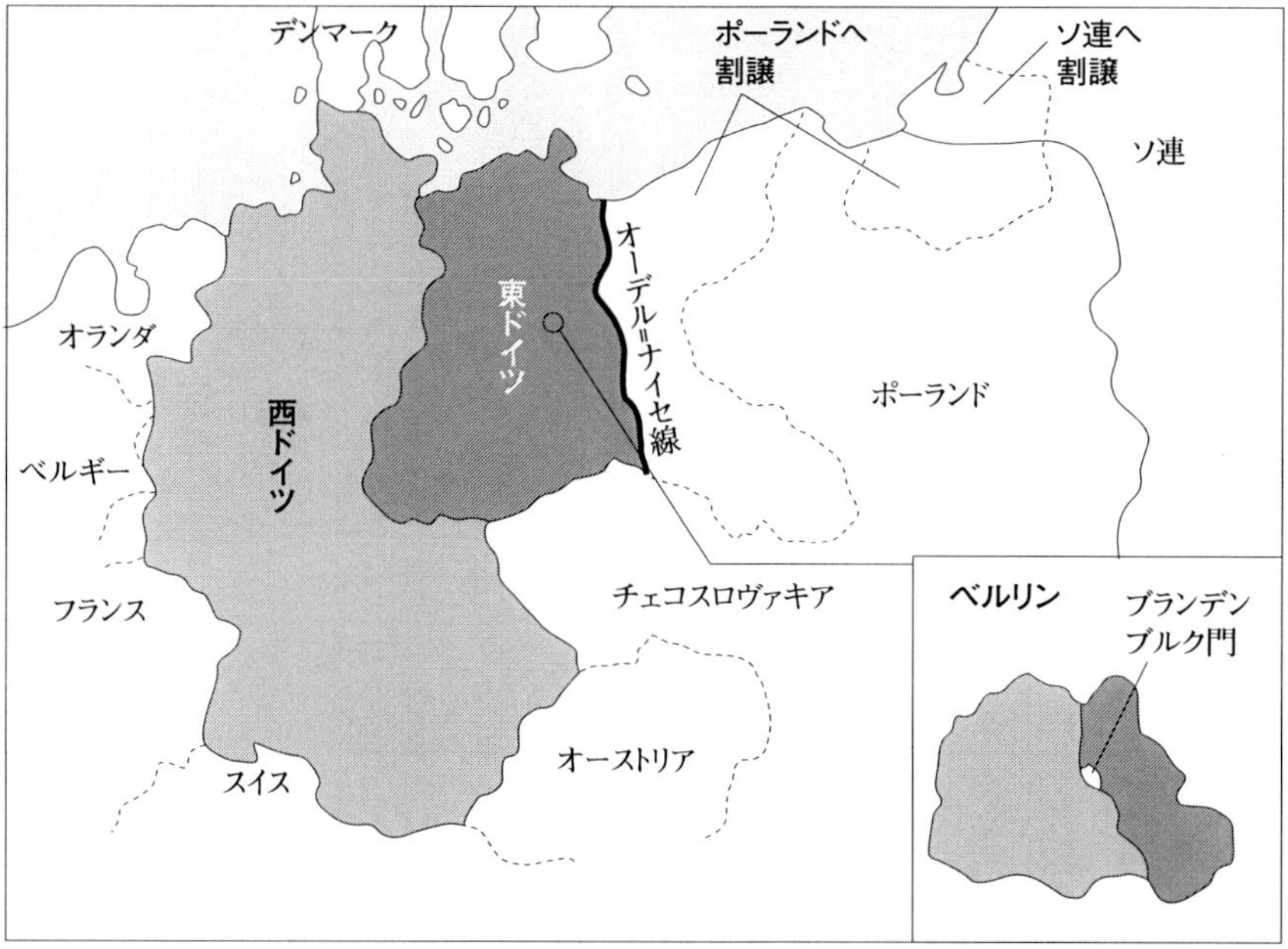

出所：松岡完『20世紀の国際政治（改訂増補版）』同文館出版，2003年，84頁をもとに作成。

地図 2　CSCE 参加国

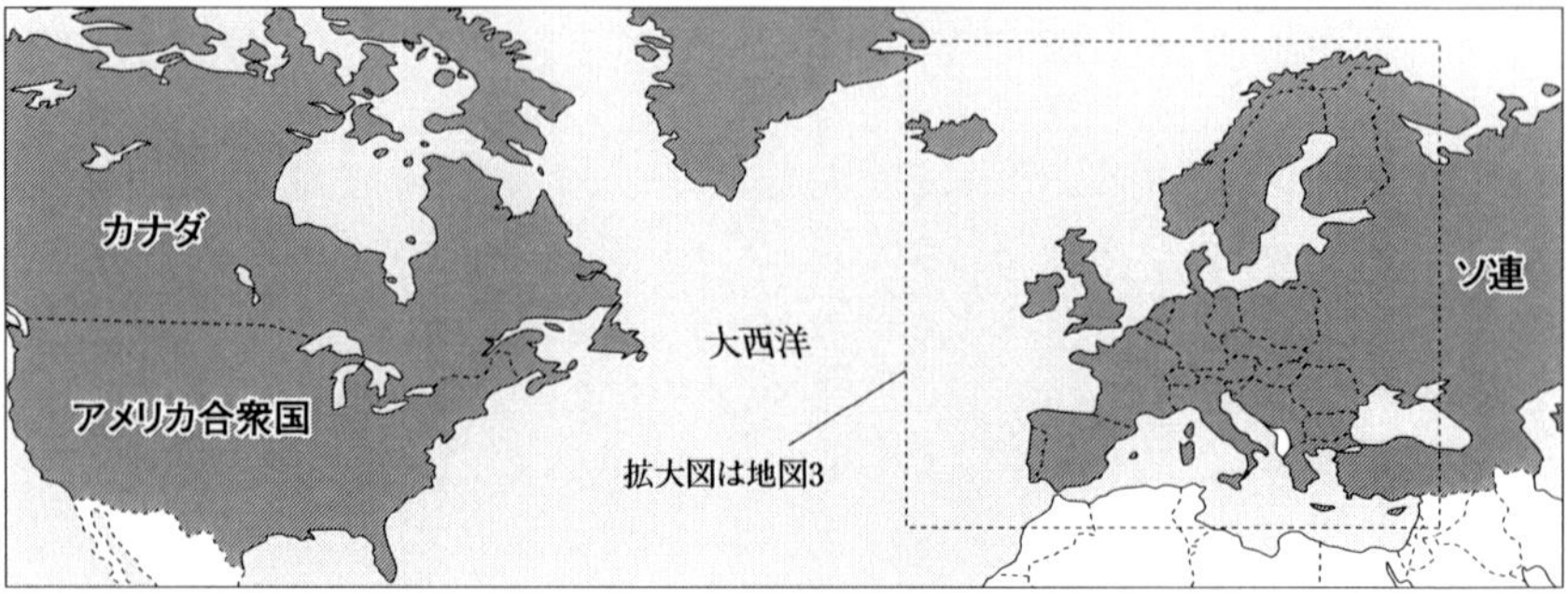

地図 3　ヨーロッパの CSCE 参加国

序論　ヨーロッパにおける冷戦と本書の視角

パリ。一九九〇年一一月一九日——

凱旋門に近いクレベール国際会議場の通りには、色あざやかな国旗がずらりと並んでいた。この日は快晴であった。会場のなかは、各国代表団と報道陣で埋め尽くされていた。大ホールの真ん中には、ヨーロッパ大陸と北米大陸の白い立体模型が置かれている。この会議の参加国を地理的に示すものであった。そしてその周りを長いテーブルが取り囲む。そこにはアメリカ、カナダ、そしてアルバニアを除くヨーロッパ諸国計三四カ国の首脳がテーブルに着いていた。午前一一時すぎ、ヨーロッパ安全保障協力会議（CSCE）の首脳会議が開幕した。

それから三日間かけて、三四カ国の首脳はそれぞれ熱のこもった演説を行った。そして二一日。首脳会議は、「新しいヨーロッパのためのパリ憲章」を採択し、そのなかでこう高らかに宣言した——「ヨーロッパの対立と分断の時代は終わった」。

またこの会議に先立って、同じくパリでNATOとワルシャワ条約機構の加盟国は不戦宣言に調印していた。それは、「〔署名した〕各国はもはや敵対国ではなく、新しいパートナーシップを築き、相互に友好の手を差し伸べることを宣言」していた。開催国首脳として演説したフランス大統領ミッテラン（François Mitterrand）は、「歴史上初めて戦争や革命によらない構造変革が起きた」と述べ、ここにヨーロッパにおける冷戦が終わったことの意義を強調したのである。

しかし、東西両陣営の首脳がこのように一堂に会する会議が開かれたのは初めてではない。第一回CSCE首脳会議がフィンランドの首都ヘルシンキで開催されたのは、一九七五年八月のことであった。当時、冷戦の東西対立はデタントと呼ばれる緊張緩和の時期にあり、この会議で調印されたヘルシンキ最終議定書（ヘルシンキ宣言とも呼ばれる）は七〇年代デタントのクライマックスを象徴していた。一五年後、先に述べたパリ憲章は、「ヨーロッパは過去の遺産から自らを解放しつつある。人びとの勇気、意志の強さをもって、ヘルシンキ宣言の理念が民主、平和、統一の新時代を開いた」と述べ、この一九七〇年代半ばに調印された合意文書を称えることになる。たしかにヘルシンキ最終議定書は新時代を開くものであった。だがそれは、「ヨーロッパの対立と分断の時代」の終焉を意味したわけではなく、むしろヨーロッパの分断を前提として三五カ国の首脳が合意したものであった――そう、三四カ国ではなく、三五カ国である。一九九〇年のパリ首脳会議のときと比べて国の数が一つ多い。それは当時まだ、ドイツが一つではなく、ドイツ連邦共和国（西ドイツ）とドイツ民主共和国（東ドイツ）の二つに引き裂かれていたからであった。そしてヨーロッパもまた、東西に分裂していた――

ヨーロッパ分断の歴史

ヨーロッパは、第二次世界大戦後、東西二つの陣営に分断された。戦中は連合国であったアメリカ、イギリス、ソ連は、戦後の新しい秩序の構築を模索していた。だがポーランドやドイツなどの戦後処理に関して、三国の意見の隔たりは大きかった。イデオロギーと安全保障の両面で、米英とソ連とのあいだの相互不信は高まっていった。そのようななか、イギリスの前首相チャーチル（Winston S. Churchill）は、一九四六年三月の演説のなかで象徴的な言葉を用いた。ヨーロッパ大陸を縦断する「鉄のカーテン」が降りたと語ったのである。

だがヨーロッパ分断を真に決定的にしたのは、マーシャル・プランとよばれる一九四七年のアメリカのヨーロッパ復興計画であったといえよう。戦争による荒廃と、一九四六〜四七年の歴史的厳冬とに苦しんでいたヨーロッパに対して、アメリカ政府は大規模な復興支援を申し出た。その際、アメリカにとって重要であったのは、ドイツの経済復興であった。ドイツは第二次世界大戦の敵国であったが、ヨーロッパの戦後復興のためにはそのドイツの経済復興が不可欠であると考えられたのである。それゆえマーシャル・プランは、ドイツの参加を前提としていた。しかし、それを知ったソ連は、同計画への参加を拒否する。戦時中ドイツに苦しめられたソ連にとってドイツの経済復興は時期尚早であり、アメリカのヨーロッパ復興計画はドイツの軍需産業の復活につながると考えられたからである。そもそも同復興計画へソ連が参加することを望んでいなかった米英は、マーシャル・プランに参加を表明した西欧諸国とともに、早々に同プランの受け皿となるヨーロッパ経済協力委員会を組織する。他方、ソ連はチェコスロヴァキアなどに同計画に参加しないよう圧力をかけ、東欧諸国とともにコミンフォルム（共産党情報局）を結成した。東欧諸国にはソ連の指導のもとで共産党一党独裁体制が敷かれ、その下で人びとはしだいに抑圧され自由を奪われていくことになる。西側はいわゆるココム（対共産圏輸出統制委員会〔COCOM〕）を結成し、戦略物資と考えられた輸出品目の貿易制限を行った。東西間の経済・文化・人の交流や情報の往来は著しく制限された。ヨーロッパに二つの陣営が形成され、ヨーロッパは東西に分断された。

敗戦国ドイツもまた二つに分断された。戦後、ドイツは米英仏ソ四カ国によって分割占領された。一九四五年のポツダム会談では、ドイツ全体を単一経済単位として取り扱い、また占領国の指示に従う中央行政府を設立することが取り決められていた。つまり、いずれ統一的なドイツ国家が独立することが合意されていたのである。しかし、実際の占領政策は各占領国に委ねられていた。そのなかでも、ドイツを東西に分断することをもっとも早くから構想していたのはイギリスであった。アメリカ以上に反ソ的であり、また占領経費の負担に耐えかねていたイギリスは、ソ連を排除し、ドイツ西部のみを復興させ国家として自立させることを望んでいた。他方、ソ連の指導者スターリン（Joseph Stalin）は、統一ドイツを望んでいた。ドイツがふたたびソ連の脅威とならないよう、ソ連はドイツ全土に影響力を維持する必要があると考えられた。最終的に全ドイツをソ連の同盟国にすることを夢見て、スターリンはドイツの分断に反対したのである。だがアメリカは、ソ連との対立がしだいに高まるなかで、イギリスとともにドイツを分断し、ドイツ西部のみをマーシャル・プランの経済復興計画に組み込むことを決める。アメリカのマーシャル援助を必要としていたフランスも結局、アメリカとイギリスに同調し、ドイツの西側三占領地区を統合することに合意する。こうして、一九四九年、西ドイツが一つの国家として樹立された。西側のこのような一方的な行動に対して、ソ連はベルリンを封鎖するなどの圧力をかけ、それを阻止しようと試みた。しかし西ドイツの樹立を阻止できないと悟ると、スターリンもソ連占領地区を東ドイツという国家にすることで対抗することとなった。ここに二つのドイツが誕生した。

そしてドイツ分断は、ヨーロッパにおける冷戦の対立の中核となった。ドイツは分断されたものの、東西両ドイツの憲法ないし基本法はドイツ再統一を国家目標として定めていた。とくに自由選挙によって選出された初代西ドイツ首相アデナウアー（Konrad Adenauer）は、西ドイツが全ドイツ人を代表する唯一の国家であると主張し、東ドイツを国家として承認することを拒否する。米英仏も、東ドイツはソ連によって自決権を奪われており、それゆえ東ドイツ政府は国民を代表していないとして、同国を国際社会の一員として認めなかった。さらに西側は、ドイツ再統一は全ドイツにおける自由選挙にもとづいて実現されなければならないと主張した。他方、東側は、東西ドイツ政府の代表者から対等に構成される全ドイツ設立委員会の設立を提案し、それが全ドイツ暫定政府樹立と講和条約の準備を行うべきだと主張した。両者の主張は相いれず、その結果、第二次世界大戦を正式に終わらせるための講和条約は締結されなかった。戦争に関係したすべての国が、講和条約を締結する資格があると認める一つの「ドイツ」が存在しなかったからである。またソ連と東ドイツは、東ドイツとポーランドとのあいだの国境線をオーデル＝ナイセ線と定めたが、西ドイツはそれも受け入れなかった。戦後の国境線は、将来の統一ドイツが締結する講和条約によって確定されるとの立場をとったからである。講和条約が存在せず、国境問題も未解決のまま、ドイツとヨーロッパの分断はこのあと四〇年以上続くことになる。

終戦から一〇年のあいだ、ヨーロッパの東西対立はさらに軍事化し、制度化されていった。一九四九年、西欧諸国はアメリカ・カナダとともに北大西洋条約を締結し、翌年それを北大西洋条約機構（NATO）という東側陣営に対する軍事同盟へと発展させた。一九五〇年にアジアにおいて勃発した朝鮮戦争は、西側からはソ連の膨張主義政策の現れであるとみなされた。それゆえこの戦争によって、西ヨーロッパにおいても、安全保障に関する強い懸念が引き起こされた。そして西側防衛のためには、NATOの軍事力増強が必要とされ、とりわけ、戦後非武装化されていた西ドイツの再軍備が不可欠であると考えられるようになった。むろん西側においても、西ドイツ再軍備への懸念は根強く、当初それはヨーロッパ防衛共同体（EDC）の枠組みのなかでなされることになっていた。つまり、超国家的な各国混成のヨーロッパ軍のなかにドイツ人部隊を組み込み、独立したドイツ軍はつくられず、また西ドイツはNATOにも加盟しないというかたちでのドイツ再軍備が進められることになったのである。

だがソ連は、かつての敵国であったドイツの再軍備を強く恐れていた。西ドイツ再軍備を阻止するため、ソ連外相モロトフ（Vyacheslav Molotov）は、一九五四年にベルリンで開催された四大国外相会議において、全ヨーロッパ安全保障会議を開催し、「ヨーロッパにおける集団安全保障に関する一般欧州条約」の締結を提唱した。これが、その約二〇年後にヘルシンキで開催されることになるCSCEの最初期の提案だといわれるようになる。しかし、西側諸国はそのような会議開催を拒否した。米英仏外相は、ヨーロッパに何らかの安全保障措置が必要なことには同意するものの、この問題は全ドイツでの総選挙を行い、ドイツ再統一問題を解決してから検討されるべきだと主張したのである。

結局、西ドイツ再軍備の動きは止まらなかった。EDC構想は一九五四年八月にフランス国民議会の反対により流産するものの、一〇月、西側諸国は西ドイツとパリ条約を締結し、西ドイツは主権を回復する。そして、（核・

生物・化学兵器の製造を除く）再軍備の権利も認められることとなったのである。それに対してソ連はつぎのような警告をした。もしパリ条約が批准されることなく、さらに西ドイツがＮＡＴＯを拒否するならば、全ドイツでの総選挙を行うこともやぶさかではない。しかし、もしパリ条約が批准されれば、ソ連は東ドイツとの友好的な関係を強化するだけでなく、ほかの東欧諸国との同盟関係を強化するであろうと。だが西側はこれを無視する。一九五五年五月にパリ条約は発効し、西ドイツはＮＡＴＯに加盟した。同月ソ連も、東欧諸国とともにワルシャワ条約機構という軍事同盟を設立することで対抗する。東ドイツもそこに加わることになった。こうしてヨーロッパに二つの軍事同盟が現れ、対峙することとなったのである。

東西間の軍拡競争もまたエスカレートした。冷戦時代は核時代でもあった。アメリカが広島と長崎に原子爆弾を投下した四年後の一九四九年には、ソ連もまた最初の核実験に成功していた。続く四年のあいだに、両超大国は水素爆弾の製造にも成功した。その威力は一〇・四メガトンもあり、長崎に落とされた原爆のおよそ四五〇倍の破壊力をもつものであった。一九五二年にはイギリスも核実験に成功した。これらの核保有国は核実験を繰り返し、より小型で運搬の容易な熱核兵器を製造・発展させる。一九五〇年代を通じて、核兵器の数は膨大な量にのぼり、超大国のもつ核兵器の破壊力は著しく増大したのである。

核兵器の数でいえばアメリカが優位に立っていたが、ソ連はヨーロッパにおいてＮＡＴＯよりも大規模な通常兵力を保持していた。一七五師団のソ連軍に対抗するために、一九五二年にＮＡＴＯは、九六師団の兵力を備えることを目標にすることで合意する。だが、ＮＡＴＯ諸国はその目標を達成できなかった。通常兵力は経済的コストが高くつくからである。それゆえ、軍事バランスを維持するため、西ヨーロッパはアメリカの戦術核にますます依存することになった。もし東西両陣営のあいだで危機がエスカレートしたら、核兵器が使用される懸念が高まったのである。核戦争によってすべての文明が消滅するかもしれず、ヨーロッパ、そして世界は非常に危険な状況にあると認識された。

このような状況のなか、東西間の緊張緩和が模索されたことは不思議ではない。さまざまな軍縮・軍備管理の提案がなされた。東西間の対話もなかったわけではない。だが、たとえば一九五五年に開催されたジュネーヴ四巨頭会談は実質的な成果を出すことはできなかった。第二次世界大戦後はじめて、米英仏ソ四カ国の首脳が一堂に会したこの会合では、「領空解放」提案、非核地帯の設置、二つのドイツを含む全ヨーロッパ諸国による不可侵条約の調印、外国駐留軍の撤退などといった緊張緩和のための提案がなされたが、どれも実現することはなかった。四巨頭会談によって生み出されたとされる「ジュネーヴ精神」の本質は、ヨーロッパにおける中心的な問題、すなわちドイツ再統一問題を解決することは当面不可能である、ということで合意したことであった。

一九六〇年代においても東西間の対話は模索された。とくに一九六二年一〇月のキューバ・ミサイル危機を経たあと、緊張緩和を求める声は高まった。だが——この時期の詳細については第一章における議論に譲るが——東西関係の改善の試みは、もっぱら二国間ベースで進められた。東側陣営は、一九六〇年代半ばにふたたびヨーロッパ安全保障会議の開催を提唱するが、西側はまたもやそれを受け入れなかった。ヨーロッパ全体を含む包括的な多国間のデタントが実現したのは、一九七〇年代に入ってのことである。一九七三年にヘルシンキにおいてヨーロッパ安全保障協力会議が開催され、およそ二年の協議を経て、一九七五年のCSCE首脳会議においてヘルシンキ最終議定書が調印されることになるのである。

本書の目的と「デタント」

本書の主な目的は二つある。第一の目的は、CSCEに体現される多国間のヨーロッパ・デタントが、どのように一九七〇年代初頭に実現したのかを明らかにすることである。第二の目的は、以下に詳述するように、西側がどのようにCSCEの中身を変容させたのかを分析することにある。

第二の目的との関連でとりわけ重要な点は、ヘルシンキ最終議定書が人道的な要素を含んでいたことである。すでに述べたとおり、ヨーロッパ安全保障会議の提案はワルシャワ条約諸国の側からなされたものであった。しかし結果として、それは西側にとってもきわめて重要な場を提供することとなった。具体的には、議定書のいわゆる第一バスケットには、NATO側が望んだ人道的要素が含まれることになったからである。ヘルシンキ最終議定書には、NATO側が望んだ人道的要素が含まれることになったからである。

なかの「参加国の相互関係を律する諸原則に関する宣言」に、「思想・良心・宗教・信条の自由を含む人権と基本的自由の尊重」という原則が含まれ、また有名な第三バスケットのなかには、西側が主張していた「人・思想・情報の移動の自由」に関連する多くの規定が盛り込まれた。これらは、東西関係のなかで明らかに新しい要素であった。そしてそれが、冷戦の終焉をもたらすうえで重要な役割のひとつを果たしたことは多くの研究者の指摘するところである(1)。元駐米ソ連大使ドブルイニン（Anatoly Dobrynin）も回顧録において、「たしかにソ連の反体制派の状況は一晩では変わらなかったが、この歴史的文書〔ヘルシンキ最終協定〕によって彼らは決定的に勇気づけられた。（中略）それは徐々に反体制派と自由運動のマニフェストとなった。事態の展開は完全にソ連指導者の想像を超えていた」と述懐している(2)。では、なぜ西側はこれらの人道的要素をヘルシンキ宣言に盛り込むことができたのだろうか。この点に関して本書は、ヨーロッパ安保会議の議題内容のみならず、会議の形式という側面にも着目する。それがCSCEにおける交渉の結果を大きく左右したと考えるからである。

また本書では、CSCE開催へ向かうプロセスとヨーロッパ・デタントの変容をより正確に理解するために、「デタント」という概念をつぎの三つの仕方で区別する。第一に、二国間デタントと多国間デタントを区別する。というのも、当時の政策決定者たちは、東西対話を二国間で進めるのか、多国間の枠組みで進めるのかを重要な論点としていたからである。また本書は、二国間デタントは冷戦を安定化させることに貢献したが、多国間デタントはヨーロッパ分断の克服に貢献したと論じる。それゆえ本書では、二国間ではなく、多国間のデタントに焦点を当てる。第二に、本書は、ヨーロッパ・デタントと超大国デタントを区別する。この区別は、ヨーロッパのデタントが地域的なもので、超大国のデタントがグローバルなものであるということだけを意味しているわけではない(3)。より重要なことは、一九六〇年代から七〇年代にかけて米ソ間のデタントが、ヨーロッパの問題から独立して主に核軍備管理の分野で発展したのに対して、ヨーロッパにおけるデタントはドイツ問題によってなかなか進展しなかったということである。(4) このような質的違いがあるゆえ、ヨーロッパ・デタントと超大国デタントを区別することが必要なのである。そして本書は、二国間の超大国デタントではなく、多国間のヨーロッパ・デタントを中心に論じることになる。

そもそも「デタント」は多面的現象であった。それゆえデタントという概念は一言で定義するよりも、その多面性を区別するほうが有益であると思われる。したがって第三の区別として本書は、デタントには三つの柱があったという議論を提示する。それは、経済・文化交流、現状維持、軍縮・軍備管理の三つである。経済・文化交流デタントは、単に経済利益を目的とするだけでなく、ビジネスマン、学者、学生、科学者、スポーツ選手、ミュージシャンなどによるさまざまなレベルのコミュニケーションを通じて、ヨーロッパ諸国間に友好的な雰囲気を生み出し、相互理解を発展させることを目的とするものである。現状維持デタントは、既存の国境や政治体制を承認することを通じて安定を模索するものである。最後に、軍縮・軍備管理デタントは、軍拡競争を抑制したり、あるいは通常兵器や大量破壊兵器の数を制限したり減らしたりすることによって、軍事的対立の緊張度が低い環境を生み出すことをめざすものである。そして本書は、経済・文化交流デタントが人道的問題へと拡張するかたちで変容していく過程を明らかにする。

分析の視角と焦点

本研究は、以上の二つの目的のため、もっぱら西側陣営の外交を分析する。というのも、ヨーロッパ安全保障協力会議のアイデアを最初に出したのは東側陣営であるが、会議の中身や手続きを発展させたのは西側だったからである。東側の主要な目的は、東西会議を開き、それによってヨーロッパの現状を承認させ、固定化しようとするものであった。だが西側は、そのような会議においていったい何を話し合い、どのような手順でそれを進めるのかを問うことによって対抗した。とくに、人権と、人・思想・情報の移動の自由の問題を会議のアジェンダに加えたことは、西側による非常に重要な貢献であった。それゆえ、CSCE開催に至る道を、西欧諸国の政策に注目して分析することには意味があるだろう。

また本書は、とくに会議が開催されるまえの、一九六八〜一九七三年の国際政治過程を深く掘り下げる。なぜなら、CSCEの内容の大枠は、会議が開催されるまえに整えられたからである。むろんヘルシンキ最終議定書となる文書の詳細は、一九七三〜一九七五年の作業段階において最終的に詰められたものである。しかしその最終議定書の実質的な部分は、一九七三年に本会議が開催される以前に西側が議論した内容を超えるものではなかった。そして何よりも重要なのは、CSCEが始まるまえに、ヨーロッパの現状を固定化しようとするソ連の思惑が西側によって変容させられたことである。それゆえ、会議が開催されるまえの国際政治を理解することなしに、CSCEの重要性を十分に理解することはできないであろう。

さらに本研究は、多国間のヨーロッパ・デタントへ至る過程の全体像をつかむためにも、より広い文脈で分析する必要があると考える。それゆえ、二つのレベルからそれを検討しなければならない。第一のレベルは、CSCEそれ自体である。すなわち、CSCEの議題内容と手続きに関する、西側陣営内の協議あるいは論争に関する分析である。また第二のレベルとして、ヨーロッパ安保会議の問題を取り巻く国際政治、とりわけドイツ・ベルリン問題と相互均衡兵力削減（MBFR）の問題を検討する。これらの問題は、CSCE開催に至る過程と密接に関連していた。通常兵力を東西両陣営でバランスをとりながら削減するという軍縮提案であるMBFRは、一九六八年に西側のイニシアティヴによって打ち出される。西側諸国の多くは軍縮デタントのほうに大きな関心があったため、MBFRは、東側の提唱する安保会議への対抗提案として取り扱われるようになっていくのである。くわえて西側は、ドイツ・ベルリン問題の解決を、多国間のヨーロッパ会議を開催するうえでの重要な前提条件とした。つまり、多国間ヨーロッパ・デタントの全体像を理解するうえで、ドイツ・ベルリン問題とMBFRをCSCEと関連させて分析することは不可欠なのである。それゆえ本書は、安保会議の中身と、安保会議をとりまく国際政治の両方を描くことになる。

何より本書が全体としてめざすのは、西側を多国間のヨーロッパ・デタントへと導いた同盟外交の政治的力学を明らかにすることである。この点を中心にすえるため、本書は、経済や軍事問題にかかわる細かい技術的な問題には取り組まない。そのかわり、西側陣営のなかで展開された対立や提携に焦点を当てる。それらが、デタントやCSCEに関する西側の方向性に重要な影響を与えたからである。それゆえ、本書はとくに国際政治史としてのアプローチをとる。ある一国の外交を重視する外交史ではなく、各国の外交が全体としてどのように展開していたのかという、いわば鳥瞰図的な視点から分析を行う。そのため、イギリス、フランス、西ドイツそしてアメリカといった大国のみならず、可能な限りNATOの小国にも分析の光を当て、多国間関係史としての記述を試みる。[5] CSCEへ至る道を、西側の観点から国際政治史として分析することによって、本書は、ヨーロッパ・デタントの発展と変容の過程を解明することをめざす。

先行研究

それでは研究史のなかで、本書はどのように位置づけられるだろうか。[6] CSCEを中心とするヨーロッパ・デタントの研究は大きく二つに分けられよう。各国の外交文書などの第一次史料が利用できる前と後である。史料が開示される前の研究には、まずCSCEの交渉に直接たずさわった外交官たちの著作がある。[7] また、CSCEには幅広い関心がもたれ、多くの研究が歴史家や国際政治学者によって著されてきた。[8] だがこれらの研究では、主に一九七三〜七五年の安保会議そのものや、安保会議後に定期的に行われた再検討会議の分析に焦点が当てられた。ヨーロッパ安全保障協力会議の開催に至る国際政治過程は、表層的にしか分析されてこなかった。ソ連陣営のみならず、

CSCEに関するNATO内および西側各国の政策決定過程に関する文書は機密扱いとされていたため、両陣営内部の議論を分析することが困難であったからである。[9] それゆえ一九七三年以前の外交は、前史として短く、「コミュニケによる対話」の時期として描かれるのみであり、NATOやワルシャワ条約機構によって打ち出されたコミュニケの文言の紹介を超えるものではなかった。当然ながら、これらの研究はNATO内の外交や論争、政策決定過程についてはほとんど触れていない。

CSCEを含む一九七〇年代前半のデタントに関連するNATO諸国の外交史料は、ここ数年のあいだにようやく開示された。近年、新たに開示された史料にもとづく研究がつぎつぎと発表されている。[10] これらの研究は、各国の政府の政策決定過程や、各国がどのような目的や戦略をもっていたのか、またどのような政策対立があったのかを明らかにしている。しかしながら、これらの研究の多くはその視点が一国外交史のものとなっている。複数の国が分析されているものもあるが、分析視角が一つの国に偏っており、その結果、西側が多国間のヨーロッパ・デタントへ向かってゆく国際政治のダイナミズムが十分に分析されているとはいいがたい。

本書と同じく、複数の史料館の文書に依拠し、国際政治史としてCSCEを分析する研究も出版されている。[11] ロマーノの研究は、米英仏そしてEUの史料を主に用い、CSCEを多角的に分析している。とりわけヨーロッパ共同体（EC）諸国の政治協力であるヨーロッパ政治協力（EPC）を重視して論じているところにその特徴があるといえよう。またメックリは、英仏独の史料を主に用い、一九七〇年代前半のEPCを包括的に論じている。そのなかでCSCEは、EPCが取り組んだ主要な事例としてていねいに分析されている。EPCがCSCEにおいて重要な役割を果たしたことからも、これらの著作は非常に重要な貢献をしており、本書もまた、EPCの重要性については同じ認識を共有している。しかしながら、彼らの研究はEPCのCSCEに対する取り組みを重視しているにもかかわらず、なぜEPCはCSCEにおいて積極的な役割を果たすことができるようになったのか、という問題を掘り下げてはいない。本書では、CSCEの手続きの問題に注目することで、この点を明らかにする。

さらに、本書は、前述の研究とは分析の視角を大きく異にしている。ロマーノやメックリの研究は、CSCEをめぐる国際政治過程についてはごく簡単に触れるにとどまっている。しかし当時の西側の政策決定者たちはCSCEを独立したものとしてではなく、つねに軍縮やドイツ・ベルリン問題との関連で位置づけ、外交を繰り広げていた。それゆえ一九七〇年代前半のヨーロッパ・デタントの全体像を描くには、CSCEそのものと、CSCEをめぐる国際政治の二つのレベルをトータルに分析する必要があるのである。本書はこの両面を念頭に置きつつ、新たに公開ないし公刊されたイギリス、フランス、西ドイツそしてアメリカの一次史料にもとづいて、CSCEに至るヨーロッパ・デタントの全体像を明らかにしたいと考えている。[12]

本書の構成

本書の議論は、八つの章とエピローグおよび結論からなっている。それらは基本的に、ゆるやかなかたちで時系列的に構成されている。しかし、いくつかの問題は同時並行して展開しているため、厳密なかたちでの時系列的記述とはなっていない部分もある。まず第一章では、前史として一九六〇年代におけるヨーロッパ・デタントを概観する。ここではとくに三つのテーマが論じられる。第一に、一九六三年の部分的核実験禁止条約を境に、超大国のデタントとヨーロッパ・デタントが分離する過程を検討する。そして、ヨーロッパにおける東西交渉は二国間ベースで展開したことを明らかにする。第二に、ワルシャワ条約機構諸国が一九六〇年代半ばにヨーロッパ安全保障会議の開催を提唱し、西側がそれを黙殺する過程を分析する。第三に、西側の軍縮構想である相互均衡兵力削減（MBFR）の起源について分析する。

第二章と第三章では、西側がヨーロッパ安保会議へ関与していく過程を分析する。第二章ではまず、一九六九年にふたたび安保会議が提唱され、それがのちに西側に受け入れられていく重要な背景となった一九六八年の二つの事件――西側各国における学生運動の高まりとワルシャワ条約機構軍のプラハ侵攻を概観する。そして、一九六九年の東側陣営による再度の安保会議開催の呼びかけに対する西側の対応を分析する。そのなかでとくに、NATOがどのように「人・思想・情報の移動の自由」という議題を提案するに至ったのかを検証する。第三章は、NATOが一九七〇年半ば、それまで明確に関与することを避けてきたヨーロッパ安保会議の提案に、どのように初めて公に関与するようになったのかを明らかにする。その際、イギリスおよびNATOの小国の果たした役割を重視する。

第四章から第六章までは、CSCEをめぐる国際政治過程を中心に論じる。第四章では、一九七〇年後半の安保会議とMBFRの関係に関する西側陣営内の意見対立、西ドイツとソ連とのあいだのモスクワ条約調印、そして四大国ベルリン交渉が年末までに目にみえる成果を出せず、その結果西側がソ連・東欧諸国に対する姿勢を硬化させる過程を描く。しかし西ヨーロッパの大国はそれぞれ、しだいに安保会議の構想を前向きにとらえるようになってゆき、またその対安保会議政策も少しずつ収斂していくことになる。その過程を分析することが第五章の目的となる。そこでは、イギリス、フランス、そして西ドイツの対安保会議政策の変遷が描写され、なかでもフランスが従来の二国間対話を重視する路線から、多国間デタントに非常に積極的になり、西側陣営のなかでもっとも熱心に安保会議の開催を主張する国へと変化していく過程が注目される。第六章では、まず、ベルリン交渉が一九七一年前半にどのように行き詰まりを打開したのかを明らかにする。ついで、安保会議構想が、ドイツ・ベルリン問題とMBFRに密接しながら展開した過程を描く。

第七章は、CSCEに関する西側陣営内の協議に話題を転じる。とくにCSCEの重要な特徴となる三つの点について検討する。第一に、ヨーロッパ安保会議の手続きに関する西側の議論を分析する。安保会議をどのようなかたちで行うのかという問題は、従来あまり注目されてこなかった。だが、どのようなアジェンダをどのような手続きで扱うのかは、国際交渉の結果を左右する重要な問題であり看過できない点である。第二に、西側陣営内のCSCEの議論のなかで、人権の問題がどのように現れてきたのかを明らかにする。人権の原則はヘルシンキ最終議定書のなかでもっとも重要な部分となるが、それがNATO内の議論のなかで、西ドイツのイニシアティヴによってもたらされたことを論証する。そして第三に、どのようにしてEC諸国が、EPCの枠組みでCSCEに関する協力を進めていったのかを分析する。

第八章では、軍縮・軍備管理デタントと安保会議構想との関連を中心に、CSCEの開催に至る最終段階について論じる。まず、なぜCSCEのなかで扱われた軍事的問題はいわゆる信頼醸成措置のみとなったのか、またどのようにMBFRはCSCEと切り離されることになったのかについて分析する。また本章では、米ソがCSCEとMBFRの進め方に関して密かに交渉を進めていたことを明らかにする。とりわけ両超大国が、CSCEをいつ終わらせるのかについて密約を交わし、それを短期間で終わる——それゆえ内容の薄い——会議にしようとしていた点を強調する。しかし、西欧諸国とカナダの抵抗によって、CSCEは長い会議となり、時間をかけて諸問題について交渉する場となった。本章はこの過程も明らかにする。

最後に、エピローグとしてヘルシンキ最終議定書が調印されるまでを概観したのち、結論において大きく四つの点を論じる。第一に、冷戦史における多国間のヨーロッパ・デタントの意義を検討したい。第二に、なぜ一九七〇年代前半にCSCEが開催されたのかについてあらためて論じる。さらに第三に、安保会議の手続きの面から、CSCEがどのように実質的な会議となったのかを再検討する。そして最後に、ヘルシンキ最終議定書の調印後、それがヨーロッパ冷戦の終焉過程においてどのような役割を果たしたのかについて試論を述べることにしたい。

第一章　一九六〇年代のデタント

多国間のヨーロッパ・デタントが始まったのは、一九七〇年代初頭であった。とくに、一九七二年末にヨーロッパ安全保障協力会議の準備会合が始まり、一九七五年のヘルシンキ最終議定書の調印へと向かうことになる。それはヨーロッパにおけるデタントの頂点であった。そのＣＳＣＥへ至る過程を論じるためにも、その背景を説明しておく必要があろう。とりわけ一九六〇年代半ばに、ヨーロッパ安保会議の構想が東側陣営によってふたたび打ち上げられたことからも、それを含めた一九六〇年代のデタントを概観しておくことは有益である。さらに、なぜ一九七〇年代にＣＳＣＥが開催されたのかを理解するためにも、なぜ一九六〇年代には多国間デタントが実現しなかったのかという比較の視座を提供することも、本章の目的である。

本章は大きくつぎの三つの問題に焦点を当てる。第一に、冷戦における緊張緩和が、超大国のデタントとヨーロッパ・デタントに質的に分裂していく過程を検討する。とくに、一九六三年の部分的核実験禁止条約（ＰＴＢＴ）を中心に分析することにより、ヨーロッパにおける多国間デタントにとってドイツ問題が構造的に重要であることを確認し、一九六〇年代におけるデタントがなぜ二国間ベースで進められたのかを説明する。第二に、ヨーロッパ安保会議の提案がなぜ、どのように一九六〇年代半ばにふたたび現れ、ＮＡＴＯ諸国はそれにどのような対応をとったのかを見ていくことにする。そして第三に、西側から提案された多国間デタント構想である、相互均衡兵力削減（ＭＢＦＲ）構想の起源を探究する。

1　超大国デタントとヨーロッパ・デタントの分裂

「デタント」は一九六三年に始まった、としばしばいわれる。一九六三年八月に調印された史上初の核軍備管理協定であるＰＴＢＴがそのはじまりとされる。[1] だがそれは、ヨーロッパにおけるデタントではなく、あくまでも米ソ超大国間のデタントへの最初の一歩であった。この点を確認するためにも、軍備管理の領域で米ソ間の接近がどのように可能となったのかをみる必要がある。その際、ヨーロッパ冷戦の中心問題であったドイツ問題が、超大国間のデタントから切り離されたことが重要であった。それはとりわけ、つぎの二つの点から理解されなければならない。一つは、西西関係（西側同盟内関係）の文脈のなかで、ドイツ再統一の問題が核軍備管理の問題から分離されたという点。もう一つは、東西関係の文脈において、二つのドイツの承認という問題が棚上げにされたという点である。以下、まずはこの二点に注目してＰＴＢＴ成立過程を概観したあと、西欧諸国の二国間レベルでのソ連・東欧諸国への接近を見ていくことにする。

軍縮・軍備管理デタントとドイツ問題のリンケージとその分離

一九五〇年代には東西両陣営からさまざまな軍縮・軍備管理に関する提案がなされた。にもかかわらず、なぜそれらは実現することなく、なぜ一九六三年にＰＴＢＴは成立したのだろうか。この問題について詳細に論じることはできないが、本節の議論において重要なのは、第一に、ソ連と核実験禁止の問題について交渉を始めるために、アメリカは軍備管理交渉からドイツ問題を切り離さなければならなかったという点である。核実験を禁止する条約を核保有国がはじめて提案したのは、一九五五年五月のことである。米英仏加ソの五カ国で構成される国連軍縮小委員会のなかで、ソ連が包括的な軍縮計画を提案し、そこに核実験を禁止するという提案が含まれていたのである。(2)核実験禁止の問題が提案されたのはこのときが最初であり、一九五五年のジュネーヴ会談でソ連側はこれがもっとも重要な提案であると主張していた。(3)しかし、西側はソ連の提案を受け入れず、軍備管理や軍縮のまえに、まずはドイツ問題が解決されなければならないと主張した。(4)

当初、軍縮・軍備管理の問題はドイツ問題と密接に結びつけられて考えられていた。西側のなかではとくに西ドイツが、ヨーロッパに現存する国境や国家の存在を前提とした軍縮・軍備管理の進展は、ドイツの分断を固定化し、将来の再統一の可能性を低下させるものにほかならないとの立場をとっていた。(5)ドイツ問題に責任をもつ米英仏の西側三国もまた、同盟国である西ドイツの立場を支持した。そのため西側の公式の立場は、ドイツ問題を解決することがヨーロッパにおける安全保障の前提であり、まず自由選挙にもとづいてドイツ再統一を達成しなければならない、というものになった。イギリス外相イーデン（Anthony Eden）が、一九五四年に開催された米英仏ソ四大国ベルリン外相会議において、西側三国を代表してこの立場を表明したため、イーデン・プランと呼ばれている。(6)

むろん西側諸国のなかに、軍縮・軍備管理デタントを優先しようとする国がなかったわけではない。たとえば、一九五六年二月よりモレ（Guy Mollet）によって率いられていたフランスの新政府は、当初、ヨーロッパにおける大胆な軍縮計画を強力に支持していた。(7)そのためモレは、軍備管理と軍縮についての交渉はドイツ再統一に先行すべきであるとまで主張していたのである。当然のことながら西ドイツ首相のアデナウアーは、モレの立場に激しく反対し、軍縮とドイツ問題解決のあいだのリンケージは西側の原則であると強調した。アデナウアーにとって、デタントはドイツ再統一以前になされてはならないないものだったからである。このアデナウアーの立場は、ダレス（John F. Dulles）米国務長官によっても支持され、その結果、モレは軍縮を望む自身の立場を後退させなければならなくなったのである。(8)こうして、軍縮・軍備管理とドイツ再統一のあいだのリンケージによって、一九五〇年代半ばの時点では、軍事領域におけるデタントは妨げられることとなった。核実験禁止に関しても、進展をみることはなかった。

しかし一九五七年に入ると、軍縮・軍備管理とドイツ再統一のリンケージの一部が巧妙に組み替えられていくことになる。この年の春、ダレスは、ソ連によって提案された包括的な軍縮パッケージから核実験禁止の問題を分離させはじめた(9)。ダレスは、西ドイツに配慮して、ドイツ再統一以前にヨーロッパにおける通常兵力の軍縮を進めることはないとの立場を保証した。しかしその一方で、核軍備管理については、ドイツ問題に縛られることなくソ連との交渉を進展させようと試みたのである。

一九五〇年代後半、水爆実験に対する国際的な抗議運動の高まりに直面したアイゼンハワー政権は、核軍備管理交渉を進めることを余儀なくされた(10)。当時ソ連の首相であったブルガーニン（Nikolai Bulganin）は、一九五六年末にふたたび核実験禁止条約を提案していた。アメリカ政府内では、原子力エネルギー委員会などから強い反対があったものの、アイゼンハワー大統領は核実験禁止に関する交渉を開始することを決意し、交渉は一九五八年一〇月より正式に開始された(11)。核実験禁止交渉を開始するためには、このように、ドイツ再統一問題を軍備管理デタントから分離させる必要があった。しかし同時に、従来の西側同盟内の立場を変えないためにも、ドイツ再統一とヨーロッパにおける通常兵力の軍縮とのあいだのリンケージという原則は維持されたのである。換言すれば、核の問題でソ連と交渉を開始するために、アメリカ政府はヨーロッパの問題であるドイツ再統一問題を、超大国間の関係から独立させせなければならなかったのである。そうすることによって、核実験禁止についての交渉を始めることができたのであった。

とはいえ、核実験禁止交渉における問題はドイツ問題だけではなかった。アイゼンハワー政権期からケネディ政権期にかけて行われた核実験禁止交渉においては、むしろソ連領内における有人査察の問題がもっとも大きな障害となった。西側が、核実験禁止条約を実行に移すうえで実験が行われていないかを査察することが必要不可欠であると主張したのに対して、ソ連側は、査察はスパイ活動の一形態であるとして、それをかたくなに拒否したのである。結局、一九六二年夏以降、査察をめぐる対立を回避するために、大気中での核実験のみを禁止するという提案が西側からなされることになった。それならば、国内を査察しなくても、核実験が行われていないかを監視することが容易にできるからである。その結果、一九六三年八月に締結される核実験禁止条約は、包括的なものではなく、地下核実験を許容する部分的なものとなったのである。しかしつぎに見るように、この部分的核実験禁止条約が調印されるためには、ドイツ問題の第二の側面、つまり東ドイツの承認問題がまだ障害として残っていた。

東ドイツ承認問題の棚上げ

部分的核実験禁止条約のような複数の国が参画することになる国際協定の場合、つねに問題となったのが東ドイツであった。一九五五年以降、ソ連政府は「二つのドイツ」政策をとっていた(12)。すなわちソ連は、統一ドイツではなく、東西に分断された二つのドイツそれぞれを国際社会における主権国家として承認し、またほかの国、とりわけ西側諸国も二つのドイツを承認するよう求めるようになったのである。実際、ソ連は、一九五五年九月に西ドイツと公式の外交関係を樹立すると同時に、ソ・東独条約にも調印し、東ドイツを主権国家として認めるとの声明を出していた。二つのドイツの存在を認めることによって、ソ連は現状維持デタントを追求していたのである。

しかし、西ドイツとＮＡＴＯ同盟諸国は激しくそれに反対した。すでに序論で触れたように、西側諸国は西ドイツこそがドイツ人を代表する唯一の国家であり、それゆえ東ドイツは正当な国家とは認められない、との立場をとっていた。とくに、アデナウアー政権は一九五五年以降、いわゆる「ハルシュタイン・ドクトリン」、つまり東ドイツを承認する国家とは外交関係を維持しないという立場を原則としてかかげるようになっていた。もし東ドイツを承認するような国が出てきた場合はその国との国交を断絶するという脅しにも似た立場をとることによって、西ドイツはほかの国が東ドイツ承認に向かわないように釘を刺し、東ドイツを国際社会から孤立させようとしたのである。[13]

他方、ソ連にとって、東ドイツを国際社会の一員として西側に承認させるためのひとつの手段は、東ドイツを、たとえばＮＡＴＯとワルシャワ条約機構のあいだの武力不行使協定や核実験禁止条約のような多国間条約のなかに参加させることであった。多国間条約の参加国となること自体が、主権をもつ国際社会の一員として扱われることを意味したからである。それゆえ、ＰＴＢＴを実現させるに際して、東ドイツをどのように扱うのかが潜在的な問題として横たわっていた。そして、アメリカが西ドイツとの関係に注意を払わなければならなかったように、ソ連もまた東ドイツとの関係を考慮に入れる必要があった。それゆえ、フルシチョフ（Nikita Khrushchev）書記長は、一九六三年七月二日に東ドイツの首都である東ベルリンで行った演説のなかで、ＮＡＴＯとワルシャワ条約機構のあいだの不可侵協定を締結することを条件にＰＴＢＴを受け入れる準備があるという立場を表明したのである。[14]そうすることによってフルシチョフは、東ドイツをそれらの多国間条約のなかに含め、西側諸国に東ドイツを承認させるために努力しているとの姿勢を東ドイツ政府に示そうとしたのだろう。

しかし結局のところ、ＰＴＢＴを締結するためには、両超大国はこの第二のドイツ問題を棚上げにしなければならなくなる。実際フルシチョフは、東ベルリンにおける演説のなかではＰＴＢＴと武力不行使協定との関連について――おそらくは意図的に――あいまいなものにしていた。これは、武力不行使協定の締結がＰＴＢＴ調印のための絶対的な前提条件であるという立場をソ連がとっているとは見なされないための配慮であった。[15]つまり彼は、武力不行使協定を提案することで東ドイツへの配慮を示す一方で、交渉が行き詰まってしまわないような「抜け穴」を用意していたのである。実際、核実験禁止に関する交渉の最終段階で、アメリカ側が武力不行使協定はＮＡＴＯ内での協議を経なければならないという点を繰り返し強調すると、ソ連側は同協定に関する協議を延期し、まずはＰＴＢＴのみに集中することを受け入れた。武力不行使協定はＰＴＢＴ成立後に話し合われることになった。つまり、核軍備管理問題においてアメリカと合意するために、ソ連は武力不行使協定とＰＴＢＴとのあいだのリンケージを取り下げたのである。

さらに、ＰＴＢＴを通じて西側に東ドイツを承認させることも、別の方法によって回避された。アデナウアーは、もし東ドイツがこの条約に参加したら、それは東ドイツが承認され、ドイツ分断が固定化されることになると懸念していた。それは彼が長年反対してきたことであった(16)。しかし、東ドイツ承認の問題を避けるため、アメリカ、ソ連、そして同じく核保有国であったイギリスは、東ドイツがソ連にＰＴＢＴへの加入書を寄託することを前提に、米英ソのいずれに寄託した国もＰＴＢＴ参加国とみなすことで了解した。アメリカとイギリスは東ドイツから直接加入書を受けとらないことによって、ＰＴＢＴによって東ドイツを承認したわけではないと主張できるようにしたわけである(17)。武力不行使協定に関する協議を延期し、ＰＴＢＴにこのような特別な措置を施すことによって、一九六三年八月五日、米英ソは最終的に部分的核実験禁止条約を締結することができた。それが可能となったのは、超大国が東ドイツ承認の問題を棚上げにしたからであった(18)。

ヨーロッパ諸国の二国間デタント

こうして核軍備管理領域における超大国デタントは、ヨーロッパの問題、とくにドイツ問題を切り離すことによって達成された。部分的核実験禁止条約は、米ソ二国間で成し遂げられたものであり、イギリスを含むほかのヨーロッパ諸国は大きな役割を果たしたわけではなかった(19)。ＰＴＢＴ以降アメリカとソ連は、とくに核兵器の分野で軍備管理協定を締結していくことになるが、ある意味米ソは、それを通じて、超大国の特権的地位を安定させていったのである。その意味で、一九六三年のＰＴＢＴは、超大国デタントとヨーロッパ・デタントが分かれる出発点であったといえよう。

それに対して、ドイツ問題は依然として、多国間のヨーロッパ・デタントにとって大きな障害であった。多国間で何らかの緊張緩和のための合意をめざそうとすれば、必ずドイツ問題に抵触することになるからである。そのため、一九六〇年代のヨーロッパでは、デタントはドイツ問題を回避できる二国間のかたちで追求されなければならなかった。

実際、超大国間のデタントは、多国間のヨーロッパ・デタントに波及することはなかった。一九六三年八月にPTBTが調印されたのち、それに刺激を受けたベルギー、カナダ、ノルウェー、イタリアといったNATOの小国は、東西間での協定がさらに進展することを望んだ。これらの国は、たとえば武力不行使協定の締結や、奇襲攻撃を避けるための措置として鉄道や幹線道路、空港などの重要戦略ポイントに監視地点を設置することなどについて、東側諸国と合意することを望んだ。しかし、フランスと西ドイツがそれに反対した。とりわけ西ドイツは、東ドイツの承認につながりかねないNATOとワルシャワ条約機構のあいだの武力不行使協定を受け入れることはできなかった。[20] それ以外の緊張緩和の措置も、東側陣営によって東ドイツ承認に結びつけられるかもしれなかった。[21] それゆえ、PTBT後のヨーロッパにおける多国間デタントへの希望は急速にしぼんでいった。

したがって、一九六〇年代のデタントは、二国間ベースで、ドイツ問題に関する西側の既存の立場と抵触しないかたちで進められた。たとえば、西ドイツ外相シュレーダー（Gerhard Schröder）は、一九六一年より「動の政策（policy of movement）」と呼ばれる新政策をとっていた。それは、東欧諸国と非公式の通商・文化関係を構築していくという政策であった。緊張緩和の雰囲気のなかで、西ドイツが対立的な冷戦政策をとっているという東側からの批判をかわすために、公式の国家間関係を締結することなく、つまりはハルシュタイン・ドクトリンから逸脱しない範囲で、プラグマティックな新政策を模索したのである。[22] 一九六三年末より、西ドイツは、ポーランド、ハンガリー、ブルガリア、ルーマニアに、外交権限をもたない貿易代表部を設置することに成功した。[23] この政策はまた、東ドイツをほかの東欧諸国から切り離すことも目的としていた。[24] 西ドイツは東ドイツ以外の東欧諸国との関係を強化しながら、東ドイツをほかの社会主義諸国から孤立させようとしたのである。だが、次節で論じるように、西ドイツのそのような態度は東側に反感を抱かせることになる。東側諸国は西ドイツとの経済関係を発展させたいと望む一方で、のちに多国間ヨーロッパ・デタントの文脈で東ドイツの主権を承認するよう要求していくことになる。それゆえ、東西関係のいっそうの進展という観点からいえば、東ドイツを排除しようとするシュレーダーの「動の政策」は当初より限界をはらんでいたのである。

イギリスもまた、東側陣営との経済関係を静かに進展させた。一九六〇年代初頭、イギリス外務省の政策企画室では、通商、文化、そして科学技術関係を進展させることによって、東側諸国の内側からの改革を促そうとする政策がつくられていた(25)。一九六四年夏、イギリス政府は東西貿易促進のため、チェコスロヴァキアおよびソ連に長期信用を供与する協定をそれぞれ締結したのはその好例である。一九六四年一〇月に選挙に勝利した労働党の党首ウィルソン（Harold Wilson）を首班とする新政権も、共産主義諸国との経済関係を進展させようとした(26)。しかし、「ロンドンとモスクワとのあいだには、二国間で話し合うべき実質的な問題は驚くほど少なく、またたとえば、イギリスとポーランドやイギリスとハンガリーとのあいだではさらに少なかった(27)」。事実、イギリスの東側諸国との貿易は、総貿易量の三％以下であった(28)。くわえて、ウィルソンは、イギリスが単独でイニシアティヴをとって東側諸国との関係を進展させることに関心が低かった(29)。その結果、イギリスとワルシャワ条約機構諸国との二国間関係は静かに進展するものの、政治的なインパクトには乏しかった(30)。

とりわけ、ソ連・東欧諸国とよりダイナミックなデタント外交を二国間関係で展開したのが、ド・ゴール（Charles de Gaulle）のフランスであった。アデナウアーが西ドイツの首相であった一九六三年まで、ド・ゴールは西ドイツとともにデタント全般に反対していた。ド・ゴールは当初、ドイツ再統一を追及するという西ドイツの利益を支持し、安易に東側陣営に譲歩しないという姿勢を示しつつ、フランス主導で、とくに仏独協力にもとづくヨーロッパ政治連合を実現させようとした(31)。しかし、EEC諸国間で政治協議を進めることをめざした、いわゆるフーシェ・プランは、一九六二年、ベルギーとオランダの反対によって挫折に終わる(32)。ド・ゴールはすぐさま代替案へと切り替え、フランスと西ドイツとのあいだの二国間関係の強化を模索した。そして一九六三年一月、ド・ゴールとアデナウアーは、両国間の外交、経済、そして文化領域における関係を制度化し、また年二回の両国の首脳会談を定期的に行うことを規定したエリゼ条約に調印する。[33]しかし、このパリ＝ボン枢軸もまた長くは続かなかった。NATO諸国や西ドイツ国内には、仏独間の排他的な二国間条約に対する激しい反発があった。それゆえ、エリゼ条約が一九六三年五月に西独議会において批准される際に、NATOの重要性を明言した前文が条約に付されることになった。NATOに対して敵対的であったド・ゴールにとって、この前文は仏独条約の死を意味した。[34]さらに、両国間関係は、一九六三年一〇月にエアハルト（Ludwig Erhard）がアデナウアーのあとを継いで首相となると、さらに悪化していく。西ドイツの新首相はフランスよりもアメリカとの緊密な関係を好み、エリゼ条約にも強く反対していた。[35]そして一九六四年七月の仏独首脳会談において、将来の国際関係のヴィジョンが二人のあいだで大きく異なっていることが明確になった。「この一九六四年七月の会談は、仏独関係における決裂点を示していた」のである。[36]このように西欧諸国との協力に失敗したあと、ド・ゴールは東側へと向きを変えた。

一九六四年より、フランスの東側諸国との関係は急速に発展する。[37]それはまず、通商と技術協力から始まった。一九六四年一月、フランスの経済金融大臣であったジスカール・デスタン（Valéry Giscard d'Estaing）は、モスクワを訪問する。ついで、フランスの議員たちの訪ソへの返答として、ソ連政治局議長のポドゴルヌイ（Nikolai Podgorny）がパリを訪れ、一〇月の仏ソ通商協定に繋がる交渉を開始した。[38]さらに、一九六四年七月のルーマニアの首相マウアー（Ion Maurer）によるパリ公式訪問は、経済のみならず政治的対話の始まりとなった。フランス外交官プオー（François Puaux）によると、マウアーの訪問は東側との和解の可能性を暗示していた。[39]一九六五年には、フランスとワルシャワ条約機構諸国とのあいだの二国間外交が外相レベルで進展した。[40]仏外相クーヴ・ド・ミュルヴィル（Maurice Couve de Murville）は、一九六五年五月、ドイツ問題はソ連とともに解決されるべきであると主張しはじめた。さらに一二月には、「われわれは、より政治的な、そしてそれゆえ恒常的な基盤にもとづくソ連とのつながりを追求するときが来たと考えている」と明言した。[41]ド・ゴールはこのような東側諸国との「新路線」を望み、「大西洋からウラルまでの建設的な協力」という構想を推し進めた。[42] 二つの「陣営」という考えに激しく反対していたド・ゴールにとって、東西交流は二国間レベルで進められなければならなかったのである。このド・ゴール独自の東側陣営への接近のイニシアティヴは、彼の一九六六年のモスクワ訪問で頂点を迎えることになる。

2　ヨーロッパ安全保障会議の起源

ポーランドのイニシアティヴ

超大国デタントとヨーロッパ・デタントが分離したあと、西側諸国は二国間ベースで東西対話を進展させようとした。しかしそれに対して、東側陣営は一九六〇年代半ばより、多国間のヨーロッパ・デタントを提唱するようになる。それはポーランドの提案から始まった。一九六四年一二月一四日、国連総会において、ポーランド外相ラパツキ（Adam Rapacki）が、安全保障のためのヨーロッパ会議の開催を訴えたのである——

ヨーロッパの安全保障の問題を全体として検討するための時は熟している、とわれわれは強く信じています。わたしはそう強調しなければなりません。われわれの熟慮を重ねた考えでは、この目的のために、ソ連とアメリカの両国の参加をともなう全ヨーロッパ諸国の会議を開催することの妥当性が綿密に検討されるべきであります。[43]

この引用が示しているように、ラパツキ構想では全ヨーロッパ会議の参加国としてアメリカが排除されているわけではない点には注目しておいてよい。ポーランド政府の考えでは、アメリカの核兵器がヨーロッパに配備されている以上、アメリカを含むかたちでヨーロッパ諸国間の協定を締結することがヨーロッパの安全保障には不可欠だっ

たのである。(44)

このラパツキの提案は、一面では、彼が長らく提唱してきた政策の延長線上に位置づけることができる。一九五〇年代より、ポーランドはつぎの二つの政策目標を追求していた。一つは、東ドイツとポーランドの国境線であるオーデル＝ナイセ線の国際的な承認を得ることで、それを恒久化することである。そしてもう一つは、西ドイツの核保有ないしは核兵器へのアクセスを妨げることであった。(45)それゆえポーランドは、全ヨーロッパ会議のなかで、第二次世界大戦後のヨーロッパの国境線を画定し、核問題に関する交渉を進めようとしていたのである。

とりわけ、一九五〇年代後半より進められていたNATOの多国籍戦力（MLF）構想を阻止することがポーランドにとって重要であった。MLF構想とは、潜水艦発射弾道弾の核ミサイルであるポラリスを六基搭載するNATOの多国籍核武装船団を創設するという計画である。一九五〇年代後半に、フランスやイタリア、西ドイツなどが独自核の開発に関心を持ちはじめたのに対して、それを阻止するためにも、アメリカが西欧諸国に核兵器を提供しつつも、それを共同で管理するかたちをとることで核拡散をコントロールするために考案されたのがMLF構想であった。(46)だがそれは、西ドイツがほかの西側同盟国とともに核の引き金に指を置くことを意味しており、東側陣営にとって大きな安全保障上の脅威だったのである。(47)序論で触れたように、全ヨーロッパ会議という構想自体は、ソ連によって一九五四年に西ドイツ再軍備を阻止するために考案されたものであった。しかしラパツキは、自身が一九五〇年代末より提唱してきた非核地帯の設置構想（ラパツキ・プラン）を進め、MLF構想を阻止し、さらにオーデル＝ナイセ線を含む既存の国境線をヨーロッパ諸国に承認させるために、全ヨーロッパ会議の構想を一九六〇年代半ばにふたたびとりあげたのである。(48)

しかし、ポーランドの全ヨーロッパ会議の提案の背景には、ソ連に対する不信感というもう一つの理由があった。一九六三年一〇月、フルシチョフは、西側との核拡散防止条約の締結を進めるため、MLFを容認する構えを見せ、ポーランド、東ドイツ、ハンガリーの強い反対にあっていた。(49)またソ連による西ドイツへの接近も、ポーランドの懸念を強めていた。同年七月、イズベスチャの編集長でありフルシチョフの娘婿でもあったアジュベイ（Alexei Adzhubei）が西ドイツを訪問する。彼はその際、西ドイツ側に対して、モスクワはもはや西ドイツが核にアクセスすることには反対せず、またポーランドの国境線は将来見直されるであろうと話していた。そしてこのことをポーランドの諜報機関はつかんでいたのである。[50]ポーランドの利益を侵害するようなアジュベイの発言は、ポーランド政府の不安を否が応でも高めたことだろう。事実、フルシチョフの西側への接近は、ポーランドの対ソ不信を生み、ポーランド政府の外交政策を強く規定することになる。たとえば、一九六四年一月にポーランド共産党党首ゴムウカ（Wladyslaw Gomulka）と会談したフルシチョフは、西ドイツと暫定協定を結ぶつもりであると語り、ゴムウカはそれに反対を唱えていた。[51]そして二月二九日にゴムウカは、中部ヨーロッパにおける核兵器の凍結――いわゆるゴムウカ・プラン――を提案するが、それはこのようなソ連の態度へのけん制の意味があったのである。[52]

一九六四年一〇月一四日にフルシチョフは失脚し、その後ソ連はブレジネフ（Leonid Brezhnev）やコスイギン（Alexei Kosygin）らによる集団指導体制に移行したが、それでもポーランドの対ソ不信はすぐには消えなかった。それゆえラパツキ外相は、ソ連が西ドイツと二国間で交渉を進め、ポーランドの国益が犠牲にならないように、多国間の交渉枠組みである全ヨーロッパ会議の開催を提唱したのである。しかもそれは、ほかのワルシャワ条約機構諸国と事前に協議することなく、独自のイニシアティヴとして国連総会の場で打ち出されたものであった。[53]これは、東欧諸国の行動がすべてソ連の指令にもとづいていたわけではないことの一つの事例であるとともに、ポーランドの提案が対ソ不信を背景としたものであったことを示唆するものでもあった。

国連におけるラパツキ演説のひと月後の一九六五年一月、ワルシャワにおいて開催されたワルシャワ条約機構の政治諮問委員会（首脳会議）の席で、ゴムウカはふたたびヨーロッパ安全保障会議の提案をとりあげ、同盟諸国との協議に諮った。[54]興味深いことに、全ヨーロッパ諸国による安保会議を開催するというポーランドの提案は、もともとこの会議の議題として予定されたものではなかった。それにもかかわらず、最終的にソ連とほかの東欧諸国によってそれは受け入れられたのである。わずか三カ月前にフルシチョフ書記長が解任されたばかりであり、一九五六年以来最初のワルシャワ条約機構首脳会議となったこの会合において、ソ連の新指導部はできるだけ多くの東欧諸国の支持を得る必要があった。そのためにも、ソ連は各国の提案をできるだけ受け入れる必要があったのである[55]。そのような配慮は、会議の最終コミュニケに反映された。そのなかでポーランドの安保会議の提案は必ずしも中心的な位置を占めていたわけではなかったが、コミュニケにおける数多くの提案のひとつとして短く触れられることとなったのである[56]。だがのちに見るように、このアイデアが、しだいにソ連によって積極的にとりあげられていくことになる。

「平和覚書」の影響

ヨーロッパ安保会議を提唱するポーランドの提案はまた、とりわけNATOの小国に影響を及ぼした。緊張緩和を求めるいくつかの国は、東側との軍備管理をさらに進めようとしたのである。たとえば、ベルギー外相スパーク（Paul-Henri Spaak）は、ポーランドとの対話を独自に進め、ラパツキ・プラン／ゴムウカ・プランを西側に受け入れ可能な非核地帯設置構想に修正しようとした。ノルウェーやデンマーク、カナダといったほかのNATOの小国もスパークを支持し、軍備管理の分野で何らかの進展があることを望んだ[57]。一九六五年一〇月には、ベルギーとデンマークは国連総会において、ブルガリア、ルーマニア、ハンガリー、オーストリア、フィンランド、スウェーデン、ユーゴスラヴィアとともに「九カ国グループ」を創設し、ヨーロッパ近隣諸国間の関係改善を訴える国連決議第二一二九号を起草した。しかしながら、ヨーロッパ安全保障とドイツ問題とのリンケージという原則に固執していた西ドイツは、ドイツ問題に責任をもつ四大国の一つであるアメリカがそのリンケージにコミットし続ける限り、西ドイツの利益を損なうような東側との交渉はうまくいかないだろうと考えていたのである[58]。

だがその一方で、エアハルト政権は何らかの新たなイニシアティヴをとる必要を感じはじめていた。なぜならこの時期、西ドイツ外交はさまざまな面で行き詰まりを見せていたからである。まず、米・西独間でこれまで協議が続けられてきたMLF構想が、一九六四年から六五年にかけて実質的に崩壊した。両国は、すでに述べたように一九五〇年代末より、MLF構想を推進してきた。しかし、一九六四年一〇月に中国が最初の核実験に成功すると、ジョンソン（Lyndon Johnson）政権はその優先順位を同盟関係維持のためのMLFから、核不拡散へと徐々に移していった。(59) たしかにアメリカにとって西ドイツとの関係は依然として重要ではあったが、核保有国数増大を阻止することがより喫緊の課題であると認識されるようになったのである。核不拡散体制の構築にはソ連との協力が不可欠であった。だがソ連・東欧諸国は、西ドイツが核兵器に手をかけることを真剣に恐れており、核拡散防止条約への調印の前提条件として、西側がMLF構想を放棄することを要求していた。(60) 結局、アメリカはMLFと核不拡散を両立させることができなくなり、一九六四年以降、核不拡散を優先するようになった。その結果、西ドイツの核兵器への野心は、軍備管理デタントを進めようとするアメリカの望みと相容れなくなってしまったのである。

またほかのNATO諸国も、MLF構想に乗り気ではなかった。自国の核政策が制限されることを嫌うフランス政府はMLF構想に強く反発していた。イギリス政府はMLFよりはむしろ、当初より軍縮・軍備管理に強い関心をもっていた。とりわけ、核拡散防止条約の締結は、西ドイツの核への野心を抑制する手段として、ウィルソン政権にとって魅力的だったのである。(61) 英外相スチュワート（Michael Stewart）の閣議でのつぎの発言は、イギリスの軍縮・軍備管理とドイツに対する態度をよく表している。

> われわれは〔ドイツ人を〕こう説得するよう試みなければならない。〔ドイツ〕再統一への進展は、東西デタントの雰囲気のなかにおいてのみなされるし、また軍備管理措置はそのような雰囲気を醸成するのに役立つであろう――たとえそれが、即座にドイツ再統一へ進展するための規定と結びつけられていなくても。(62)

さらに前節で触れたように、西ドイツとフランスの関係もすでに悪化していた。アデナウアーと異なり、エアハルトは仏独関係よりも米独関係を重視していた。だがその結果、ド・ゴール政権にとって仏独関係の重要性は低下し、一九六五年以降フランスは、ソ連・東欧諸国への接近の度を深めていったのである。[63] くわえて、これもすでに述べたように、NATOの小国の多くはデタント推進派であった。東側陣営に対する強硬姿勢は、しだいにNATO同盟国の同意を得にくくなっていったのである。

このように西ドイツの同盟国が東側との対話路線を重視していくなか、東欧諸国との非公式の経済関係を強化することだけをねらったシュレーダーの「第一次東方政策」（「動の政策」）は、一九六〇年代半ばにはすでに不十分なものとなっていた。[64] 西ドイツは明らかに孤立し、その外交政策は行き詰まりを見せはじめていたのである。MLF構想に固執し、東ドイツ承認問題や国境承認問題に関してかたくなな姿勢を示す西ドイツと、デタントに積極的なほかの同盟国とのあいだには温度差が生じていた。たしかに西ドイツ外務省は、多数のNATO諸国政府が東側が提唱するヨーロッパ安保会議構想に関心をもっていないことを知っていたが、ポーランド政府がヨーロッパ安全保障に関してさらなる一手を打ってくることを恐れていた。[65] それゆえ、エアハルトとシュレーダーはその外交的袋小路から抜け出す道を模索しはじめたのである。

その結果打ち出されたのが、一九六六年三月二五日の「平和覚書」であった。そのもともとのアイデアは西ドイツ外務省東側陣営局長ヴィッケルト（Erwin Wickert）によってもたらされた。彼は、同年一月、共産主義者たちによる西ドイツへのプロパガンダ攻撃をかわすため、独自の緊張緩和政策を提案すべきであると提言していた。[66] ヴィッケルトの提案はカールステンス（Karl Carstens）事務次官にとりあげられ、外務省のなかでメモランダムが準備された。[67] そしてそれを採択したのがシュレーダー外相である。彼は何か新しいものを求めていた。一九六六年三月、エアハルト政府は、東側、西側、そして第三世界の国々に、ドイツの人びとはドイツの分断に反対し、その再統一を望み、東側の隣国との友好的な生活を望み、戦争を拒否すると謳う、「平和覚書」を送った。覚書はその具体案として、西ドイツが、ソ連、ポーランド、チェコスロヴァキア、そしてその他の東欧諸国との二国間ベースでの武力不行使協定を締結する用意があることも示していた。[68]ただし西ドイツは、その「平和覚書」を東ドイツにだけは送らなかった。つまり覚書は、ドイツ問題に関する西ドイツの従来の方針を変えるものではなかったのである。

「平和覚書」がソ連・東欧諸国から敵対的な反応を引き出したのはそのためであった。たしかに西側の同盟国はエアハルト政府の新たなイニシアティヴを歓迎した。たとえば、駐西欧イギリス大使のロバーツ（Frank Roberts）は、「平和覚書」は「西ドイツの戦後外交政策の転換点」であると称賛した。[69]しかし彼は、その「覚書」にはドイツ問題について新しいことはほとんど何も含んでいないことを看破してもいたのである。[70]実際、西ドイツは東ドイツの存在を無視し、またこの「平和覚書」のなかでオーデル＝ナイセ国境を承認することもなかった。また「覚書」は、西ドイツと東欧諸国とのあいだで正式の国交を樹立することも求めてはいなかった。換言すれば、エアハルトとシュレーダーは、ヨーロッパにおける東西間の和解を妨げてきたアデナウアー時代の基本的立場を放棄するつもりはなかったのである。たしかに、西ドイツの側から武力不行使協定を提案したことは新しかったかもしれない。しかしその提案自体は、すでに一九五〇年代半ばから東側陣営によってなされていたものであった。さらに重要なのは、東ドイツを除外した武力不行使協定は東側にとっては価値がなかったことである。その結果、ソ連・東欧諸国は、送られてきた「平和覚書」に対して、西ドイツは現状を認めようとしていないと批判した。[71]「平和覚書はエアハルトのアプローチの破産を象徴していた」のである。[72]

むしろこの「平和覚書」について、本節の目的との関連で重要なことは、ヨーロッパ安全保障会議の構想が、このことへのひとつの反応としてふたたび現れたという点である。西ドイツが「平和覚書」を送付してほどなく、ソ連は安保会議構想をとりあげ、一九六六年を通じてそれを提唱したのである。まず、三月二九日、第二三回ソ連共産党大会における演説でブレジネフは、「西ドイツはその攻撃的で復讐主義的な政策を継続するつもりである」と非難しながら、ヨーロッパ安全保障についての「適切な国際会議」の開催を提唱した。[73]グロムイコ外相もまた、四月二七日にローマを訪問した際に、ソ連はそのような会議を開く準備があることを明らかにした[74]。さらに、西ドイツの「平和覚書」に対する公式回答のなかでも、ソ連はヨーロッパ安全保障会議の重要性を強調したのである。そしてそのような会議では、ポーランドが重視する非核地帯の設置のみならず、軍縮および「ドイツ問題の平和的解決」が模索されるであろうとされたのだった[75]。これが、ソ連・東欧諸国と二国間での武力不行使協定を締結することによって東ドイツを孤立化させようとする西ドイツへの対抗措置であったことはまちがいない。つまりソ連側は、ヨーロッパ安保会議を開催し、東ドイツをそこに参加させ、国際社会の一員としてそれを承認させることによって、東側陣営を分断しようとする西ドイツの戦術に対抗しようとしたのである。東側にとって多国間会議は、東ドイツの孤立を避けるために好都合な枠組みであった。

西ドイツの「平和覚書」はまた、ソ連の態度をより強硬にした。一九六四年末にポーランドがヨーロッパ安保会議を提案したとき、アメリカの参加は当然であるとされていた。しかし、「平和覚書」が出されたのち、ソ連はそのような会議へのアメリカの参加については意図的に言及しなかったのである。くわえてソ連は、西ドイツの「平和覚書」への回答で、ヨーロッパにおけるアメリカのプレゼンスを非難し、ヨーロッパの安全保障における「ヨーロッパ的特徴」を強調したのである[76]。もちろんクレムリンのソ連指導者たちは、アメリカの参加しないヨーロッパ安保会議は現実的でないということを十分理解していた。だが西ドイツが東側陣営の分断を試みたため、ソ連側も当面のあいだヨーロッパの問題にアメリカが関与することを拒絶しようとしたのである。というのも、のちのちアメリカの参加受け入れについてソ連側が譲歩することと引き換えに、東ドイツの安保会議への参加を西側に認めさせようと考えていたからであった[77]。

フランス外交の影響

一九六六年七月のド・ゴールのモスクワ訪問も、ヨーロッパ安保会議からアメリカを除外しようとするソ連の動きを後押しした。アメリカに対するフランスの敵対的な態度は、ソ連にとっては好ましいものであった。一九六三年以降、米仏関係はより顕著に悪化していった。まずド・ゴールは、フランスの核戦力の独立を主張し、核問題でことごとくアメリカとの協力に反対した。たとえば一九六三年一月にド・ゴールは、イギリスとともにフランスにもポラリス中距離ミサイルを提供することになっていた英米間のナッソー協定を受け入れることを拒否した(78)。フランスはまた、アメリカがヨーロッパの同盟国との合意をめざしていたMLF構想、核拡散防止条約、NATOの柔軟反応戦略のいずれにも反対した。

しかし米仏関係でより決定的だったのは、フランスがアメリカのヴェトナム政策に表立って反対しはじめたことであった。ド・ゴールはヴェトナム戦争を批判し、そのかわり南北ヴェトナムの中立化を提案したが、それはアメリカにはまったく受け入れられないものだった(79)。一九六四年になるとド・ゴールは、アメリカへ傾いていくエアハルトの西ドイツを非難し、アメリカから独立した「ヨーロッパのヨーロッパ」が必要であると強調するようになる。さらに彼は、ワルシャワ条約機構諸国へ接近しつつ、一九六五年二月には「大西洋からウラルまで」という東西の垣根を越えた新しい枠組みを提示し、それを通じてドイツ問題は解決されるのだと論じた(80)。フランスがヨーロッパ経済共同体の閣僚理事会をボイコットした、いわゆる一九六五〜六六年の空席危機も、フランスが西側陣営から距離を置きつつあるという印象を与えただろう(81)。

そして最後に、ド・ゴールは、一九六六年三月七日の米大統領ジョンソンへの書簡のなかで、NATOの統合軍からフランス軍を撤退させることを表明した(82)。これは、きたる仏ソ会談において、東側陣営との関係を進展させるためのシグナルであった(83)。ソ連側は、これらド・ゴールによるアメリカとNATOへの挑戦をすべて、西側陣営の分裂傾向の証左であると見なした(84)。ソ連には、仏ソ接近はこの西側の遠心分離傾向を加速させる良い機会と映ったであろう。それゆえソ連外務省では、一九六五年夏ごろから、フランスを意識しながらヨーロッパ安保会議の構想をより積極的にとりあげるようになっていた。ソ連指導部は、「大西洋からウラルまで」というヨーロッパ像を公言するド・ゴールから、アメリカを除外したヨーロッパ安全保障会議への支持を得ることを期待していたのである。[85]

だが西側諸国は、アメリカをヨーロッパから引き離そうとするソ連のやり方に激しく抵抗した。緊張緩和の促進に積極的であったデンマークは、アメリカを含むヨーロッパ安保会議を西側から提唱すべきであると訴えたが、[86]ほかの西側諸国はきわめて慎重であり、デンマークの考えには批判的であった。西側の大部分は、当時そのような会議が成功するとは考えていなかった。[87]実際、クーヴ・ド・ミュルヴィル仏外相やラスク（Dean Rusk）米国務長官などは、安保会議の考えは「危険であり、まちがった希望を引き起こしかねない」と受けとめていた。[88]それゆえ、一九六六年六月七日に開催されたNATOの外相会議では、ヨーロッパ安保会議を開催する意義は否定的にとらえられた。また、東西間のどのような交渉であっても、アメリカが参加しなければならない点が強調されたのである。[89]その結果、NATO諸国は安保会議の開催を求めるソ連の提案を無視し、外相会議の最終コミュニケもそれに言及することはなかった。[90]

ド・ゴールですら、一九六六年六月末にブレジネフと会談した際、アメリカの参加なしにドイツ問題を解決することはできないと論じた。ド・ゴールはヨーロッパ会議の考えそのものを否定することはなかったが、会議をデタントのための手段ではなく、デタントの結果開催されるものであると考えていることを強調した。[91]つまり、ソ連が安保会議という多国間会議を提唱したのに対して、ド・ゴールは会議開催の前提として仏ソ二国間での緊張緩和の進展が必要であると訴えたのだった。

だが、多国間でのヨーロッパ・デタントへのより根本的な障害は、ドイツ問題であった。エアハルト政権になっても西ドイツは、アデナウアー政権が打ち立てた東ドイツに対する不承認政策を頑迷に維持していた。それゆえ、ヨーロッパ安保会議が開催されるならば、どのように「ソ連占領地帯」――つまり東ドイツ――を取り扱うのかという問題が、西ドイツにとって決定的に重要であった。[92]つまり、東ドイツはほかのすべての国と平等の地位をもつべきである、とワルシャワ条約機構諸国が要求する限り、エアハルト政権はそれを受け入れることはできなかったのである。アメリカも、また不承不承ではあったがイギリスも、西ドイツの立場を支持していた。さらにフランスですら、東ドイツを承認する用意はなかった。実際、米英仏三国は、一九六六年三月に東ドイツがポーランドとともに国連加盟申請を行った際、西ドイツが唯一ドイツ人を代表する国家であるという従来の主張を繰り返し、その申請を拒否していた(93)。ド・ゴールはまた、東ドイツをドイツ人による自然な国家ではなく、その存在をソ連に依存する人工的な国家であると見なし、もしソ連がそこから撤退したら三時間で消滅するだろうと考えていた(94)。また仏ソ首脳会談においても、両ドイツ間の和解は全ヨーロッパ会議のなかでなされなければならないと提案したブレジネフに対して、ド・ゴールは、ドイツ再統一は長期的に必要となるであろうと応えている。つまりド・ゴールは、多国間会議の枠組みのなかで二つのドイツを承認し、それを固定化するようなソ連の提案は受け入れることはできないとの立場を示したのである(95)。こうして、一九六六年の仏ソ首脳会談は、ドイツ問題についても安保会議に関しても何の合意も見ることができなかった。仏外相クーヴ・ド・ミュルヴィルが述べたように、ヨーロッパ安保会議は「まだまだ早すぎる、なぜならドイツ問題について相互理解に至るにはまだ程遠いから」であった(96)。

ブカレスト宣言

ヨーロッパ安保会議についてド・ゴールはブレジネフに同意することはなかったが、ソ連はその考えを放棄しなかった。一九六六年七月四〜六日、ワルシャワ条約機構諸国の指導者がブカレストに集まり、主にヨーロッパ安保会議について話し合った。この首脳会議の最終日に、「ヨーロッパにおける平和と安全保障の強化についての宣言」が採択された(97)。いわゆるブカレスト宣言である。このなかで、東側諸国は、安全保障と東西協力のための全ヨーロッパ会議の開催を唱えた。だが、とくにポーランドと東ドイツの主張によって、同宣言では、西側が二つのドイツを承認し、西ドイツが唯一ドイツを代表する国家であるという既存の立場を放棄すること、オーデル＝ナイセ線を含む既存の国境線を承認すること、どのような形態であれ西ドイツは核兵器へ接近しないと誓うこと、などが安保会議開催の前提条件とされていた。またそれは、西ドイツの「復讐主義」や「軍国主義」を激しく非難する言葉を用いており、プロパガンダ的な色合いも強かった。くわえて、そこには、ヨーロッパ諸国からの外国駐留軍の撤退と、NATOとワルシャワ条約機構の二つの軍事同盟の同時解体という提案も盛り込まれていた[98]。ソ連の新聞はブカレスト宣言を、「これまでヨーロッパの人びとが提案したもののなかで、もっとも包括的で現実的なヨーロッパ安全保障構想」であると絶賛したのである[99]。

しかし西側諸国は、ブカレスト宣言を単なるプロパガンダであると見なした[100]。同宣言の攻撃的な調子は、西側がそれを真剣に受けとめる機運を削いだ。二つの同盟の解体を提唱するなどといった点は非現実的であると受けとめられた。また「宣言」は、アメリカについての言及のないまま全ヨーロッパ会議を提案していたため、アメリカを除外しようとする意図があると解釈された。それゆえNATO諸国は、ブカレスト宣言を、NATOを弱め、最終的には分裂させるために、西欧諸国をアメリカから引き離す試みであるとして黙殺することになる[101]。西側諸国はNATOとして、ブカレスト宣言やヨーロッパ安保会議について公式に言及することを意図的に避けた。そうすることで東側の提案を拒否する姿勢を示したのである[102]。むしろこの時期NATOは、文化・経済・科学技術の領域における二国間協力を促進すべきであると強調した。第三章で論じることになるが、西側がヨーロッパ安保会議構想へ公にコミットしはじめるのは一九七〇年に入ってからであった。

3　MBFRの起源とアルメル報告

ヨーロッパにおけるデタントには三つの柱があった。第一の柱は、科学技術協力なども含む、経済・文化領域における東西協力である。経済・文化交流デタントでは、相互利益のために東西間の貿易やコミュニケーションを発展させ、ヨーロッパ諸国間に友好的な雰囲気を生み出し、相互理解を発展させることがめざされた。第二の柱は、現状の承認である。武力不行使協定あるいは不可侵協定の締結などを通じて既存の体制や国境の現実を認めることによって、東西関係の安定が追及された。そして最後に、軍縮・軍備管理が緊張緩和の第三の柱である。相互不信を減じる措置を講じたり、あるいは通常兵器や大量破壊兵器の数を制限したり減らしたりすることで軍拡競争を抑制し、軍事的対立の緊張度が低い環境を生み出すことが模索された。一九六〇年代のヨーロッパでは、ワルシャワ条約機構側はとりわけ第一と第二のデタントの柱を好んだが、NATO側は軍縮・軍備管理デタントを重視した。どのようなデタントを追求するのかという点で東西間の方向性は大きく異なっていたのである。

一九六〇年代後半より西側がとくに積極的になったのが、通常兵力の軍縮である。一九六八年六月、アイスランドの首都レイキャヴィクに集まったNATO諸国外相は、東西間の通常兵力を、均衡を保ちつつ相互に削減することを提唱した。いわゆる「レイキャヴィク・シグナル」である。のちに一九七〇年代の相互均衡兵力削減（MBFR）構想へ通じることになるこのレイキャヴィク・シグナルは、西側による最初の多国間によるヨーロッパ・デタントの提案であった。先行研究ではしばしば、この宣言はワルシャワ条約機構によるヨーロッパ安保会議への対抗提案として出されたものとされてきた。(103)しかし本節で分析するように、レイキャヴィク・シグナルは東側陣営に向けたものというより、むしろアメリカ議会を念頭において出された提案であった。とはいえ、とりわけ次章以降で見ていくように、一九六九年以降、MBFR構想は、ヨーロッパ安保会議の構想と密接に関係しながら展開していくことになる。それゆえ、本節でMBFRの起源を確認しておくことには意味があるだろう。

MBFR構想は、「同盟の将来の課題」と題された一九六七年一二月のNATOの合意文書、いわゆる「アルメル報告」のなかに見られる。同報告はNATOの役割を見直すために作成されたものであり、抑止とデタントの両方が北大西洋同盟の役割であると規定するものであった。(104)またアルメル報告は、ド・ゴールのNATOに対する挑戦への回答という意味合いももっていた。(105)そもそも一九六六年のフランスのNATO統合本部からの撤退とド・ゴールのモスクワ訪問は、緊張緩和の時代における軍事同盟の存在意義に対する深刻な異議申し立てであった。それゆえ、NATOは、その信頼性と正当性の両面においてフランスの批判に答えなければならなかったのである[106]。

この同盟のアイデンティティ・クライシスに対応するため、NATOの役割の見直しを提唱したのはベルギーであった。フランスのNATOからの部分的撤退のあと、ほかの西側諸国はNATOの本部をパリからベルギーの首都ブリュッセルへ移すことを決定した。そのため、ベルギー外相アルメル（Pierre Harmel）は、ベルギー市民にNATOの重要性を説明しなければならなくなった。というのも、NATO本部の移転により、ブリュッセルがワルシャワ条約機構軍の主要な攻撃目標となる危険があったからである[107]。アルメルは、一九六六年一二月のNATO外相会議において、「持続的な平和の一要素として、NATO同盟を強化するために、同盟が直面する課題とそれを達成する手段について研究する」ことを提案した[108]。アメリカの強力な支持もあり、この提案は同盟国に受け入れられ、作業は一九六七年二月にはじめられた。同年一二月に採択されたこの「同盟の将来の課題」の作成過程についてはすでにさまざまな研究がある[109]。だがアルメル報告に現れたMBFR構想の起源については、これまで十分な分析がなされてこなかった[110]。たしかに、東西両陣営が相互に通常兵力を削減するという考え自体はすでに一九五〇年代から存在していたが、MBFRのより直接的な起源は一九六六年半ばにさかのぼることができる。

米英と通常兵力の軍縮

ある極秘の提案がなされたのは、一九六六年春のNATO外相会議の直後に行われた、米英外相会談であった。ロンドンにあるアメリカ大使館で、六月九日、ラスク米国務長官がスチュワート英外相に、ソ連と西側の軍隊の相互撤退の可能性について検討することを提案したのである。ラスクがこの考えを持ち出したのは、フランスの動きを警戒していたからであった。アメリカ側は、六月後半に予定されていた仏ソ首脳会談で、フランスとソ連がドイツにおける駐留軍を撤退させることで合意するのではないかと案じていたのである。ラスクは、「ロシア人は相互撤退の問題に関心がないとは思えず、もしフランスがこれ〔駐留軍撤退問題〕をとりあげたら、危険かもしれない」

との懸念をスチュワートに語った。[111] 当時、ジョンソン政権はヴェトナム戦争によってもたらされた国際収支の悪化のため、アメリカ議会からヨーロッパ駐留の米軍を一方的に撤退するよう圧力にさらされていた。[112] それゆえ、もしソ連に中部ヨーロッパの兵力を削減する準備があるならば、西側と東側の軍隊の双方が削減されることはアメリカにとって好ましい状況だったことは確かである。しかし、この相互削減の考えがジョンソン政権にとって有益なものとなるためには、フランスではなくアメリカがそれをリードしなければならなかった。スチュワートは同意し、「われわれは相互にそうする〔軍隊を撤退する〕どんな機会も見送るべきではない」と応えた。[113] そしてラスクとスチュワートは、この問題を両国政府のあいだでのみ検討し、ほかのNATO諸国、とりわけ西ドイツを除外することで合意した。将来のMBFRにつながる動きは、ド・ゴールに対する警戒から始まったのであった。

相互軍縮の可能性について検討を提案したのはアメリカ側であったが、イギリス側はより熱心にそれに対応した。そもそもイギリス労働党政権は、イデオロギー的にもデタント政策に前向きであった。たとえば、結果としてうまくいかなかったのだが、一九六六年にスチュワートは、「ヨーロッパ宣言」というかたちで東西間の合意を図ろうとしてイニシアティヴをとった。イギリス政府が作成したその宣言の草稿では、東西双方で主権を尊重し、また東西間の経済・文化交流を促進することが謳われていた。しかしこの草稿は、東ドイツもオーデル＝ナイセ線も認めていなかったため、東側に受け入れられなかった。[114] だが他方で、ウィルソン政権にとって軍縮計画もまたもうひとつの魅力的なデタント政策であった。というのも、東西相互の軍縮はイデオロギー的に魅力的というだけでなく、イギリスの国際収支の悪化を緩和するという点から実質的にも役に立つと考えられたからである。[115] イギリス政府は財政負担を少しでも軽減するため、一九五〇年代からずっと、アメリカ政府とともに、西ドイツにおける駐留軍の維持費を削減したいと考えていた。[116] その負担を軽減する方法は二つあった。駐留軍を撤退させるか、駐留費の負担を西ドイツに求めるかのどちらかである。政治的観点からすれば、イギリスの西ドイツ駐留軍を撤退させることでヨーロッパ大陸とのつながりを弱めることは好ましくなかった。軍事的観点からも、撤退によってNATOの軍事力を弱めることは望ましくないと考えられた。それゆえ、イギリス政府は一貫して西ドイツ政府に英軍駐留費の負担を求めた。これが、いわゆる「オフセット問題」である。むろん西ドイツ側は負担が増えることを望まなかったため、このオフセット問題は英独関係のなかで長らく懸案事項であった[117]。そのようななか、東西双方の軍隊を削減するというアイデアはオフセット問題を軽減するための有効な手段とみなされた。というのも、西ドイツに駐留する英軍(BAOR)をソ連軍とともに撤退させることは、それを西側だけが一方的に行うよりも実行しやすいからである[118]。実際、ウィルソン首相は、前述のラスクの提案に関心があることを即座に示した[119]。緊張緩和政策とオフセット問題を組み合わせることによって、東西相互で通常兵力の軍縮を進めるという構想が、イギリス政府にとって非常に魅力的なものとなったのである。

だが、国際金融の投機家たちは、駐留軍の相互撤退に関する英米の研究結果が出るのを待ってはくれなかった。一九六六年半ばに勃発したポンド危機によって、ウィルソン首相は七月二〇日、即座につぎのような声明を発表することを強いられた[120]――西ドイツにおける英軍の費用は、「全為替コストがオフセットやほかの支出によってまかなうことができるレベルまで削減されるであろう」[121]。翌月、イギリス政府は西欧同盟(WEU)の理事会で、西ドイツ駐留英軍の一部を撤退させる準備があることを公式に表明した。通貨危機に直面したイギリス政府は、駐留軍削減問題により切迫して取り組む必要に迫られたのだった。

英軍撤退の理由はもっぱら経済的なものであったが、労働党政権にとって、西ドイツとの関係における政治的ダメージを最小限に抑えることも重要であった。イギリスがBAORを撤退させれば、同盟国にもかかわらず西ドイツの防衛に消極的であると西ドイツ政府にみなされる可能性があった。そのためイギリスは、英軍の撤退をより広い緊張緩和の文脈におくことによって西ドイツをなだめようと試みた。イギリス政府が、東西相互の軍隊の撤退を「ヨーロッパにおける広範な軍事・政治的デタントへの最初の一歩」として進める、としたのはそのためであった[122]。イギリス政府は、英軍の撤退をソ連軍の撤退と結びつけることによってデタントに貢献することがその意図であると議論することで、西ドイツに駐留する英軍の削減を受け入れるよう同国を説得しようと考えていたのである。しかしイギリスは、交渉戦術上の理由から、緊張緩和のための軍縮という「カードは袖のなかにとっておくか、少なくともそれをちらっと見せるだけに」とどめるべきであると考えていた[123]。イギリス側は、軍縮デタントの文脈で英軍撤退を西ドイツに受け入れさせるまえに、まずはオフセット問題に関する二国間交渉を集中的に行い、英軍の駐留経費をできる限り西ドイツ政府に負担させることをもくろんでいたのである。そのため、軍縮カードをみせるタイミングは、「ドイツ人との交渉が妥結し、われわれの財政が危機的状況を脱したあと」であると考えられていた[124]。

しかし、軍縮カードを先に切ったのはアメリカであった。ワシントンでは、ジョンソン大統領も駐留軍の相互撤退という構想を真剣に検討していた。一九六六年八月三一日、アメリカ議会の院内総務であるマンスフィールド(Mike Mansfield)上院議員がイニシアティヴをとり、「ヨーロッパに恒常的に駐留している米軍の実質的削減」を求める決議が提案された[125]。このように、ヨーロッパからの一方的な米軍撤退をうながす議会の圧力に直面したホワイトハウスもやはり、東西両陣営による相互の軍縮のほうが好ましい方針であると考えたのである[126]。五週間後の一〇月七日、ジョンソンはニューヨークにおいて有名な「橋渡し(bridge-building)」演説を行った。「われわれは、ソ連と東欧諸国に、それらが前に進むことを望む限り、それらとともにわが国とわが国の同盟国は一歩ずつ進んでいくであろう、ということを知ってもらいたいと思っています」と唱えた[127]。さらにその演説のなかで、彼は軍縮問題にも触れた——

> むろん、中部ヨーロッパにおけるソ連軍の削減は、脅威の度合いに影響するでしょう。もし万が一、変化しつつある状況が〔東西〕両側における兵力レベルの段階的で均衡のとれた見直しへと向かうならば、その見直しは、〔中略〕徐々にまったく新たな政治的環境を形成していくことに貢献できるでしょう[128]。

ジョンソンは、「マンスフィールド決議」に対抗するために、ソ連と相互に軍縮を進める交渉を行う準備があることを公にしたのであった。

このジョンソンの演説は、さらに注目する価値がある。なぜなら、それはドイツ問題にも触れているからである。そのなかで、「われわれは、より大きな、平和的で、繁栄したヨーロッパという文脈のなかでドイツ統一を達成するために、東西間の環境を良いものにしなければなりません」とジョンソンは訴えた(129)。当時国務省の政策企画評議会（Policy Planning Council）のアドバイザーであったブレジンスキー（Zbigniew Brzezinski）によると、この演説は「ヨーロッパにおける戦後のアメリカの優先順位を根本的にひっくり返した」ものであった。というのも、「〔そのスピーチは、〕分断された二つのヨーロッパのあいだの和解が、〔中略〕ドイツの統一のための前提条件として必要である、と述べている」からであった(130)。たしかに、一九四〇年代末にドイツが分断されて以来、アメリカは公式にはドイツ再統一がヨーロッパにおける緊張緩和の前提であるとしてきたが、ジョンソンの演説はこの立場の転換を示唆するものであった。しかしながら、ジョンソン政権は依然として、西ドイツが反対している限り、東ドイツの主権もオーデル＝ナイセ線も承認するつもりはなかった。他方、東側陣営はこのような西側の不承認政策に反発し続けており、これらを承認しない限り、ヨーロッパで何らかの多国間の協定が結ばれる見込みは薄かった。このような状況下でジョンソンにとって可能であったのは、ケネディと同様、ソ連との二国間交渉を進めることだけであった。実際、一九六六年秋に両超大国は二国間で核拡散防止条約の大枠をつくりあげていた(131)。そしてそれは、一九六八年七月一日に調印されることになる。だがその時点で西ドイツは、そこに加わることはなかった。ジョンソン政権末期ですら超大国間のデタントは、ドイツ再統一や東ドイツ承認の問題とは独立して進められることによってのみ可能となったのである。

西ドイツの政権交代と軍縮問題

ジョンソンの橋渡し演説は、エアハルト政府内では、アメリカがもはや西ドイツの再統一政策を支持していないことの表れと受けとめられていた。[132] たしかにアメリカは、エアハルトのドイツ再統一政策のみならず、エアハルト自身をも見捨てたのである。[133] 当時、エアハルト政権は財政危機に直面していたが、ジョンソンはその点に関しても、エアハルトを積極的に支えることはなかった。外交と金融政策に関してアメリカからの支持を失い、さらに連立を組んでいた自由民主党（FDP）の閣僚たちが内閣から去ると、エアハルト首相は辞任した。[134]

その後およそ一カ月にわたる政治的混乱のあと、新政権が誕生した。一九六六年末、キリスト教民主同盟（CDU）のキージンガー（Kurt Kiesinger）と社会民主党（SPD）のブラント（Willy Brandt）との大連立政権である。キージンガーが首相となり、ブラントは副首相と外相のポストに同時に就くこととなった。[135]

ブラントが外相に就任したことは、NATOが通常兵力の軍縮政策へ傾いていくうえで、さらに重要なポイントだった。実際ブラントは、就任当初より東西ヨーロッパの軍縮を提唱していた。早くも一九六六年一二月一四日のWEU議会において、彼は、相互の均衡のとれた兵力削減を一歩一歩進めていくべきであると主張したのである。[136] そしてその後、NATOの将来の役割が検討されるなかで、西ドイツはイギリスとともに、NATO内の議論を軍縮・軍備管理デタントの方向へとリードしていく。

アルメル報告とMBFR

アルメル報告に至る研究（アルメル研究）がNATO内で開始されたのは、西ドイツにおいて政権交代があってまもなくの一九六七年二月のことであった。軍縮問題に関してアルメル研究がもたらした重要性は、それをNATO全体の問題にしたことである。ジョンソンがヨーロッパにおける相互軍縮を唱えたとき、おそらく彼は米ソ二国間、あるいはせいぜいイギリスを加えた米英ソ三国間のヨーロッパ駐留軍の撤退を念頭に置いていたと考えられる。

実際、超大国間の「相互例示（mutual example）」という軍縮の方法が検討されていた。[137] すなわち、公式の協定にもとづくのではなく、超大国間の暗黙の了解にもとづいて、一方が撤退したら他方も撤退するやり方が想定されていたのである。しかし通常兵力の軍縮問題は、アルメル研究によって、NATOによる多国間の緊張緩和政策となっていったのである。

アルメル研究のかなり早い段階から、イギリスと西ドイツは、NATOがMBFRの問題を議論することを望んでいることを明らかにしていた。イギリス政府は、一九六七年二月一一日づけのNATO事務総長ブロジオ(Manlio Brosio) に宛てた書簡で、NATOとワルシャワ条約機構の「兵力のレベルを下げながらヨーロッパにおける現在の均衡抑止を維持できるかについての見通し」について、NATO諸国は研究すべきであると提言した。[138] 二月一五日には、西ドイツの特別代表で外務事務次官のシュッツ（Karl Schütz）もまた、「中部ヨーロッパの分断線の両側における兵力レベルについて、均衡を保ちながら段階的に見直しを進める可能性をとくに念頭に置きながら、ヨーロッパ安全保障の領域」に関する検討を行うことを提案した。[139]

だがアメリカ国務省は、アルメル研究のなかで軍縮問題を協議することに乗り気ではなかった。アルメル研究のアメリカ代表団のリーダーで、国務次官補のコーラー（Foy D. Kohler）の関心はむしろ防衛問題にあった。そのため、彼はNATOの安全保障を犠牲にして軍縮を進めてはならないと強調したのである。[140] 実際、四月一八日に開かれる予定だった、「防衛政策の全般的諸問題」を担当するサブ・グループ3の第一回協議のためにコーラーが暫定的に作成した概要のなかには、軍備管理や軍縮についての言及がまったくなかった。[141]

このコーラーの素案に対する修正提案を出したのは西ドイツだった。西ドイツ代表は抑止力維持の必要性を認めながらも、軍縮デタントの重要性についても強調し、「重要性を、第一に核不拡散条約と、たとえば鉄のカーテンの両側における段階的で均衡のとれた兵力の削減に置く」ことを提言した。[142] それを受けてコーラーは、不承不承ながら、「相互兵力削減の見通しとリスクは何か」という問題を検討することに同意したのである。[143]

こうして相互軍縮構想は、多国間の計画へと変化していった。アメリカは、多国間の軍縮の枠組みに引き込まれていった。多くのNATO諸国は、防衛費の削減を求める政治的・経済的圧力を国内に抱えていたため、米ソ超大国のみが通常兵力の削減を進めることを受け入れられなかった。それゆえ西側全体として、NATOとワルシャワ条約機構諸国の軍事レベルを均衡させながら、かつそれを低下させるための方策を研究することが求められたのである。[144]最終的に、一二月に合意されたアルメル報告において、NATO諸国はこの問題について積極的に研究を進める必要があることを確認した。それにもとづき、NATOは一九六八年二月より、アルメル研究のフォローアップ研究を開始する。そこでは、相互軍縮問題が中心的な課題となった。[145]当時、アジアではヴェトナム戦争が続いていたが、ヨーロッパにおいては東西間の緊張の度合いは相対的に低く、しかもいくつかのNATO加盟国には防衛予算の削減を求める国内からの圧力が存在していた。そのような状況下では、ある一国が一方的な軍縮に踏み切れば連鎖反応が起こり、ひいてはNATOの防衛体制が崩壊してしまうかもしれないとの懸念ももたれていた。[146]それを避けるために、兵力レベルの程度と、軍縮のための原則や手続き全体について検討する必要が生まれ、相互撤退の構想は多国間化されたのである。

超大国のみの軍縮ではなく、多国間の軍縮構想になったということは、将来における兵力のMBFR交渉に東ドイツが参加することを意味した。実際、一九六八年前半に、NATO内におけるアルメル報告のフォローアップ研究のなかで議論された六つの相互撤退モデルには、東ドイツも参加国として含まれていた。[147]もし西側がNATOとワルシャワ条約機構とのあいだの中部ヨーロッパにおける兵力削減に合意することを望むなら、東ドイツを含めることは避けられず、東ドイツとワルシャワ条約機構の同盟国は、相互兵力削減の条件として、二つのドイツが平等な地位で、国際社会の一員として扱われることを要求してくるのはまちがいなかった。これまでも繰り返し述べてきたように、これは東ドイツ承認に関する西側の従来の立場からすれば受け入れ不可能なことであった。だとすれば、なぜ、あるいはどのような見通しをもって、NATOは一九六八年六月のレイキャヴィク・シグナルにおいて

ＭＢＦＲを公に提案したのかが問われなければならない。

アメリカのイニシアティヴ

興味深いことに、レイキャヴィク・シグナルを採択することを同盟国に最初に、そしてもっとも熱心に訴えたのはアメリカであった[148]。当初、とりわけ国務省レベルでは通常兵力の軍縮に消極的であったにもかかわらず、一九六八年五月二五日、ワシントンはＮＡＴＯ同盟国に対して、ＮＡＴＯが相互兵力削減に関する宣言を打ち出すことを提案した[149]。この突然のアメリカの申し出は、驚きをもって迎えられた。なぜならこのアメリカの提案は、必ずしもアルメル報告の結果として出てきたわけではなかったからである。一九六八年三月から四月の段階では、相互兵力削減問題は、六月開催予定のレイキャヴィクＮＡＴＯ外相会議における議論として考慮されてはいなかった。むしろ、この時期ＮＡＴＯ内部で検討されていたのは、相互兵力削減ではなく、ベルギーによって提案されていた「ヨーロッパにおける軍備凍結」計画であった[150]。ＮＡＴＯ内でのＭＢＦＲに関する研究は始まったばかりであり[151]、西側はまだそれを公に提案する準備ができていなかったのである[152]。

アメリカがそのような提案をした理由は、ふたたび国内の圧力であった。一九六八年春より、サイミントン上院議員（William Stuart Symington）は上院を動かして、ヨーロッパ駐留の米軍をわずか五万人までに削減する修正案を提出しようとしていた（ちなみに、当時三〇万人以上の米軍がヨーロッパに駐留していた）[153]。一方的な米軍撤退を求める議会の要求を封じるため、ジョンソンとラスクは、相互軍縮を訴えるシグナルを採択するよう、ＮＡＴＯの支援を求めたのだった。

実のところアメリカ政府は、そのようなＮＡＴＯの軍縮イニシアティヴが東側陣営によって拒否されることを前提に、この提案を行ったのである。たしかにワルシャワ条約機構諸国は、一九六六年のブカレスト宣言においてすべての外国軍の撤退について言及し、また両ドイツにおける軍縮を語っていた。しかしソ連は、一九六八年までに軍縮問題に関心を失ったようであった。これは――アメリカ政府の分析によると――軍縮によってヨーロッパの米軍がヴェトナム戦争へと回され、それによって当時ソ連と激しく対立していた中国から、社会主義同盟国である北ヴェトナムが不利な状況におちいってしまうと批判されることを、ソ連が恐れていたからであった。(154)また次章で論じるように、一九六八年前半にチェコスロヴァキアにおいて民主化運動が盛り上がったため、それが東欧諸国に波及して社会主義体制が動揺することを抑えるためにも、ソ連軍を駐留させ続ける必要があることをモスクワは再認識したと考えられる。これらの理由から、ソ連は一九六八年までに、ヨーロッパにおける通常兵力の軍縮に消極的になっていたのであった。

実際、一九六八年一月にラスクは駐米ソ連大使ドブルイニンに、米ソが並行して軍縮することを提案したが、モスクワからは何ら返答がなかった。(155)それゆえラスク国務長官は、ソ連がすぐに軍縮提案に賛同してくることはないという見通しをもっていたために、NATO同盟国には東西間の相互軍縮提案を打ち出すよう要請できたのである。たとえば、六月六日にデンマーク外相ハートリング（Poul Hartling）と会談したラスクは、「ソ連とそのワルシャワ条約〔機構〕の同盟国がこの時期実際に（軍縮について）議論をするつもりがあるのか疑っている」と述べるとともに、「しかしながら、どのような軍縮も相互になされるべきであるというNATOの合意は、一方的軍縮への要求に対抗するために足並みをそろえることに役に立つであろう」との考えを示した。(156)つまり、アメリカ議会が要求する一方的米軍撤退に対抗するために、東西相互の軍縮についてNATOが積極的姿勢を示すべきであると訴えると同時に、そのようなアピールを公に行ったとしても、東側陣営がそれに実際に乗ってくる見通しは低く、ひいては東ドイツの参加問題に直面せずにすむと考えられたのである。

フランスを除くすべての西側政府はアメリカの提案を支持した。フランス政府はすでに、軍縮問題を検討するという内容を含んだアルメル報告を受け入れてはいた。しかしフランスは、不承不承それを受け入れたにすぎなかった。かねてよりNATOを批判していたド・ゴールは、NATOがMBFRを通じてその役割を強化することを望まなかった。だが、すでにNATOの軍事統合司令部より撤退していたフランスは、アルメル研究の最終段階で、さらにそれを拒否することでNATOの試みを完全に破綻させることまではできなかった。[157]それゆえフランスは、一九六七年一二月にアルメル報告にしぶしぶ参加したのだった。[158]このような背景があったため、フランスはアルメル報告のフォローアップ研究においては消極的な態度しかとらなかった。フランスはとくに、軍縮に関する協議から距離を置いた。フランスにとって、多国間化された相互兵力削減交渉は、二つの軍事同盟のあいだの交渉を意味した。そのようなブロックとブロックのあいだの対話は、ド・ゴールのめざすデタントとまったく相いれないものであった。ド・ゴールの長期的な目標は、東西間の二国間のコミュニケーションの増大を通じて、米ソが支配するブロックを解体することだったからである。[159]それゆえ、その後一九七〇年代を通じて、フランス政府はMBFRについて検討することに一貫して反対の姿勢を示していくことになる。

一九六八年六月二五日、NATO諸国の一四人の外務大臣は、フランス抜きでレイキャヴィク・シグナルを承認した。[160]仏外相クーヴ・ド・ミュルヴィルは、それに名を連ねることはなかった。アメリカ政府にとって、フランスがこのシグナルに参加しないことは重要ではなかった。議会の批判に反論することのほうが、フランスの支持を得ることよりもはるかに重要だったからである。[161]西ドイツ外相ブラントも、「ドイツのもう一つの部分〔東ドイツ〕は、いずれかの段階で含まれなければならないだろう」ということを認めつつ、MBFR宣言を受け入れた。[162]しかし、すでに述べたように、NATOの多国間ヨーロッパ・デタントの提案は主にアメリカの国内事情のために生み出されたものであり、ワルシャワ条約機構側からの返答を期待してなされたものではなかった。[163]この意味で、レイキャヴィク・シグナルは、東側のヨーロッパ安保会議の提案への対抗提案であったとはいえない。その本質において、ソ連ブロックのイニシアティヴに対して考案され、東側陣営に向けて発せられたシグナルではなかったからである。とはいえ、次章でみるように、一九六九年よりワルシャワ条約機構側があらためて安保会議を提唱するようになると、MBFRはそれに対する対抗提案の役割を担うことになり、安保会議とMBFRのあいだの関係は、一九七〇年代のヨーロッパ・デタントにおける中心的な問題のひとつとなっていくのである。

アルメル報告の意味

最後に、ヨーロッパ冷戦史におけるアルメル報告の意味についても再検討しておこう。アルメル報告は、文言の上では抑止とともにデタントを提唱しているにもかかわらず、ヨーロッパにおけるデタントの起源であったとは言いがたい。第一に、すでに述べたようにレイキャヴィク・シグナルはアメリカ議会に向けてなされたものであり、ワルシャワ条約機構に向かってなされたものではなかった。第二に、そしてより重要なのは、アルメル報告は、ヨーロッパの和解を妨げてきた構造的問題であるドイツ問題の解決に貢献するものではなかったことである。むしろ、西ドイツにとってアルメル研究は、その死活的な国益が何であるのかを強調し、またヨーロッパ安全保障にとってドイツ問題が重要であることを同盟国に納得させるための良い機会だったのである。[164] アルメル研究のサブ・グループ1（「東西関係」を担当）における議論のなかで、西ドイツ政府はその伝統的な立場を繰り返した。すなわち、ドイツ国家の自決、四大国の責任、そして東ドイツの不承認である。[165] キージンガー新政権は、たとえば一九六七年一月には西ドイツとルーマニアの関係を正常化するなど、新しい一歩を踏み出してはいた。だが、アルメル研究のなかでは、ドイツ問題に関する立場を変えようとはしなかった。カナダ、オランダ、ベルギーといった小国は西ドイツのそのような態度を批判したが、むだであった。イギリスは、西ドイツとともにサブ・グループ1の責任担当国であり、やはり西ドイツの態度に批判的であったが、西ドイツの態度を変えることはできなかった。この点について合意することができないまま、アルメル報告は結局、ドイツ問題に関しては、イギリスと西ドイツの二つの議長国の代表による単なる個人的声明というかたちで従来の立場が提示されることとなった。[166]

アルメル研究をめぐるNATO内での議論は、西ドイツの態度が頑固であり、西側内部において孤立したものであることを示していた。しかしNATO諸国は西ドイツの態度を変えることはできず、その結果、同研究はドイツ問題に関して新しいことをほとんど何も示すことができなかった。そもそもアルメル報告は、ド・ゴールの挑戦を受けたNATOがその結束を示すためのものであり、全会一致の支持を必要とするものであった。それゆえ、西ドイツの頑迷な態度に直面した同盟国は、ドイツ問題に関する文言をあいまいなかたちにすることで、同盟内での議論が決裂することを回避しようとしたのである。その結果、アルメル報告は抑止とともにデタントを強調していたが、多国間ヨーロッパ・デタントへの道を切り開くような基盤を提供するものとはならなかったのである。

＊

一九六三年のPTBTの締結を期に、ヨーロッパにおいても東西間の緊張緩和を求める機運は高まった。しかしながら、ドイツ問題の存在ゆえに、二国間での対話は積極的に行われるものの、多国間デタントが進展することはなかった。東側陣営は一九六〇年代半ばに、ヨーロッパ安全保障会議の構想を復活させるが、NATOはそれを無視する姿勢をとり続けた。西側は多国間での通常兵力削減構想を検討するものの、それをレイキャヴィク・シグナルとして公にしたのは、アメリカの国内事情ゆえであった。実際、ワルシャワ条約機構側も、NATOの軍縮提案に対して公に返答しないという状況が続くことになる。NATOが安保会議の構想にはじめて公に関与する姿勢を示し、また東側陣営も通常兵力相互削減構想に回答するのは一九七〇年半ばのことである。だが、まずはその前に、一九六九年に東側がヨーロッパ会議の開催をふたたび提唱し、それに西側はどのように対応したのかを次章でみることにする。

第二章　ヨーロッパ安全保障会議と人道的要素の起源
――一九六八年一月～一九六九年一二月――

前章で述べたように、一九六〇年代のヨーロッパにおける緊張緩和の試みは、もっぱら二国間ベースで進められた。多国間のデタント構想は、東西両陣営から提示されはした。ワルシャワ条約機構は、一九六六年のブカレスト宣言においてヨーロッパ安全保障会議の開催を提唱し、NATOは、一九六八年のレイキャヴィク・シグナルにおいてMBFRという通常兵力の削減構想を提案したのである。だが、両陣営とも相手側の提案を事実上無視し続けた。多国間デタントへ向けて事態がふたたび動き出すのは、一九六九年に入ってからのこととなる。

本章はまず、一九七三年にCSCE開催に至ることになる大きな流れの重要な背景要因を形成した、一九六八年の二つの事件について語ることから始める。一つは、西ヨーロッパの主要都市において勃発した学生運動である。それは、NATOもデタントに積極的に取り組む必要があるとの認識を西側の政治家たちに植えつけることになる。もう一つは、同年起こったチェコスロヴァキアへのワルシャワ条約機構軍の介入である。それは、ブレジネフにあらためてヨーロッパ安保会議を提案させる一つの契機になったと考えられ、またそのような悲劇を繰り返させないことが西側諸国にとっての重要課題となるのである。

ついで本章では、一九六九年三月にワルシャワ条約機構が、いわゆるブダペスト・アピールのなかでふたたび安保会議構想を提唱したことに注目する。この「アピール」の中身を検討し、それに対するNATOおよび中立諸国の反応を分析することが第2節の課題となる。

第3節では、CSCE実現にとって西側陣営でやはり重要な役割を果たすことになるフランスと西ドイツにおける新政権の誕生と、初期の多国間デタントに対する態度について論じる。くわえて一九六九年にどのようにベルリン問題がふたたび浮上することになったのかも本節において確認しておくことにする。あとの章でも論じるように、ヨーロッパ安保会議開催への道はベルリン問題と密接にかかわっていくことになるからである。

最後に、第4節では、本章の中心的テーマである「人・思想・情報の移動の自由」というアイデアが、西側が提唱する主要議題としてどのように立ち現れてきたのか、その起源について論じる。(1)「人・思想・情報の移動の自由」は、最終的にヘルシンキ宣言の第三バスケットとして結実し、冷戦の現状変革をもたらす要因のひとつとなっていくのである。

1　学生運動とブレジネフ・ドクトリン

多国間のヨーロッパ・デタントの実現にとって重要な背景要因となった事件が二つ、奇しくも同じ一九六八年に起こった。一つは、西側陣営における学生運動の高まりである。その年の前半、それはしばしば暴動となって都市から都市へと広がり、西側の政治家に大きな影響を与えた。もう一つは、東側陣営における民主化運動にもたらされた悲劇である。社会主義体制を変革すべく盛り上がったチェコスロヴァキアにおける運動は、同年八月、ワルシャワ条約機構軍の介入によって押しつぶされるのである。これらの事件なくしてはCSCEの実現もありえなかったかもしれない。それゆえ本節では、一九六八年に東西両陣営において起こった事件を簡潔に描いておきたい。

プラハの春

当時チェコスロヴァキアは、長期に渡る経済危機に苦しんでいた。同国の経済・社会体制の改革に反対し、その結果危機を克服できなかったため、一九六八年一月五日、ノヴォトニー（Antonin Novotný）書記長はついに辞任に追い込まれた。あとを継いだのは、スロヴァキア共産党の改革派であったドゥプチェク（Alexander Dubcek）であった。彼は真摯な共産党員であったが、「人間の顔をもつ社会主義」の構築を試みた。この新指導者は、経済のみならず政治改革も提案した。公の場での自由な議論を活発化させ、検閲を終わらせ、秘密警察の権力を制限するなど、自由を拡大することをめざした。彼はまた、西欧諸国とのつながりを強化し、同時にチェコスロヴァキアにおけるソ連の代表者たちの影響を徐々に取り除こうともした。(2)

このようなドゥプチェクの改革は、ソ連よりも、ほかの東欧諸国からより厳しく批判された。とりわけポーランドの指導者ゴムウカは、一九六八年三月にワルシャワにおいて学生の抵抗運動が起こっていたため過敏になっていた。チェコスロヴァキアでの改革が、ポーランドにも波及することを恐れたのである。(3) また、チェコスロヴァキアが西ドイツへの接近の度合を深めれば、オーデル＝ナイセ線を西ドイツに承認させるというポーランドの方針が骨抜きにされかねないことを懸念した。(4) ゴムウカは「それゆえ、ワルシャワ条約の枠組みのなかで、ソ連軍によるチェコスロヴァキアの占領を考慮することが適切である」と語り、ドゥプチェクの改革に対する敵意をあらわにしていた。(5) 一九六八年三月二三日にドレスデンで開かれたワルシャワ条約首脳会議では、ゴムウカや、同じくチェコスロヴァキアの動きが自国に波及することを恐れた東ドイツの指導者ウルブリヒト（Walter Ulbricht）は、チェコスロヴァキアで起こっていることを「反革命」であると激しく非難したのである。(6)

ほかの社会主義国からの圧力の高まりにもかかわらず、一九六八年四月五日、チェコスロヴァキア共産党は非常にリベラルな「行動計画」を採択し、公表した。それは、包括的な改革政策を示したものであった。その改革案は、

「社会への圧力によって」ではなく、「自由で、進歩的で社会主義的な発展へのまなざしをもって社会に献身すること」によって指導的な役割を主張することを望む」のだと宣言していた。[7] チェコスロヴァキアの新聞や雑誌では、政治や社会の問題について活発な議論が始まっていた。非公式の政治「クラブ」が国中に生まれ、非共産主義政党の創設を提唱していた。[8] プラハに春が訪れていた。

ＮＡＴＯ諸国は、チェコスロヴァキアの状況を注意深く観察しており、それに対して慎重な態度をとっていた。ドゥプチェクの改革は西側にとってまちがいなく好ましいものであった。だがその一方で、ソ連がどのように反応するのか深く憂慮もしていた。というのも、一九五六年のハンガリー革命がソ連軍につぶされた悲劇が繰り返されるかもしれないと懸念したからである。[9] 西側のチェコスロヴァキアへのアプローチしだいでは、ソ連の介入を引き起こしかねないと考えられていた。また当時、西側は東西間の相互軍縮を真剣に検討していた。さらに、おそらくより短期的に重要であったのは、核不拡散条約を締結する日が近づいていたことであった（実際、一九六八年七月一日に核不拡散条約は調印された）。その段階でソ連を不必要に刺激しないことは、軍縮・軍備管理デタントを促進するうえで重要であった。それゆえ、ＮＡＴＯ諸国はプラハの春に対して、注視しつつも静観する態度をとったのである。[10]

一九六八年の学生運動

同時に西欧各国の政府は、自国内における学生の抵抗運動に苦慮していた。西側社会は当時、低成長や産業界の動揺などといった共通の問題を抱えていた。[11] また国際的には、ヴェトナム戦争が問題となっていた。この悲惨な戦争に対して、世界中の人びとが憤り、とりわけ多くの若者が怒りをあらわにしていた。大学生の数は、第二次世界大戦以降、劇的に増大していた。[12] それゆえ各国の大学キャンパスを中心に、学生が、政府の社会、経済、政治、そして冷戦政策に対して反対運動を主導するようになった。西ヨーロッパにおける最初の学生運動は、イタリアにおいて勃発し、一九六七～六八年の冬に、トロントとローマへと広がった。一九六八年二月には、ロンドンと西ベルリンに波及し、ヴェトナム戦争に反対する大規模なデモが沸き起こった。四月には西ドイツで、政府が大統領に秩序回復の権限を委ねる非常事態法案を出したことに反発して、「戦後ドイツの歴史のなかで最大でもっとも暴力的な抗議運動」が爆発した(13)。

学生運動がもっとも激しかったのが一九六八年五月のフランスであった。新設のナント大学において点火した反体制の炎は、パリの中心ソルボンヌ大学へ飛び火した。大学では、学生たちが警官と衝突し、バリケードを築き上げた。学生の反抗は、フランスのほかの都市にも波及していった。さらに、労働者が学生に合流し、抵抗運動は一九六八年五月二二日のゼネストへと発展していった。フランス社会は機能麻痺を起こし、ド・ゴール大統領がドイツのバーデン・バーデンへと避難するほどであった。その後、六月の終わりまでに、ポンピドゥ（Georges Pompidou）首相によって、大学の自治の承認や教育制度の民主化、労働者の団結権などについて大幅な譲歩が提示されたために、状況は平常へと戻っていった(14)。

しかしながら、この一連の学生運動は、西側の政治家たちに深い影響を与えていた。たとえば、一九六八年六月のレイキャヴィクにおけるＮＡＴＯ外相会議において、イギリスの外務大臣スチュワートは演説のなかでつぎのように訴えていた――

……われわれ〔ＮＡＴＯ〕は、防衛と抑止の機能をもっているだけでなく、デタントを促進するという機能ももっています。しかし、それだけではありません。われわれは、若い世代に対して、それこそが、われわれがやっていることなのだということを明確に示さなければならないのです。というのも、実際、世界をみて、人類がこのように分断されていることに憤りを覚えると語り、またそれゆえに自国を非難する傾向のある批評家に対して、もし彼がＮＡＴＯ加盟国の市民であるならば、彼に対してわれわれが与えられる、優れた妥当な回答があるからです。……われわれは、彼に対して、純粋にデタントを追求しているなかでいまわれわれが行っていることを示す立場にあります。しかし、このことを、若い世代に対して明確にする必要があるのです。[15]

のちにスチュワート外相は、若い世代からの支持を得るために、NATOはデタントにより前向きでなければならないという確信をもつようになる。そして、NATOを多国間の東西交渉へコミットさせるよう尽力することになるのである。

ワルシャワ条約機構軍の介入とブレジネフ・ドクトリン

ちょうど同じころ、チェコスロヴァキアでは、草の根の活動がより活発になっていた。一九六八年六月二七日、ある有名な作家によって書かれ、多くの著名な知識人たちによって支持された「二千語宣言」が、主要各紙に掲載されたのである。それは、大胆にも共産党を非難し、改革と民主化を促進することを市民に訴えていた。チェコスロヴァキアの一般の人びとの反応もはっきりしていた。国中から「二千語宣言」を支持する手紙が各新聞社に殺到したのである。[16]下からの力が東側陣営を揺さぶり始めていた。

「二千語宣言」は、明らかにワルシャワ条約の指導者たちを動揺させた。ハンガリー共産党の指導者カーダール(János Kádár)の態度の変化はその好例である。ハンガリーはすでに一九六〇年代後半より地道な経済改革を進めていたせいもあり、一九六八年六月以前、彼は、チェコスロヴァキアの改革に対して、ゴムウカやウルブリヒトよりずっと穏健な立場をとっていた。しかし「二千語宣言」以降カーダールは強硬派に賛同するようになる。ブレジネフに対して彼は、必要ならばハンガリーはチェコスロヴァキアの軍事占領に参加するであろうと語っていた。[17]

一九六八年七月一四～一五日に召集されたワルシャワ条約機構首脳会議は、チェコスロヴァキアに対する公開の「ワルシャワ書簡」を採択する。それはつぎのように述べていた。

敵対的な勢力があなたの国を社会主義の道から外れさせ、チェコスロヴァキアの国際社会主義共同体からの分離を引き起こすようなことにわれわれは同意できない。これらは、すべての共産党ならびに労働党の、そして同盟、協力、友好に加わっているすべての国家の共通の関心事である。[18]

これはチェコスロヴァキアに武力介入することを示唆する最後通牒であった。その後七月末から八月半ばにかけて、ソ連とチェコスロヴァキアのあいだでいくつかの話し合いがもたれたが、結論は出なかった。一九六八年八月一三日、疲れ果てたドゥプチェクは、ブレジネフに対して辞任の意向を示した。というのも、彼はもはや自分では改革のダイナミズムを止めることはできないと考えていたからである。だがそのことは、ソ連の指導者にとって、チェコスロヴァキアがドゥプチェクのコントロールから外れてしまっているということを意味していた。[19]八月一七日、ソ連政治局は「ドナウ」と名づけられた軍事作戦の開始を決定する。そして三日後、ソ連率いるワルシャワ条約機構軍（ルーマニアを除く）は、国境を越えてチェコスロヴァキアを占拠した。[20]ここに、チェコスロヴァキアの改革運動は終わりを告げたのである。

この軍事介入に対する西側の反応は複雑であった。まず驚きがあった。NATO各国は、軍事行動がとられることを実際に予想していなかったからである。そして、東側の武力行使に対して強い憤りが続いた。[21]とりわけ、東側が介入を正当化したそのやり方は、さらなる反感を引き起こした。ソ連の指導者は、チェコスロヴァキアへの軍事侵攻について、「社会主義諸国の主権と自決権は、社会主義世界の体制の利益に従属する」と説明した。[22]つまり東側陣営においては、社会主義体制が脅かされている国があれば、それを維持するためにほかの社会主義国はその国の主権を侵害してでも介入することが認められると強弁したのである。ブレジネフ・ドクトリン――西側によってそう呼ばれたこの原則は、のちにＣＳＣＥにおいてＮＡＴＯ諸国が取り組むべき課題のひとつとなる。

しかし他方で、NATO各国の実際の反応は抑制されたものであった。西側諸国は、東側に対する抗議のジェスチャーとして、武力介入を行ったソ連・東欧諸国との大臣級の接触を禁止したものの、経済制裁などのさらに踏み込んだ制裁措置をとることはなかった。アメリカやイギリスなどのNATO諸国は控えめな対応をし、ワルシャワ条約各国へのアプローチを「通常業務」のレベルへとすぐに戻したのだった。[23] そもそも西側諸国は、もしソ連がチェコスロヴァキアに介入したとしても、自分たちにできることは何もないと考えていたからである。[24] また、明確に語られたわけではないが、依然として多くの諸国が、東西関係を安定化させるためだけでなく、西側陣営内、そして各国の国内のまとまりを維持するためにも、東側に対立的な態度をとるより、デタントを追及することのほうが実際的な手段であると考えていたからかもしれない。たしかに一九六八年末、NATOの外務大臣たちは、デタントは「NATOの政策の長期的な目標」とすべきであるということに合意する。[25] だがそれにもかかわらず、多国間のヨーロッパ・デタントへと向かう契機は、予想されたよりもずっと早く訪れることになり、西側諸国もしだいにそれにかかわっていくことになるのである。

2　ブダペスト・アピールと西側の反応

チェコスロヴァキアでの悲劇によって、デタントの機運は著しく削がれたかに見えた。しかし、ふたたびイニシアティヴをとったのは東側陣営であった。一九六九年三月、ワルシャワ条約機構は、いわゆるブダペスト・アピールを打ち出す。これが、CSCEのより直接的な起源となる。本節では一九六九年前半に注目し、このブダペスト・アピールを分析したあと、中立国のフィンランドが二つの軍事同盟のあいだの仲介者として名乗りをあげる過程を概観し、最後にブダペスト・アピールに対するNATO側の最初の対応である、東西交渉のための「具体的な諸問題のリスト」の作成について見ておくことにする。そしてそれを通じて、NATO諸国は当初から人権や「人・思想・情報の移動の自由」をそのような会議の議題として考えていたわけではなかったことを明らかにする。

安保会議構想の再登場

ブダペスト。一九六九年三月一七日――

チェコスロヴァキアへの介入の約六カ月後、ワルシャワ条約機構諸国の指導者たちがハンガリーの首都に集まっていた。会議の最終日、彼らは、「ブダペスト・アピール」と呼ばれる宣言を「全ヨーロッパ諸国に対して」打ち出す[26]。そのなかで、東側陣営が一九六〇年代半ばより主張していた全ヨーロッパ諸国による安全保障会議があらためて提唱された。

この安保会議の提案は、ソ連のイニシアティヴによるものであった。ブダペストでの会議の一〇日前、ソ連指導部が会議開催国ハンガリーの共産党書記長カーダールに宛てた書簡のなかで、ヨーロッパ安全保障に関する宣言を打ち出すという提案がなされていた[27]。このソ連の行動には、少なくとも三つの背景要因を指摘できるだろう。第一に、チェコスロヴァキアへのワルシャワ条約機構軍の武力介入である。この事件によって批判をあびたブレジネフは、平和の提唱者として名声を回復するために、全ヨーロッパ諸国による安保会議を再度提唱したと思われる[28]。また、西側が武力介入のあとそれほど厳しい姿勢をとらなかったことも、ソ連にとって安保会議を提案しやすい状況をつくっていたといえよう。

第二に、中国要因があげられる。ソ連は一九六〇年代を通じて中国と対立し続けていたが、一九六九年三月、その対立はついに、ウスリー河に浮かぶ珍宝島（ダマンスキー島）の領有をめぐる武力衝突にまで至った。その結果、ソ連にとって中国は、東側からの差し迫った脅威となり、東と西の二正面での対立に挟まれないためにも、ソ連の西側国境を安定化させることがより重要になったと考えられる[29]。それゆえ、安保会議を開催し、ヨーロッパにおいて一定の緊張緩和を醸成することは、ソ連の安全保障にとって好ましかったのである。

そして第三に、アメリカの新政権がヨーロッパの現状を承認する姿勢を示したことが、ソ連指導部にとって重要であったと考えられる。一九六九年一月、アメリカではニクソン（Richard Nixon）が大統領に就任し、「交渉の時代」が始まったと宣言していた。ソ連指導部は、二月一七日にニクソンとはじめて会見したドブルイニン駐米ソ連大使を通じて、新大統領に書簡を手交し、ソ連の基本的な立場を示した。そのなかで、とくに米ソ関係の展望にとって「第一級の重要性」をもつものとして、両国が戦後のヨーロッパの構造を尊重することから実際的な政策を進めることができるだろうか、と問いかけられていた。(30) 四日後、安全保障問題担当の大統領特別補佐官キッシンジャー（Henry Kissinger）がドブルイニンと昼食をともにした際、彼はニクソン大統領がその点について同意していると伝えた。(31) この返事は、ソ連側を大いに喜ばせることになった。二月二八日のドブルイニンへの電信のなかで、ソ連の第一外務副大臣クズネツォフ（Vasily V. Kuznetsov）はこう記している――

ヨーロッパにおける戦後秩序の基盤が変更されれば、大変な動乱を引き起こし、大国間の対立の危険を生み出すことになりうるため、これを変更すべきではないということについて、ニクソン大統領がソ連政府に賛同を表明したという事実を、モスクワは正当に評価します。もしアメリカとソ連のアプローチが、ヨーロッパにおける戦後秩序の基盤を尊重することで一致するならば、それは根本的に重要なことです。われわれは、合衆国が、いわゆる「橋渡し」を行うことも含めて、東欧の諸問題に介入するつもりがないという大統領の保証に注目しています。同時に、ヨーロッパにおける既存の現実を承認することは、不必要な複雑さと危険な対立を避けるための正真正銘の基盤なのです。(32)

このようなアメリカの態度は、安保会議を通じて、ヨーロッパの現状を固定化できるという期待をソ連側に抱かせたと考えられる。ソ連指導部が、カーダールに前述の書簡を送ったのはその一週間後のことであった。ブダペストにおけるワルシャワ条約機構首脳会議においてヨーロッパ安全保障に関する宣言を行うことを提唱した背景には、このアメリカ側の姿勢が大いに影響したことは疑いえないだろう。

ブダペスト・アピール

一九六九年三月一七日のワルシャワ条約機構首脳会議において採択されたブダペスト・アピールに、とくに目新しい提案が含まれていたわけではない[33]。前章でみた一九六六年のブカレスト宣言と同様、共産主義諸国はヨーロッパの安全を保障するために、ポーランドと東ドイツのあいだのいわゆるオーデル＝ナイセ線や東西ドイツの分断線を含む既存の国境線を不可侵のものとすること、東ドイツを国際社会の一員として承認すること、そして西ベルリンが西ドイツの一部ではなく特別の地位を有しているという従来からの東側の主張を認めることが必要であると主張した。また、ブダペスト・アピールは、ＮＡＴＯ諸国によって一九六八年六月になされたレイキャヴィク・シグナルには言及せず、ＭＢＦＲについての対話の呼びかけを無視していた。モスクワの目的は依然として、ヨーロッパの現状を固定化することだった[34]。ソ連にとって、現状の承認とは東ドイツの承認を意味した。東ドイツが国際会議に参加できるようにすることは、ソ連の重要な目的であった。というのも、それは東ドイツを国際社会の一員であることを西側が認めることを意味したからである。それゆえ、従来の東側の提案と比較すると、ブダペスト・アピールの内実にとくに大きな変化はなかった。

しかしながら、一九六六年のブカレスト宣言と比較すると、重要な違いも見てとれる。まずその論調が、より抑制の効いたものとなっていた。たとえば、ブダペスト・アピールでは西ドイツを非難するようなプロパガンダは慎重に省かれていた[35]。つぎに、無条件でヨーロッパ安保会議を開催することが提案されていた。ブカレスト宣言では、東ドイツの法的承認が安保会議開催の前提条件とされたが、ブダペスト・アピールではそれは言及されず、安保会議開催の前提条件ともなっていなかった。東ドイツやポーランドは既存の国境が国際法的に承認されることを望んだが、結局、同アピールでは国境の「不可侵（inviolability）」が「ヨーロッパの安全保障にとって根本的な必要条件」であると表現されるにとどまったのである[36]。くわえてそれは、アメリカの参加について言及していなかったものの、ソ連は内々では、安保会議にアメリカが参加することを受け入れることをほのめかしていた[37]。だが、それにもかかわらず、つぎに見るようにブダペスト・アピールに対する西側の反応はおおむね懐疑的であった。

ブダペスト・アピールに対する西側の反応

ワシントン。一九六九年四月――

アメリカ、カナダ、そして西欧諸国が一九四九年に北大西洋条約を締結してから二〇年が経っていた。その間NATO加盟国は一五カ国となり、本部はパリからブリュッセルへと移転した。また、年二回の外相会議を定着させ、軍事問題を中心としつつもさまざまな問題を討議してきた。そして、一九六九年。同条約が調印されたワシントンにおいて、創設二〇周年を記念するNATO外相会議が、四月一〇日に開催された。

その前月に打ち出された東側のブダペスト・アピールは、このNATO外相会議における主要議題のひとつとなった。ワシントンに集まった西側外相の多くは、ブダペスト・アピールに対して不信感を表明した。ワルシャワ条約機構軍によるチェコスロヴァキア介入から、わずか半年あまりしか経っておらず、また安保会議そのものに西側が積極的な利益を見出していなかったことを考えれば、無理もないことであった。イギリス外相スチュワートは、東側のアピールが西側の団結を弱めるために打ち出されたものであると述べ、NATOの軍事力を増強することが重要であると強調した。彼は、むしろそれが東西関係を促進するための前提条件であると考えていた[38]。フランス外相ドブレ（Michel Debré）もまた、ヨーロッパ安保会議が成功する見込みは低く、現段階では会議が失敗するよりも会議を行わないほうが賢明であると主張した[39]。アメリカ国務長官のロジャース（William Rogers）も、東側への不信感を隠そうとしなかった[40]。ベルギー、オランダ、西ドイツなどの外相も同様に、東側のイニシアティヴに対して慎重な姿勢を崩さなかった。その結果NATO諸国は、とくにアメリカの強力な主張によって、NATO外相理事会の最終コミュニケのなかに「ブダペスト・アピール」という言葉を含めないことに合意した。そうすることによって、西側は同アピールを受け入れていないということを示そうとしたのである。それゆえコミュニケは、ヨーロッパ安保会議にはまったく言及しないものとなった。(41)

しかし、西側は東側のイニシアティヴを完全に無視することはできなかった。それには二つの理由が考えられよう。一つは、ブダペスト・アピールの文言が穏健なトーンになったことによって、あからさまに否定しにくくなったことがあげられる。というのも、そのような態度を西側が示せば、緊張緩和をめぐるプロパガンダ合戦において東側を優位な状況に立たせかねなかったからである。前年に西側各地において勃発した激しい学生運動の結果、そのような懸念はとりわけ高まっていた。実際、NATO理事会の翌日、スチュワートはロジャースに対して、「もしわれわれが、ある具体的な提案に対して、ただ『ノー』を突きつけているように見られたら、若い世代に対して北大西洋同盟の維持が必要なのだということを正当化することがむずかしくなる」と述べている。(42) NATOが創設されてすでに二〇年が経っており、新しい世代にNATOを維持し続けることの重要性をあらためて訴えることが必要になってきていた。そのためには、東側の緊張緩和のイニシアティヴに対して、NATOとして前向きな姿勢を示さなければならなかったのである。(43)

くわえて、第二の理由として、西側の結束を維持する必要があった。ワルシャワ条約機構のアピールに対しては強い不信感を抱きつつも、東西対立の緊張が緩和することを望む国は依然として少なくなかった。事実、前述のNATO外相会議において、イタリア外相のネンニ（Pietro Nenni）——イタリア社会党党首でもあった——はブダペスト・アピールを歓迎するスピーチを行い、むしろNATOの側からがヨーロッパ安全保障会議を提案することで東側の提言に応えることが最善の対応であると主張した。また、ノルウェー外相も東側の提案する安保会議に積極的に参加する姿勢を示した。(44) このようなNATO内の意見対立を表面化させないためにも、西側がデタントに消極的ではないことを示さなければならなかったのである。

それゆえ、外相会議ではNATOのとるべき態度についていくつかの提案がなされた。英仏外相は、ブダペスト・アピールを全面的に否定するのではなく、交渉を求めるソ連の真剣な態度と、ソ連のプロパガンダの部分を区別すべきであると主張し、東側のイニシアティヴのなかでより実質的な部分に注目すべきと訴えた。(45)また西ドイツ外相のブラントは、同アピールの論調が西ドイツに対して攻撃的でなくなったことに強い印象を受けており、(46)ヨーロッパ安全保障会議に向けて作業を開始する準備に前向きであることをNATOは示すべきだとした。(47)さらにスチュワートは、そのような会議においてどのような諸問題を取り扱うことが最善なのかを検討することを提案した。(48)スチュワートの提案の背景には、ブダペスト・アピールには安保会議についての具体的な提案が欠けているというイギリス外務省による批判的な分析があった。(49)最終的に、このスチュワートのアイデアがNATO諸国に受け入れられ、ワシントンでのNATO理事会の最終コミュニケのなかで、「東西関係における具体的な諸問題のリスト」を作成することが謳われ、NATOは東西対話のための具体的な提案を検討することになった。(50)こうして西側は、東側のブダペスト・アピールに対して、安保会議開催の提案については無視しつつも、冷戦の緊張緩和に前向きであるとの体裁を整えたのである。

フィンランド・メモランダム

ブダペスト・アピールが出され、NATOのコミュニケが出されたあと、将来のヨーロッパ安保会議にとって重要な提案が中立国によってなされた。一九六九年五月五日、フィンランド政府が全ヨーロッパ、アメリカ、そしてカナダの各国へ、ヨーロッパ安保会議とその準備協議のホスト国を引き受ける準備がある旨のメモランダムを送付したのである。(51)フィンランドのような中立・非同盟諸国がCSCEの開催やヘルシンキ宣言の作成過程で果たした役割の詳細な分析は、本書の範囲を超える。しかし一九六〇年代と異なり、中立・非同盟諸国が東西間の対話に関与するようになったことは、一九七〇年代のヨーロッパ・デタントにおける新たな、そして重要な要素となったことは注目してよい[52]。それゆえ、ここでフィンランドの提案に対する西側の態度を一瞥しておくことは有益であろう。

当初NATOのなかでは、フィンランドの申し出の背後でモスクワが糸を引いているかもしれないという疑念がもたれていた。事実、四月初頭に、駐フィンランド・ソ連大使のコヴァレフ（A. E. Kovalev）はフィンランド大統領ケッコネン（Urho Kekkonen）に、フィンランド政府がヨーロッパ安保会議の提案を準備し、またその会議の準備に積極的に携わるよう求めていた[53]。イタリア政府は、駐伊・フィンランド大使から、フィンランド本国のイニシアティヴはソ連の要望に応えるためにとられたものであるとの情報を得ており、それゆえ、ネンニ伊外相はブダペスト・アピールを高く評価していたにもかかわらず、イタリア政府はフィンランドの態度に不信感を抱いていた[54]。もうひとつの中立国であるオーストリアも、同じような提案をするようソ連より促されていたが、こちらはそれを拒否していたという[55]。フィンランドのほうは、そのような全ヨーロッパ会議を開催するには十分な施設がないなどの理由で、当初ソ連の要求にこたえることに躊躇していた。また、フィンランドがソ連の忠実な連絡係となることで、西側諸国に不信感を抱かれてしまうことも懸念していた[56]。だがオーストリアが拒否したのち、ソ連はふたたびヘルシンキのほうに期待をかけた[57]。のちに、フィンランド大統領はイギリス大使に対して、ソ連が会議のための圧力をかけ続けていたことを認めた。しかし彼は、フィンランド政府のイニシアティヴは完全にフィンランド自身のものであることを強調した[58]。そして、フィンランド政府はソ連との違いを強調するために、安保会議に東西両ドイツと、アメリカ、カナダをも招待するという姿勢を明確にしたのである。

しかしフィンランドの真意がどうであれ、イタリアが抱いた不信感は多くのNATO諸国にも共有されていた。イギリス政府もまた、フィンランドの提案はソ連によって鼓舞されたものであると疑っていた。だがイギリスにとって重要だったのは、安保会議を将来においても開催する意志がまったくないという印象を与えないことであった。というのも、そのような態度はソ連のプロパガンダにとって利益になるだけだと考えられたからである。それゆえ、イギリスのスタンスは、「単にフィンランドの申し出を礼儀正しく留意することであり、われわれはそれを心にとどめておくと述べる」というものであった。イギリス政府は当時、フィンランドのイニシアティヴは重要な影響をもたらすものではないと考えていた。[59]オランダやベルギーも、イギリスの立場に同意した。より強硬であったのはアメリカであり、イタリアやトルコにも支持され、どのようなかたちであれフィンランドの申し出に答えることに強く反対した。[60]

フィンランドの動きを好意的にみる国もあった。西ドイツは、フィンランド・メモランダムの内容は、おおむね西ドイツの見解と同様であると考えていた。そこには安保会議のための入念な準備の必要性や、アメリカとカナダの最初からの参加が認められていたからである。[61]ノルウェー、デンマーク、そしてカナダも、イギリスの路線は消極的すぎると見ていた。[62]フランスは、中立諸国がヨーロッパ安保会議に関心を示していることを評価していた。というのもそれは、安保会議に参加する国が二つのブロックのメンバーに制限されないことを意味したからである。[63]その結果、NATOとしてフィンランド・メモランダムに答えることはせず、もしNATO加盟国が望むなら、個々のメンバーが二国間ベースで、一九六九年四月のワシントンにおけるNATO理事会のコミュニケに示された路線で、フィンランドに口頭で返答すればよいということになった。[64]いずれにせよ、フィンランドの提案は、NATO諸国によって慇懃に断られたのである。中立諸国の影響は、この初期段階においては、まだきわめて限られたものであった。

具体的な諸問題のリスト

フィンランド・メモランダムについての議論と並行して、NATOは一九六九年四月一一日のNATOコミュニケに従って、具体的な諸問題のリストの作成を開始した。それは、NATOを何らかのかたちで多国間ヨーロッパ・デタントへとつなぎとめるものであったという点で意味があった。東西対話のための諸問題のリスト作りに外交官たちは多くの努力を払ったが、振り返ってみれば、それがCSCEに直接与えた影響はきわめて限られたものであっい。

た。それゆえ、このリスト作りの過程をここで詳細に検討する必要はない。だが、このリスト作りに際して各国が示した提案のいくつかを見ることによって、一九六九年前半の段階における各国のデタント政策を確認しておきたい。

まずド・ゴールのフランスは、依然として多国間のヨーロッパ安保会議に消極的であった。一九六九年四月末、駐ソ・フランス大使のセイドー（Roger Seydoux）は、安保会議構想に対するフランスの断固とした拒否をソ連に伝えていた。彼はドイツ問題の困難に言及しつつ、まずは二国間でデタントの雰囲気を醸成することの必要性をほのめかした。社会主義国の主権は制限されると主張するブレジネフ・ドクトリンへの批判を示唆しつつ、彼はフランス政府の見解として、デタントとはヨーロッパにおけるすべての国がそれ独自の外交政策を自由に選ぶことができることを意味するべきであると主張した。[65] 五月にNATO諸国に提出された、東西対話のための諸問題に関するフランスのペーパーもこの主張を反映していた。[66] まずリストの冒頭に、フランスは経済、文化、科学技術の問題を置き、とくに東西間の文化協力に関心を示した。[67] しかしフランスのリストは、東西間の政治経済問題全般はあくまで二国間で取り組むべきであると強調していた。というのも、二つの陣営のあいだの対話というかたちを嫌っていたからである。さらに、フランスが「正しい行動規範（Codes of Good Conduct）」という議題をリストのなかに盛り込んでいたことも注目される。それはたとえば、主権、国家間の平等、内政不干渉などの原則を盛り込むことを提案していた。それは明らかに、主権の制限を謳っているブレジネフ・ドクトリンへの対抗提案であった。

西ドイツが提出したペーパーの特徴は、やはりドイツ問題を重視しているという点にある。西ドイツは、東側陣営に段階的にアプローチすべきであることを強調していた。[68]「小さな歩み」とされた第一のカテゴリーには、武力不行使協定に関する二国間の交渉を含めていた。それは西ドイツ政府が一九六九年初頭より準備していたものであり、七月三日にソ連に正式に提案されることになっていた。[69] それゆえ、武力不行使の問題がほかの諸問題と同じように扱われるのは、西ドイツにとって都合が悪かった。つまり、諸問題のリスト作成に際して、西ドイツとソ連との二国間交渉をNATOが妨害することになるのではないかと懸念されたのである。[70]

西ドイツのリストのなかのもうひとつの重要な要素は、ドイツとベルリンの問題の解決は、最終段階に位置づけられていたことである。そのような解決は、武力不行使やMBFRといったほかの問題が東側との交渉で解決し、良い雰囲気がつくられたあとでなければ思い描くことができないと述べていた。[71] CDUとSPDの大連立政権が発足して以来、ドイツ問題の解決がまずありきというアデナウアー時代の立場は完全に後退していた。だが西ドイツ政府の態度は、「極度に慎重」でもあった。[72] 西ドイツのNATO大使グレーヴェ（Wilhelm Grewe）は、ヨーロッパ安保会議の開催について懐疑的であった。[73] キージンガー首相もまた、ソ連側からの安保会議の提案を無視するような態度をとり続けていたのである。彼らと比べると、ブラント外相の立場はずっと穏健で、安保会議の構想にも一定の関心を示していた。[74] たとえば彼は、一九六九年六月の西欧同盟（WEU）の会合でこう述べている――「〔ブダペスト〕宣言は、東西関係における最近の出来事のなかでもっとも注目に値するものであり、それが出されてから、モスクワは西側に対する敵対的な態度を緩和させています」。とはいえブラントも、西ドイツと東ドイツの当面の――すなわち再統一が実現するまでの――関係を明確化するための暫定協定（modus vivendi）が締結されるまえに安保会議が開催されることには反対であった。西ドイツの観点からすると、東西両ドイツ間での暫定協定の成立こそが、安保会議開催のための「準備」としてもっとも重要な部分であった。[75] たとえヨーロッパ安保会議がヨーロッパ・デタントにとって望ましいものだとしても、東ドイツの参加問題は、まえもって二国間で解決されておく必要があったのである。

イギリスのリストは全般的に、軍縮・軍備管理措置、とりわけMBFRといわゆる信頼醸成措置へのロンドンの関心を示していた。[76] だがイギリスについて注目すべきは、そのリストの中身よりも、NATO内の議論でイギリスが果たした役割である。イギリスはNATO内で、リスト作りの作業にもっとも活発に取り組んだ国であった。イギリス政府は、この段階で、ソ連に対して積極的なイニシアティヴをとるつもりがあったわけではない。だがイギリス外務省は、ブダペスト・アピールへの返答としてネガティヴな印象を与えるべきではないと考えていた。それゆえ、ＮＡＴＯをショー・ウィンドーとして用いることで、東西間の交渉について西側は積極的に取り組んでいることを示そうとした。[77]つまり、イギリスはリストの作成についてＮＡＴＯ内で努力することで、世論や議会にアピールし、ＮＡＴＯはデタントに後ろ向きではないという印象をつくりだそうとしたのである。さらに、諸問題のリストをＮＡＴＯ各国とともに作成することによって、二国間でソ連との交渉を進めようとしていた西ドイツの関心を、ＮＡＴＯのほうへと引きつけようとする思惑もあった。[78]このような考えからイギリス政府は、ＮＡＴＯ内の議論を熱心にリードしたのであった。

一九六九年七月二二日、ＮＡＴＯ理事会は、その上級政治委員会（ＳＰＣ）において作成された暫定的なリストを採択した。だがそれは、各国それぞれが重視している議題の単なる「寄せ集め」のようなものであり、むやみに長いリストとなった。[79]ＮＡＴＯ各国が「デタント」に対してさまざまな考えや主張をもっていたことの反映でもあった。その結果、たしかにそのリストには幅広い議題が含まれることになったが、イギリスのＮＡＴＯ常駐代表バローズ（Bernard Burrows）が指摘するように、リストに含まれた諸問題は、すでに以前より東西間で交渉が試みられていたり、ほかの国際機関においてすでにとりあげられているものであり、目新しい実質的な問題はほとんど含まれていなかった。[80]それゆえ、このリストの内容をここで詳細に論じることにあまり意味はない。

むしろ、本章の議論にとって重要なのは、このリストのなかに人や情報の移動の自由や人権についての問題がほとんど含まれていなかったという点である。リストには、せいぜい「観光の拡大」という項目と、「ドイツとベルリン」のカテゴリーに「旅行施設の改善」や「書籍・雑誌・新聞の交換」といった項目が含まれていたにすぎない。[81]しかも、後者はあくまでも東西ドイツ間の問題に限定されたものであり、全ヨーロッパ規模のものとして想定されたものではなかった。

人道的問題がヨーロッパ冷戦のなかで具体的にとりあげられたのは、第二次ベルリン危機の勃発にまでさかのぼる。一九五八年一一月、フルシチョフが東ドイツと講和条約を締結し、西ベルリンを「自由都市」化すると宣言したことによって、危機は始まった。危機を乗り切るために、また同時にソ連の行動によってドイツ分断を固定化させないために、西側の米・英・仏・西独の四カ国は、まず対案を作成した。一九五九年五月にソ連側に提示された、段階的にドイツ再統一へ至るロードマップを提示した「西側講和計画（Western Peace Plan）」がそれである(82)。その計画のなかには、東西両ドイツの代表からなる「合同委員会」を設置するという提案が盛り込まれていた。そしてその委員会が取り組む問題として、「両ドイツ間の人・思想・出版物の移動の自由」や「両ドイツにおける人権」を保障することが謳われていたのである。この「西側講和計画」はソ連に拒否されるものの、「混合委員会」を設置して「両ドイツ間の人・思想・出版物の移動の自由」という問題を扱うという考えは、一九六〇年代を通じて、しばしば西側同盟国間の協議のなかでとりあげられてきた(83)。だがやはり、人道的問題はあくまでも東西ドイツ間の問題として取り扱われていた。

一九六九年前半の「諸問題のリスト」においても、その作成過程を記録した公文書のなかには、人道・人権の問題に関する言及は驚くほど少ない。のちに、「人・思想・情報の移動の自由」という議題は、西側にとって、ヨーロッパ安保会議においてもっとも重要視されるのであるが、NATO諸国は当初よりこのテーマを念頭においていたわけではなかった。むしろ、この時期のNATO諸国の関心は、どちらかといえば軍縮や軍備管理のほうに置かれていたのである(84)。

3　西ヨーロッパの新政権とベルリン

東側陣営がブダペスト・アピールを打ち出し、それに対してNATO諸国が「東西関係における具体的な諸問題のリスト」を作成しているさなかの一九六九年後半、二つの重要な政権交代が西ヨーロッパにおいて見られた。フランスでは、ド・ゴールが政治の舞台から退き、ジョルジュ・ポンピドゥがフランス大統領に新たに就任する。のちに彼は、ヨーロッパ安保会議構想の熱心な支持者となる。また西ドイツでは、SPDの党首ヴィリー・ブラントが首相となった。彼は東方政策を展開し、将来の多国間ヨーロッパ・デタントの実現に道筋をつけることになる。

だが、たしかにこの二つの政権交代はCSCE実現の観点から長期的には重要であったものの、ポンピドゥもブラントも、政権発足当初からヨーロッパ安保会議の開催に積極的であったわけではない。本節では、むしろ彼らが前政権の方針を継続したことを確認しておく。

ポンピドゥのフランス

NATO諸国が諸問題のリストを作成しているあいだに、フランスではリーダーが代わることになった。一九六九年四月二八日、憲法改正をめぐる国民投票で敗北したド・ゴールは政治の舞台から退いた。続く選挙にて勝利を収め、七月に第五共和制の第二代フランス大統領の座に着いたのがポンピドゥである。ポンピドゥは、一九六二年から六八年までド・ゴール政権の首相を務めたド・ゴール派の一人であり、デタント政策に関しても前任者の方針を引き継ぐこととなった。西ドイツのブラント外相と七月四日に会談した際、フランスの新首相シャバン＝デルマ(Jacques Chaban-Delmas)も、新政権はド・ゴールが整えた路線を継続することを明言した(85)。それゆえポンピドゥ政権は、引き続きソ連・東欧諸国との関係を二国間関係のなかで改善していくことを目的としていた。多国間のブロックとブロックの対話には、依然として消極的だったのである。

当然それは、ポンピドゥ政権のソ連に対する基本的姿勢にも反映されていた。新政権発足後まもなくの七月四日、セイドー駐ソ大使は本国から訓令を受け、ソ連政府につぎのようなフランスの立場を伝えた。フランスは一方で、東側によって提示されたヨーロッパ安保会議の構想について――リップサービスとして――一定の歓迎を示しつつも、他方で、まずは二国間での接触によって緊張緩和の雰囲気を促進することが必要であると主張した。そして、

その二国間協議の目的は、どの問題を安保会議で議論し、どの問題を二国間で進めるのかを決めることだとされた。(86)

その訓令のなかには、とりわけ注目すべき点が含まれていた。フランスは、そのような会議において、経済、科学、技術協力とならんで、「人権の保護、人、思想および情報の移動の自由、そして文化交流の促進に関する諸問題」を取り扱うことを提案したのである。(87) 仏ソ関係の改善を模索しつつも、一年前にチェコスロヴァキアで起こった悲劇と人権侵害に目をつぶることはできず、人道的問題はもはや東西ドイツ間だけの問題ではなくヨーロッパ全体の問題としてより強く認識されていたのであろう。そして、おそらくこれが、ヨーロッパ安保会議の文脈で、ヨーロッパ全体の問題として人権問題や人などの移動の自由という議題が、東側に提示された最初の場面であった。のちに、これはフランスのみならず、西側にとってもっとも重要な議題提案となっていく。

しかし、いずれにせよ、ポンピドゥ政権初期の段階では、フランスは多国間デタントやヨーロッパ安保会議の構想に消極的であった。たしかに、駐ソ大使への訓令は、安保会議への関心もある程度示したうえで、ソ連との二国間関係の改善を訴えていた。だがフランスは、むしろ二国間の対話を強調することによって、ヨーロッパ安保会議の開催を先延ばししようとしていたのである。実際、一九六九年一二月のロジャース米国務長官との会談で、ポンピドゥはつぎのように説明しながら、フランスが安保会議に反対であると明確に述べている——「ヨーロッパ会議を開催するまえにまず二国間での意見交換が必要であるという〔フランスの〕路線は、第一義的には、〔そうすることによって〕できる限り会議開催が延期されることを見越して構想されています」。(88) 何より、ポンピドゥ大統領自身がヨーロッパ会議という考えに否定的であったのである。

フランスとソ連とのさらなる意見交換のなかでも、ポンピドゥ政権はこのアプローチをとり続けた。一九六九年一〇月、ポンピドゥ政権の新外相シューマン（Maurice Schumann）がモスクワを訪問する。これがポンピドゥ政権になって最初のソ連との閣僚級協議であり、それゆえフランスにとって仏ソ二国間関係を発展させる重要な機会であった。(89) しかし、帰国後シューマンは、ソ連との会談は「あまり生産的ではなかった」とモスクワ訪問を総括している。[90] その理由のひとつは、ヨーロッパ安保会議構想についての意見対立が厳しいものとなったからであった。シューマンのソ連滞在中、仏ソ会談のコミュニケを作成するにあたって、ソ連外相グロムイコ（Andrei Gromyko）は、仏ソがヨーロッパ安保会議開催を望んでいることをコミュニケのなかで言及するようフランス側に迫った。しかし、シューマンはそれをきっぱりと拒否した。すでに述べた通り、フランスに安保会議を受け入れる準備はまだなかったからである。[91] 結局、仏ソ間のすり合わせのすえ、この問題についてのコミュニケの文言は「非常に注意深く作成され」、そのトーンは中立的なものとなり、フランスが安保会議に関与しているようには読めないものとなった。[92] このコミュニケのなかにヨーロッパ安保会議への言及があることをもってして、ポンピドゥ政権は当初より安保会議に前向きであったと論じる研究もあるが、このコミュニケが作成された文脈を無視した解釈であり、端的に誤りである。[93] むしろシューマンは、安保会議開催は時期尚早であるとの立場をとっていたのである。

ブラントの西ドイツ

フランスと同様に、もしくはある意味フランス以上に重要な政権交代が、一九六九年に西ドイツにおいて起こった。それは疑いなく、冷戦の歴史においてきわめて大きな意味をもつ変化であった。一九六九年九月の総選挙の結果、ヴィリー・ブラントが西ドイツではじめてのSPDの首相となった。実は、CDUは選挙で議席を減らしたものの、議会内の議席数では依然として第一党であった。[94] 新政権は、ブラント率いるSPDと、自由民主党（FDP）が連立を組むことによって、かろうじて多数派を形成できたことで成立したものであった。その連立政権は、積極的に東方政策を進めることになる。それは、多国間ヨーロッパ・デタントの実現への扉を開く重要な要素となる。それゆえ、ソ連が、このSPD・FDP連立政権が生まれたことを歓迎したことは不思議ではない。[95]

一〇月二八日の有名な就任演説において、ブラント首相は新政権の東方政策について語った。[96] 何よりもまず、「一つのドイツ民族のなかの二つの国家」という言葉を用いて、東ドイツの存在を事実上承認する意向を示した。

ただし、国際法的承認についてははっきりと否定した。彼はまた、ソ連やほかのワルシャワ条約機構諸国との武力不行使協定の締結と、四大国の交渉にもとづくベルリン問題の解決を求めた。くわえてブラントは、新政権が核拡散防止条約（ＮＰＴ）を受け入れる準備があることを明らかにした。それは、前章で論じたように、長らくソ連・東欧諸国が望んでいたことであった。実際、政権発足のひと月後、一一月二八日に西ドイツ政府はＮＰＴに調印した。このＮＰＴ受諾は、ブラント政権が真剣にドイツ問題について話し合う準備があるのだという、ソ連への明確なシグナルであった。[97]

ヨーロッパ安保会議に関しては、西ドイツの方針は当面、変化はなかった。ＳＰＤはそのような会議が開催されることをそれほど期待していなかったが、新政権の外務大臣を務めるシェール（Walter Scheel）率いるＦＤＰは、総選挙の最中に東西間の安保会議を強く支持していた。[98]しかしブラントが、多国間の会議よりもソ連・東欧諸国との二国間の接触に優先順位を与えていたことは明らかであった。ある演説のなかで彼は、フィンランド・メモランダムに言及しながら、西ドイツ政府はヨーロッパ安保会議についての方針を変えておらず、そのような会議にはまずもって注意深い準備を先行させなければならないと述べていた。[99]一〇月二八日の就任演説においても、ヨーロッパ安保会議は、ソ連、ポーランド、そして東ドイツとの東方政策よりもはっきりと下に位置づけられていた。[100]フランスと同様、西ドイツもまた、東側諸国との二国間での関係改善を重視していたのである。

ただし西ドイツ外務省内では、安保会議構想を積極的に評価する向きもあった。一九六九年六月一一日、当時まだ外相であったブラントは、外務省内にヨーロッパ安保会議についての作業グループを創設するよう訓令していた。その作業グループが九月後半に作成したある文書では、つぎのような分析がなされていた。[101]ワルシャワ条約機構側によるヨーロッパ安保会議開催の提案は、東側陣営自体の動機――とくにヨーロッパの現状の固定化――にもとづいたものであるが、西側は東側の目的にもとづいてその立場を決めるのではなく、西側独自の目的意識を発展させ、安保会議の構想を支持するべきであると述べていたのである。また安全保障会議は、その名が示すように、ヨーロッパの真の安全保障問題を解決するための道具とならなければならないと強調していた。そして、「ヨーロッパ安全保障会議はヨーロッパの安全保障体制に貢献しうる」と結論づけていた。(102) あとの章で見るように、西ドイツ外務省は、一九七一年八月に四大国ベルリン大使級協定が調印されたあとで、安保会議構想により積極的にかかわっていくことになる。

ベルリン問題

一九六九年一〇月の仏外相シューマン訪ソのあと、フランス外務省はヨーロッパ安保会議についての政策を見直した。当時、フランス政府にとっては、ヨーロッパ安保会議よりもベルリン問題のほうがはるかに重要であった。それゆえ、フランスの対ヨーロッパ安保会議政策をより幅広い文脈から理解するためにも、また実際、一九六九年以降ベルリン問題はヨーロッパ安保会議と密接に関連して展開していくことになり、あとの章の議論にとっても重要になるため、ここで当時のベルリンの状況を簡単に振り返っておきたい。

第二次世界大戦の終わりに、ドイツはアメリカ、イギリス、フランス、ソ連によって分割占領されたことはすでに述べた。ベルリンもまた、ドイツが分断されたのに続いて、西と東に分裂させられた。西ベルリンは西側諸国によって引き継がれ、米英仏軍が駐留し続けた。東ベルリンはソ連によって管理された。そのような分断の結果、全ベルリンを四大国によって占領するという戦後の戦勝国間の法的立場は不安定なものとなった。また、西ベルリンは西ドイツから一七七キロ離れた東ドイツの真ん中にあった。西側諸国の人びとが西ベルリンへ行くには、東ドイツの領土を通過しなければならなかったが、西ベルリンへの交通路を保障する法的協定も存在しなかった。西ベルリンは東ドイツ内に浮かぶ孤島のような存在となり、きわめて脆弱な状態におかれていたのである。

他方、東ドイツからみると西ベルリンは、東ドイツ領内におけるトゲのような厄介な存在であった。当時、ベルリン市民は東西ベルリン間を自由に往来することができた。それゆえ、東ドイツの独裁体制に耐えかねた人びとは、西ベルリンから交通路を通って西ドイツへ逃亡した。一九五八年までに多くの人びと——とくに知識人や技術者たち——が、著しい経済復興をとげた西ドイツへ流出していった。その結果、東ドイツの社会経済基盤が西ベルリンによって脅かされていた。フルシチョフは東ドイツを救うべく、一九五八年一一月二七日、西側に最後通牒を突きつけた。ソ連は、西ベルリンを非武装・自由都市化し、東西両ドイツと平和条約を締結することを提案し、それが認められなければ、ソ連は東ドイツと一方的に平和条約を締結すると通告した。いわゆる第二次ベルリン危機の勃発である。

ソ連の威嚇は実はブラフであり、フルシチョフは東ドイツと一方的に平和条約を締結するつもりはなかったが[103]、東ドイツの状況は一層深刻化した。というのも、ベルリン危機以降、ベルリンからの流出者が急増したからである。危機感を募らせた東ドイツの指導者ウルブリヒトは、西ベルリンを封鎖するようフルシチョフに訴えた。当初、アメリカと戦争になることを恐れたフルシチョフは、ウルブリヒトの提案に躊躇したが、西側が攻めてこないことを確信すると、一九六一年八月一三日、ようやくベルリンの壁建設に踏み切った[104]。流出は強制的に止められた。ベルリンの壁構築後も、米ソはベルリンの地位について協議を続けたが、アメリカはベルリンについて譲歩するつもりはなかった。ソ連も米英仏駐留軍の西ベルリンからの撤退を要求し、交渉は行き詰まる[105]。その後、一九六九年まで、ベルリンに関する諸問題交渉でとりあげられることはなかった。

ベルリン問題がのちに安保会議の問題と関連していくきっかけとなる最初の事件は、一九六九年二月七日に勃発した、いわゆるベルリン「小危機」である。西ドイツの国会議員が西ベルリンにおいて西ドイツ大統領の選挙を行おうとしたことに東ドイツが強く反発し、西ドイツ議員が西ベルリンへ向かうことを妨害したのである[106]。西ベルリンは西ドイツの領土ではないというのが東ドイツの基本的立場であり、西ドイツ議員の行動は西ベルリンを自国の領土として既成事実化しようとする試みであると見なされたからであった。東ドイツの見解では、西ドイツが西ベルリンにて大統領選挙を実施することは「違法」な政治的行為であった。むろん西側は東ドイツの行動を強く非難した。また二月一七日、駐米ソ連大使ドブルイニンと会談したニクソン米大統領は、「もしベルリンの状況が悪化すれば、〔一九六八年七月に調印されていた〕核拡散防止条約の上院による批准がかなり困難なものとなるだろう」との懸念を示し、ソ連を通じて東ドイツの行動を抑制しようとした[107]。

西ドイツの大統領選挙は、三月五日、問題なく執り行われた。おそらく東ドイツが過激な行動をとらないようソ連が抑制したためであろう。だがこのベルリン「小危機」は、ベルリン問題がその後の米ソ関係の進展を妨げる障害にならないよう、解決に向けて取り組む必要があるとの認識を米ソにもたらした。そのような認識は、選挙の直前に行われた米ソ間の協議からうかがうことができる。当時、ニクソンの安全保障問題担当特別補佐官であるキッシンジャーは、国務省を介さない極秘チャンネルをドブルイニンとのあいだでつくりあげており、ベルリン問題についての意見交換はそこで行われた[108]。ドブルイニンは、「ソ連の唯一の関心はベルリンとヨーロッパのその他の地域における現状が変更されるのを阻止することである」と明言した。それに対し、キッシンジャーは「ベルリンへのアクセスの手続きをきちんとすることがきわめて重要である」と強調した[109]。この会談において具体的な提案はなかったものの、キッシンジャーは、ベルリン問題について交渉することに関してソ連の態度は「前向き」であるとの印象を得ていた[111]。それゆえ、その二〇日後、ニクソンはソ連首相コスイギンに、ベルリンに関する交渉を開始することを申し出る書簡を送る[111]。同時に、アメリカ、イギリス、フランス、西ドイツの四カ国は、ベルリン交渉に備えて緊密な協議を開始した[112]。ソ連からも反応があった。五月二七日にコスイギンから、ベルリン問題について話し合うことについて異存はないとの返事がニクソンに届く[113]。さらに七月一〇日には、グロムイコ外相が「全ヨーロッパ会議」の開催提案を繰り返すと同時に、ベルリン問題、アメリカとの戦略兵器制限協定、そして西ドイツとの武力不行使協定について交渉に入る準備がある旨を表明した[114]。長い間とりあげられなかったベルリン問題が、ベルリン「小危機」をきっかけとして、一九六九年よりふたたび動きはじめたのだった[115]。

フランスとベルリン

しかしながらフランスのポンピドゥは、まったく異なった考えをもっていた。彼の政治問題顧問のレイモン（Jean-Bernard Raimond）は、ベルリンに関する交渉は現在の状況では積極的な結果をもたらさないであろうとの分析を報告していた[116]。ポンピドゥ自身、一〇月三日に「われわれはベルリンの地位に触れてはならない」と書いており[117]、のちに彼はニクソン大統領に対して、ベルリン交渉はモスクワの地位を強化するのに役立つだけであり、西側が東ベルリンへの権利を得ることなしに、ソ連の西ベルリンへの権利を強化することになると訴えた[118]。このようにポンピドゥはベルリン問題を蒸し返すことに強い懸念をもっていたが、ソ連側が交渉する姿勢を示してきたため、ベルリンに責任をもつ米英仏三国は、八月六日にソ連に対し、ベルリン問題についてのソ連の意向を探るための覚書を共同で手交したのである[119]。

フランス外務省がヨーロッパ安保会議について検討したのは、このような文脈においてであった。フランスにとって、ヨーロッパ安保会議との関連でもっとも重要であったのは、ドイツ問題とベルリン問題であった。前述の一〇月のシューマン訪ソのあと、一一月八日に外務省政治局長室にて開かれた協議における焦点のひとつは、ドイツ問題を安保会議の議題として盛り込むか否かであった[120]。ヨーロッパ会議が開催されれば、東ドイツが参加しようとすることはまちがいなかった。西側は東ドイツの存在を認めておらず、それゆえ安保会議において東ドイツを承認するのか、またそれはドイツの分断を公的に認めることになるが、ドイツ再統一の問題とどう折り合いをつけるのか、といった問題を避けて通ることはむずかしかった。他方で、ドイツ問題が全ヨーロッパ諸国によって扱われることはフランスにとって都合が悪かった。全ヨーロッパ規模でドイツ問題が扱われることによって、フランスと米英ソの四カ国がもつ、ドイツ問題に関する特権的な地位が脅かされる恐れがあったからである。また、東ドイツが多国間の安保会議に参加すること自体、東ドイツを国際社会の一員として認めてしまうことを意味し、それはベルリン問題の観点からも都合が悪かった。というのも、ベルリンは東ドイツのなかにあるため、東ドイツの主権を認めれば東ドイツの領土を通るベルリンへのアクセス・ルートも公式に東ドイツの主権下におかれてしまうからである。西ベルリンにおける西側の地位を維持するためにも、西ベルリンへのアクセス・ルートを確保し続けることは、西側三国にとって最重要問題であった。またベルリンは、とりわけフランスにとって東西ヨーロッパ間の均衡のうえできわめて重要なポイントであるとともに、ドイツの将来に決定的に影響を与えるための手段として手放すことはできないものであった(121)。

その結果、フランス外務省はベルリン問題とヨーロッパ安保会議とのリンケージを考案する。そもそも安保会議の開催を提唱したのは東側であった。そして、西側にとって、西側の認めていない東ドイツが参加する会議の開催を受け入れることは、東側への大きな譲歩であった。それゆえ、フランス外務省はヨーロッパ安保会議を受け入れるかわりに、その代償を要求しなければならないと考えた。すでに、ベルリンに関する交渉が四カ国で始まりそうな情勢であった。そのため、ベルリン交渉においてソ連が西側の要求を認めれば、安保会議の開催を受け入れることが可能であるとの結論に至ったのである(122)。それを受けて、シューマン外相は、一二月三日の米・英・西独外相たちとのディナー会談の席において、ベルリンへのアクセスの問題の改善が東ドイツを承認する際の前提条件であることを強調した(123)。

このように、たしかにフランスは、ヨーロッパ安保会議の開催と引き換えに、ベルリン問題での譲歩をソ連から得ようとした。ただし、だからといってフランスが安保会議構想に積極的になったわけではない。ポンピドゥもフランス外務省も依然として、安保会議の開催そのものには否定的であった。フランス政府、とりわけポンピドゥが安保会議に積極的になっていく過程は、第五章で分析される。次節では、安保会議における人道的要素の起源を中心に、一九六九年末の同盟外交を見ていきたい。

フランスも西ドイツも、そしてアメリカも、東西交渉はあくまでも二国間ベースで進めることを主張し続けた。それに対して、西側四大国のなかで多国間の交渉へと早くから傾き、ＮＡＴＯをその方向へと導いたのはイギリスであった。たしかに、イギリスもまた安保会議の構想に不信感をもってはいたが、「東西関係に関する宣言」を提案するなど、安保会議とは異なるかたちでＮＡＴＯがイニシアティヴをとるよう促すことになる。

4　人・思想・情報の移動の自由

より重要なのは、一九六九年一二月に西側によって打ち出される「東西関係に関する宣言」がＮＡＴＯ内で検討されるなかで、「人・思想・情報の移動の自由」というアイデアが現れてきたことである。本節ではまず、東側陣営からヨーロッパ安保会議の中身について、プラハ宣言という新たな提案がなされるのを確認したあと、それに応えるかたちで西側が「東西関係に関する宣言」を打ち出し、そこに「人・思想・情報の移動の自由」という議題が盛り込まれていく過程を検討する。

プラハ宣言

ワルシャワ条約機構諸国は、一九六九年三月の首脳会議におけるブダペスト・アピールに続き、一〇月三〇～三一日、今回は外相がチェコスロヴァキアの首都プラハに集い、新たな宣言を採択した。彼らはそのなかで、「全ヨーロッパ」の安全保障協力会議の開催をふたたび提唱し、それを一九七〇年の前半に開催することを訴えたのである。[124]さらに、ＮＡＴＯ側が「東西関係における具体的な諸問題のリスト」を作成することに対抗して、東側は全ヨーロッパ会議で取り扱う議題を二つ提案した。一つは武力不行使に関する合意を通じた安全保障、もう一つはヨーロッパ諸国間の貿易、経済、科学技術についての関係拡大であった。[125]この二つの議題はそれが合意に達しやすく、それゆえ会議を成功に導きやすいと考えられたため選ばれたものであった。東欧諸国のなかには、より野心的な議題を提案する国もあった。たとえばポーランドは、会議の議題として、ヨーロッパ集団安全保障条約（領土的現状と東ドイツおよび既存の国境線の法的承認を含む）を提案していた。[126] 東ドイツもまた、そのような会議において、自国の存在が公的に承認されることを望んだ。さらにルーマニアは、既存の軍事ブロックの解消やヨーロッパからの外国軍の撤退、軍事基地の解体、そして武力不行使を要求していた。[127] しかしながら、ソ連が先の二つの議題に集中することを提案し、それらはハンガリー、ブルガリア、そしてチェコスロヴァキアに支持された。最終的にこの二つが、ヨーロッパ安保会議の第一の目的として採択されたのである。[128]

またこのプラハ宣言は、ソ連が安保会議をきわめて簡素なものにしようとしていたことを示唆していた。ここでソ連・東欧諸国は、公に発表するためのプラハ宣言とともに、西側各国に手交するための文書も採択していた。それは安保会議において採択する文書の草案であったが、わずか二ページしかなかった。一九七五年八月にＣＳＣＥにおいて採択されたヘルシンキ最終議定書が百ページもの文書であったことを考えると、一九六九年にソ連が想定していたものがいかに中身の薄いものであったかがわかるであろう。[129]

また、いくつもの点で、プラハ宣言の内容は西側にとって不十分であった。まず同宣言でも依然として、アメリカとカナダの参加に合意する準備があるのかについて、あいまいなままであった。またそれは、安保会議のための準備の必要性については述べていたが、一九七〇年前半に会議を開催するという日程の提案は、準備の時間を十分に与えるものではないとみなされた。さらに、ヨーロッパの安全保障にとって最重要問題であるドイツ問題とＭＢＦＲにはまったく言及していなかった。[130]

このプラハ宣言に対して当初西側が重視したのは、やはりＭＢＦＲという軍縮問題であったことは注目される。ワルシャワ条約機構のプラハ会議の約一週間後、ＮＡＴＯもまた外務副大臣級の会合を開催した。そこでは、東西交渉に関する西側の研究がプラハ宣言によって振り回されることなく、西側独自の観点から続けられなければならないことを確認した。だが、NATOは「デタントの追求に際してワルシャワ条約〔機構〕に遅れをとっているかのように世論にみなされる」べきではないと感じていた。[131] それゆえイギリスと西ドイツの代表は、西側の通常兵力均衡削減の提案をめざすことで合意した。[132] このとき、西側にとって世論にアピールすることができる唯一の対抗提案は軍縮提案であった。そしてNATO諸国のあいだでも、MBFRの提案を繰り返すべきだとの意見について広範な合意が見られたのである。[133]

しかしながら、ソ連の軍縮デタントに対する姿勢は、依然としてネガティヴなものであった。プラハ宣言へのイギリスの返答を得るために、ロンドン駐在のソ連大使スミルノフスキー（Mikhail Smirnovsky）がスチュワート外相を訪れたとき、スチュワートはMBFR提案に対するソ連の立場を逆に尋ねることで対抗した。スミルノフスキーは、「この問題を安保会議との関連でとりあげることは、会議が成功し実りのあるものになる見通しを相当複雑にし、減じることになるだけである」と答えることではぐらかした。彼は、ヨーロッパにおける軍縮の問題は、「ヨーロッパにおける緊張の源泉がいったん取り除かれたあとでのみ、考慮することができる」と主張したのである。[134] これは、非公式ながらも、一九六八年六月に「レイキャヴィク・シグナル」が出されて以来、西側のMBFR提案に対する東側からの最初の返答であった。このソ連の態度は、ソ連に対するイギリス側の不信感を固めただけであった。モスクワは西側に譲歩を示すつもりも、安保会議において軍縮やドイツ問題について真剣な交渉をするつもりもないと、イギリス外務省は結論づけていた。ソ連は国際会議を開催しようとしているが、ヨーロッパ安全保障の問題に実質的に取り組むつもりはなく、その会議によって単に東ドイツの地位を高めようとしているだけであるとみなしたのだった。[135]

イギリスのイニシアティヴ

このように、ヨーロッパ安保会議の構想やソ連の思惑に対するイギリス外務省の不信感は強まっていった。だが、

NATOが安保会議の構想へ徐々に関与していく過程を理解するためには、イギリスの外務大臣の役割に注目する必要がある。イギリス外務省の高官が東側からのイニシアティヴに非常に懐疑的であったにもかかわらず、スチュワート外相は安保会議の提案を前向きに検討するようになっていったのである。一九六九年七月の外務省でのミーティングでは、スチュワートは安保会議に関する官僚たちの消極的な姿勢に同調していた。[136] だが九月にニューヨークとオタワを訪れた際、スチュワートは安保会議に対してより積極的な姿勢を示す――「われわれは、ヨーロッパ安保会議で何を有効に話し合うことができるのかを真剣に検討する立場にあるべきであります」と、スチュワートはカナダ側との会談で述べたのである。[137] その外相の発言を知らされたとき、イギリス外務省の官僚たちはあわてた。スチュワートのとった立場は、「われわれ官僚レベルで、これまで大臣たちに助言し、また議論してきたことよりも、はるかに先に行きすぎている」と述べるほどであった。[138] スチュワートは九月二二日のロジャース米国務長官との会談で、自身の立場がこのように積極的な方向に変わったのは世論によるものだと説明している。[139] さらに、一〇月一七日にポーランドの外務副大臣と会い、ワルシャワ条約機構が新たなイニシアティヴ（既述のプラハ宣言）をとるという情報を受け取ったスチュワートは、部下の外務官僚たちに対して、「東側からのどんなイニシアティヴに対しても、われわれは建設的な回答をすべきであり、ワルシャワ条約機構各国政府が〔緊張緩和について〕イニシアティヴをとり続けることを許すべきではない」と指示したのである。[140]

イギリスの対案は、「東西関係に関する宣言」であった。一九六九年後半、NATOは、七月に暫定的に合意された「具体的な諸問題のリスト」をもとに、これら諸問題にさらに優先順位をつける作業を行っていたが、フランスや西ドイツはそのようなNATO内での取り組みについてしだいに関心を失っていった。NATOにおける両国の代表は、「リスト」はあくまでも東西間の交渉全般の準備のためであって、ヨーロッパ安保会議のためではないという点を繰り返し強調していた。[141] すでに述べたとおり、一九六九年の時点では、フランスも西ドイツもソ連・東欧諸国との二国間関係を重視し、安保会議のような多国間枠組みには消極的だったからである。それに対してイギリスは、優先順位をつける作業も終わりに近づいていた九月末より、どのようにすればこのリストを一二月のNATO理事会外相会議のコミュニケにうまく反映させることができるのかを考えはじめていた[142]。最初、NATO本部におけるイギリス代表は、リストを利用しながらコミュニケの草案を作成した。だがそれだと、コミュニケとしてはあまりに長くなってしまう。それゆえ、草案のなかのヨーロッパ安全保障に関する部分をコミュニケから独立させ、一九六八年のレイキャヴィク・シグナルのように、それをNATOの宣言として採択することを考案したのである[143]。これは、西側がデタントに積極的であるという姿勢を世論に示さなければならないというスチュワートの意向にも沿うものであった。そして、一一月七日、イギリスはほかのNATO諸国に、「東西関係に関する宣言」の草稿を提示する。これは、東側のプラハ宣言への対抗案でもあった。

NATO宣言と移動の自由のアイデア

だが、このイギリスのイニシアティヴを西側にとって決定的に重要なものに変容させたのは、フランスとアメリカであった。イギリスの「宣言」の草稿には何ら新しい要素は含まれていなかった。そもそもイギリス草案は、「具体的な諸問題のリスト」をもとに作成されており、そのリストに目新しいものがなにも含まれていなかったのだから当然の帰結であった。しかし、イギリス草案に対する一一月二五日のアメリカの対案がそれに重要な変更を加えた。アメリカ案には、「東西間の人と情報の移動の自由」というフレーズが含まれていたのである[144]。このアメリカの提案は、ほかのNATO諸国にとって「青天の霹靂《へきれき》」であり、驚きをもって迎えられたのだった[145]。東側がプラハ宣言によってプロパガンダ攻勢をかけてきたのに対して、イギリスの草稿はそれに対抗するにはあまりにインパクトが乏しいと考えられたのだろう。さらに、東側の安保会議開催という構想に対して強い不信感を抱いていたアメリカ政府は、人道的問題をとりあげることによって、ソ連が安保会議の提案を取り下げるのではないかと考えたのかもしれない[146]。

また同時期に、フランスも同様の考えを抱いていた。アメリカがイギリス案への対案を出していたころの一一月二四〜二六日に、フランス外務省政治局次長ジュルジャンサン（Jean-Daniel Jurgensen）はベオグラードを訪問し、ユーゴスラヴィア側と「情報の問題や、思想や人の移動の自由」について議論していた[147]。帰国後すぐ、フランスも「宣言」の対案を提示し、アメリカの文言を「人・思想・情報は、東西間で移動の自由の可能性をもつであろう」というかたちに修正する案を出したのである[148]。ジュルジャンサンはこの文言が、ソ連を守勢に追いやるための有益な対抗提案となりうると考えていたのだった。

一二月五日、NATO外相は「東西関係に関する宣言」を採択する。そこには、最終的なフレーズとして、"freer movement of people, ideas, and information between the countries of East and West"という文言が盛り込まれた[149]。これがのちに、CSCEヘルシンキ最終議定書の「第三バスケット」の重要な基盤となるのである[150]。こうしてヨーロッパ安全保障会議の構想は、西側によって、ただ単にヨーロッパの現状を固定化するものから、現状を変容させる要素を含むものに大きく変わる一歩を踏み出したのだった。

＊

一九七三年に開催されることになるCSCEに直接つながる提案は、一九六九年三月にワルシャワ条約機構によって打ち出されたブダペスト・アピールであった。その抑制の効いた論調のせいもあり、西側はそれを完全に無視することはできず、「具体的な諸問題のリスト」を作成することとなった。また、フィンランドがそれを受けて安保会議の開催国として最初の名乗りをあげたのも、ブダペスト・アピールがCSCEのより直接的な起源であったといえる理由である。だが、一九六六年のブカレスト宣言と異なり、一九六九年のブダペスト・アピールがそのようなダイナミズムをもったのは、一九六八年の二つの事件である西側の学生運動と東側のチェコスロヴァキアへの武力介入という背景要因があったからであった。東側陣営はより現実的なかたちで、多国間デタントの実現をめざすようになった。

西側陣営の関心は、当初、軍縮・軍備管理デタントにあった。しかし東側の攻勢に対抗するなかで、「具体的な諸問題のリスト」にもとづき「東西関係に関する宣言」が作成されることになった。さらにそのなかで「人・思想・情報の移動の自由」というのちにヘルシンキ最終議定書のもっとも重要な要素となるテーマを打ち出すにいたったのである。

だが、一九六九年の段階で西側が安保会議の構想を受け入れたわけではない。多くのＮＡＴＯ諸国は依然として、東側との関係改善は二国間ベースで行うべきであるとの立場であった。「東西関係に関する宣言」のなかでも、安保会議については、ただそれに「留意する」と述べるにとどまり、西側は明確なコミットメントを依然として避けていたのである。[151] では、ＮＡＴＯはどのように多国間デタントに関与していったのか。それを次章で見ていくことにしよう。

第三章　イギリスとＮＡＴＯの多国間交渉への関与
――一九七〇年一～五月――

一九六八年八月のワルシャワ条約機構軍のプラハ侵攻によってデタントの機運は大きく削がれたかに見えたが、一九六九年に入ると東側陣営はヨーロッパ安保会議の開催を以前にも増して積極的に提唱するようになった。だが西側諸国の多くは依然として東側に不信感をもっており、安保会議の提案を受け入れることはなかった。しかしソ連・東欧諸国によるデタントのイニシアティヴに対抗するなかで、ＮＡＴＯ諸国は一九六九年末までに、「人・思想・情報の移動の自由」という人道的問題を、東西間の交渉議題のひとつとして主張するようになった。

一九七〇年前半になると、ヨーロッパではさまざまな交渉が開始されるようになる。まずブラントの東方政策が本格的に動き出した。ブラント政権はすでに、モスクワとのあいだに極秘チャンネルをつくりあげることに成功していた(1)。それを通じて西ドイツ側は、ソ連側が真剣な交渉を望んでいることを理解した。そして一九七〇年一月末、ブラントの外交顧問であったバール（Egon Bahr）をモスクワに派遣し、ソ連との武力不行使協定やドイツ問題に関する本格的な交渉を開始したのである。さらに西ドイツは、二月にはポーランドとも関係改善のための交渉を開始した。くわえて三月二六日には、米英仏ソ四カ国によるベルリン交渉も始められることとなる。

　また、実りは少なかったものの、東西両ドイツ間の首脳会談もとり行われた。ブラントは、東ドイツのシュトフ（Willi Stoph）首相と、三月一九日にエルフルトにおいて、そして五月二一日にはカッセルにおいて直接会談を行った。しかし、これらの会談は根本的な問題で行き詰まる。シュトフは何よりも東ドイツの完全な承認を要求するが、ブラントは同国を国際法的に承認することを受け入れなかったからである(2)。さらにエルフルト会談のあと、ソ連は東ドイツに、つぎのカッセルにおける協議で交渉を進展させないよう命令していた。というのも、エルフルトで東ドイツ市民がブラントを大歓迎するのをみたモスクワは、続くカッセルでの交渉がコントロールできなくなることを恐れたからであった(3)。

　とはいえ、東方政策、ベルリン四大国交渉、東西ドイツ首脳会談が始まり、くわえて米ソ間でも一九六九年一一月より、保有する核ミサイルの数を制限することをめざした戦略兵器制限交渉（ＳＡＬＴ）も進められていたことから、東西間の対話を進めるべきだとの機運が一九七〇年前半には高まっていた。

　そのようななか、一九七〇年五月のローマにおけるＮＡＴＯ外相理事会において、西側がはじめてヨーロッパ安保会議への関与を公にするのである。東側陣営による安保会議の提案に対して、ＮＡＴＯはそれまでずっと黙殺に近い態度をとってきた。その西側が、なぜワルシャワ条約機構の提案を原則として受け入れる姿勢を示したのか。それを明らかにするのが本章の課題である。ＣＳＣＥがなぜ一九七〇年代に開催されることになったのかを理解するうえで、この一九七〇年五月のＮＡＴＯローマ会議は注目に値する。というのは、西側陣営の観点からＣＳＣＥの起源を振り返ってみるとき、このローマ会議がひとつの重要なターニング・ポイントだったからである。このとき、ＮＡＴＯ諸国の議論をリードしたのはイギリスであった。それゆえ、本章ではまず、イギリスが積極的に取り組んだ「常設東西関係委員会」構想を分析する。なぜなら、この構想を土台に、スチュワート英外相は東側との多国間交渉を実現しようと尽力するからである。ついで本章は、西ドイツがＭＢＦＲ構想により積極的になっていく過程をみる。ローマ会議では、西ドイツのイニシアティヴによって、ＮＡＴＯはふたたびＭＢＦＲに関する宣言を打ち出すことにもなるからである。そして最後に、そのローマ会議での議論を詳細に論じる。NATO諸国は激論のすえ、条件つきながらも、その最終コミュニケのなかで、ヨーロッパ安保会議への関与を公言することになるのである。

1　常設東西関係委員会と手続きに関する論争

前章で論じたように、イギリスはNATOのなかでイニシアティヴを発揮し、「東西関係に関する宣言」の草案作成に尽力した。同時にイギリスは、一九六九年一〇月ごろから、どのようなかたちで東西間の交渉を進めていくのかという問題についても積極的に取り組みはじめる。この東西交渉の手続きの問題に関して、同国は「常設東西関係委員会（Standing Committee on East-West Relations）」の設置を構想するのである。しかし、この構想は結局日の目を見ることはなかった。ほかのNATO諸国に歓迎された「東西関係に関する宣言」とは異なり、この手続きに関するイギリスの提案は非常に不人気だったからである。だが、ここで常設東西関係委員会構想を検討する理由は主に二つある。第一に、どのようなかたちで東西交渉を進めるのかという手続きの問題は、CSCE開催に至るまで重要な問題としてNATO内で議論されており、またあとの章で論じるように、CSCEが西側にとって意味のある会議となるうえで非常に重要な要素のひとつであったからである。そして、手続き問題に関するNATO内の論争に最初に火をつけたのが、このイギリスのイニシアティヴであった。また第二に、そして本章にとってより重要なのは、常設東西関係委員会の構想を足がかりに、イギリスがNATOを多国間のヨーロッパ会議の方向へコミットさせるよう促していく過程である。デタントに積極的な姿勢を示すべきであると考えるスチュワート英外相は同構想を熱心に支持し、ほかの同盟国に対して多国間での東西対話を進めるよう働きかけるのである。

常設東西関係委員会構想の誕生(4)

イギリス政府が常設委員会の構想を生み出したのは、ヨーロッパ安保会議を好ましいと思っていたからではない。むしろその逆で、イギリス――とくに外務省――がそれを望んでいなかったからこそ、この構想が生まれたことは強調してよい。前章で触れた「東西交渉における具体的な諸問題のリスト」作成が大詰めを迎えたころ、東西交渉の手続きに関する検討がイギリス政府内で始まった。このころ外務省は、ヨーロッパ安保会議がワルシャワ条約機構側が望むかたちで開催されることになるのではないかという懸念を募らせていた。それゆえ、会議という大仰な形式を避けるため、それに代わるあまり目立たないかたちでの常設委員会設置という考えを好んだのである。

その構想は、イギリスのＮＡＴＯ常駐代表部からもたらされたものであった。代表部はイギリス本国へのＮＡＴＯの状況報告のなかで、ヨーロッパ安保会議に関して、いくつかのＮＡＴＯ諸国が、イギリスのこれまでの立場よりもより積極的になるべきであると考えていると伝えた。問題は、「ワルシャワ条約機構による早期の〔ヨーロッパ安全保障〕会議開催の提案に対する手続き的代替案が〔西側には〕ないことによって、われわれは遠からず会議を開催しなければならないであろうということを、暗に受け入れてしまっている同盟国の数が増えている」ことであった(5)。それゆえ、イギリス代表部は、安保会議への対抗提案として、「ここ〔ブリュッセル〕で、常設委員会のアイデアについて早めに着手すればするほどよい」と進言したのである(6)。東側からの圧力に対抗しつつ世論にアピールする手段を模索していたスチュワート外相は、この新しい提案を非常に歓迎した。常設委員会の考えは「もっとも有望であり、前進するための建設的な手段であるようだ」と彼は評価した(7)。そして外務省に、ほかのＮＡＴＯ諸国に正式に提案するために、このアイデアを発展させるよう求めたのである。

その結果、外務省で作成された覚書は、安保会議の提案と比べて、常設委員会案にはいくつもの利点があると主張していた。まず何よりも、この提案によって、西側は世論に好印象を与えることができるだけでなく、東西交渉に関してもイニシアティヴをとることができるとされた。第二に、常設委員会であれば大きな結果を求められる

「会議」の開催を求める圧力から解放されるとされ、少なくとも初期段階では限られた結果のみを求められるだけで済むだろうと考えられていたのである。また第三に、常設委員会のなかで、西側はソ連の意図を探ることができるであろうとされた。そして最後に、西側から提案するそのような委員会であれば、最初からアメリカとカナダの参加を前提とすることが可能であった。[8] イギリス外務省にとって、この提案をどのようにアピールするのかがもっとも重要であった。それゆえ常設東西関係委員会の構想は、一九六九年一二月のNATO外相会議において、「東西関係に関する宣言」のなかに含められるべきだとされた。[9] 依然としてソ連に対して強い不信感を抱いていたイギリス外務省にとって、この提案の背後にある重要な目的は、対話を進めることではなく、むしろワルシャワ条約機構側にイニシアティヴをとらせないことにあった。常設東西関係委員会の提案は、ソ連側が望むヨーロッパ安保会議に至るものではなく、その代替案だったのである。

同盟国の反対

ブリュッセル。一九六九年一二月初旬――

アメリカ、イギリス、フランス、西ドイツの四外相は、定例のNATO外相会議が開催されるまえの晩、晩餐を供にしながら、ドイツ問題を中心とした国際情勢について意見交換をすることを慣例としていた。一二月三日、ブリュッセルの西ドイツ大使館での晩餐に招かれたスチュワートは、常設東西関係委員会構想についてほかの三外相の賛同を得ようと試みた。しかし彼は、強い反発に直面する。とくにシューマン仏外相は率直に、イギリスの構想を好まないと語った。[10] フランスの考えでは常設東西関係委員会構想は危険なものであった。というのも、「それは、ブロックとブロックのあいだの会議のための準備という印象を与えかねない」からであった。[11] むしろシューマンは、中立・非同盟諸国をも含むようなヨーロッパ会議の考えに対しては柔軟であると述べた。フランスは、中立・非同盟諸国の会議への参加が、ブロックとブロックとのあいだの交渉という印象を弱くすると考えていたのである。いずれにせよ彼は、安保会議であろうが常設東西関係委員会であろうが、多国間交渉の場が二つのブロックを固定化してはならないということを強調した。[12] この段階でもフランスは、多国間の枠組みに反対であり、あくまでも二国間関係の強化を優先させていた。

シューマンよりは穏健なかたちであったが、西ドイツ外相シェールもまた、スチュワートの考えに反対した。彼は、いきなり常設東西関係委員会構想を公にするのではなく、まずは作業グループのようなものをつくって、西側陣営内でまえもってそれを検討しておく必要があると主張した。[13] すでに一一月二一日の事務レベルの折衝において、西ドイツ側は、たとえば東ドイツの参加といった常設委員会が直面することになるいくつかの困難な問題について、事前に西側同盟内で合意に達しておくことが望ましいということを強調していた。[14] 西ドイツにとって東西ドイツ間の問題は、多国間の東西交渉が始まるまえに二国間で決着をつけておくことが重要であり、多国間協議の形式を西側から提案することに躊躇していたのである。

多国間のヨーロッパ交渉に消極的なアメリカもフランスや西ドイツを支持する側に回ったため、四大国外相ディナー会議に続いて一二月四日に開催されたＮＡＴＯ外相会議において、スチュワート外相は常設委員会の構想を提示することを差し控えた。だがそのかわりに、彼は、会議での演説のなかで、手続きの問題を綿密に検討することに意義があることを認めるべきであると強調し、どのようなかたちの手続きが東西交渉にとって最善であるのかを検討するための作業グループの設置を提案した。[15]

だがこの一歩後退したイギリスの提案すら、ふたたびフランスの強い反対に直面した。シューマン外相は、ベルリンに関してなんの保証もないままに、「安保会議へ向かう道にかかわりあう考え」はないと反論した。[16] イギリスの提案によって早期の安保会議開催へと向かってしまい、ベルリン問題に関して十分な譲歩をソ連側から引き出すことができなくなってしまうことを懸念したからであった。しかし、スチュワートも簡単に引き下がらなかった。彼は、「もしＮＡＴＯ諸国が、『さて、もしあなた方がプラハ〔一九六九年一〇月末に開催された前述のワルシャワ条約機構外相会議〕において招待されたかたちで〔ヨーロッパ安全保障〕会議に参加することを望まないのであるならば、あなた方は何をしたいのですか』と〔東側から〕尋ねられたとき」、西側はまえもってその問題について十分に検討しておくことが賢明であると反論した。[17] これに、ルクセンブルク、カナダ、そしてベルギーの外相たちが賛同し、公にすることなくＮＡＴＯ内で内々に手続きの問題の検討を始めるだけであればそれは意味があるとシューマンを説得した。最終的にシューマンも、「大臣たちは、手続きの問題は綿密に検討するに値することを承認した」という一文をコミュニケに挿入することを受け入れた。[18] スチュワートはこれを、西側同盟の団結の利益を考慮したフランスの譲歩であるとみなした。[19] こうして、手続きの問題を検討すべきであるとするスチュワートの提案は、東西関係に関する宣言のなかに含まれることとなり、常設東西関係委員会の構想をＮＡＴＯ内で売り込むための足場をつくることに成功したのである。

スチュワート外相は、常設東西関係委員会案にこだわり続けた。この構想を公にしないようにとの声があったにもかかわらず、彼は一九六九年一二月九日に、同盟国にまえもって知らせることなく、イギリス議会における外交問題の審議のなかでその構想を打ち上げた。[20] それには理由があった。スチュワートは、六八年の学生運動以来、もしＮＡＴＯの態度が東西間の緊張緩和に後ろ向きになれば、若い世代の支持を失ってしまうかもしれないとの懸念を持ち続けていた。[21] また彼は、所属する労働党の同僚や世論の圧力も感じていた。イギリス議会や労働党の党大会、あるいは選挙区におけるミーティングなどにおいて、東西対立の緩和に対してかなり高い関心があると、スチュワートは一九七〇年一月末、ロジャース米国務長官に述べている。[22] そして何より、一九七〇年六月にイギリスにおいて総選挙が予定されていたため、スチュワートは若い世代や世論について考慮しなければならなかった。それゆえ、常設東西関係委員会の構想は、彼および労働党政権がデタントに積極的な態度をとっていることを示すための重要な道具となったのである。

しかしながら、イギリスの提案はなかなか支持を得られなかった。アメリカ政府はイギリスの提案に無関心であった。スチュワート外相が一九七〇年一月に訪米し、常設東西関係委員会の構想を説明した際、ロジャースは冷たくこう答えた。「ここ〔アメリカ〕には世論に関する問題は何もありません」[23]。また、ニクソン大統領にとって、ソ連の安保会議もイギリスの常設委員会も違いはなかった。「どのような会議であれ、わたしにはひとつの根本的な了解があります。会議において、そして会議自体は彼ら〔ソ連〕の役に立つということです。会議においても、会議自体もわれわれには役に立たないということです[24]」――こうニクソンは語り、イギリスの提案に耳を貸さなかったのである。

ほかのＮＡＴＯ諸国もイギリスの提案に冷淡であった。イタリアは、フランスやアメリカよりも強い調子で常設委員会構想に反対した。ネンニにかわって、一九六九年八月にモロ（Aldo Moro）がイタリア外相に就任すると、イタリア政府はヨーロッパ安保会議に対してより批判的になった。それゆえ、安保会議の開催につながりかねないどのような手続きの問題に関する議論にも抵抗するようになった。イタリアのある外交官は、イギリスの提案も含め、手続きについて検討することはすべて「早計である」と批判し、むしろヨーロッパ安全保障会議において協議する中身の研究を進めるべきであると論じた[25]。また以下に述べるように、イタリア政府は安保会議よりもむしろＭＢＦＲの実現に魅力を感じていた。オランダ、ギリシャ、トルコといった国もイタリアと考えを共有していた[26]。

ほとんどまったく逆の理由から、イギリスの構想を支持しなかった別のグループもあった。ベルギー、ノルウェー、そしてデンマークは、イギリスの提案が安保会議の代替案として提案されていたため、それを受け入れることを躊躇していた。それらの国は、十分に準備された安保会議であれば、それはヨーロッパの安全保障を促進することに役立つと考えていた。それゆえ、常設委員会の構想は、安保会議につながらないのであれば支持できないと主張したのである[27]。

同盟国の十分な支持が得られず、イギリス政府はふたたび後退することを強いられた。常設委員会構想は、カナダ、ルクセンブルク、そしてアイスランドといったわずかな国に支持されただけであった[28]。このような状況を認識したイギリス外務省は、常設委員会構想を売り込むことを、戦術的に一時手びかえることを進言した。スチュワートは、一九七〇年五月のNATO外相理事会においてさらに積極的な態度をとることができるかもしれないとの希望は捨てなかったが、当面は、官僚たちの助言を受け入れることとなった。(29)

NATO内における手続きに関する初期の議論

イギリスはその提案を前面に打ち出すことをしばらく控えるようになったが、NATO内における手続きに関する議論はより一般的なかたちで続いた。(30)のちの議論のためにも、ここから、二つの重要な流れが現れてきたことを指摘しておきたい。ひとつは、カナダの提案からフランスの構想へと発展していく流れであり、それは第六章で詳述するフランスの三段階会議構想へとつながっていく。もうひとつは、イギリスとベルギーの協力であり、これがNATOを安保会議にコミットさせていく核となっていくのである。

カナダは、NATO諸国のなかでは安保会議の構想に前向きであった。そのカナダの手続きに関する考えは、イギリスの常設委員会の提案とは発想が逆であった。つまり、イギリスが常設委員会を会議の代替案としたのに対して、カナダは安保会議が開催された**のち**に常設委員会を設置することを考えていた。そのような委員会の設置を東側陣営が受け入れるのであれば、ヨーロッパ安保会議を望むという立場をとったのである。(31)カナダ政府は、安保会議をたった一回きりの会議で終わらせるのではなく、安保会議にもとづいた常設の委員会を設置することで、それを恒久的な制度にしようと考えたのだった。(32)

このカナダの考えは、フランスに影響を与えたという点で重要であった。フランスは、のちに安保会議のあり方に関して非常に重要な提案をすることになり、それは最終的にCSCE参加国によって受け入れられることになるのだが、それはこのカナダの考えに刺激を受けたものだった。(33)たしかにフランスは、NATOにおいて手続きに関する検討を進めることに反対しており、また、外務官僚もポンピドゥ大統領も、ソ連の安保会議の提案に不信感を抱いてはいた。だがシューマン外相は、いずれ「会議は開催されるであろう」と考えており、外務省としても安保会議のあり方について独自の検討を行っていたのである。[34]初期のフランス外務省の構想はこうであった。まず、ヨーロッパ安保会議の本会議での議題内容について合意するための準備会議を行う。その後、本会議あるいは複数回開催される連続した会議が、常設機関あるいは事務局を設置し、ヨーロッパ安全保障に関する諸問題を取り扱う。[35]第六章でくわしく論じるように、このアイデアがさらに洗練され、ＣＳＣＥをより実質的なものにするうえで重要な役割を果たすことになる。

他方、安保会議の手続きに関するもうひとつの重要なアイデアの源泉はベルギーであった。ベルギーのＮＡＴＯ代表は、一九七〇年三月、ベルリン交渉などほかの問題を前提条件とはせずに、東ドイツや中立諸国も参加することができる大使級のオープンな会合を開くという考えをＮＡＴＯ同盟国に提示した。その大使級会合では、東西交渉の可能性を探り、そのための準備を進めるとされた。[36]ベルギー自身は、その結果ヨーロッパ安保会議が開催されることを望んでいた。だが、この考えをすべてのＮＡＴＯ諸国にとって受け入れ可能なものにするために、東西交渉が最終的にどのようなかたちをとるのかについては意図的にあいまいにしていた。[37]

このベルギー案に光明を見出したのがイギリスであった。イギリスは、ベルギーのアイデアを常設東西関係委員会へと発展させることができると考えたのである。[38]とくにベルギーの提案はヨーロッパ安保会議に直接結びつけられていたわけではなかったため、常設東西関係委員会を安保会議の代替案とするイギリスにとって好都合であった。それゆえイギリスのＮＡＴＯ代表は、ベルギーとともに共同戦線を形成すべく、一九七〇年三月半ばより、ベルギー側にアプローチを試みる。[39]

ベルギーの側でも、イギリスのアプローチは歓迎された。ベルギー外相アルメルは、来る一九七〇年五月のＮＡＴＯ外相会議において、西側はデタントに関するイニシアティヴをとる必要があると考えていた。三月一一日に、イギリスのヨーロッパ問題担当特任大臣（Chancellor of the Duchy of Lancaster）のトムソン（George Thomson）

と会談した際、アルメルはつぎのように主張した――

同盟国は、五月に、とりわけ若者たちに対して、われわれは進歩にとっての障害ではないということをはっきりさせるために、集団的な交渉のための手続きについて、そして兵力削減について、公に積極的な一歩を踏み出さないわけにはいきません。積極的な提案をすることに失敗すれば、東側と西側においてわれわれの信用を低めることになるでしょう。[40]

さらにアルメルは、ヨーロッパ安全保障を進展させるために、小国が何かをしなければならないと感じていた――

われわれはヨーロッパ安全保障を、アメリカやソ連によるSALTにおいて、あるいは両ドイツの二国間の交渉によって解決されるに任せておく余裕はありません。ドイツ問題を含むヨーロッパ安全保障は、NATO同盟全体の問題なのです。[41]

一九七〇年前半に、超大国間のSALT、ブラントの東方政策、両ドイツ首脳間の直接対話、そしてベルリン交渉が開始されるなか、おそらくアルメルは、小国もまたヨーロッパ・デタントにコミットし、それに貢献しなければならないと感じていたのだろう。こうしてイギリス・ベルギー同盟が成立し、第3節で論じるように両国は共同でイギリスとベルギーの構想が盛り込まれたコミュニケの草稿を作成し、NATO内での議論をリードしていくことになる。だがその話に移るまえに、次節にて、一九七〇年前半に西ドイツがとったMBFRについての活発な動きを見ておきたい。

2　ＭＢＦＲに関する西ドイツのイニシアティヴ

ここでＭＢＦＲについて論じる理由は二つある。第一に、一九七〇年前半、西ドイツのイニシアティヴによって、軍縮デタントの議論が再活性化することになるからである。一九七〇年五月のローマ外相会議において、ＮＡＴＯが新たなＭＢＦＲ宣言を打ち出したのはその結果であった。そして第二に、その際、西ドイツがＭＢＦＲと東側の安保会議構想をより積極的に結びつけるよう提案することに注目したい。というのも、のちの章でも扱われる、安保会議はどこまで軍事問題に取り組むのかという問題が、ここから本格的に始まるからである。

対称モデルと非対称モデル

通常兵力の軍縮という問題は、西側にとって、当初思い描いていたよりもずっと困難な提案であった。一九六九年のあいだ、ＮＡＴＯはそのコミュニケや「東西関係に関する宣言」のなかで、ＭＢＦＲに関心があることを表明し続けた。しかしながら、ＮＡＴＯの軍事専門家がこの問題を検討すればするほど、ＭＢＦＲ交渉は容易ではないことが明らかになっていった(42)。ＮＡＴＯ内のＭＢＦＲ作業グループはさまざまな軍縮モデルを検討したが、どれも西側にとって望ましいものとはならなかった。一方で、東西両陣営が同じ割合で通常兵力を削減するというモデル（対称モデル）――たとえば、ＮＡＴＯとワルシャワ条約機構が三〇％ずつ削減する――が考案された。だがこの軍縮モデルは、そもそもワルシャワ条約機構軍の通常兵力の数が多いため、西側の安全保障にとって不利益をもたらすと評価された。他方で、非対称的な、すなわちワルシャワ条約機構側により多くの通常兵力の削減を求め、結果として東西間の軍事バランスを達成する軍縮モデル――たとえば、ＮＡＴＯが五％、ワルシャワ条約機構は一〇～一五％削減する――は、ソ連側が受け入れることはないであろうとみなされていた。なぜなら、ワルシャワ条約機構側がＮＡＴＯ側より多くの兵力を削減しなければならない理由がないからである。[43] それゆえＮＡＴＯは、東側が受け入れ可能で、かつ西側の安全保障を満足させるような兵力削減モデルを構築できなかったのである。

その結果、ＮＡＴＯ諸国は軍縮問題に関してそれぞれ異なった立場をとることになった。カナダやデンマークは交渉可能性の側面を重視し、東西が同じ割合の軍縮を行う対称モデルが最善のアプローチであると考えた。というのも、それが、東西間で交渉をスタートさせることができるモデルであると考えられたからである。デンマーク代表は、もし西側が交渉可能性のない非対称モデルを提案すれば、東側世論は、ＮＡＴＯがＭＢＦＲについて真剣でないとみなすであろうと主張した。[44] 対称的な兵力削減は純軍事的観点からはＮＡＴＯにとって必ずしも好ましいものではないと理解していたものの、イタリア、ベルギー、オランダも交渉可能性の問題を心配しており、それゆえ、作業グループによってつくられた非対称モデルに対しては、消極的な態度を示した。[45]

他方でイギリスやトルコは、軍縮問題を提案することに意義を見出していた。同時に、軍縮によって西側が軍事的に不利になることを受け入れるつもりはなかった。それゆえ、これらの国は交渉可能性を軽視し、非対称モデルをＮＡＴＯの提案とすることを望んだ。スチュワート英外相は、「もし平等な安全保障に立脚した提案が『交渉不可能』であるならば、それはロシアの問題であり、われわれの問題ではない」[46] と主張した。つまり、西側は最終的に軍事バランスがとれる軍縮提案をするのだから、それを受け入れられないのは西側ではなく、ソ連側に非があると論じたのである。当時、イギリスはまだＭＢＦＲに積極的であった。しかし、交渉可能性を優先して、ＮＡＴＯの通常兵力のレベルを、ワルシャワ条約機構よりもさらに低くする考えはなかった。

またフランスは、依然として、西側ブロックと東側ブロックとのあいだの軍縮交渉というかたちをとるＭＢＦＲ構想そのものに断固として反対し続けていた。[47] では、なぜＮＡＴＯは通常兵力の軍縮に関する宣言を新たに打ち出すことになったのか。

西ドイツのイニシアティヴ

一九七〇年五月のＮＡＴＯ外相会議においてＭＢＦＲ宣言が出されたのは、西ドイツがイニシアティヴをとったからであった。ＮＡＴＯ内のＭＢＦＲに関する意見の錯綜に対して、西ドイツのＮＡＴＯ大使グレーヴェは、本国の西ドイツ外務省にこの問題について積極的な姿勢をとるよう促した。一九七〇年二月二七日、彼は外務省へ電信を送り、軍事専門家による兵力削減モデル作成の過程が、ＭＢＦＲの政治的価値を失わせてしまうという懸念を伝えた。そしてこの問題が軍事的な議論に拘泥するのではなく、ふたたび政治的議論の前面に出てくるようにするために、一九六八年六月にレイキャヴィクでＮＡＴＯが出したＭＢＦＲ「シグナル」を刷新する時が来たと訴えたのである。(48) さらにグレーヴェは、兵力削減問題をヨーロッパ安保会議の主要議題とすることによって、その二つを結びつけるよう進言したのだった。(49) 彼はまた、国防大臣シュミット（Helmut Schmidt）と直接話ができ、すでに二月初頭に、ＭＢＦＲについて協議を行っていた。(50) そしてグレーヴェの提案は、すぐさま閣僚レベルでとりあげられることになったのである。

ブラント政権内でＭＢＦＲに関する政治的議論を主導したのは、のちにブラントのあとを継いで首相の座に就くシュミットであった。(51) 一九六九年一〇月の政権交代によって、彼が国防大臣になると、国防省の方針が変えられた。シュミットの指示のもと、国防官僚たちはＭＢＦＲの実現に向けて積極的な役割を果たすよう動きはじめたのである。(52) シュミットは、なぜそれほどＭＢＦＲに熱心だったのか。西ドイツ駐在のイギリス大使の分析によると、その理由は主に三つあった。第一に、シュミットは個人的に兵力削減に関心をもっていたこと。第二に、彼の所属するＳＰＤが軍縮全般に積極的な政党であったこと。そして最後に、シュミットは、新政権が東方政策を実行していくに際してそこから事実上除外されていたため、外務省や首相府官邸に対してライバル意識をもっていたことが指摘されている。(53) 彼は国防省のトップとして、軍縮問題で存在感をアピールしようとしたのである。

シュミットのイニシアティヴはまず、一九七〇年三月六日の西ドイツ連邦安全保障会議に外務大臣との連名で提出した、MBFRに関する共同文書のかたちで現れた。この文書はまず、ヨーロッパ安保会議はまさに安全保障の問題に取り組まなければならず、MBFRをその中心に据えるべきであると述べていた。そして西ドイツ政府は、MBFRに関心があることをはっきりと示すことが適切であると主張し、五月のNATO外相会議において、ワルシャワ条約機構側に対してMBFRを公式に提案することができるよう努力すべきであるとした(54)。同会議は、この共同文書を承認し、これが西ドイツの公式の政策として採択されたのである。

連邦安全保障会議という西ドイツ政府内最高レベルの支持を得たシュミットは、つぎにイギリス、そしてアメリカへ飛び、MBFRに関する西ドイツの政策への支持をとりつけようと試みた。三月二四日、シュミットはロンドンでヒーリー（Denis Healey）英国防大臣と会談し、「〔五月のNATO〕ローマ会議において、ワルシャワ条約に対して〔MBFRに関する〕より明確なシグナルを送ることが非常に重要なのです」と主張した。それに対してヒーリーは、通常兵力についての軍縮交渉の立場を先に固めることが重要であると強調した。だが、MBFRに関して新たなアピールを出すことは、東側の安保会議の案に対する対抗提案として価値があると答え、シュミットの提案を支持した(55)。

アメリカは、イギリスよりも慎重であった。そもそもアメリカ政府内では、MBFRに関して意見対立があり、ホワイトハウスの方針も固まっていなかった。それは、四月初頭にブラントとシュミットがワシントンを訪問した際にも明らかであった。一方で、ロジャース国務長官は、ローマNATO外相会議において新たなMBFRの提案を打ち出すというシュミットの考えを積極的に歓迎した。しかし他方で、国防長官レアード（Melvin Laird）は、通常兵力の軍縮に関して西側は東側陣営と交渉する準備が依然として整っていないため、きわめて消極的な態度であった。またホワイトハウスでは、キッシンジャーがまだこの問題を十分に検討しておらず、シュミットの考えにも別段前向きではないと返答した(56)。ニクソン政権内に、MBFRに関する合意がないことは明らかであった(57)。だがニクソンは、MBFRに関する提案を刷新するという西ドイツの考えにあえて反対はしなかった。四月一〇日のブラントとの会談で、ニクソンは、MBFRの新宣言は「プロパガンダとしてのみ」使うことができるだろうと答えたのである。(58) ニクソンは、政府内の意見がまとまっていないためMBFRに積極的になることはできなかった。(59) しかし、これはブラントが首相になって初の米・西独首脳会談であることと、西ドイツがヨーロッパに駐留する米軍の一方的撤退の可能性を懸念していることに配慮し、MBFRにNATOが関心をもっているという「シグナル」を出すことを支持したのである。(60) MBFRを支持するということは、もし通常兵力の軍縮が行われるのであれば、それはアメリカ単独ではなく多国間で実施されるというメッセージでもあった。アメリカは、実質的な内容を含まないのであれば、西ドイツのイニシアティヴを受け入れるという姿勢を示した。こうして西ドイツは、米英の最低限の支持を得たのである。

ブラントの帰国後、主要同盟国間での根回しが整ったと考えた西ドイツ政府は、四月一六日、MBFRに関する文書を新MBFR宣言の草稿とともにNATO理事会に提出した。西ドイツは、MBFRに関する文章のなかで、ヨーロッパ安保会議とMBFRを結びつけることを正式に提案した。具体的には、安保会議を連続する会議ととらえ、第一回目の会議では、参加国はまずMBFRを主要議題として採択する。同時に作業グループを設置し、そこで兵力削減の問題を詳細に検討し具体的な提案を作成する。そして第二回目の安保会議で具体案が提出されることになっていた。またこのMBFRの文書において、新MBFR宣言は、一九七〇年五月のNATO外相会議におけるコミュニケに添付するかたちで作成されていると説明されていた。

その新MBFR宣言の草稿の内容は、まさに最低限に抑えられたものであった。実質的な提案であると解釈されることを避けるため、そこに具体的な兵力削減のモデルについての言及はなかった。むしろそこには、軍縮のための原理原則が謳われていた。たとえば「相互兵力削減はどちらの陣営にとっても軍事的不利益となってはならない」など、どのような基準で通常兵力の軍縮を行うのかに焦点を当てるものであった。(61) むしろ、通常のコミュニケとは独立して宣言を打ち出し、あらためてMBFRに関する予備協議の開催を提案することで、MBFRの問題を東側陣営にアピールするのが西ドイツのねらいであった。こうして、安保会議とともに、MBFRの問題がNATO外相会議の主要議題として浮上することになったのである。

3　ローマにおけるNATO外相会議

一九七〇年春のNATO外相理事会は、多国間ヨーロッパ・デタントの実現にいたるひとつの重要な分岐点であった。それは、この会議や、この会議に至るまでの官僚レベルの議論が、激しく、複雑で、混乱に満ちたものだったことからもわかる。各国政府は、東西関係に関してさまざまな立場をとっていた。だがNATO内の主要な対立軸は、多国間の対話の開始を提唱するイギリス・ベルギー同盟と、二国間交渉の継続を主張するアメリカ・フランス・西ドイツのあいだにあった。本節ではこの対立軸を中心に、ローマ会議において西側陣営がどのように多国間会議の開催を準備する流れにコミットしていくことになったのかを詳細に検討する。

二つのコミュニケ

一九七〇年四月一六日のNATO理事会の大使級会合は、五月末に予定されていたローマ外相会議へ向かうダイナミックなNATO外交の幕開けであった。まず、前節で触れたように、西ドイツ代表がこの会合にMBFR宣言の草稿を提出し、軍縮デタントの再活性化を訴えた。

またベルギー代表も、この大使級会合において、来るNATO外相会議で打ち出されるコミュニケの大枠を提案した。そこには二つの重要な点が含まれていた。第一にベルギーは、東側陣営が一九六九年一〇月にプラハ宣言において提案した安保会議の議題を、西側にとって好ましいように変容させた。ワルシャワ条約機構側は、全ヨーロッパ諸国による武力不行使協定の締結と、貿易、経済、科学技術についての関係拡大の二つを主要議題として提唱していた。それに対しベルギーは、ＭＢＦＲ、武力不行使協定を含む「正しい行動規範」、そして経済、技術交流、人的交流の三つのテーマを東西交渉の議題として提案したのである。[62] 通常兵力の軍縮を議題に加えるとともに、東側が提案した議題を拡大し、そこに一九六九年一二月にＮＡＴＯが「東西関係に関する宣言」のなかで打ち出した「人・思想・情報の移動の自由」という問題を含めたのだった。

ベルギーの提案のもうひとつの重要点は、より論争的なものであった。ベルギーのＮＡＴＯ常駐代表ド・スタエルク（André de Staercke）は、最終コミュニケで、大使級レベルの多国間予備協議の開催を即座に無条件で提示するよう提案したのである。アメリカ、フランス、西ドイツ、イタリア、オランダ、トルコ、ギリシャ、そしてポルトガルなどの各国代表は強い口調でそれに反対した。というもの、米ソ間のＳＡＬＴも、西ドイツとソ連、西ドイツとポーランド、そして東西両ドイツ間の交渉も、四大国によるベルリン交渉も、まだ何ら実質的な進展を見せていなかったからである。[63] なかでも、アメリカとフランスがもっとも激しく反対し、どのようなかたちであれコミュニケのなかで多国間の交渉について言及することに抵抗した。[64] アメリカのＮＡＴＯ常駐代表エルスワース（Robert Ellsworth）は、ベルギーの提案は「会議のための会議である」と批判してそれを拒否した。[65] フランスはまた、ドイツやベルリンに関する交渉がまだ初期段階にあるなかで、新たな対話を始めることは危険であり、多国間のアプローチに言及することは、ブロックとブロックとの交渉を承認するかのような誤った印象をもたらしてしまうと論じた。[66] フランス政府にとって、東側陣営との接触のためには、二国間のアプローチが依然として適切なものであるとされたのである。

他方で、イギリス、ベルギー、カナダ、デンマーク、ノルウェー、アイスランド、ルクセンブルクは多国間の交渉を支持した。とくにイギリスとベルギーがこのグループをリードした。すでに見たように、イギリスは三月半ばよりベルギーとの協力を進めていた。さらにこの四月のＮＡＴＯ大使級会合でベルギーが構想の大枠を提示したあと、両国は共同でコミュニケの草案を作成し、[67] ほかのＮＡＴＯ諸国に売り込んだのである。その草稿には、イギリスのアイデアである常設東西関係委員会も多国間の東西予備協議のあり方のひとつとして巧みに盛り込まれていた。だがアメリカ、フランス、西ドイツといったNATOの大国が反対するなか、イギリス・ベルギー同盟の立場は必ずしも強くはなかった。

そこでイギリス政府はまず、MBFRの問題を利用して、西ドイツを引き込もうと試みた。西ドイツが作成したMBFR宣言の草稿の内容を大幅に採用するかたちで、イギリスは独自のMBFR宣言の草案を新たに準備し、さらにそれをイギリス・ベルギーのコミュニケの草稿とかみ合うよう修正したのである。(68) つまり、イギリス・ベルギーの主張どおり即座に多国間予備協議を開催することを提案するとともに、西ドイツが主張するMBFRの予備協議をその多国間協議のなかで行うことを提案したのである。これは、MBFRをヨーロッパ安保会議と結びつけようとする西ドイツの主張を盛り込んだものでもあった。

しかし、イギリスと西ドイツの思惑にはズレがあった。たしかに西ドイツ政府は、もし安保会議が開催されれば、MBFRもそこで取り扱われるべきであるとの立場であったが、まずは兵力削減の交渉が可能であるのかについて二国間ベースで探りを入れるのが先であると考えていた。(69) また、ブラント政権は、東方政策と東西ドイツ間交渉の結果が出るまえにデタントを多国間化させることに基本的に反対であった。(70) 西ドイツ外務省政策企画室の文書のなかでも、ドイツ問題の多国間化は西ドイツ政府の外交の自由を減じることになると論じられていた。というのも、第一に、東ドイツが多国間会議を平和攻勢の場として利用し、第二に、そのような会議の参加者が、たとえドイツ問題に直接関与していなくても、その問題への発言権を得ることになるからであった。それゆえ、その文書では、来るNATO外相理事会において、西ドイツはヨーロッパ安保会議の実質的な中身や手続きの問題について、議論に入るべきではないとされていた。(71) たしかに西ドイツ外務省は、ヨーロッパ安保会議に対して「原則として積極的」との立場であった。なぜなら、それは「平和を維持し、東西関係〔の緊張〕を緩和し、ドイツ内の対立を克服する手段として適切である」と見なされていたからである。しかしながら、西ドイツは、まずは四カ国ベルリン交渉、東西ドイツ間の交渉、そしてソ連やポーランドとの交渉の結果を待つべきだと考えた(72)。それゆえ、すぐさま多国間の交渉を開始することは、それが予備的で低いレベルでの話し合いであったとしても、西ドイツ外務省にとって受け入れがたいものだったのである。

イギリス・ベルギーのコミュニケの草稿に対抗して、アメリカ政府もまた五月四日に独自のコミュニケの草稿を提出した。アメリカの対抗案は、一九六九年一二月のＮＡＴＯ外相会議のコミュニケと実質的に変わるものではなかった。つまり、アメリカは新たな提案を行うつもりがなかったのである(73)。こうして、二種類のコミュニケの草稿が現れた。その二つの隔たりは大きく、ＮＡＴＯ事務総長のブロジオが、二つのテキストのあいだで妥協を見出すのは困難であると嘆くほどであった(74)。

錯綜する議論

コミュニケの草稿が二つ現れると、いくつかの国がその立場を変化させた。まず、オランダがイギリス・ベルギーの立場に徐々に接近していった。イギリス・ベルギーの主張をすべて受け入れたわけではなかったが、オランダ政府はアメリカの草稿に不満であった。というのも、オランダ政府も、ＮＡＴＯがデタントに対して前向きで建設的なアプローチをとっているとヨーロッパの世論からみられることが重要であると考えていたからである(75)。また、ＮＡＴＯ常駐イギリス代表バローズが驚いたことに、五月半ばにはギリシャもまた、イギリス・ベルギーの側につくことになった(76)。

他方、カナダ政府はイギリス・ベルギーを支持する姿勢を後退させた。カナダはＮＡＴＯ諸国のなかでは多国間デタントに積極的なほうであった(77)。しかし、アメリカがイギリス・ベルギー草案を決して受け入れないであろうから、それをカナダは「理想的ではあるが達成できない」ものであるとみなしたのである。ＮＡＴＯのイギリス代表部はカナダ側を熱心に説得し、むしろアメリカに圧力をかけるよう求めたが、うまくいかなかった(78)。

逆にカナダ政府は、独自の新たなMBFR宣言の草稿をNATO理事会に提出する。カナダ代表部によると、それは後ろ向きなアメリカ人をできる限りNATOの試みに関与するよう促すためであった。そのカナダの草稿は、二つの点でイギリス・ベルギー草稿と異なっていた。第一に、カナダ政府は、ローマNATO理事会における新しいイニシアティヴをMBFRだけにしようとした。そして第二に、アメリカが嫌う多国間の予備協議を召集するかわりに、ローマ会議の議長国であるイタリアが相互兵力削減の問題について、NATOを代表して東側陣営と交渉の可能性を探ることを提案した。(79) これを受けてアメリカ政府もまた、カナダの新提案を支持するかたちでイギリス・ベルギー案に対抗することになるのである。(80)

その間、イギリスは精力的に外交努力を続けていた。とくにスチュワート外相は、選挙が間近に迫っていたこともあって世論に積極的にアピールすることに熱心であり、容易には引き下がらない構えであった。彼は外務官僚たちに、NATO理事会での事務レベルの協議においては実質的な譲歩をいっさいしないよう訓令した。同盟各国やNATO事務総長から、外相会議のまえに事務レベルでの妥協を見出すよう圧力が存在していたにもかかわらず、スチュワートは外務大臣同士のやりとりのなかで決着をつけようとしていたのである。(81) それゆえ、五月半ばまでに、NATOの各国常駐代表たちのあいだでの議論は行き詰まることとなった。(82)

他方でスチュワートは、まずワシントンに飛び、ロジャース国務長官を直接説得しようとした。というのも、ロジャースはMBFRに関心をもっており、ほかのアメリカの指導者たちよりも柔軟であると考えていたからである。(83) MBFRの問題を多国間の準備協議のなかで取り扱うという提案に、ロジャースは同意するかもしれないと期待したのであろう。しかしながら、五月一五日に、ロジャースはスチュワートと会談した際も依然として強硬であり、二国間の接触を継続することを望むとの方針を変えなかった。(84) これはアメリカ政府が安保会議に消極的というだけでなく、MBFRがどのようなかたちであれ安保会議と関連することを嫌ったからであった。またMBFRに関しては米政府内に意見対立があり、はっきりとした立場をとる準備がなかったこともロジャースの態度を硬くした要因であろう。スチュワートの対米説得工作は、失敗に終わった。

スチュワートはまた、西ドイツ国防相シュミットに書簡を送り、こちらからは五月一二日に有望な返事を受けとっていた。そのなかでシュミットは、ＮＡＴＯ外相会議のコミュニケにおいて有意義な共同声明を出す必要があると述べつつ、イギリス・ベルギー草案を歓迎し、原則としてローマ会議において「手続き的問題」を提示することに合意した(85)。その結果、イギリス外務省は、西ドイツがもっとも有益なパートナーになると考え、その支援をとくに重視した(86)。シュミットの返信を受けて一週間以内には、イギリス・西ドイツの外務省高官協議が行われ、今後とるべき方針の大筋についてほぼ完全に合意に達することができた。西ドイツ側は、イギリス・ベルギーの草案について全体として支持を与えた。だが首相府官邸やシェール外相・外務省はシュミットと違って、依然としてコミュニケのなかで「多国間の」という言葉を用いることに抵抗した(87)。とはいえ、イギリスの外交官は、「イギリス・ベルギー・ドイツ同盟はかなり強力なものとなるだろう」との見通しをもった(88)。

さらに、イタリアもイギリス・ベルギーの路線へと傾いていった。イタリア外相モロは、シューマン仏外相と五月二〇日に会談した際、イタリア政府が軍縮デタントに積極的であることを強調した。彼は、とりわけＭＢＦＲの重要性を力説した。というのもＭＢＦＲは、彼によると、軍事コストの削減とともに大きな心理的効果があり、緊張緩和の重要な要素でもあり、アメリカが米軍をヨーロッパから一方的に撤退させる動きを食い止める重石となるからであった。安保会議に関してモロは、モスクワの意図について不信感をもっていることを明らかにし、そのような会議は段階的に発展させるべきであると主張した。それゆえ、モロはイギリスとベルギーが多国間の交渉を急いでいることには批判的であった。しかしながら、彼はまた、世論に答える必要があり、東西問題に関する予備協議は必要となるであろうと考えていた(89)。このようにイタリアは、イギリス・ベルギーの立場に完全に賛同したわけではなかったが、アメリカの消極的な立場には暗に反対していたのである。

他方でシューマンは、ヨーロッパ安保会議に対する認識を変化させつつあった。モロとの会談のなかで、彼は、つぎのように自分の考えを明らかにしている。「長いあいだ〔安保会議に対して〕気が進まなかったが、考えが変わりました。というのも、そのような会議において、東欧諸国がソ連の支配から抜け出し、それぞれの国家の個性を維持する機会を得られる可能性があると思うからです」(90)。シューマンはこう語り、安保会議のプラス面を積極的に評価するようになっていた。このように安保会議に対する認識が変化した理由について、彼は、東欧諸国の政治家と対話を繰り返すうちに自分の考えが強まっていったと説明している。このシューマン外相の変化は、のちにポンピドゥ大統領の態度にも変化を与えることになる。

だが同時に、シューマンは、ヨーロッパ安保会議の構想に軽率に乗り出すべきではないとも警告した。彼は、「ベルリンの地位の向上」が「デタントの真の鍵」であり、これは、フランスが安保会議を受け入れる前提条件であるとモロに強調した(91)。そして「結局のところ、安保会議の問題はアプローチの問題である。われわれはこの会議を望むが、条件つきである」としたのである(92)。それゆえフランスにとって、多くのNATO諸国がしだいにイギリスやベルギーの考えに近づいていくのは依然として問題であった。もし、ベルリン交渉が妥結するまえに、すぐにでも安保会議、あるいは何らかの多国間交渉に向かっていくような要素がNATOのコミュニケのなかに含まれるようなことになるならば、最悪の場合、フランスはコミュニケのその部分には賛同できないと考えていた。それゆえ、フランス外務省は、そのような最悪のシナリオを避けるために、フランスがローマ外相会議における外交「ゲームをリード」しなければならないと感じていたのである(93)。

NATO外相会議

ローマ。一九七〇年五月二六～二七日――

NATO各国の外相たちは、結局、事前に最終コミュニケの内容を詰めることができないままイタリアの首都に集まった。

まずＭＢＦＲ宣言は、ほとんど問題なく、フランスを除くすべてのＮＡＴＯ諸国によって採択された[94]。もともとＭＢＦＲ構想に反対であったフランスは、その宣言に参加することはなかった。さらにフランスの主張によって、コミュニケのなかでＭＢＦＲについて触れた段落はヨーロッパ安保会議に関する段落とは距離をおいて記されることとなった。ＭＢＦＲは必ずしも安保会議の議題ではないということを示唆するためであった[95]。つまり、独立したＭＢＦＲ宣言を打ち出すという西ドイツの主張はかなえられたが、ＭＢＦＲと安保会議を結びつけようとする試みは阻まれるかたちとなったわけである。

コミュニケに関しては、多くの外務大臣たちがより建設的なトーンのコミュニケを望んでいることが明らかになった。彼らの多くは、ＮＡＴＯの軍事的かつ政治的な重要性を強調し、東西対立の緊張緩和を進めることによって、ＮＡＴＯが世論、とりわけ若い世代について関心を払うべきであると考えていた[96]。アメリカ国務長官ロジャースですら、スピーチのなかで、「この会合のコミュニケは、交渉への願いを示しながら、以前よりも相当前に進むべきである。われわれの反応ははっきりと積極的で前向きであるべきである」と述べた[97]。それゆえ、イギリス・ベルギーの前向きな論調のコミュニケが、基本的には受け入れられることとなったのである。

だが、もっとも論争的な点――前提条件無しに、多国間の予備協議を即座に始めるというイギリスとベルギーの提案――については、やはり意見が分かれた。ローマ会議では、デンマーク、オランダ、ルクセンブルク、ノルウェーのみがそれを支持した。それ以外の外相たちは、二国間ベースの外交の継続を好んだ。西ドイツ外相シェールはそのスピーチのなかで、「［ドイツ］連邦共和国の東側諸国との交渉とベルリンにおける四大国交渉が、それらを多国間の枠組みのなかに時期尚早にはめ込まれることによって妨げられてはならない」と警告した[98]。

このような状況に直面したスチュワートは、最終的にドイツとベルリンに関する交渉の結果と多国間交渉の開始とのあいだの連関を認めざるをえなかった。それゆえ、「即座に、無条件で」多国間交渉を開始するという提案は取り下げられた。しかし、「多国間の予備的対話」を提案する点では引き下がろうとしなかった[99]。スチュワートは東西間の対話の多国間化にこだわり続けたのである。

他方、当面の二国間主義を重視するフランスは最後までこれに反対し、「多国間」という言葉を取り除こうとした。その結果、ローマ会議のまさに最後の最後に、フランス、イギリス、ベルギーの代表が話し合ってとりまとめることになった。[100] そしてようやく合意を見たのがつぎのような文言であった――

これらの〔軍縮〕交渉や、とくにドイツ及びベルリンに関する、現在進行中の交渉の結果、進展が見られる限りにおいて、同盟国政府はすべての関係国政府と多国間交渉に入る用意があると述べている。そのような交渉の主要目的のひとつは、ヨーロッパの安全と協力に関する会議、あるいは一連の諸会議を開催することがいつ可能になるのかを模索することである。[101]

むろんすべてのNATOのコミュニケ同様、このローマ・コミュニケの文言も妥協の産物であった。これによってNATOが多国間の安保会議の開催を受け入れたわけではない。しかしながら、「現在進行中の交渉の結果」しだいであるという条件が付されているとはいえ、このコミュニケで西側は「多国間交渉に入る用意がある」と明言することになったのである。とくに一九六〇年代半ばからのNATOの立場と比較すると明らかなように、この一九七〇年五月のローマ会議において、西側陣営は初めてNATOとして公に、ヨーロッパ安保会議に至る多国間交渉へ関与する姿勢を示したのであった。

こうしてNATOは、MBFR宣言とともに、従来以上に前向きな論調の最終コミュニケを打ち出すこととなった。アメリカ、フランス、西ドイツという三つの大国が東西交渉を多国間化することに反対であったにもかかわらず、イギリス、とりわけスチュワート外相は、NATO内で積極的な役割を果たした。常設東西関係委員会の構想がどれほど不人気であろうと、スチュワートは粘り強くNATOを多国間のヨーロッパ・デタントのほうへ導いたのである。

だがイギリスの外交努力だけでは、ローマにおける一九七〇年五月のＮＡＴＯ外相会議の結果を説明することはできない。同じく重要なのは、多くのＮＡＴＯ外相たちが、世論や若い世代にアピールしなければならないと考えていたことであった。東方政策、ベルリンに関する四大国交渉、東西両ドイツの首脳会談、そしてＳＡＬＴの開始によって生じた緊張緩和の機運の高まりとともに、イギリスのみならず多くの小国もＮＡＴＯがデタントに対してより前向きでなければならないと考えたのである。アメリカ、フランス、西ドイツの三大国が二国間主義的であったにもかかわらず、条件つきながらもＮＡＴＯが多国間の東西交渉へと関与することを公言したのは、イギリスのリーダーシップと、世論を考慮する小国の支持があったからであった。もしこれらがなければ、ＮＡＴＯはおそらく、依然としてＭＢＦＲを中心とした提案をするにとどまっていただろう。

しかしながら、多国間交渉への関与を表明したとはいえ、それが「現在進行中の交渉の結果」しだいであるとされた点は重視しなければならない。実際、次章で論じるように、とりわけ四大国によるベルリン交渉の停滞が早期の安保会議開催を阻むことになるのである。

第四章　交渉の停滞
——一九七〇年六〜一二月——

一九七〇年五月のローマにおけるNATO理事会のコミュニケと新たなMBFR宣言によって、西側はイニシアティヴをとったと考えた。NATOは、多国間の予備的対話を始める準備があり、そこでは武力不行使協定を含む国家間関係を規定する諸原則や、「人・思想・情報の移動の自由」や文化・経済・科学技術・環境の諸分野における協力の発展、そしてMBFRの問題をとりあげると謳い、デタントに対する西側の前向きな姿勢をアピールした。とくに「現在進行中の交渉、とりわけドイツとベルリンに関する交渉」に進展が見られることを条件に、ヨーロッパ安保会議構想にも関与していく可能性があることを示した。スチュワート英外相はこう述べている——「もし、わたしが望むように、中立諸国が〔西側の〕提案に対して好意的な反応を示したら、ソ連は非協力的な態度をとることがより困難になるであろう」、そして「もしワルシャワ条約〔機構〕がわれわれの提案を拒否したならば、進展を妨害しているのはわれわれではなく、彼らの側であることを世論に対して明確に示すことができるであろう」(1)。

さらに一九七〇年後半には、ドイツ問題に関して大きな進展が見られた。西ドイツとソ連のあいだで、いわゆるモスクワ条約が調印されるのである。これを通じて、西ドイツは東ドイツの存在を事実上受け入れることになる。

その結果、長年多国間のヨーロッパ・デタントを進めるのに構造的障害となっていた東ドイツの参加問題に、解決の道筋がつけられることになったのである。

にもかかわらず、ローマ会議以降、多国間デタントへの歩みは停滞する。それには主に二つの理由があった。第一に、NATO側が、MBFRに関する方針を集約させることができず、またMBFRとCSCEをリンクさせられなかったことがあげられる。ワルシャワ条約機構は、ローマ・コミュニケとMBFR宣言に対する返答として、MBFRを安保会議構想に連関させるかたちで、一九六七年以来はじめて、公式に通常兵力削減の提案に反応を示す。しかしそれに対して西側は、意見を集約できず、有効な対応策を打ち出すことができなかった。第二の、そしてより決定的な理由は、ベルリン交渉の行き詰まりにあった。四大国ベルリン交渉は一九七〇年のあいだ、ほとんど進展しなかった。その結果NATOは、一九七〇年一二月の外相理事会において東側に対してより厳しい態度をとることになるのである。

本章は、まずワルシャワ条約機構側による新提案であるブダペスト・メモランダムを分析したあと、MBFRと安保会議との関係に焦点を当てつつ、MBFRに関するNATO内の意見の錯綜をみる。ついでモスクワ条約が締結される過程を概観したあと、四大国ベルリン交渉がどのように停滞したのかを検証する。最終節では、その結果、一九七〇年冬のNATO外相理事会において、西側の態度が硬化したことを確認する。

1　ブダペスト・メモランダムと通常兵力の削減

ブダペスト・メモランダム

ローマ・コミュニケに対する東側陣営の反応は早かった。ローマNATO外相会議からひと月も経たない六月二一～二二日。ハンガリーの首都で開催されたワルシャワ条約機構外相会議は、西側のイニシアティヴに積極的に応えたのである。ソ連・東欧諸国の新提案は巧みであった。この会議で提示された、いわゆるブダペスト・メモランダムは、従来の東側陣営の基本的な立場を維持しつつ、しかしながら前進しているように見えるよう考え抜かれたものであった。[2]ヨーロッパ安全保障会議の開催を再度提唱しながら、東側はそこに三つの新しい要素を盛り込んだ。

一つは、安保会議へのアメリカとカナダの参加受け入れである。非公式のかたちではあったが、ソ連はアメリカとカナダの参加に反対しないとの意向を以前から示してはいた。だが東側は、それをはじめて公にすることで、前向きな姿勢をアピールしたのである。ただしワルシャワ条約機構側は、アメリカ・カナダの参加を認めるかわりに、対等な立場での東ドイツの多国間会議への参加を主張することを忘れなかった。国際会議に東ドイツを参加させることで、同国を国際社会の一員として認めさせようとしたのである。

二つは、会議の議題に関してである。東側陣営は、貿易・経済・科学技術に関する関係強化のみならず、西側の主張を一部盛り込むかたちで、東西間の文化交流や環境問題を含めることにも同意したのである。しかしながら、東側は「人・思想・情報の移動の自由」に関して言及することを巧妙に避けていた。実際、のちに、文化交流を議題とすることと、「人・思想・情報の移動の自由」を受け入れることは別であるとして、後者については明確に受け入れを拒否した。[3]とはいえ、これらによって、ワルシャワ条約機構は、西側の立場に歩み寄っているように見せたのである。

ブダペスト・メモランダムに盛り込まれた、第三のそしてもっとも重要な要素は、東側陣営が、一九六七年以来はじめて、公式声明のかたちで、通常兵力の削減問題に言及したことである。[4]ワルシャワ条約機構は長らく、西側が提唱するMBFRを事実上黙殺してきた。しかし西側が一九七〇年五月にMBFR宣言を打ち上げ、この問題を再び強調すると、東側はついにこれに応えたのである。ただし、それはきわめて限定的なものであった。まず、ブダペスト・メモランダムは兵力削減について、外国の軍隊、すなわち主に中央ヨーロッパに駐留するアメリカとソ連の軍隊のみを削減することを提唱した。ヨーロッパ各国の通常兵力の削減は除外されていた。つまり東側は、西側の相互軍縮提案には原則として同意を示したものの、それを超大国の兵力の削減のみに限定することによって、軍縮の問題を米ソ二国間の問題にしようと試みたのである。

ワルシャワ条約機構側はさらに、つぎのような方法でMBFRを安保会議の提案と結びつけてきた。すなわち、まず安保会議を開催する。そしてその会議が新たな組織を設立し、そこで通常兵力の軍縮問題を取り扱うべきであると提案したのである。NATOのローマ・コミュニケのなかでは、多国間交渉のひとつのあり方として「常設組織」の設置が言及されていた。それゆえ、東側はそれをうまく利用しつつ、しかしMBFRは安保会議を開催したあとで開始することにしようとしたのである。つまり、東側はNATO側の軍縮提案を受け入れる姿勢を示すことで、西側をヨーロッパ安保会議の開催へと促そうとしたのであった(5)。そのため西側は、東側の対案を含めてMBFRを検討する必要が出てきたのである。

しかしながら、MBFRに関する西側各国の立場はまとまりを欠き、積極的なつぎの一手を打つことはできなかった。以下、安保会議とMBFRとの関係を念頭に置きつつ、もともとMBFRに反対であるフランスを除くほかのNATOの大国、アメリカ、西ドイツ、そしてイギリスのブダペスト・メモランダムへの反応と対MBFR政策を分析し、ついでNATO全体における議論を見ていくことにする。

アメリカとMBFR

アメリカは、東側のイニシアティヴに対して強い不信感をあらわにした国のひとつであった。たとえば、アメリカのNATO常駐代表は、そのメモランダムを「〔西側〕同盟を分裂させるためのトリック」であると評した(6)。またロジャース国務長官も、ニクソン大統領に、「ワルシャワ条約〔機構〕側の応答は、前向きに見えるよう試みられており、また相手を刺激しないように配慮されているが、本当のところNATO側の立場にほとんど近づいてはいないことがわかる」と報告していた(7)。

だが、とりわけ国務省のなかには、ブダペスト・メモランダムが通常兵力削減を提案している点を好意的にとらえるむきもあった(8)。国務省はそこに、ヨーロッパからの一方的な米軍削減を求める議会からの圧力に対抗する好機を見出していたのである。当時西側には、どのように、そしてどれくらいヨーロッパにおける兵力を削減するのかについて合意された構想があったわけではなかった。だが国務省にとってそれは問題ではなかった。イギリスの外交官がヨーロッパ問題担当の国務次官補ヒレンブランド（Martin Hillenbrand）に、NATO側が軍縮に関して独自の立場を十分確立するまえにソ連がMBFRに同意してくるという危険があるのではないかと尋ねると、ヒレンブランドはこう答えたのである。「たとえロシア人が兵力削減について議論することに同意したとしても、危険はほとんどありません。SALTに関する〔アメリカ政府の〕経験では、核心的な部分に至る必要が出てくるまえに、かなりの時間、ロシア人をじらすことができたのです(9)」。つまり、交渉を開始したとしても、交渉のペースはコントロール可能であり、十分な準備がなくともすぐに交渉の妥結を強いられるわけではない、と彼は考えていたのである。

このヒレンブランドの言葉は、アメリカ国務省にとって何が重要なのかを端的に示していた。すなわち、議会に対して、アメリカ政府は現在「敵」と交渉をしている最中であり、米軍を一方的に削減することはできないと主張するために、ワルシャワ条約機構諸国と軍縮交渉をスタートさせることが重要なのであった。議会の圧力をかわすことができればよいのであって、軍縮について東側と合意に達し、実際に兵力を削減することはあまり重要ではなかったのである。またそれゆえ、ヨーロッパに駐留する外国軍のみを削減するという東側の提案を受け入れることも問題ではなかった。というのも、議会に対してアピールする軍縮交渉は、ヨーロッパ諸国も含めた多国間の交渉である必要は必ずしもなく、米ソ二国間での軍縮でも十分であり、またアメリカ政府は交渉のスピードをコントロールすることも容易であると考えていたからである。

しかしながら、アメリカ政府にとって重要な問題は、東側の提案がMBFRと安保会議をリンクさせていたことであった。ワシントンは、安保会議にほとんど何の利益も見出していなかった。一九七〇年五月のローマにおけるNATO外相理事会が、イギリスなどの主張によって「多国間の準備協議」に積極的な姿勢を示すことになったことは、アメリカをいらだたせていた(10)。くわえてワルシャワ条約機構側は、ブダペスト・メモランダムにおいて、安保会議が開かれたあとに通常兵力の軍縮をとりあげるべきであると主張していた。それは、MBFR交渉を開始するためには、まず安保会議を開催しなければならないことを意味した。アメリカにとって、そのような主張は受け入れがたかった。

アメリカとしては、安保会議開催のまえにMBFRの交渉が開始されなければならなかった(11)。MBFRをあくまでも安保会議とは独立した問題として提案することで、アメリカ国務省はそれが「ヨーロッパ安保会議に対する有益で具体的な代替案となる――あるいは、代替案ではなくとも、それ〔安保会議〕について検討し、そこへ向かっていく速度を落とすための有益な道具」になりうると考えていたのである(12)。さらに、イギリス外務省の見るところによると、「アメリカはMBFRの議論を〔安保〕会議から切り離し、会議のまえに行うことを主張することによって、後者を永遠に先延ばしすることができると考えているようで」あった(13)。いずれにせよ、アメリカにとっては、MBFRがまず先に来なければならなかったのである。

西ドイツとMBFR

アメリカと比べると、西ドイツは東側の反応をより好意的に受けとめた。むろん、ブダペスト・メモランダムを手放しで肯定したわけではない。このメモランダムの評価はアメリカ同様、慎重なものであった。西ドイツ外務省は、それを「NATOのコミュニケへの対抗であり、〔安保〕会議開催の見込みを促進するための」ものであり、本質的に戦術的なものであるとみなしていた(14)。東側のMBFR受け入れはリップサービスであり、安保会議開催のための手段にすぎない、と西ドイツは考えていたのである。だがこのような見立てにもかかわらず、ブラント首相はこのメモランダムを歓迎した。[15] 西ドイツのNATO常駐代表もまた、ワルシャワ条約機構のイニシアティヴを「正しい方向への一歩」であると評価した。[16]

西ドイツがブダペスト・メモランダムを肯定的に評価したのは、東側陣営がはじめて公的にMBFRの構想に――限定的であったとしても――関心を示したからである。前章で論じたように、西ドイツ政府は通常兵力の軍縮構想にもっとも積極的な国のひとつであった。とりわけシュミット国防相がそれに熱心であった。またブラントの側近であり、東方政策の中心人物であったバールは、そもそも軍縮を東方政策の「マスター・プラン」の重要な一要素と考え、ヨーロッパにおける包括的安全保障体制構築の手段とみなしていた。[17] 西ドイツ外務省では軍縮問題をより集中して検討するため、一九七〇年七月一〇日に省内にMBFRのための作業グループが設置された。[18] その第一回会合において、作業グループの議長で軍縮問題担当外務次官補のロート（Hellmuth Roth）は、MBFRの重要性をつぎのように説明した――MBFRは政治、軍事、経済的要素から成り立っており、それゆえ、それをもっぱら軍事的な観点だけから見るべきではない。「MBFRとは、兵力削減に関する交渉を通じてさらなるイニシアティヴをとるための最初の基盤を構築するという重要な目的をもつ複雑な建築物である。MBFRは、持続可能な平和的解決へ至る道程における重要な要素なのである」。[19] それゆえ、たとえ東側の意図がもっぱら戦術的なものであったとしても、西ドイツにとってブダペスト・メモランダムは、MBFR構想をまえに進めるうえで十分価値があるものだったのである。

ブダペスト・メモランダムを受けてブラント政権は、一九七〇年一〇月一六日に連邦安全保障会議を開催し、MBFRに関する今後の方針を確認した。ブダペスト・メモランダムに含まれていた考えを政治的に利用すべきである――外務省と国防省によってふたたびこの会議に共同で提出されたMBFRに関するメモランダムはそう進言していた。つまり、MBFR構想を進展させるため、ワルシャワ条約機構が提案する「外国軍」の削減をその第一歩として受け入れるべきであると論じられていたのである。[20] 一九六〇年代後半のCDU／CSU・SPD大連立時代には、ヨーロッパからの超大国の軍隊の撤退、とくに米軍の撤退は、西ドイツ政府にとってまったく受け入れがたいものであると考えられていた。しかしブラント政権（ＳＰＤ・ＦＤＰ連立政権）は、もしそれが最終的に中部ヨーロッパ諸国の軍縮も含んだ相互兵力削減につながるのであれば、米ソの軍隊の削減を最初の一歩として受け入れることができるとの立場であった。

くわえて超大国の軍隊のみを先に削減することは、東ドイツとの関係改善を模索するブラント政権にとってメリットがあった。というのも、米ソ軍の削減交渉が進められているあいだは、すでに始まっていた東西ドイツ間の関係正常化交渉が妥結するまえに、軍縮に関する多国間の交渉のなかに東ドイツが参加することを防ぐことができたからである。それゆえ、まず超大国間の軍縮を進め、多国間の交渉はあとの段階とすることによって、東ドイツが国際社会に参加し、その公式の地位を承認することを遅らせることができるのだった。西ドイツ政府にとって、ＭＢＦＲをまえに進める一方で、東西ドイツ間の交渉のための時間を稼ぐことが重要だったのである。

またＭＢＦＲと安保会議の関係も、西ドイツにとって重要であった。ブラント政権は明らかに、ヨーロッパ安保会議を、ソ連をヨーロッパにおける軍縮デタントに向かわせるための有効な手段であると考えていた。すでに論じたように、西ドイツは東側陣営を兵力削減構想にコミットさせるために、ＭＢＦＲを安保会議における議題のひとつにしたいと考えていた。しかし西ドイツ側は、ワシントンがＭＢＦＲを安保会議の開催前に開始したいと考えていることを承知していた。それゆえ外務省と国防省の共同メモランダムは、ＭＢＦＲと安保会議の関係に関して、つぎのように規定するよう提案した――「原則としてわれわれの意見は、ＭＢＦＲが分離され独立した主題であり、それはヨーロッパ安保会議と独立して取り扱われうるというものである。他方で、われわれはまた、どのような安保会議もＭＢＦＲの主題を取り扱わなければならないと考えている」。(21) ＭＢＦＲと安保会議の関係に関するこの新しい定義は、西ドイツとアメリカの立場の折衷案であった。ＭＢＦＲは単独で安保会議のまえに開始されうるが、もし安保会議が先に開催される場合には、ＭＢＦＲ構想をそこで取り扱わなければならないとされたのである。西ドイツ外務省は事前に注意深く国務省側と協議し、この新たな定義についてアメリカ側の承認を得ていた[22]。西ドイツの外交文書はこう記している――「明らかに、〔アメリカ〕合衆国はおおむねＭＢＦＲとヨーロッパ安保会議の関係に関する〔西ドイツの〕見解に近づいている[23]」。この段階において、アメリカと見解をすり合わせられたことに、西ドイツ側は喜んでいた。だが第八章で論じるように、西ドイツ政府はのちに、この立場から後退することを余儀なくされることになる。

ヒース政権とＭＢＦＲ

一九六七年よりイギリスは、西ドイツやベルギーなどとともに軍縮デタントを積極的に追及してきた。しかし、一九七〇年後半にこれが変化する。一九七〇年六月のイギリス総選挙の結果、保守党が与党に返り咲き、ＭＢＦＲに対する方針が変わるからである。新たに首相となったヒース（Edward Heath）は熱心なヨーロッパ主義者であり、イギリスのヨーロッパ共同体への加盟を実現させることになる。戦後イギリスで唯一、アメリカとの関係よりもヨーロッパ諸国との関係を重視した首相ともいわれる。その彼が率いる新政権の冷戦政策は、東側との緊張緩和よりも西側の防衛力増強をより重視していた。ヒース自身、ソ連に対しては厳しい見方をもっており、多くの西側指導者たちがブレジネフとの直接会談を行うなかで、彼は在任中一度もソ連を訪問することなく、ソ連の指導者と直接話し合うこともなかった。

たしかに、ヒース政権でも最初の数カ月間、イギリス外務省は前政権の方針を引き継ぎ、通常兵力の相互軍縮がＮＡＴＯのもっとも重要な提案であると考えていた。だが、ヨーロッパ安全保障に関する省内の新しい研究結果が現れると、イギリス外務省と、とりわけ保守党の新閣僚たちはＭＢＦＲに反対するようになる。一九七〇年九月一六日、外務省の政策企画室と西側機構局によって準備・作成された新報告が完成し、新外相ダグラス＝ヒューム（Alec Douglas-Home）に手渡された。この研究報告は、その後、イギリス政府のヨーロッパ安全保障政策全般の、

そしてとくにヨーロッパ安保会議とMBFRについての指針となる。(24)

ヒース政権の対ヨーロッパ安保会議政策については次章で検討するため、ここでは、その研究報告のMBFRに関する部分に焦点を絞ろう。この外務省報告の結論もやはり、NATOにおけるMBFR研究の結果と同様であった——「NATOの通常兵力レベルの削減は、ワルシャワ条約〔機構〕側のきわめて大幅で、不釣り合いな削減がともなわないのであれば、ほとんど不可避的にNATOの状況を相対的に損なうであろう」。というのも、まず、そもそもNATOの通常兵力はすでに最低限のレベルにあったからである。さらに、米ソ両軍がヨーロッパから撤退した場合、ワルシャワ条約機構側は、撤退したソ連軍は撤退したアメリカ軍よりもヨーロッパ戦域へより早く戻ってくることができるという地理的な優位性をもっていたからである。しかし非対称的な、すなわち東側のほうが西側よりも多くの兵力を削減するという軍縮モデルをソ連が受け入れることはありえないと考えられた。それゆえ外務省の研究報告は、MBFRにおいて、交渉可能性と安全保障は両立できないと断言している。さらに、「MBFRのアイデアはさまざまな困難に満ちており、NATOに多くの利益をもたらすことはなさそうであることを認めるならば、イギリスは当面この問題を取り下げるよう主張すべきであるように思われる」としていた。

外務官僚によるその報告の提言は、比較的穏当なものであった。それは、西側にとって利益のないMBFRを取り下げるという主張は「いまのところ現実的なオプションではない」と結論づけていたのである。イギリスの同盟国、とりわけ西ドイツとアメリカが軍縮イニシアティヴの強力な支持者であり、またNATOはすでにMBFRの構想を公に提案してしまっていた。それゆえその研究文書は、より危険の少ない軍縮として、ソ連から「かたちだけの」兵力削減を求めるべきである、と提言していた。(25)つまり、同盟の結束を維持し、表向きNATOの方針の一貫性を維持するために、外務省は最低限のシンボリックな兵力削減のみを支持しようとしたのである。

だが防衛問題に関して、ヒース政権の閣僚たちの考えは外務官僚よりも厳格であった。ダグラス＝ヒューム外相は、「かたちだけの」削減という提案すら拒否した。むしろ、「真の安全保障のみが同盟国の利益であり、われわれはNATO内のサークルにおいてこの路線を進みはじめるべきであるという方針」であった。[26] つまり、ダグラス＝ヒュームは外務官僚たちに、「かたちだけの」ものであっても、危険性をはらむ軍縮よりもむしろ軍事安全保障問題に関して非常に強硬な立場をとるように命じたのである。新国防相のキャリントン卿（Lord Carrington）もまた、MBFR構想を嫌っていた。彼とダグラス＝ヒュームが一九七〇年一〇月三日にロジャース米国務長官と会談した際、キャリントンは「軍事的観点から、兵力削減構想について最大限の不信感を抱いている」との見解を伝えている。[27] それゆえ保守党政権は、MBFR構想からはっきりと後退していった。実際、NATOが軍縮交渉の方向へと流れていくのにブレーキをかけるため、一〇月一三日、イギリス外務省はNATO代表に、MBFRに関するNATOの研究は徹底的かつ完璧になされるべきである、とほかの同盟国に主張するよう訓令を出している。[28] これは、兵力削減に関する議論を延々とNATO内で行わせることによって、実際の東西間の交渉開始にまで至らないようにすることをねらったものであった。その結果、MBFRに関するロンドンの立場は、軍縮デタントを嫌うフランスの立場に近づき、西ドイツやベルギーからは遠のいたのだった。[29] このことはまた、一九七〇年五月に現れた「イギリス・ベルギー・ドイツ戦線」の崩壊を意味したのである。[30]

NATOにおける議論

一九七〇年後半、NATO内でのMBFRの議論をリードしたのは、やはり西ドイツであった。まず、西ドイツが慎重に考案したMBFRと安保会議との関係に関する新提案――MBFRは安保会議とは独立して議論されうるが、安保会議においてはMBFRを議題として取り扱わなければならない――はおおむねNATO内で受け入れられるところとなった。[31] その方式は、MBFRと安保会議を分断させたいと思う国と、その二つを結びつけたいと思う国の両方が受け入れられるようにうまくつくられていたからであった。

ベルギーは、MBFRは西側陣営の唯一オリジナルで実質的なデタント構想であると考えていた。[32] MBFRに積極的な国にとっては、それを東側陣営に受け入れさせるためにも安保会議に軍縮問題を組み込むことが非常に重要だったのである。たしかにNATOはすでに「人・思想・情報の移動の自由」という重要な議題を提案してはいたが、当初それはあくまでも東側を受け身に押しやるための対抗提案に過ぎず、まだ実質的な提案とは見なされていなかったのである。多くの西側の外交官たちは、「移動の自由」の考えが東側陣営において大きなインパクトをもたらすとは考えていなかった(33)。それと比べると、軍縮の提案はより具体的で実質的だったのである。

フランス、トルコ、ギリシャ、さらにいまやイギリスなどにとって、MBFRは西ヨーロッパの安全保障にとって危険なものであった。それゆえ、その構想は廃棄されるべきか、あるいは少なくとも安保会議とは独立してコントロールされるべきものであった。NATO内にこのような見解の違いがあるなかで、MBFRと安保会議に関する西ドイツの新方式は、安保会議においてどのように軍事的な問題を取り扱うのかについての論争を先送りすることを可能にしたのだった。

しかし、アメリカとソ連のヨーロッパ駐留軍の削減をMBFRの第一歩とみなすという西ドイツの主張に関しては、NATO内で大きな対立点となった。イタリア、カナダ、デンマーク、そしてノルウェーは西ドイツの立場を歓迎した。イタリアは、「外国軍」の削減に関するNATO内での研究をさらに進めることに優先順位を与えるべきであるとの考えに同意した。カナダはより積極的な意見をもっており、「MBFRへの扉をまったく閉ざして」しまわないためにも、一二月のNATO外相会議において、外国軍の削減に関して何か積極的なことを出さなければならないと主張した(34)。

これに対して、オランダ、トルコ、そしてギリシャは、外国軍削減をMBFRの第一歩として受け入れるとする議論に強く反対した。とりわけオランダは、その考えは危険が大きいと見ており、もし超大国が先行して二国間で軍隊を撤退させることに合意したら、「われわれが知っているMBFRが、議論から追い出されてしまうだろう」と警告した。つまりオランダ政府は、超大国だけの軍縮が先行してしまうと、ソ連はさらなる軍縮へのインセンティヴを失ってしまい、つぎの一歩が永遠になくなってしまうことを恐れたのである。[35] 相互兵力削減は、はじめから多国間でとり行われるべきであった。結局、このような意見対立のため、NATOはMBFRに関してさらなるイニシアティヴをとることができなかったのである。

アメリカもまた、ソ連と二国間で通常兵力の軍縮を進めるという選択をすることはなかった。国務省はMBFRを前進させたい意向をもっていたが、その考えはより上位の意思決定機関である国家安全保障会議（NSC）において受け入れられなかった。[36] 国務省は、米ソ双方のヨーロッパ駐留軍を一〇％削減するという提案を検討していた。一〇％の削減ならヨーロッパの安全保障に重大な影響を及ぼすことはないが、同時に議会の圧力への対抗策としては十分な政治的インパクトをもちうると考えられたからである。[37] しかし、ニクソン政権はMBFRに関する最終決定を先送りにした。MBFRがはじめて主要議題としてとりあげられた一九七〇年一一月一九日のNSC会議において、キッシンジャーは、対称的な兵力削減（東西双方が同じ割合で削減する）はワルシャワ条約機構側に有利なので受け入れがたいため、非対称的な兵力削減についてさらなる検討が必要であると主張した。とくに、ありとあらゆる可能性を検討するため、陸軍の通常兵力だけでなく核兵器や戦略空軍を含むさまざまな兵器の組み合わせによる削減と、そのヨーロッパにおける軍事安全保障への影響を精査することを提案した。[38] このことは、シンボリックな一〇％削減案が当面棚上げにされ、複雑な混合パッケージ・モデルを検討するために、さらに時間が費やされることを意味した。ロジャース国務長官もまた、ソ連側は兵力削減に関する交渉について真剣に考えていないと批判し、「われわれはいまのところMBFRについて何も決定すべきではない」ことを強調した。[39] その結果、アメリカ政府はNATO外相理事会において、MBFRに関してほかの同盟国に特別な圧力をかけるようなこともなかった。それゆえ、一二月の外相理事会のコミュニケにおいて、NATOはMBFRについて、その予備協議を（安保会議とは関係なく）開始すべきであるという従来の主張を繰り返すにとどまることになるのである。

2　東方政策と四大国ベルリン交渉

一九七〇年後半、NATO諸国がMBFRについて議論しているあいだも、ドイツおよびベルリン問題に関する交渉が続けられた。とくに、西ドイツとソ連とのあいだの交渉が八月一二日にモスクワ条約というかたちで決着したことは、きわめて重要である。それは冷戦史における歴史的瞬間でもあった。本書の議論において、このモスクワ条約の重要性は二つある。一つは、西ドイツとソ連の合意のなかで、西ドイツが東ドイツを事実上承認したことである。そしてもう一つは、モスクワ条約の西ドイツ議会での批准がベルリン問題と結びつけられ、ひいては安保会議開催の行方とも関連をもつようになったことである。まずはモスクワ条約の締結過程を見ながら、西ドイツが東ドイツをどのように事実上承認したのか確認しよう。

モスクワ条約の締結

モスクワ条約の締結に至るソ連・西ドイツ間の交渉過程については、すでに第一次史料にもとづく研究が複数存在する(40)。それゆえここでは、本章の議論にとって必要な最低限の記述にとどめることにしたい。

ブラントの側近バールとソ連外相グロムイコとのあいだの交渉は、一九七〇年一月より開始されていた。それは、表向きは両国間の武力不行使協定に関するものであった。しかし交渉は、この問題に限られたものではなかった。それは、西ドイツと東側陣営全般との関係のいわばガイドラインをつくりあげるものとなった。というのも、西ドイツ政府は、ソ連に続いてほかのワルシャワ条約機構諸国、とくに東ドイツとの条約締結を意図していたからである。それゆえブラント政権にとって、ソ連の「衛星国」との交渉を始めるまえに、まずモスクワと基本的な部分について合意しておくことが重要であった。とくに二つのドイツの関係と既存の国境の問題は、モスクワ交渉において非常に重要な問題となったのである。

西ドイツの目的は、西ドイツと東ドイツの関係が特別なものであることをソ連に認めさせることにあった。ボンにはすでに、二つのドイツの地位が平等であることを受け入れる準備があった。しかし、西ドイツは東ドイツを国際法の観点から法的に承認することはできなかった。なぜなら、それはドイツの恒久的な分断を承認してしまうことを意味し、また、ドイツ再統一を基本的な目的であると定めた西ドイツの憲法である「基本法」と相いれなかったからである。仮にブラント政権が東ドイツを法的に承認したとしても、憲法裁判所がそれを拒否することになったであろう。それゆえバールは、東ドイツを事実上承認するという線でソ連および東ドイツと合意することをめざした。法的承認は問題外であった[41]。その際、ソ連が開催を望むヨーロッパ安保会議の構想は、ソ連の合意を得るためのカードのひとつであるとバールは考えていた。というのも、「連邦共和国〔西ドイツ〕なしでのヨーロッパ安保会議などありえない」からであった[42]。

モスクワでの交渉でより厳しい対立点となったのは、ドイツ再統一は西ドイツの目的である旨を示した書簡をソ連に送るというバールの提案であった。東ドイツの承認はあくまでもドイツ再統一が実現するまでの暫定的なものであることを確認するために、モスクワ条約はドイツ再統一という西ドイツの目的と整合性があるということを述べた書簡をソ連側に送付することをバールは望んでいた。ソ連側は当初より、法的承認ではなく事実上の承認という交渉の妥結点を受け入れる準備があった。たしかにモスクワ交渉の初期段階でこそ、グロムイコは東ドイツの完全な法的承認を要求してはいたが、実際、早くも一九六九年三月初頭の段階で、ソ連の駐米大使ドブルイニンはキッシンジャーに対して、ソ連は東ドイツの公式の（すなわち法的な）承認にこだわらないとの姿勢を示していた[43]。しかしながらグロムイコは、書簡を交換するというバールの提案には激しく抵抗した[44]。一九五五年以来、ソ連の公式の政策は二つのドイツを維持することであり、再統一についての言及があるような書簡を受け入れることはできなかったのである。

この行き詰まりを打開するのに役立ったのが、ボン・モスクワ間の極秘ルートであった[45]。一九七〇年五月二一日、ソ連の諜報機関ＫＧＢの長官でありその極秘ルートのソ連側の統括者であったアンドロポフ（Yuri Andropov）は、書簡問題で西ドイツとの交渉が行き詰まっている状況をブレジネフに直接伝え、ドイツ統一の問題について十分な配慮が必要であると訴えた。そしてブレジネフからの新たな指令によって、グロムイコは西ドイツからの書簡を受け入れることに同意したのである[46]。バールとグロムイコの直接交渉の膠着状態は、裏ルートからの働きかけによって打開されたのだった。こうしてバールによって交渉の道筋がつくられた。その後、同年七月から八月にかけて行われたシェール西独外相とグロムイコとのさらなる交渉を経て、ソ連と西ドイツの両外相、ブラント首相、そしてソ連首相コスイギンは、ついに一九七〇年八月一二日、モスクワ条約に調印したのだった[47]。

西ドイツとソ連は、モスクワ条約において武力行使の放棄を約するのと並んで、同条約の付属文書において既存の国境線の「不可侵性」を尊重することに合意した。この規定によって、ブラント政権は東ドイツの存在とオーデル＝ナイセ線の存在を事実上認めたのだった。同時に、西ドイツは東西両ドイツが対等の関係であることを受け入れた。さらにブラントは、調印の日に、「この条約は、ヨーロッパにおける平和の状況に尽力し、そこにおいてドイツ国家が自由な自己決定にもとづいてその統一を回復するというドイツ連邦共和国の政治的目的と矛盾しない」と認めた書簡をソ連側に手交した。それによって――西ドイツの観点からは――モスクワ条約は西ドイツ基本法やその将来の再統一という目的と矛盾しないということを明確にし、西ドイツ国内や同盟国からの批判に備えたのである。

モスクワ条約は、本質的にヨーロッパにおける現状維持を確認するものであった。だがそれは、多国間デタントへの道を開くきわめて重要な一歩となる。第一章で論じたように、どのようなかたちであれ多国間デタントの実現は、ドイツ問題によって妨げられてきた。しかしモスクワ条約の締結によって、ドイツ問題には、東ドイツの事実上の承認という暫定的な解決が与えられた。この暫定的解決によって、西ドイツは、東ドイツが多国間会議に西ドイツと同格で参加することを受け入れることができるようになったのである。また同条約は、多国間会議においてモスクワが、東ドイツの法的承認を要求することはないことを示唆していた。さらに、ブラントはこの西ドイツとソ連とのあいだの条約が、ＭＢＦＲを通じた軍縮デタントへとつながっていくことを期待した[48]。だが西ドイツは、ヨーロッパ安保会議の開催を急ぎはしなかった。東西ドイツ間の交渉が妥結するまえに多国間会議を開催すれば、それが東ドイツに有利に働いてしまうと考えていたからである。さらに、何よりベルリンの問題がまずもって解決されなければならなかった。

モスクワ条約とのリンケージとベルリンをめぐる三つの問題

本書の議論と関連するモスクワ条約の第二の重要性は、四大国ベルリン交渉とのリンケージである。ブラントにとって重要だったのは、ソ連との条約締結だけではなかった。かつて西ベルリンの市長であったブラントにとって、ベルリン問題の解決も同じく非常に重要であった。とはいえ、西ドイツはベルリンについてソ連と直接交渉する権限をもたなかった。ベルリンは、第二次世界大戦の終結以来ずっと、米英仏ソ四カ国の管轄下にあったからである。それゆえブラントは、モスクワ条約を利用して、すでに開始されていたベルリン交渉を何とか進展させようとした。

国際条約は通例、調印されるだけでは不十分であり、議会において批准されてはじめて効力を発揮する。そこでブラントは、ベルリン問題の解決をモスクワ条約批准の前提条件としようとしたのである。彼はすでに、モスクワ条約の交渉中、シェール外相に、グロムイコに対してこの点を明確にしておくよう指示していた[49]。さらに同条約が調印されたあと、ブラント自身がニューズウィークとのインタビューのなかで、ベルリン問題の「満足のいく」解決とモスクワ条約の批准とのあいだに連関があることを公に強調したのであった[50]。このつながりは、ドイツ語で「ユンクティム」（Junktim〔抱き合わせ〕）と呼ばれた。すでに第二章で論じたように、西側、とりわけフランスは、ベルリンに関する交渉の進展をヨーロッパ安保会議のための多国間の準備協議開催の前提条件としていた。つまり、ベルリン問題の解決なくして、安保会議もモスクワ条約の批准もないという状況が生まれたのである。ベルリン問題は、ヨーロッパにおけるデタントの進展全体のまさに中心に位置づけられることになったのだった。

ベルリン問題は非常に複雑であり、その解決は容易ではなかった。最終的な合意に達するためには解決しなければならない多くの問題領域が存在した。[51] だがそのなかでもとくに、三つの問題に注目しなければならない。第一の問題は、ベルリンの地位に関するものである。アメリカ、イギリス、そしてフランスの西側三国は、同市に関する四大国の責任はベルリン全域をカバーするものであると主張していた。つまり西側三国は、西ベルリンのみならず東ベルリンに関しても責任を有しているとの立場であった。それに対しソ連側は、ベルリンに関する交渉とその最終的な合意はあくまでも西ベルリンに限定されるべきであると主張していた。ソ連の見解によれば、ソ連占領地区（東ベルリン）の権限はすでに東ドイツの主権下に委譲されていたからである。だが西側三国はそもそも東ドイツを国際社会の一員として承認しておらず、それゆえソ連の主張を受け入れることはできなかった。また西側は、東ドイツの主権を完全に承認してしまうことによって、英米仏ソのもつベルリンにおける法的立場が侵食されてしまうことを懸念していた。[52] 東ドイツを承認してしまうと、東ドイツの内部に位置する西ベルリンへの権限がさまざまなかたちで弱められてしまうと考えられたのである。四大国が交渉の対象とする「ベルリン」とは、ベルリン全域なのか、それとも西ベルリンのみなのか。この点から、東西間の基本的立場は対立していたのである。

ベルリンに関する第二の主要な問題は、西ベルリンへのアクセスの問題である。西側三国はこの問題を実質的にもっとも重要な問題であると見なしていた。西側は、一九四五年に合意された占領規約にある四大国の権利のなかには、東ドイツのなかにある西ベルリンへ自由にアクセスする権限も含まれていると強く主張していた。それゆえ、そこへのすべてのアクセスは何ら制約を課せられてはならなかった。他方ソ連は、西側三国にはベルリンに駐兵する権利はあるため、軍隊のアクセスは権限に含まれているが、民間人の西ベルリンへのアクセスに関しては制限されうると反論した。というのも、その交通ルートは東ドイツの領土を通過するのだから、主権をもつ東ドイツ当局によって管理されなければならないからであった。実際、占領規約にはアクセスに関する明確な規定がなかったため、東西間の対立点となっていたのである。

そして三つ目の重要な問題は、西ドイツと西ベルリンの関係の問題、換言すれば、西ドイツの西ベルリンにおけるプレゼンスの問題である。西ドイツの観点からすれば、西ドイツとベルリンの西側占領地区とのあいだのつながりは、共産主義国の領土に浮かぶ孤島のような西ベルリンに住む人びとの生活にとって、死活的に重要であった。西ドイツからの支援なくして、西ベルリンの経済は成り立たなかった。しかしソ連と東ドイツは、西ドイツと西ベルリンのあいだには何ら法的な関係は存在せず、西ベルリンは四大国の管轄下にある「独立した政治的実在」であると主張していた。それゆえ東側は、西ベルリンが西ドイツの一部であるかのように振舞うことは、「違法」であると非難していたのである[53]。

ベルリン交渉は、米英仏三国の駐西ドイツ大使と、ソ連の駐東ドイツ大使の四人のあいだで一九七〇年三月に開始され、定期的に会合が続けられた。だがそれは、この年が終わるまで、ほとんど進展を見なかった。西側三国が早期の解決に消極的であったからであり、またソ連も、ベルリンと東ドイツに関する公式の立場について、それまでの一貫性が失われてしまうような実質的な譲歩をしなかったからである。

ソ連の歩み寄り

ベルリンに関して、最初に妥協の姿勢を示したのはソ連であった。一九七〇年前半のベルリン交渉では、東西双方がそれぞれの基本的な立場を繰り返すだけの実りのないやりとりが続いた。どちらも、「妥協の意思のかけらも見せず」自説を主張した[54]。しかし八月のモスクワ条約調印以後、ソ連はベルリン交渉を前に進めるため、しだいに積極的な姿勢を示すようになる。ブラントは、モスクワ条約調印のため八月一二日にモスクワを訪れた際、モスクワ条約とベルリン交渉が密接に結びついていることをブレジネフに対して強調した。するとブレジネフは、すべての関係国に受け入れ可能なかたちでのベルリン問題の解決に至る可能性を排除しないと、前向きに応えたのである。

ただし、それはソ連が圧力に屈しているという印象を与えてしまうことを避けられるかどうかによるだろうと述べ、リンケージによって圧力をかけることは問題の解決にならないことを暗に警告することも忘れなかった。(55) その三週間後、駐東ドイツ・ソ連大使で四大国交渉のソ連代表であるアブラシモフ（Pyotr Abrasimov）は、アメリカ代表のラッシュ（Kenneth Rush）大使に対して、よりはっきりと交渉を加速させることを求めた。(56) アブラシモフはまた、フランス大使ソヴァニャルグ（Jean Sauvagnarges）にも接近し、二国間でベルリン協定のたたき台を作成することをもちかけている。だがソヴァニャルグは、そのような申し出を拒否した。(57)

一〇月二二日にソ連外相グロムイコがニクソン大統領と会談した際、ソ連側はさらに具体的な提案を行った。ソ連は西ベルリンにおける米英仏の地位を弱める意図はもっていないことを保証しつつ、ソ連政府はアクセスの問題を解決する準備があると述べたのである。また同時に、モスクワが西ドイツと西ベルリンのあいだの経済的、文化的、財政的つながりを容認する可能性を示唆した。そのかわり、ソ連外相は、西ドイツによる西ベルリンでの政治的活動を制限することを要求し、西ドイツ議会の開催、西ドイツ議会のさまざまな委員会会合の開催、西ドイツ首相の活動など、西ベルリンで認められない活動を列挙した。(58) このような西ベルリンへのアクセスを認めることと、ベルリンにおける西ドイツの政治活動を制限することのトレードオフは、ベルリンに関する最終的な合意の基盤となりうるものであった。

一九六〇年代前半に行われたベルリン交渉と比較しても、ソ連の態度は明らかに軟化していた。第二次ベルリン危機を経て、一九六二年に行われたベルリンに関する米ソ間の非公式協議では、ソ連側がとくに西ベルリンからの西側の軍隊の撤退を主張して譲らず、そのため当時の交渉は完全に行き詰まってしまった。(59) しかしながら、一九七〇年代の交渉の際には、ソ連はもはや西ベルリンからの西側の軍隊の撤退を要求してくることはなかった。一九七〇年代のベルリン交渉を理解するうえで、この点は強調されてよいだろう。だがそれにもかかわらず、交渉の進捗は遅々としたものであった。

アメリカとイギリスの遅延策

西側三国は、そもそも四大国交渉を急ぐつもりはなかった。とくにアメリカとイギリスは、交渉の立場が強いと考えており、合意を急ぐインセンティヴをもっていなかった。むしろ西側は、ベルリン交渉を利用して、デタントのペースをコントロールしようとしていたのである(60)。

すでにベルリン交渉が始まるまえから、ホワイトハウスはベルリンに関してソ連との合意に達することは容易ではないと考えていた。ベルリンに関するソ連と西側の立場の隔たりがあまりにも大きいため、キッシンジャーはニクソンに、「小さな進展の見込みすら限られています。この観点から、われわれは成功の見込みを生み出すようなことは何もすべきではありません」と報告していた(61)。しかしながら、すでに一九六九年に西側からベルリン交渉の開始を正式に申し出ていた手前、成功の見込みが薄いと考えていたにもかかわらず、アメリカはベルリン交渉を開始せざるをえなかったのである。それゆえ、ブラントがベルリン交渉の満足のいく妥結をモスクワ条約批准の前提条件としたことは、キッシンジャーにとってやっかいな問題であった。というのも、もしベルリン交渉が決裂し、その結果モスクワ条約もご破算となれば、アメリカ側が非難される恐れがあったからである(62)。

しかし一九七〇年後半に入っても、ニクソンがベルリン問題を早期に解決することはなかった。前述のグロムイコとの会談の際、ニクソンはグロムイコの提案に対して、「〔ベルリン〕市と西ドイツとのあいだの命綱を切ることはできない」と明言している(63)。グロムイコの提案を否定したわけではないが、ニクソンは強い姿勢を示した――「われわれはすべての政治的つながりを根絶することに同意できません。西ドイツがそのことを国民に納得させることができないように、われわれはそれを西ドイツに納得させることができないという単純な理由からです」(64)。

ニクソンの消極姿勢は、国家安全保障決定覚書（ＮＳＤＭ）91というホワイトハウスの決定においてつぎのように述べられていることからも明らかである。「大統領は、〔ベルリンに関する〕現在の取り決めが、われわれの義務を遂行するうえで十分であるとみなしている。それゆえ新たな四大国合意は、われわれの利益あるいはわれわれの政策の観点からは絶対不可欠なものではない」(65)。このNSDMは、ワシントンがベルリンに関してほとんど譲歩するつもりがないことを示していた。さらにロジャース国務長官は、一〇月三日、ダグラス＝ヒューム英外相にこう述べていた。「ロシア人はソ連・西ドイツ条約〔モスクワ条約〕が批准されるかどうか懸念している……。それゆえ、これは西側にとって何か具体的なものを見返りに得るための好機である」(66)。つまり西側は、ベルリン交渉において強い立場にあることを理解していたのである。それゆえアメリカは、自ら譲歩することなく、モスクワ側が屈服するのをただ待つという方針をとったのだった。

イギリスの立場もアメリカのそれに近いものであった(67)。たとえば、先述のように一九七〇年九月にソ連側が交渉を加速させる意向を示したとき、イギリス外務省はベルリン交渉のイギリス代表であるジャクリング（Roger Jackling）大使に、交渉を活発にするどのような動きに対しても反対するよう訓令していた(68)。グロムイコが一〇月二七日にロンドンを訪れたときにも、ベルリン問題についてのダグラス＝ヒューム外相の態度は非常に冷淡なものであった(69)。またブラントの「ユンクティム」は、イギリス政府にも不信感を抱かせていた。ブリメロー（Sir Thomas Brimelow）外務事務次官代理は「西ドイツ政府が、もし国内政治的な理由からモスクワ条約の批准を進めたいと望めば、彼らはアメリカ、フランス、そしてわれわれ〔イギリス〕に、ベルリン交渉の結果を満足がいくものとして受け入れるよう促すであろうが、それは実際のところ満足がいくものとはならないかもしれない」と考えていた(70)。つまり彼は、モスクワ条約批准のため、西側三国にとって納得できないベルリン交渉の結果を受け入れるよう、西ドイツが圧力をかけて来ることを懸念していたのである。くわえて当時、英ソ関係は、イギリス国内におけるソ連のスパイ活動のために悪化していた(71)。そのためもあって、イギリスもまたベルリン交渉において強硬な立場をとり続けた。実際、ジャクリングは「同盟国側の最善の戦術は、断固とした態度をとり、ソ連の譲歩が不十分であると主張することであるようだ」と述べている(72)。西ドイツもソ連も交渉がより早く進むことを望んでいたが、アメリカとイギリスが交渉の進展にブレーキをかけていたのである。

フランスとベルリン交渉

ポンピドゥ大統領もまた、ベルリン交渉のテンポを速めることを望まなかった。モスクワ条約に関して「ブラントはひどく譲歩した」とポンピドゥは評価しており、また西ドイツは東側との交渉について「急ぎすぎている」とみなしていた(73)。また、シューマン仏外相がベルリン問題に関するフランスの立場を公にしたらどうかと提案すると、ポンピドゥはその考えを拒否し、むしろソ連の出方を待ってその意図を探るよう訓令した。ポンピドゥ自身、こう書いている――「〔ソ連の〕反応を見たあとで、われわれが何をしなければならないのかがわかるだろう(74)」。

ポンピドゥ大統領の態度の背後には、根強い対独不信が存在していた。早くも一九六九年九月、ポンピドゥの外交顧問レイモンは、西ドイツの東方政策の危険な影響を指摘しており、つぎのように論じていた。「もし『現実』の承認が進みすぎたならば、三同盟国の西ベルリンにおけるプレゼンスの基盤が問われることになってしまうでしょう。たとえボン政府が東側への接近政策をコントロールすることに成功したとしても、ベルリンにおける脆弱な法的・政治的バランスが揺さぶられる危険があるでしょう(75)」。さらにフランスは、ブラント政権がモスクワ条約の批准を得るために、ベルリンに関してフランスにとって受け入れがたい譲歩をするのではないかと懸念していた。実際一九七〇年一一月二日にレイモンは、ポンピドゥに「ボン政府が、急速にベルリンに関する新たな譲歩へ流れていってしまうことを想定しておかなければなりません」と忠告していた(76)。一〇日後の一一月一二日、九日に死去していたド・ゴール前大統領の葬儀に出席するために来仏していたニクソンと会談した際、ポンピドゥ自身も、西ドイツがソ連に対して断固とした態度をとることができるかどうかについて疑いをもっているとの懸念を伝えていた(77)。それゆえフランスにとって、ベルリンに関する権利を維持するために、事態の展開をコントロールすることは非常に重要であった。

そのためフランスは、ベルリン問題の取り扱い方を重視した。フランスは、三つの段階を経て、最終的にベルリン協定が完成するという流れを考えていた[78]。第六章で論じるように、ベルリン問題をどのような流れで扱っていくかという問題は、ヨーロッパ安保会議へ至るプロセスにも影響を与えることになる。それゆえここで、ベルリン協定への三段階プロセスとはどのようなものかを確認しておきたい。その第一段階は、すでに始まっている米英仏ソ四大国交渉である。ここでは、ベルリンに関する基本原則を確立することが重要である。第二段階は、四大国によって定められた原則の枠内で、東西両ドイツが東西ベルリン間の交通に関するより詳細で技術的な協定を締結することである。そして第三段階は、四大国による最終議定書の調印である。最終議定書は、第一段階の四大国協定と第二段階の交通協定を一つにまとめあげることになっていた。つまり、交渉のレベルを四大国と東西ドイツの二つに分けることによって、フランスは四大国のベルリンをめぐる権利に関する交渉からドイツ人を最初から排除しようとしたのである。これによって、両ドイツは四大国によって合意された原則の枠内でのみ交渉することになる。そうすることで、米英仏ソはベルリンに関する基本的権利を保持することができると考えられた。くわえて、四大国による最終議定書というかたちで最後を締めくくることで、二つのドイツとベルリンに関する米英仏ソの優越性を再確認することにもなっていた。西ドイツはこの手続きを受け入れざるをえなかった。というのも、西ドイツはそもそもベルリン問題を取り扱う法的基盤を持っていなかったからである[79]。西ドイツ政府は、ベルリン合意とモスクワ条約の批准をリンクさせていた。もしベルリン交渉が失敗すれば、モスクワ条約も自動的に流産することになっていた。それは、ブラント政権を崩壊させかねない問題であった。これは西ドイツ政府にとって大いなるジレンマであった。

ベルリン交渉の停滞

モスクワもまたジレンマに直面していた。たしかにソ連側は西ベルリンへのアクセスの問題を進展させる準備があることを示しはしたが、その一方で東ドイツがアクセス・ルートへの主権をもっているという従来の立場を変えようとはしなかった。[80] 実際、一九七〇年一一月一六日、ソ連は四大国会合において、「〔アクセスに関する〕四大国の合意といったものはなく、〔それについては〕東ドイツとの合意を避けることはできない」と主張した。[81] 西側三国はそのような立場を受け入れることはできなかった。というのも西側は、国家として承認していない東ドイツを交渉相手として認めることはできなかったからである。また、米英仏はベルリンへのアクセスの問題がまず解決されるべきであると主張したが、ソ連はそのまえに西ドイツと西ベルリンとのあいだの関係の問題について西側が譲歩することを望んだ。さらにソ連側は、西側の法的権限は西ベルリンにのみ適応されると主張し続けた。[82] その結果、一九七〇年にはベルリン交渉はほとんど進展を見せなかった。ソ連は前向きな姿勢を示し、四大国交渉を前進させる道を示しはしたが、いくつかの決定的なポイントで譲歩することはなかった。そのようなソ連の態度によって、米英仏は強硬路線をとることが容易になった。なぜなら、西側は早期の解決を望んでおらず、また交渉において強い立場にあると考えていたからである。第六章で見るように、そのような膠着状況は、ワシントン、モスクワ、そしてボンのあいだの非公式チャンネルを通じて打開されていく。それゆえ、それらが合意に達するまで、ほかのNATO諸国ができることはきわめて限られていたのである。

3　一九七〇年一二月のNATO外相理事会

一九七〇年五月にローマで開かれたNATO外相会議で、西側は多国間交渉の開始に前向きな姿勢を示した。また、MBFR宣言によって軍縮デタントの推進をアピールした。しかしその六カ月後、西側はかなり否定的な姿勢を示すことになる。NATO諸国のなかには、多国間の交渉あるいは軍縮について積極的なスタンスを維持したいと考える国もあったが、四大国ベルリン交渉において進展がなかったことはNATO外相たちの態度を硬化させたのからであった。

である。というのも、ベルリン交渉はデタントに対するソ連の誠実さを試すテストケースであると見なされていた

NATOの消極姿勢

ベルリン交渉やドイツ問題あるいは核兵器の制限など、東側陣営との主要な話し合いに直接参加する機会や権限をもたない小国のなかには、一九七〇年一二月のNATO外相会議においても、NATOとして積極的に緊張緩和をアピールし続けることを望む国があった。事前のNATO理事会の予備協議では、ベルギー、デンマーク、そしてノルウェーの代表は、西側のイニシアティヴを維持するために東西交渉への積極的な態度をとり続けるよう求めた。彼らはベルリン四大国交渉が具体的な成果をあげていないことを知っていたが、NATO外相理事会前の最後の瞬間に進展を見せるかもしれないと期待していた。(83) デンマーク代表は、一一月一八日に「もしつぎの二週間のあいだ、［ベルリン交渉の］進展が非常にネガティヴなものであったとしても、前進するための一歩があるべきである」とさえ主張していた。(84) また中立国フィンランドは、一一月二四日、関係各国に新たな覚書を送付し、ヘルシンキにおける各国の駐在大使たちがフィンランド政府と多国間の安保会議について協議を行うことを提案し、西側を安保会議開催のほうへ後押ししようとしていた。(85)

しかしアメリカとイギリスは、つぎのNATO外相理事会では西側は保守的な態度をとるべきであるという点で、事前に意見の一致を見ていた。(86) さらに両国は、小国からの圧力をかわすことができるという自信をもっていた。「ほかのNATO諸国は、ベルリン交渉に関するわれわれ自身のおそらく否定的な評価によって導かれるであろう」とヒレンブランド米国務次官補は考えていた。(87) 彼のこの言葉は、西側陣営内ではもっぱらアメリカ、イギリス、フランス、西ドイツによって独占的に取り扱われていたベルリン問題は、小国の同盟国をコントロールするための有効な道具でもあるとアメリカ政府がみなしていたことを示している。つまり、ベルリン交渉の手綱を握っておくこと

によって、西側三国はほかのNATO諸国を抑制できると考えていたのである。ベルギーはそのような状況を十分理解していた。それゆえ、「西側三国はベルリン交渉において新ラウンドを始めるまえにNATOと協議すべきである」と不平を述べていた。(88) カナダもそれを支持した。だが、ベルリンが四大国の占有事項である事実のまえに、小国は無力であった。

他方で、若干のNATO諸国は、軍縮に関する積極的な姿勢を期待した。たとえば、一二月三〜四日にNATO外相たちがブリュッセルに集まったとき、イタリア外相モロは、NATOはMBFRに関する新たなイニシアティヴをとるべきであると強調し、ワルシャワ条約機構諸国をこの問題に関する多国間交渉の場に招くことを提案した。(89) カナダ外相シャープ (Mitchell Sharp) もまた、ブダペスト・メモランダムにおいて外国軍の削減を求めたワルシャワ条約機構側の提案を、「ヨーロッパ安全保障の問題に真剣に取り組むその積極姿勢の重要な指標である」とみなして、軍縮デタントへの関心を示した。(90)

だが、NATOがMBFRの新たなイニシアティヴをとることを妨げたのは、またもやアメリカとイギリスであった。第1節で述べたように、アメリカ政府はすでに、一一月一九日のNSCにおいて、MBFRに関する新たな提言は行わないことを決めていた。それゆえ一二月のNATO外相会議においても、ロジャース国務長官は「われわれはローマにおいて述べた政策を確認すべきである」と述べるにとどまった。(91) さらにブレーキとなったのは、ダグラス＝ヒューム英外相の慎重な姿勢であった。彼は、MBFR構想がはらむ軍事的不利益は、それがもつ政治的利益よりも大きいと考えており、外相理事会において、交渉の立場を一致させないまま、どのような軍縮交渉にも入るべきでないと警告した。「それゆえ、当面のあいだ、われわれはわれわれ自身の技術的な研究を続けるべきであり、ワルシャワ条約機構諸国の見解を二国間で探るべきである」とダグラス＝ヒュームは主張した。(92) アメリカは、ローマにおける提言を繰り返すことで、新味はなくともMBFR予備交渉の開始を訴えるつもりはあったが、イギリスはそれすら反対であったのである。くわえて、外国駐留軍の削減がMBFRへの「最初の一歩」となりうるという意見にも、多くの外相が反対した。

ＭＢＦＲには積極的であった西ドイツも、慎重な姿勢に終始した。たしかに西ドイツ外相シェールは、均衡のとれた兵力の削減について積極的な発言を行ったが、同時に、ＮＡＴＯが「ＭＢＦＲであれ会議のための一般的な問題についてであれ、多国間の交渉に入る」べきではないと主張した。(93) ブラント政権は、軍縮デタントよりも東ドイツとの二国間の交渉とベルリン問題をより重視するとの立場であった。

結局外相たちは、コミュニケにおいて単に「緊張を低減し、ヨーロッパにおける軍事対立を緩和する手段として、彼ら〔ＮＡＴＯ外相たち〕が相互均衡兵力削減に付与した重要性を再強調し、またレイキャヴィクにおいてこの問題について出された宣言と今年の前半にローマにおいて出された宣言を思い起こした」と述べるにとどまった。(94) 保守党への政権交代によってイギリスの軍縮デタントに対する立場は大きく変化していった。そしてこのイギリスの政策変更は、ＮＡＴＯの最終コミュニケの文言を著しく弱めたのである。

ＮＡＴＯの姿勢の硬化

そのようなか、フランスが新たな提言を行ったことは注目に値する。ほかの外相たちをまえに、シューマン外相は、ベルリン問題の解決を東西間の交渉を多国間化する際の唯一の条件とすべきであると、強い調子で主張したのである。半年前のローマ・コミュニケでは、「現在進行中の交渉」の案件がどれも安保会議開催に関連しているとの文言が用いられていた。しかしシューマンはつぎのように主張したのである――「ヨーロッパ安保会議のため、ベルリン以外の問題を前提条件にはしないことが非常に重要です。そうすることは、われわれの努力の余地を小さくし、西ドイツの東方政策を助けることにならないでしょう」。(95) 次章であらためて詳述するが、これは、フランス政府がヨーロッパ安保会議により前向きになったことを示す、おもてに現れた最初の兆候であった。

だがこのフランスの提案は、ブリュッセルのＮＡＴＯ外相会議では受け入れられなかった。多くの外相たちはフランスの提案に反対しなかったものの、とくにSALTの重要性を強調するアメリカとオランダがシューマンに強く反発した(96)。その結果、一九七〇年一二月の最終コミュニケでは、フランスの意向を受けてベルリン問題をより強調するような表現がとられたものの、ベルリン交渉の妥結のみならず、やはりSALTや東西ドイツ間の交渉などを示すほかの「継続中の交渉」も、安保会議開催の条件として残されることとなった――

〔大臣たち〕は、ベルリンに関する交渉が満足のいく結果に達した際にはすぐに、そしてほかの継続中の交渉が望ましい方向へと進展する限りにおいては、ヨーロッパにおける安全保障と協力に関する会議をいつ開くことが可能であるか、あるいは一連の会議を開くことが可能であるかについて模索するため、〔NATO諸国〕政府はすべての関係諸国政府と多国間の接触に入る準備があることを確認した(97)〔傍点筆者〕。

シューマンは妥協を強いられることとなった。だが、ここにはより厳しい文言が用いられていることが注目される。一九七〇年五月二七日のローマ・コミュニケにおいては、「これらの〔軍縮〕交渉や、とりわけドイツとベルリンに関する継続中の交渉の結果として、進展がみられるならば」という言葉が使われた。しかし一二月のコミュニケでは、ブラントによって最初に用いられた、「ベルリン合意の満足のいく結果」というより要求の高い表現が盛り込まれたのである。「進展」があれば良いのと、「満足のいく結果」がなければならないというのは大きな違いであろう。それゆえ、コミュニケの文言にみられる安保会議開催のハードルは、より高いものとなったのである。

ベルリン交渉に関する強い表現や「継続中の交渉」への言及、そしてMBFR提案のトーンダウンの結果、一九七〇年一二月のブリュッセル・コミュニケはかなり保守的なものとなった。NATO外相たちはこのコミュニケについて「短時間で、大きな論争もなく」合意したという(98)。この点でも、激しい論争となった前回のローマ外相会議とは大きく異なっていた。その最大の理由は、明らかに、四大国ベルリン交渉がほとんど進展を見せなかったからであった。NATO諸国はヨーロッパ・デタントにおけるベルリン問題の重要性を認めていた。それゆえデンマークと、そしてやや控えめではあったがノルウェーを除くほとんどの国は、東側に対して慎重な姿勢を明確に示すことに同意したのである。(99)

＊

西ドイツとソ連のあいだでモスクワ条約が調印され、ブラントの東方政策が最初の重要な成果をもたらしたため、一九七〇年の後半には多国間ヨーロッパ・デタントへ向けての非常に重要な一歩が踏み出された。しかしながら、米英仏ソ四大国によるベルリン交渉は、ほとんど進展をみることはなかった。ベルリン問題の解決は、ヨーロッパ安保会議開催のもっとも重要な前提条件であるとともに、モスクワ条約批准の前提条件ともされた。西側三国は交渉を急がず、NATOは一二月の外相会議において厳しい態度をとった。だがNATOが態度を硬化させる一方で、西ヨーロッパ主要国の安保会議に対する態度には重要な変化が起こりはじめていた。それについては、章をあらためて見ていくことにしたい。

第五章　イギリス、フランス、西ドイツ
――一九七〇年六月～一九七一年一月――

一九七〇年末、とりわけベルリン交渉が進展しなかったことから、ＮＡＴＯは東側に対して強硬な態度を示した。しかしその一方で、西欧諸国のなかでは、ヨーロッパ安保会議に対してより積極的な姿勢を示す国も出てきた。イギリスの保守党新政権は、軍縮構想よりも安保会議構想のほうが西側にとって害の小さい提案と考えるようになり、後者に対して前向きな姿勢をとるようになる。また、フランスのポンピドゥ大統領は、ヨーロッパ安保会議の構想にしだいに積極的になっていった。その後、フランスは多国間ヨーロッパ・デタントをもっとも積極的に主張する国となるのである。西ドイツもまた、徐々にではあるが、フランスと立場を共有していくことになる。本章は、西ヨーロッパの主要国がしだいに安保会議に前向きになってゆく過程を検証する。それは、のちに西欧諸国が安保会議に関して、政治協力を発展させていく重要な前段階でもあった。

1　イギリスの政策優先順位の変化

一九六〇年代、イギリスの国際的影響力は目に見えて低下していった。かつての植民地帝国は、スエズ以東から軍事基地を撤退させる決定をせざるをえなくなった。財政負担を軽減し、国際収支のバランスを回復するため、シンガポールやアデンなどの英軍基地を撤収することになったのである。また、イギリスの通貨ポンドが深刻な危機に見舞われ、一九六七年には切り下げを余儀なくさせられた。これらはイギリスの影響力の低下を象徴するものであった。それゆえイギリスは、外交の軸足をヨーロッパへ移し、ECへの参加やNATOの結束の維持に腐心していく。とりわけECへの加盟は外交の最優先課題となり、またフランスのド・ゴールや西ドイツのブラントが東側陣営に接近するなか、NATO重視の姿勢をさらに強めることとなった。[1] このようなイギリスのヨーロッパ重視の姿勢は、ヨーロッパ安保会議に対する政策にも反映されることになる。

とくにイギリスにおける一九七〇年の政権交代は、安保会議構想に対する態度に重要なニュアンスの変化をもたらした。第三章で論じたように、ウィルソン労働党政権の外相スチュワートはデタントに積極的であり、東側陣営の安保会議構想の代替案として「常設東西関係委員会」というアイデアを提唱し、東西間の多国間交渉を実現しようと試みた。だが、新たにヒース保守党政権になると、外相ダグラス＝ヒュームは、「常設東西関係委員会」構想を放棄し、ヨーロッパ安保会議そのものを受け入れる準備があることを示すようになる。一九七〇年七月七日、ダグラス＝ヒュームは自国の外交官にこう述べている――

わたしはつねづね、ユーゴスラヴィアやルーマニアなどにとっての機会として安保会議の構想に魅力を感じていた。……われわれは徐々に多国間の予備接触の方向へ向かうべきであるとわたしは考えている。[2]

とはいえダグラス＝ヒュームは、スチュワート前外相と比べると、東側との緊張緩和に熱心であったわけではない。むしろ新外相は、安保会議を、東側陣営を分断させるための道具であると見なしていた。つまり安保会議は、東欧諸国にソ連とは異なった立場を主張させる場を提供すると考えられていたのである。さらに彼は、イギリスには何かソ連と解決すべき主要な問題領域があるわけではないと認識しており、それゆえ独自の緊張緩和のイニシアティヴをとることはできないと考えていた――「フランスのNATOからの部分的撤退とか、西ドイツがヨーロッパの現状を受け入れるといったことに匹敵するだけの、ロシア人にとって価値があり、われわれが彼らに与えられるようなものは何もない。イギリスはアメリカのような超大国でも」なかったのである。(3)

ヒース政権になってから、イギリス外務省もまた安保会議構想を前向きにとらえるようになった。(4)かねてより外務省の上層部はソ連に対して強い不信感を抱いており、安保会議開催の提案に対しても非常に懐疑的であった。しかし、外務省内での安保会議の評価は徐々に変わっていった。第一に、安保会議の開催は不可避であるとの認識がもたれるようになった。外務省の政策企画室と西側機構局が中心となってヨーロッパ安全保障に関する研究が進められ、一九七〇年九月に外相に提出された研究報告は、「『ヨーロッパ安保会議』のための提案はいまや一定の政治的勢いを獲得しており、もし女王陛下の政府〔イギリス政府〕がいま、そのような会議は必要ないと公的に論じれば、西側同盟国のあいだにおいても世論に対しても、複雑なことになるであろう」と述べていた。(5)

第二に、その研究報告は、安保会議はイギリスや西側の利益にはならないが、西側の利益を損なうことにもならないだろうと結論づけていた。(6)安保会議は平和をもたらすわけでもなく、「人・思想・情報の移動の自由」に関してもソ連からの抵抗にあうだけで、真剣な議論が行われることもないであろうといった外務省内での低い評価に変化はなかった。しかし、安保会議がまえもって十分に準備されるならば、それは魅力的な構想ではないにしても、それほど危険なものでもないとも考えるようになったのである。そして、これが一九七一年以降のイギリスの安保会議に関する基本的な認識となったのだった。

さらにイギリス外務省は、一九七一年一月までに、ヨーロッパ安全保障政策全体に一貫性をもたせるように見直すなかで、安保会議構想の優先順位をより高く置くようになった。ＮＡＴＯの結束を重視するイギリスは、同盟国の動向を注意深く観察し、安保会議への支持が強まっていると見ていた。とくに——前章で触れたように（そして次節で詳述するが）——一九七〇年一二月のＮＡＴＯ外相会議においてシューマン仏外相が、ベルリン交渉の妥結を安保会議開催の唯一の条件とするよう提案したことから、フランスが安保会議に積極的になっていると理解していた。さらにフランスの方針は、西ドイツを含むほかの同盟諸国によって受け入れられていくであろうと予想された。そして、もはや安保会議は西側にとって害はないと結論づけていた外務省は、同盟国が多国間のヨーロッパ会議の開催を好意的に見なしはじめている流れをイギリスが止めるべきではないと考えるに至ったのである。(7) 前章で論じたように、イギリスはすでにＭＢＦＲを西側の安全保障にとって危険な構想であると見なすようになっていた。どのようなかたちであれ、ヨーロッパにおける通常兵力の軍縮はＮＡＴＯにとって軍事的にマイナスであると考えられた。それゆえ、「もしわれわれがＭＢＦＲ構想に冷や水をかけることによって、同盟諸国のあいだでわが国を不人気にさせることになるならば、ヨーロッパ安保会議に反対して、さらにそれを悪化させる理由などない」と考えるようになったのである。(8) つまり、ＭＢＦＲにも安保会議にも反対すれば、イギリスは同盟国の支持を得られないということである。それはＮＡＴＯを重視するイギリスがとるべき選択肢ではなかった。それゆえ外務省本省は、イギリスのＮＡＴＯ常駐代表部への訓令のなかで、安保会議とＭＢＦＲの優先順位を逆転させた——

わが国はこれまでＭＢＦＲは、われわれがヨーロッパ安保会議に同意するうえでちょうどよい見返りとなるであろうと考えていた。また、ＭＢＦＲの協議を提案することで、それが〔安保〕会議の開催を遅らせる手段となるかもしれないと考えていた。〔しかし、〕われわれは、ＭＢＦＲについての交渉が、潜在的に危険であると見なすようになった。そのため、官僚レベルでは、これらの従来の考えはどちらも魅力的なものではなくなった。それどころか、〔安保〕会議はMBFRの議論よりもより小さな悪弊（lesser evil）であるかもしれない(9)。

イギリス外務省は、労働党政権期には軍縮デタントに熱心であり、安保会議には懐疑的であった。だが保守党政権期の外務省は、いまやMBFRを否定し、安保会議に賛同するようになったのである。ヨーロッパ安全保障に関する政策を全般的に見直すなかで、安保会議とMBFRの両方に対して否定的な態度をとることは、NATOの同盟国との関係を悪化させることになると外務省は考えた。このように、同盟国がしだいに安保会議に積極的になるなかで、またMBFRが安全保障上受け入れがたいものであるとの認識が固まったため、西側にとって必ずしも利益にならなくとも、より害の少ない安保会議を前向きに支持するようになったのである。それはまた、MBFRに懐疑的であり、安保会議のほうは受け入れる準備のあったダグラス＝ヒューム外相の意向に沿うものでもあった。そしてつぎに述べるように、このような変化は、安保会議とMBFRに関する英仏の立場が接近することを意味していた。

2　フランスのヨーロッパ安全保障会議への傾斜

そもそもフランスは東側陣営との対話に積極的な国であるというイメージがあるかもしれない。しかしド・ゴールの時代からフランスは、ソ連・東欧諸国とは二国間での対話を好み、ヨーロッパ安保会議など多国間の対話には消極的であった。一九七〇年五月のローマNATO外相会議においても、イギリスやベルギーが多国間交渉の開催について最終コミュニケに盛り込むことを提案したのに対して、それに強く反発したのがフランスであった(10)。すでに見たように、ポンピドゥ大統領は就任以来、一九七〇年前半までは安保会議構想に非常に懐疑的であった。だが彼は、一九七〇年後半にそれを徐々に受け入れてゆき、その結果フランスは西側諸国のなかでも安保会議開催に積極的な国となるのである。なぜポンピドゥの態度は変わったのだろうか。

ポンピドゥのCSCE認識の変化

ポンピドゥは、一夜にしてヨーロッパ安保会議を支持するようになったわけではなく、時間をかけて徐々にその認識を変化させていった。したがって、複数の要因によってポンピドゥの変化を説明することが有益である。まず、当時フランス外務省のソ連東欧担当係長でありのちにCSCE交渉のフランス代表となる外交官アンドレアーニ(Jacques Andréani)が指摘するように、米仏関係の悪化が第一の理由としてあげられる。(11) 当時、両国は中東問題をめぐり激しく対立していた。アメリカがイスラエルを支援する一方で、フランスはアラブ諸国を支持していた。一九七〇年二〜三月にポンピドゥが訪米した際、アメリカ市民、とりわけアメリカのユダヤ人は、アラブ・イスラエル紛争に関するフランス大統領の態度に激しく抗議した。その反発は、二月二八日、シカゴにおいて頂点に達した。興奮したユダヤ人男性が、ポンピドゥの顔に唾を吐きかける事件が起こったのである。この出来事は、アメリカに対する強烈な不快感をポンピドゥに与えたという。(12) また、フランスがリビアにミラージュ戦闘機を売却したことも、アメリカの憤りを買うことになった。(13) この米仏間の利害対立は、フランスがソ連により傾いていった背景要因のひとつであった。ソ連との良好な関係を構築するには、とくに安保会議に対するフランスの態度を変えることがひとつの有効な手段であった。一九七〇年一〇月にポンピドゥの訪ソが予定されていたこともあり、仏ソ首脳会談の成功のためにもその重要性は高まっていったといえよう。(14)

第二に、フランス政府内におけるデタント支持者たちのポンピドゥへの影響が指摘できる。とりわけ、アルファン(Hervé Alphand)外務事務次官、セイドー駐ソ大使、そしてシューマン外相といった親デタント派が、ポンピドゥを安保会議に前向きになるように促したことが重要である。(15) 一九七〇年一〇月、ポンピドゥが訪ソする直前の一三日、ポンピドゥはあるジャーナリストに私的にこう語ったという。「ここだけの話だが、もしわたしがヨーロッパ安保会議を受け入れたならば、これは〔ソ連の〕衛星国に少しだけ空気を与えるための試みである。とくにルーマニアは、この会議が開催されることをとても望んでいる」(16)。このポンピドゥの発言は、前章で論じたシューマン外相の安保会議に対する考えと軌を一にしている。おそらくポンピドゥは、六月のルーマニア大統領チャウシェスク（Nicolae Ceaușescu）の訪仏の際に、CSCEに積極的なルーマニアの態度に接し、シューマンの意見に説得力があると考えたのであろう。一九七一年一月にブラントと会談した際にも――西ドイツ側の記録によると――ポンピドゥはつぎのような見解を示している。

ルーマニアがそのような会議をもっとも後押ししていることは偶然ではない。もし東欧諸国においてロシアとの危機が起こったら、安保会議が招集され、おそらく常駐組織が設置され、ロシアがこの国に軍隊を送ることを本質的に困難にするであろう。それによって、ヨーロッパの東西関係は緩和されるであろう。そして、これは結局、西側にとって好ましいものとなるであろう。というのも、これはブロックとはまったく違うからである。これが、なぜ彼〔ポンピドゥ〕が安保会議へと傾いていったのかについての、より深い理由である(17)。

ポンピドゥはクレムリンの意図については懐疑的であり続けたが、周りのデタント支持者たちの影響を受け、安保会議のもつ可能性についてはしだいに前向きになっていったのだった(18)。

最後に、ポンピドゥの安保会議への態度の変化の第三の理由として、ブラントの東方政策の成功があげられる。この点はさらに三つの側面から重要であった。まず、ブラントが積極的に東方政策を進めていたことは、西ドイツが東ドイツを事実上承認する方向へと向かっていたことを意味する。ド・ゴール時代のフランスは、ドイツ問題のため安保会議に反対であったが、ブラントが東方政策を進め、東ドイツを事実上承認するようになったため、東ドイツの承認につながる多国間会議である安保会議にフランスが賛同しても，もはや東ドイツ承認問題をめぐって，西ドイツと対立するようなことはなくなったのである。

さらに，ブラントの東方政策を多国間の枠組みに封じ込める必要性をフランスは感じていたことが指摘されなければならない。表向きポンピドゥは東方政策を支持する姿勢を示していたが，実際には西ドイツの東側への接近に強い不信感を抱いていた。彼は，西ドイツがヨーロッパにおける新しい安全保障体制をつくるために既存の同盟から離脱し，将来的には中立化し，核武装をするのではないかと懸念していた。[19] それゆえ，ポンピドゥは西ドイツをコントロールする枠組みとして，ヨーロッパ安保会議構想を利用しようとしたのである。[20]

また何より，安保会議はフランス外交の独自性を示すうえでも有益であると考えられるようになった。一九七〇年一〇月に予定されていたポンピドゥ訪ソの準備の際，アルファン事務次官とセイドー大使は，当初，ブレジネフが提案していた友好・武力不行使協定を仏ソ間で締結することを考えていた。しかし，そのまえの八月一二日に，西ドイツとソ連は武力不行使を定めたモスクワ条約を締結してしまう。これはブラント外交の最初の大きな成果であった。だが逆に，それによってポンピドゥは仏ソ間の協定に関心を失った。「わたしがブラントの後を追っているように見られたくない」と考えるようになったからであった。[21] とはいえ，ポンピドゥはソ連との関係改善の意向を放棄したわけではなかった。そしてより重要なのは，ポンピドゥがデタント外交でイニシアティヴをとりたいとも考えていたことである。ブラントが東方政策を進め，またニクソンがソ連と戦略兵器制限交渉（ＳＡＬＴ）を進めるなか，ポンピドゥはヨーロッパ安保会議の開催について指導的役割を果たすことによって，フランス外交のオリジナリティを示そうとしたのだった。[22]

このように，中東問題における米仏関係の悪化，政府内の親デタント派の影響，そしてブラントの東方政策の成功に対するフランス外交のオリジナリティの追求といった要因から，ポンピドゥの認識は変化した。そして彼は，二国間ベースでのソ連・東欧諸国との関係改善のみならず，多国間ベースのヨーロッパ安保会議にもしだいにプラスの価値を見出すようになっていったのである。しかしさらに、ポンピドゥがヨーロッパ安保会議に積極的になった背景要因として、ドイツ問題に関するポンピドゥの認識についても指摘することができる。それはド・ゴールとの比較により明らかになる。ド・ゴールは、たとえそれが長期的な目標であったとしても、ドイツ再統一が必要であると考えていた。そして、それはヨーロッパにおけるデタントを通じて達成されると考えていた[23]。また、彼は東ドイツが人工的で不自然な存在であるとして、それを承認しようとはしなかった[24]。それゆえ、東ドイツを承認してドイツ再統一を妨げるような多国間の安保会議には反対であった[25]。しかし、ポンピドゥはドイツ再統一に反対であった[26]。ポンピドゥはドイツ問題に関しては現状維持を望んでおり、ドイツの分断が安保会議において承認されることになったとしても問題ではなかったのである。こうして大統領が安保会議に前向きになったことにより、フランス政府全体会議開催に向けて積極的な態度をとっていくことになる。

新方針がはらむジレンマとその解決策

しかしフランスは、ジレンマに直面する。安保会議に前向きになる一方で、会議の開催はベルリン問題の解決が前提条件であるというのがフランスの基本的立場であった[27]。だが、一九七〇年三月より始まっていた四大国ベルリン交渉は、一二月までに何ら具体的な成果をもたらしていなかった。ベルリン問題はフランスにとってきわめて重要であり、容易に妥協するつもりはなかった。その結果フランスは、前章で触れたように、一二月のブリュッセルNATO外相会議において、ベルリン問題の解決を、東西間の交渉を多国間化する際の唯一の条件とするよう提案したのである。

ベルリンを安保会議開催の唯一の条件とすることは、フランスのジレンマを解決するひとつの手段であった。一方で、このアプローチをとることで、フランスはソ連からベルリン交渉における譲歩を引き出そうとした。ベルリン交渉の行き詰まりを打開するために、ベルリンを会議開催の唯一の条件とすることで、ベルリン問題を際立たせ、それが安保会議に至る唯一の、そしてもっとも重要な障害であることをよりはっきりさせようとしたのである。また他方で、シューマン仏外相は、安保会議開催の条件を一つに絞ることで、いわば条件を軽くすることによって、会議開催をより実現しやすいようにしたのである[28]。そうすることで、フランスはベルリン交渉の妥結とヨーロッパ安保会議開催の両方を追求しようとしたのであった。またフランスは、軍縮やSALT、東西ドイツ間交渉など、「ほかの条件」に対する関心は相対的に低かったため、このような提案をすることが可能であった。すでに論じたように、一二月のNATO外相会議では、このフランスの主張は受け入れられなかった。だがフランスはその後も、この新しい立場を主張してゆく。そして、一九七一年初頭、まずは西ドイツの支持を獲得し、のちに六月のリスボンNATO外相会議において、西側の公式の立場となっていくのである。

3　西ドイツとフランスの接近

一九七〇年八月にモスクワ条約に調印し、東方政策の最初の成功をおさめたブラントは、ベルリン交渉の進展を真剣に望んでいた。ベルリン交渉の満足のいく結果が、モスクワ条約の西ドイツ議会での批准の前提であると自ら述べたことからも、ベルリン交渉の妥結は何としても必要であった。だが、最初の九カ月間のベルリン交渉の結果は不毛であり、彼は落胆していた。一二月、ブラントはポーランドを訪れ、アウシュヴィッツのゲットー記念碑の前でひざまずき、ナチス・ドイツによる残虐行為の犠牲となった人びとに深い哀悼の意を示すとともに、翌日、ポーランド政府との不可侵協定であるワルシャワ条約に調印した。長年の懸案であったオーデル＝ナイセ線を事実上承認することによってポーランドとの関係改善を進め、その東方政策を着実に前進させていた。だがベルリン交渉のほうは、同月一〇日に行われたその年最後のベルリン大使級協議が目に見える成果がないまま終わり、クリスマス休暇へ入っていった。

ブラントの書簡とポンピドゥのいらだち

「大統領殿。先週、ポーランド首相とわたし、そしてわれわれの外相が調印した条約は、ドイツに関する四大国の権利全体を侵害することなく、オーデル＝ナイセ線の問題がもはやドイツ連邦共和国とポーランドとのあいだの関係の政治的重荷になることなく、そしてヨーロッパにおける東西デタントを阻害しなくなることを確かにする一助となることが意図されております」[29]――ニクソン、ヒース、そしてポンピドゥに宛てた一二月一五日付けのブラントの書簡は、このような出だしで始まっていた。締結したばかりのワルシャワ条約について報告するためのものであった。だが同時にブラントは、このなかで西側三国首脳に対して、ベルリン交渉の行き詰まりを打開するよう促したのである。

ベルリン交渉に「会議のような性格」を与えるというのが、ブラントが書簡のなかで行った提案であった。アメリカCIAの分析によると、この新提案には大きく三つのねらいがあった[30]。第一に、ベルリン交渉のソ連代表であるアブラシモフを交渉から外すことである。東ドイツ駐在のソ連大使でもあるアブラシモフは、東ドイツの指導者で強硬派のウルブリヒトの影響を強く受けていた。ブラントは、アブラシモフがベルリン交渉においてもウルブリヒトの意向を汲んで交渉に臨んでいるため、実質的な譲歩を行おうとしないのだと見ていた。それゆえ、ベルリン交渉を大使級ではなく、より上位の外務次官補級に格上げすることで、アブラシモフを排除したいと考えたのである。

第二に、第一点目と密接にかかわるが、ベルリン交渉を外務次官補級に格上げすることによって、ソ連の交渉代表を、ソ連外務省の第三ヨーロッパ局長でドイツ問題担当のファーリン（Valentin Falin）に代えたいとの意向を、ブラントはもっていた。というのも、一二月初頭にブラントの側近バールがファーリンと極秘の会談を行っており、ソ連側が真剣な交渉を望んでいるとの感触を得ていたからであった[31]。ファーリンがソ連代表となれば、ソ連指導部の意向がベルリン交渉に直接反映され、交渉も進展すると考えられたのだろう。

そして第三に、大使級の定期的な会合というベルリン交渉の形式を、外務次官補級の常設協議の場に変えることで――これが「会議のような性格」の実際の意味であった――集中して交渉を進め、東ドイツの横やりが入り込まないような場にすることがねらいであった。ブラントの書簡のなかの言葉は非常にあいまいなものであり、ニクソンやヒース、そしてポンピドゥにブラントの真意がどこまで伝わっていたかは定かではない。ロンドンおよびパリにおける西ドイツ大使館でさえ、「会議のような性格」という言葉の中身を説明することができないほどであった。[32]しかしながら、ブラントが西側三国にさらなるイニシアティヴを求めて圧力をかけはじめたことは明らかであった。

ベルリン交渉の妥結をヨーロッパ安保会議の準備協議開始の唯一の前提条件とすべきであるというフランスの提案に西ドイツが同意する遠因となったのが、実はこのブラントの書簡であった。一二月二一日付けのポンピドゥのブラントへの返信は、ていねいで友好的な口調で書かれていたものの、ベルリン交渉に「会議のような性格」を与えるべきであるという提案を支持するものではなかった。この件については、一九七一年一月二五～二六日に予定されていたブラントのパリ訪問の際に話し合われるだろうと述べられていただけであった。[33]ポンピドゥの外交顧問レイモンによると、実のところポンピドゥは、ブラントの提案に憤っていた。というのも、ひとつには、第二章で論じたように、ポンピドゥ自身はベルリン問題に巻き込まれるのをひどく嫌っており、それゆえ西ドイツからの圧力を疎ましく思っていたからである。また、ソ連が依然として十分な譲歩を払っていないときに、西側がベルリン交渉を加速させる意図を示すことは賢明ではないとも考えていた。[34]だが、ブラントに対するポンピドゥの憤りのより深い理由は、別のところにあった。

通貨統合とベルリン

ポンピドゥのブラントへのいらだちは、ベルリン問題に関する彼自身の指示のなかにはっきりと現れていた。ポンピドゥがブラントに返事を送った翌日、レイモンに与えた訓令にはこう書かれていた――

ベルリンはもうたくさんだ。われわれは一歩引き下がって、アメリカ人に調子に乗らせておこう。われわれはブリュッセルにおいて譲歩しすぎたのだ。(35)

注目すべきは、「ベルリンはもうたくさんだ」という言葉とともに、「われわれはブリュッセルにおいて譲歩しすぎたのだ」という、いくぶんミステリアスな一文が加わっていることである。これが意味するところは、パリ駐在のイギリス公使パリザー（Michael Palliser）が本省へ送った書簡のなかで説明されていた。パリザーはブラントの提案に対するポンピドゥの態度を分析し、ポンピドゥのいらだちを理解するうえで、ヨーロッパ経済通貨同盟（EMU）をめぐる仏独間の対立の重要性を指摘している。(36)

EC諸国による通貨統合を進めるべきであるとの提案は、一九六九年一二月のハーグにおけるECサミットにおいてなされた。ハーグでの決定を受けて、ルクセンブルクの首相ウェルナー（Pierre Werner）を座長とする委員会は通貨統合について検討を行い、一九七〇年一〇月にいわゆるウェルナー・プランを完成させていた。そして翌一一月より、EC諸国の関係大臣たちが閣僚理事会において、EMUの創設を提言するウェルナー・プランの検討を開始することとなった。(37)EMUに対するフランスと西ドイツの政策は根本的に異なっていた。(38)両国の対立は、西ドイツ経済金融大臣シラー（Karl Schiller）が議長を務めた、一二月一四～一五日に開かれたブリュッセルにおける閣僚理事会において極まった。(39)

パリザーによると、ポンピドゥはその会議において西ドイツ側が行ったことはフェアーではないと考えていた。ブリュッセルにおいて、「ドイツはフランスを意図的に標的とし」、圧力をかければフランスは完全に屈服するかのような態度をとったとポンピドゥは考えたのである。(40)彼が、具体的にどの部分で「譲歩しすぎ」たと考えていたのかまではわからない。だがEMUの交渉における西ドイツの態度に大きな不満があったことは明らかであり，それがひいてはベルリン問題に関するブラントの提言への反発へとつながったのである。[41]

このエピソードの重要性はどこにあるのか。それは，西ドイツの指導者たちがベルリン問題とヨーロッパ安保会議との関係について，フランスの主張を受け入れる原因になったということである。実際，一九七一年一月末にパリを訪問した際，ブラントとシェールは二つの譲歩を行った。一つは通貨統合に関して，ブラントが，EMUは厳格に政府間主義的なものにすべきであるというフランスの主張を受け入れたことである。西ドイツはそれまで，EMUが，景気政策，金融政策，通貨政策におけるすべての権限を最終的にECに委譲すべきであると主張していた。しかし，ゴーリストの流れを汲むポンピドゥは，そのような超国家的統合に真っ向から反対であった。実際彼は，仏独首脳会談の四日前に行った演説のなかで，政府間主義的な経済通貨協力を主張していたのである。[42]注目すべきは，東方政策とベルリン問題へのポンピドゥの支持を得るために，ブラントはEMUに関してフランスに譲歩したという点である。[43]ドイツ・ベルリン問題に関して権利と責任をもつフランスの支持は，東方政策の成功のために必要不可欠であった。ブラントにとって，西方政策は東方政策の要であったのである。[44]

ベルリンを唯一の前提条件に

本書の議論にとってより重要なのは，ヨーロッパ安保会議とベルリン交渉との関係についての西ドイツ側の譲歩である。一月二五日の仏独首脳会談において，ブラントは，満足のいくベルリン交渉の妥結をヨーロッパ安保会議の準備交渉開始の唯一の前提条件とすべきであるとするフランスの主張を受け入れたのである。西ドイツ側はもはや，東西ドイツ交渉の妥結を，安保会議開催の前提条件として主張しないとフランスに伝えたのだった。東ドイツとの交渉は西ドイツにとって非常に重要な問題であると考えられていただけに，この点について西ドイツがフランスに譲歩したことはアメリカとイギリスを驚かせた。[45]それゆえに，なぜ一九七一年一月の段階で，西ドイツは「不必要なまでにフランスの望みをかなえすぎた」と米英が評価したほどの歩み寄りをフランスに対して行ったのかが問題となる(46)。その理由はやはり、ベルリン交渉を進めるうえで、ポンピドゥの支援を得るためであった。一九七〇年一二月の書簡でベルリン交渉を加速させるよう圧力をかけたことが、かえってポンピドゥの怒りを招いてしまったことをブラントは理解していたのであろう(47)。それゆえ、それを少しでもなだめるために、ベルリン交渉の妥結を安保会議のための多国間準備協議開催の唯一の条件とするというフランスの立場を受け入れることによって、ブラントとシェールは、フランスがベルリン交渉について否定的な態度をとらないよう配慮したのである。

このように、ブラントの譲歩の結果、一九七一年初頭において西ドイツとフランスはヨーロッパ安保会議の開催に向けて共通の立場をとるに至った。たしかにこれによって、その後の仏独間の協力が必ずしもすべてうまくいったわけではない。しかしながら、ベルリン問題の解決のみを多国間準備交渉の前提条件とするとの立場は、ほかのヨーロッパ諸国にも支持されることとなり、つぎのリスボンにおけるＮＡＴＯ外相会議で西側の公式の立場となっていくのである。

英仏独の収斂

一九七一年初頭までに西ヨーロッパの大国は、従来の立場を変化させ、またいくつかの重要な点において方針を収斂させていった。フランスは、ヨーロッパ安保会議構想をデタント政策の中心に位置づけるようになり、その実現のためにも、ベルリン問題の解決を多国間準備協議開催の唯一の前提条件とするよう主張するようになった。一九七〇年までは、イギリスがＮＡＴＯを多国間デタントへ導くうえで重要な役割を果したが、一九七一年以降はフランスが積極的にリードしていくことになるのである。

一九七〇年に政権交代したイギリス政府は、前政権と比較すると緊張緩和の促進に必ずしも積極的ではなかった。だが、ＭＢＦＲが西側の安全保障にとって危険な構想であるとの認識を強め、またフランスのように安保会議に積極的な同盟国が増えていく傾向を意識するようになったことから、NATOの連帯を維持するためにも、安保会議を前向きに受け止めるようになった。とりわけイギリス外務省は、それまで安保会議構想に強い不信感を抱いており、その代替案として――スチュワート前外相の強い支持を得ながら――「常設東西関係委員会」構想を提唱していた。しかし、一九七一年初頭までにそこから後退し、むしろ害がより少ない構想であると考えられるようになった安保会議に、MBFRよりも高い優先順位を与えるようになったのである。

このことは、安保会議とMBFRの優先順位に関して、イギリスとフランスの方針が収斂したことを意味した。フランスは長らく通常兵力の軍縮に反対しており、またすでに見たようにヨーロッパ安保会議に積極的になっていた。フランスと比べるとイギリスは、安保会議に必ずしも熱心というわけではなかった。またイギリスはフランスよりも同盟の結束をより気にかけるという違いはあったが、イギリスの優先順位はフランスのそれと一致するようになったのである。それはまた、イギリスの新しい立場がアメリカのそれと衝突することを意味した。アメリカは安保会議に反対で、MBFRのほうを重視していたからである。イギリスはアメリカと対立する可能性を十分認識していた。それゆえ、表向きはできる限り柔軟な姿勢を示すつもりであった(48)。だがのちに、このイギリスとフランスの潜在的パートナーシップは、西欧諸国の政治協力において重要な基盤を形成していくこととなる。

それにくわえて、フランスと西ドイツは、ベルリン問題の解決を安保会議のための多国間準備協議開催の唯一の前提条件とすることで一致した。これは、西ドイツが東西ドイツ間の交渉妥結を前提条件から取り下げたことを意味し、また安保会議開催へのハードルを下げることを意味した(49)。西ドイツは依然としてMBFRを重視していたため、この点では軍縮に否定的なフランスやイギリスとのあいだに見解の相違があった。だが、安保会議の開催にとってベルリン問題の解決が唯一もっとも重要な条件であるという点で、フランス、西ドイツ、そしてイギリスはその方針を収斂させたのである。それは、もしヨーロッパ安保会議の開催を望むなら、ベルリン交渉を進展させなければならないことをソ連に対していっそう強調するメッセージでもあった。それゆえ次章では、ベルリン交渉がどのように妥結するにいたったのかを中心に検討することになる。

第六章　ベルリン、MBFR、ヨーロッパ安全保障会議
――一九七一年――

一九七〇年一二月のNATO外相会議のコミュニケでは、NATOは東側に対して硬直的な態度を示した。しかしその一方で、一九七一年初頭までに西ヨーロッパの大国は、ワルシャワ条約機構側が提唱するヨーロッパ安保会議に前向きに取り組む構えを見せるようになった。なかでもフランスは、ベルリン交渉の満足のいく妥結が安保会議の多国間準備協議を開始する際のもっとも重要な前提条件であるという基本的立場では一貫していたものの、それまでの二国間での交渉を好む姿勢を転換し、多国間の安保会議をより積極的に支持するようになっていった。だがベルリン交渉は、一九七〇年末まで遅々として進展していなかった。

そのベルリン交渉は、一九七一年に入ってようやく妥結を見る。交渉の行き詰まりが打開されたのは五月のことであった。そのころソ連の態度が変化し、四大国ベルリン協定の草案作成が著しく進展したからである。[1] 本章はまず、どのようにベルリン交渉のブレークスルーがもたらされたのかについて分析する。その際、とくに米ソ間の極秘交渉における西ドイツの役割に注目する。[2]

本章のもう一つの目的は、ベルリン問題とMBFRがどのように安保会議構想と関連しながら展開したのかを明

らかにすることにある。ベルリン交渉が進むなか、一九七一年前半に、ソ連はＭＢＦＲを全面的に受け入れる姿勢を示すようになる。それに強い懸念をもったのが、イギリスであった。ＭＢＦＲが西側の利益にならないと考えていたイギリス政府は、軍縮交渉の開始を遅らせるため、安保会議とＭＢＦＲを結びつけることを試みる。安保会議でＭＢＦＲの交渉の枠組みを設置することで、実際の軍縮交渉は安保会議のあとに行われるようにしようとしたのである。第2節は、このイギリスのアプローチに注目する。

しかし安保会議が早期に開催される可能性は、モスクワの対抗提案のために消え去ってしまう。ソ連政府が、モスクワ条約が批准されなければベルリン最終議定書に調印しないとの態度をとったからである。第3節では、このソ連の対抗提案に対する西側の対応をみる。結局西側は、ベルリン最終議定書の調印をもってして、ベルリン問題の「満足のいく」解決とすることとなった。それゆえ、モスクワ条約が西ドイツ議会において批准されるまで、ベルリン問題の解決も先延ばしとなり、そのため安保会議のための多国間準備協議開始も当面棚上げされ、さらには安保会議とＭＢＦＲの関係もふたたびあいまいになるのである。

1　ベルリン交渉のブレークスルー

一九七九年にキッシンジャーの回顧録が出版されて以来、ベルリン問題についての真の交渉はワシントンとモスクワのあいだのバックチャンネルにおいてなされていたことが知られるようになった。ベルリン大使級協定の実質的な草案を極秘のうちに作成したのは、アメリカのラッシュ、ソ連のファーリン、西ドイツのバールの三者であった(3)。イギリスもフランスも蚊帳の外であった。第二章で触れたように、キッシンジャーとドブルイニンのあいだの極秘チャンネルは一九六九年初頭につくられた。だが、その後二年のあいだ、バックチャンネルを通じたやり取りは目を見張るような成果をあげることはなかった。それゆえ、本節はまず、どのようにこの極秘ルートがベルリン問題を積極的にとりあげるようになったのかを検討することから始める。ついで、このバックチャンネルにおける交渉も行き詰まってしまい、それを打開したのはバールのイニシアティヴであったことを示す。そしてベルリン交渉が動き出したことで、西側は一九七一年六月のリスボンＮＡＴＯ外相会議においてふたたび安保会議に前向きになっていくのである。

米ソのバックチャンネルの始動

キッシンジャーとドブルイニンの極秘チャンネルがベルリン問題で重要な役割を果たすようになるためには、米ソ双方の側で変化がなければならなかった。アメリカ側の変化をもたらしたのは、西ドイツの圧力であった。とりわけ前章でとりあげた一九七〇年一二月一二日のブラントの書簡が重要なきっかけであった。ベルリン交渉に「会議のような性格」を与えることを提案し、交渉を加速させることを促したその書簡は、ポンピドゥのフランスに対してはネガティヴに作用したものの、アメリカに対してはポジティヴな影響を与えた。

ブラントの書簡が送付されてほどなくして、西ドイツ政府は首相府長官であったエームケ（Horst Ehmke）をワシントンに派遣した(4)。おそらく、西ドイツ首相府官邸は、ベルリン交渉でもっとも強硬な態度をとっていたのがアメリカであることを知っていた——あるいはソ連はアメリカがもっとも強硬であると考えていることを知っていたからであろう。エームケの訪米には、ブラント政権の東方政策に対するアメリカ側の不信を取り除き、ベルリン交渉をさらに進展させるよう促すという二重の目的があった(5)。ただし、彼はベルリン問題の解決を軽率に急ぎすぎているとの誤った印象を与えないよう、慎重に言葉を選んだ。キッシンジャーとの会談において、ベルリン交渉に「会議のような性格」を与えるという提案に触れた際、エームケは、ベルリン交渉の「加速化」ではなく、あくまでも「強化（intensification）」が必要であると主張した。西ドイツは拙速な譲歩を望んでいるわけではないことを強調するためであった。そのうえで、「ソ連が〔ベルリン交渉における〕合意に達することへの関心を失ってしまうほど、西側諸国は長いあいだ待っていてはならない」と繰り返した。(6) 西ドイツ側は何より、西側が消極的な姿勢を続けることで、ソ連が交渉をまとめようとする意欲を失ってしまうことを恐れていたのである。

西ドイツのアプローチは明らかにキッシンジャーに影響を与えた。アメリカ側は、ベルリン交渉に「会議のような性格」をもたせることは拒否したものの、それを「強化」することは支持すると約束した。(7) また、キッシンジャーはエームケと会談した翌日、ニクソン大統領に、「ブラント首相からの書簡　ベルリンに関するわが国の政策の再検討の必要性」と題された覚書を提出し、そのなかで「四大国ベルリン交渉ならびに、つぎの段階において〔アメリカが〕とりうる代替案を再検討する」よう提案したのである。(8) 第四章で言及した、ベルリン交渉を進めることはほとんど利益がないと述べられていた一一月のNSDM91と比較すると、アメリカの変化は明確であろう。ワシントンは一九七〇年末までに、ベルリン交渉を前進させる準備を整えつつあったのである。

だが、より重要な変化はソ連側で起こった。たしかにソ連は、NATOの態度が硬化したことを激しく批判していた。一二月末に西ヨーロッパ各国に駐在するソ連大使たちはほぼ同時期に各国外相を訪れ、一二月のNATO外相会議の最終コミュニケにおいて、ベルリン問題の「満足のいく」解決とほかの継続中の交渉の進展が多国間東西協議の前提とされていたことは、安保会議開催にとって条件が厳しすぎるとの苦情を訴えていた。(9) ワルシャワ条約機構の外相たちもまた、一九七一年の二月一九日にブカレストに集い、NATOのコミュニケを公に非難した。(10) だが他方で、一九七〇年一二月が終わるころ、ソ連指導部はワシントンとの関係改善を模索する決定を行っていた。

ドブルイニン駐米ソ連大使の回顧録によると、クレムリンにおいてイニシアティヴをとったのはグロムイコ外相とアンドロポフKGB議長であった。(11) 二人は、米ソ関係に関する覚書の草稿を二つ、政治局へ提出した。彼らはそのなかで、ソ連との直接対決の危険を避けることが「アメリカのもっとも死活的な国益」であることをアメリカ政府に確信させるために、ソ連の軍事力を維持することの重要性を強調する一方で、アメリカと交渉を進める必要があると主張していた。(12) 彼らは実際に、アメリカとの合意に達するためには軍事力の裏づけが必要であると考えたのかもしれない。あるいは、アメリカとの合意をめざすという方針を政治局に承認してもらうためには、軍事力の必要性も同時に強調しなければならなかったのかもしれない。

だがさらに、グロムイコとアンドロポフの提案を政治局が承認した理由として、米ソ首脳会談の開催問題をあげなければならない。キッシンジャーとドブルイニンは、一九七〇年を通じて米ソ・サミットの可能性について密かに意見交換を続けていた。そして一九七〇年末にソ連政治局は、超大国間の関係を促進するために、首脳会談をカードとして使うという方針に同意したのである。というのもソ連側は、そのような首脳会談を望んでいるのはアメリカ側であり、モスクワはそれによってワシントンとの外交ゲームを有利に運べると考えていたからであった[13]。そのような見通しがあったからこそ、ソ連指導部はアメリカとの対話に積極的になったのである。

ソ連がアメリカとともにまず解決しようとしたのがベルリン問題であったことは不思議ではない。もしベルリンについて合意に達することができれば、モスクワ条約の批准につながり、ヨーロッパ安保会議の開催にもこぎつけることができるからである。実際、一九七一年の年明け早々、ソ連側は一月六日に、ドブルイニンを通じてベルリンに関するメモをキッシンジャーに送り、アメリカ側に最初のシグナルを送った。そのメモは、ベルリン問題についてニクソンが真剣に取り組んでいないとの非難を含んではいたが、ソ連の立場が変化したことを示唆していた。そしてキッシンジャーもその変化に気づいていた[14]。

ベルリン交渉を「強化」することをすでに西ドイツ側と約束していたキッシンジャーは、九日にドブルイニンと会い、バックチャンネルを通じてベルリン問題について議論することを打診した。彼はまた、ドブルイニンとの協議と並行して、バールにも相談しなければならないと強調した[15]。それはのちに、ベルリンに関する合意文書を作成するうえで中心的な役割を担うことになる米・ソ・西独の三国枠組みを形成する端緒となった。ソ連にとってもバックチャンネルを通じた交渉は有益であった。というのもほかの東欧諸国、とりわけ東ドイツから反対される可能性のある譲歩を極秘のうちに提案することができるからである。だが同時に、そのバックチャンネルは、キッシンジャーに交渉のペースをコントロールする手段を与えるものでもあった。実際、次節で簡潔に触れるが、ニクソンとキッシンジャーはベルリン交渉とSALTの進展をリンクさせ、同時に中国との関係改善の可能性を模索するなかで、アメリカに有利なように交渉のペースを操作するのである。[16]この米ソ超大国間の外交と、米中ソ三国外交が、ベルリン協定の締結を遅らせ、ひいてはヨーロッパ・デタント全般の進展をも遅らせることになる。

行き詰まり

米ソ間のバックチャンネルは、ベルリン交渉の観点からは、つぎの二つの点で重要であった。第一に、西ドイツがベルリンに関する交渉へより直接的に関与できるようになったことである。以下に述べるように、極秘ルートの存在だけでは、ベルリン交渉の行き詰まりを打開するには不十分だった。バックチャンネルでの米ソ交渉もすぐに行き詰まるからである。しかし重要な点は、バックチャンネルを通じて、西ドイツ政府がベルリン交渉の核心に直接コミットできるようになったことであった。国際法的に西ドイツにはベルリン問題に関与する権限はなく、公式の四大国交渉からは外されていた。米英仏そして西ドイツからなるボン・グループと呼ばれる協議枠組みには参加していたものの、交渉の直接の当事者となることはできなかった。だが非公式のバックチャンネルを通じて、バールは首相府官邸の意見をキッシンジャーに直接伝えることができるようになったのである。それは、フランスやイギリス、あるいは西ドイツ外務省からの反対のためにボン・グループのなかではとることができなかった、より柔軟な提案を行うことも可能にした。またキッシンジャーは西ドイツの見解を尊重し、一月三一日にバールと会った際に、「われわれは西ドイツによって承認されないようなどのような一手もとることはない」と保証した。だがそれと同時に、この極秘の協議の存在について「わずかな漏洩も避けることが決定的に重要である」と強調したのだった。[17]そしてのちに、米ソ間の極秘交渉にバールが関与したことが、交渉の行き詰まりを打開する鍵となるのである。

バックチャンネルの二つ目の重要性は、ソ連がベルリンへのアクセスの問題についてさらなる譲歩を提示できたことである。公式の四大国交渉でソ連代表アブラシモフは、一九七〇年を通じて、従来の主張を繰り返した。西ベルリンへの、そして西ベルリンから西ドイツへのアクセスの問題は、そのルートが東ドイツの主権下にある領土を通るものであるから、それに関して米英仏は東ドイツと直接交渉すべきであるとの立場をとり続けた。同じくソ連側は、まず西ドイツの西ベルリンにおけるプレゼンスの問題について議論すべきであるとの立場を譲らなかった。だが一九七一年二月一〇日に、ドブルイニンはキッシンジャーに妥協案を提示した。彼は、東ドイツの主権についての基本的な立場を維持しつつも、ソ連はアクセスの問題について積極的にその責任を担う意思があることを一方的に宣言するであろうと述べたのである。(18)つまり、そのような一方的な宣言をすることで、ソ連としては東ドイツの主権を侵害することはないものの、ソ連がアクセスの問題へ直接関与することを保証し、東ドイツではなくソ連自身がその問題について西側と——実際には、まずはアメリカと極秘のうちに——交渉する準備があることを示したのである。それは、西側が依然として承認していない東ドイツと直接交渉する必要がなくなることを意味した。これはキッシンジャーにとって非常に歓迎すべき一歩であった。それゆえ、彼はドブルイニンとの意見交換を開始したのである。(19)

だが、米ソ二国間のバックチャンネルでの交渉はすぐに行き詰まる。両者が従来からの立場を大きく変えることができなかったからである。キッシンジャーはまず、ドブルイニンの要求にこたえて、ベルリンの交通に関する手続きの概要を書き記した文書を作成し、二月二六日にドブルイニンに手渡した。公式の四大国交渉の場において、米英仏三国はすでに二月五日、ベルリン協定の草案を提示していた。キッシンジャーの文書は、その草稿を参照にしつつ、キッシンジャーと直接のパイプをもち米ソ間の極秘交渉の存在についても了解していたラッシュ大使とバールとによって、ソ連側が好む文言を若干含ませつつ作成したものであった。(20)しかしながら、ソ連側からはおよそ二週間以上、何ら反応が無かった。おそらく、キッシンジャーが西ドイツの西ベルリンにおけるプレゼンスの問題についてほとんど譲歩を示さなかったからであろう。(21)三月一二日、ドブルイニンは、キッシンジャーに向かってベルリンについて何か自分に新たに伝えることはないのかと尋ねた。これは、西側の譲歩が不十分であることを示唆していた。キッシンジャーはソ連側の返事を待っていると応えると、ドブルイニンは、西側が西ドイツと西ベルリンとの関係について譲歩すれば、ソ連側はかなり楽になると述べた。キッシンジャーも、ソ連がアクセスの問題について寛大になれば、西ドイツのプレゼンスを減らす提案をするのが楽になると返した。議論は平行線をたどった。[22]

そしてソ連の態度は硬化した。ソ連は、三月一八日にアメリカに、そして二六日には公式の四大国交渉のテーブルに、ソ連側のベルリン協定の草案を手交した。ソ連の対抗提案は、「西側が受け入れるにはまったく程遠い」ような内容であった。[23] モスクワの態度が硬化した理由は、おそらくひとつには、新たな提案を示すのはいまやワシントンの順番であると考えていたからであろう。また、ソ連指導部は、ニクソンがブレジネフとの首脳会談を望んでいると信じており、それゆえその実現のためにさらなる譲歩が示されることを期待していたのだろう。実際、ドブルイニンは一九七一年一月からの米ソ極秘交渉が始まった当初より、アメリカとソ連は首脳会談開催のまえにベルリン協定を締結するよう努力すべきであると繰り返し主張していた。[24] 明らかにモスクワは、ベルリン協定なくして米ソ首脳会談もないというサミット・カードを有効に利用しようとしていた。

しかし、キッシンジャーは動かなかった。彼はドブルイニンに、「〔西ドイツと西ベルリンとの関係に関して〕さらなる進展を生み出すことは不可能である」ときっぱりと答えていた。[25] アメリカ側のかたくなな態度の主な理由は、西ドイツの国内政治事情にあった。ラッシュが西ドイツから報告したように、ブラントは野党党首のバーゼル（Rainer Barzel）と、少なくとも当面は西ベルリンと西ドイツの関係の問題についてどんな譲歩もしないということで合意しなければならず、またCDU／CSU全体としても、さらにはゲンシャー（Hans-Dietrich Genscher）内相といったブラント政権内部の閣僚すらも、この問題について強硬派であった。ラッシュとバールは一九七一年三月半ばに、西ドイツのプレゼンスの問題に関して、最終的にどのような譲歩が可能であるのかについて議論を行い、「ゆくゆくは〔西ベルリンにおける〕議会の委員会と党派の会合を制限する何らかの手段を見出し、また、西ベルリンに現在ある二〇そこらの連邦政府の事務局を単一の連邦共和国事務局に代表させることが可能かもしれない」ということで合意していた。しかしながら、バールは、「現在のところ、これは政治的に可能ではなさそうである」と認めていた。[26]三月末には、ドブルイニンはこのような交渉の行き詰まりを嘆いて、「この〔極秘〕チャンネルにおいてすら、われわれはむしろ頑強にわれわれの立場に固執しています」と不平を漏らした。しかし、キッシンジャーは冷たく切り返した――「いずれにせよ、〔極秘〕チャンネルはさらなるスピードを保証するだけのものであって、さらなる譲歩を保証するものではありません」。[27]結局、米ソ両国はさらに具体的な提案をすることができなかった。ワシントン（とボン）は、アクセスの手続きに関する西側の提案をソ連が受け入れるまえに、西ドイツと西ベルリンとの関係に関してさらなる譲歩を示すことはできなかった。他方、モスクワは、サミット・カードが有効であると信じて、西側が何らかの妥協を提示することを待っていた。バックチャンネルを通じた極秘協議においてすら、ベルリン問題は袋小路におちいった。

ベルリンと軍縮

バックチャンネルにおいてさえベルリン交渉が行き詰まりを見せるなか、一九七一年三月三〇日、ブレジネフは第二四回ソ連共産党大会において、軍縮に関する前向きな演説を行った――「われわれは、軍事的対立がとくに危険な地域、とりわけ中部ヨーロッパにおける武力と軍備の削減を支持します」。[28]ブレジネフの言葉は、一九七〇年六月のブダペスト・メモランダムにおいて提案された外国軍の削減に限ったものではなかった。むしろ彼は、外国軍とヨーロッパ諸国の軍隊の双方を含む通常兵力の軍縮、つまり西側の提唱するMBFRを受け入れる準備があることを示唆したのである。のちのMBFRに対するソ連の態度からして、モスクワは必ずしも実際の軍縮に真剣であったわけではなかったと考えられる。むしろこの軍縮に関するブレジネフの演説の目的は、NATO諸国に対して、ベルリン問題あるいはヨーロッパ安保会議について前向きな姿勢をとるよう圧力をかけるための戦術であったといえよう。実際ＮＡＴＯの小国は、以下に見るように、このブレジネフの演説を受けて活発な動きを示すようになる。

公式のベルリン四大国交渉は、一九七一年の冬から初春を通じてほとんど進展することはなかった。ワシントンにおいてバックチャンネルを通じて真の交渉が進められていたのだから当然であろう。一月に四大国の大使級協議が再開され、既述の通り二月五日に西側三国はベルリン協定の草稿を提出していた。当初、さらなる協議の基盤としてそれはソ連側に歓迎されたようであった。[29] だがほどなくして、ソ連大使アブラシモフはそれを、「戦術的な理由からなされた最大限の要求のようなもの」だと批判し、三月九日までの会合において、ソ連は「実質的な点について進展させる様子をまったく示さなかった」。[30] 西側の交渉戦略もまた、ソ連側がアクセスの問題について譲歩を示すまで待ち、その後、西ドイツのプレゼンスの問題を話し合うというものであった。だがアブラシモフはそのような交渉の順番を決して受け入れようとしなかった。そのかわり、三月二六日に、これもすでに述べたように、西側の観点からはまったく魅力のない対抗草案を提示したのである。公式の会合では、どちらの側も実質的な妥協をする準備は無かったのだった。

それゆえＮＡＴＯ諸国のなかでは、ベルリン交渉の先行きに関して悲観主義が広がっていた。早くも一月二五日のフランス・西ドイツ首脳会談で、ポンピドゥはブラントに対して、ソ連がベルリン問題に関して大胆な譲歩を示す準備があるとは思えないとの暗い見通しを述べている。[31] 三月二六日にソ連の草案がほかのＮＡＴＯ諸国も閲覧できるようになると、四大国交渉の行き詰まりがどれほど深刻であるのかがはっきりとした。ＮＡＴＯにおけるカナダ代表は、「［ベルリン］問題の妥結は近い将来まったくありえない」と述べていた。[32] ベルギー代表もまた、「ベルリン交渉の失敗の見込みはかなりのものである」との見解であった。[33] イギリス代表が本国へ報告したように、西側陣営内の雰囲気の暗さは、もしベルリン交渉の決裂がヨーロッパ安保会議の開催を危険にさらすことになれば、「ベルリンという前提条件」を放棄することを望む国がＮＡＴＯ諸国に出てくるかもしれないほどであった。[34]

緊張緩和のプロセスが完全に止まってしまうことを恐れたベルギー外相アルメルは、ベルリン問題によって引き起こされた行き詰まりから逃れる方法を模索した。ベルギーやほかのNATO諸国は、ベルリンの重要性を理解しており、ベルリン問題の解決無しにヨーロッパ安保会議に関する進展もまたありえないとの立場を堅持し続けた。(35)その点で、先述のイギリス代表の懸念は杞憂にすぎなかった。だがそのかわり、アルメルは四月一九日のハーグにおけるWEU外相会議の席で、安保会議とは完全に分離したかたちでMBFR交渉を東側と進められないだろうかと問いかけた。(36)アルメルは明らかに、三月三〇日にブレジネフが軍縮交渉の開始について述べた演説に刺激を受けていた。オランダ外相ルンス（Joseph Luns）もまた、アルメルの提案を「興味深い」と述べ、六月のNATO外相理事会において検討することを望むと語った。(37)ベルリン交渉の行き詰まりは疑いなく、交渉に何ら影響を与える権利をもたない小国に、軍縮デタントの進展を期待させることになったのである。

しかし、ベルギーの提案に対してもっとも強く反対したのが西ドイツであった。ブラント政権にとって通常兵力の軍縮は依然として重要な問題であったが、この段階においてそれに飛びつくことは危険であると考えはじめていた。というのも、ひとつには、そのときまでに検討されていたすべての軍縮モデルは、軍事的観点からワルシャワ条約機構側に受け入れられることはないとの分析結果が出ていたからである。(38)シェール西独外相がヒース英首相に語ったように、MBFRはヨーロッパ安保会議において議論されうるが、NATO諸国が詳細にその交渉の立場をつくりあげるまではそうすべきでないと考えられていた。(39)だが、MBFRについて熱心であった西ドイツがアルメルの提案に対して強い反対姿勢を貫いたもっとも重要な理由は、ベルリンと東ドイツであった。NATOにおける西ドイツ代表はつぎのように説明している――

MBFRに関する多国間の予備交渉はベルリン交渉の結果が出るまで待つべきである。それはすべての問題についてのソ連の態度をテストするものである。〔中略〕というのもNATOは、ソ連がMBFRによってベルリン交渉を回避しようとすることを認めてはならないからであり、また東ドイツの〔多国間交渉への〕参加という問題があるからである。[40]西ドイツ政府は、軍縮に関するブレジネフの新たなイニシアティヴを、ヨーロッパ安保会議開催に結びつけられた「ベルリン前提条件」を迂回するための戦術であると解釈していた。MBFRに同意することによって、モスクワは、ベルリン問題にかかわりなく、MBFRに関する多国間会議を設置し、ヨーロッパ安保会議を通じて得られると期待できるメリットの一つ、すなわち東ドイツが主権国家として国際会議に参加することを実現できてしまうことをシェールことを懸念したのである。[41]それゆえ、西ドイツからすれば、ベルギーはソ連の罠に引っかかっているかのように見えたのだった。

行き詰まりの打開

軍縮についてのブレジネフの演説にどのように対応するかがNATO内で問題となっているあいだ、ベルリンに関して決定的なブレークスルーがあった。バールが新たなアイデアをもたらしたのである。三月二六日にソ連外交官ファーリンからソ連側のベルリン協定草案を受けとったとき、バールは米ソ秘密チャンネルにおける交渉の行き詰まりを懸念した。ソ連側草案の内容に落胆させられただけでなく、ファーリンがベルリン問題を解決しようとするアメリカの意図に疑念を示したからであった。バールはファーリンの不信感を払拭するよう努力したが、その一方で何らかのイニシアティヴをとる必要を感じた。さもないと、モスクワがベルリン問題の解決への関心を失ってしまうのではないかと恐れたからであった。[42]それゆえバールは、四月後半にアメリカを訪れた際、キッシンジャーにこう提案した――「法律的な諸問題を脇において、プラグマティックな進展をもたらす方法を見出すことに努力を傾注すべきです」。[43]バールは、ソ連側がアクセスの問題について実際的な妥協をする準備があることに気づいていた。[44]問題は、どのようにソ連から譲歩を引き出すかであった。

バールの提案は二重の意味で重要であった。第一に、ベルリンの地位に関する法的問題を棚上げにすることで、この問題に関する神学的論争を回避することが可能となった。最終的なベルリン協定は、ベルリン全体を対象とするのか、それとも西ドイツだけなのかについて、東西双方の見解は完全に相容れなかった。それゆえ、ベルリンの法的地位については協定の文言をあいまいにすることで、それ以外の問題をプラグマティックに解決していくことを可能にしたのである。(45)

第二に、バールの提案は、キッシンジャーに交渉の行き詰まりを打開する新たなカードを提供した。バックチャンネルにおける交渉は、どちらの側もつぎのカードを切ろうとしなかったために行き詰まっていた。アメリカ側もソ連側も、相手側がまず譲歩を示すことを待っていた。バールがその袋小路を打開したのである。キッシンジャーはバールの提案を歓迎し、四月二六日、それを新たな一手としてドブルイニンに提示する――「われわれが見ることができる行き詰まりを打開する唯一の方法は、両者の文書を書き直し、両方の草案から法的な主張を取り除くことでしょう」。(46)これによってキッシンジャーは、西ドイツの西ベルリンにおけるプレゼンスの問題について当面妥協することなく、ソ連との交渉を前に進めることができたのである。モスクワもまた、五月三日、バールのイニシアティヴを受け入れると伝えた。(47)

バールのアプローチはさらに、新たな交渉の枠組みをもたらした。いわゆる三人組（the Group of Three）である。行き詰まりから脱出するため、キッシンジャーは当初、まずラッシュとアブラシモフ、そしてつぎにラッシュとファーリン（彼は駐西ドイツ・ソ連大使に任命されていた）という二人だけのプライベートな話し合いから解決の糸口を探ることを提案していた。(48)しかしそれに対して、ドブルイニンはそこにバールを加えることを主張した。というのも、バールは「ソ連の立場をとてもよく知っており、それをどのように取り扱うのかについて考えをもっているかもしれない」からであった。(49)その結果、五月一〇日、三者による最初の会合がボンで開かれることになったのである。(50)バールによって準備された、法的に中立的な文言を含み、東西双方の義務と責任のみについて述べたベルリン協定の草案をもとに、彼らは極秘の協議を開始した。[51] この三人組による起草過程を記録した公式文書は存在しないが、[52] 五月二五日に開催された公式の四大国大使級ベルリン交渉において、三人組の極秘協議の成果ははっきりと反映されていた。一九七一年五月までに東西双方から提案されたベルリン協定の草案は、絶望的なまでに開きが大きかった。だが五月末までに、四大国は「草案の作業文書の半分以上について共通の文言に合意した」のである。[53]

このことは、きたる六月のNATO外相会議にとって非常に喜ばしいニュースであった。[54]

NATO外相会議

リスボン。一九七一年六月三〜四日——

ポルトガルの首都で開催されたNATO外相会議でもっとも重要だった議題は、ヨーロッパ安保会議とベルリン協定との関係と、MBFRであった。とりわけ、三週間前の五月一四日にブレジネフは、ティフリスにおけるグルジア共和国五〇周年記念の演説のなかであらためて軍縮に関心があることを公にし、MBFRの「交渉を開始する」必要があると明言していた。[55] 一九六八年にレイキャヴィク・シグナルにおいて、そして一九七〇年にローマ宣言においてふたたび、無条件でのMBFR交渉の開始を提案していたのはNATO側であった。それゆえ、ソ連側が明確な反応を示したことを、西側としては無視するわけにはいかなかった。

ソ連への対応に関しては、一年前にも提案されたカナダのアイデア——その際は西ドイツに反対された[56]——が、同盟国の多数の支持を得ることとなった。カナダ代表は、五月一八日の大使級NATO理事会会合において、NATOの代表を一人任命し、NATOを代表してMBFRに関するソ連側の意向を探らせるのがよいと提案していた。[57] この構想の西側にとっての良い点は、当面、多国間交渉への東ドイツ参加を先延ばししつつ、MBFRに関してソ連の提案に前向きな姿勢を示すことができることにあった。これまでの態度から十分予想できることではあるが、ベルギー、オランダ、イタリア、そしてスカンジナヴィア諸国といった軍縮デタントに積極的であった国々は、外相会議の最終コミュニケにおいてMBFRに積極的な文言を盛り込むべきであると主張しており、またカナダのイニシアティヴも受け入れ可能なものであった。

くわえて、アメリカ国務省がMBFRに熱心になっていたことが重要である。議会による、ヨーロッパからの米軍の撤退圧力はさらに高まっていた。五月一一日、マンスフィールド上院議員はふたたび、ヨーロッパ駐留の米軍を五〇％削減することを要求する新提案を提出していたのである。(58)だがこの圧力を逸らすうえで、ブレジネフのティフリスの演説は、アメリカ政府に好機を与えていた。(59)東側と相互軍縮に関する協議に入ったことを議会に示すことができれば、米軍を一方的に削減せよとの主張に対抗することができるからである。それゆえ国務省には、リスボン会議において、MBFRに関してより積極的な姿勢を示す強いインセンティヴがあったのである。(60)西ドイツも、「リスボンでわれわれは、多国間交渉に関与しないなかで、積極的な態度をとるべきである」と考えていた。(61)カナダの提案はこれらの考えにもうまく適合していた。

通常兵力の軍縮には反対の立場をとるようになったイギリスですら、この問題についてあまり否定的な態度をとることはできなかった。というのも、もし頑迷な態度をとり続ければ、イギリスの主張が無視されてしまうのではないかと懸念されたからである。さらにイギリス政府は、「もし同盟国が頑固すぎると考えたら、アメリカ人は〔MBFRに関する〕協議を〔ソ連と〕『二国間化』するかもしれない」ことを恐れていた。(62)とくに、キャリントン英国防相は、アメリカは彼ら自身のために話をまえに進め、MBFRのことはソ連と二国間で取り決めてしまうかもしれないことを非常に懸念していた。(63)そのような米ソ二国間主義を避けるためにも、イギリスは少なくともある程度、その問題に対して積極的な姿勢を示さなければならなかったのである。

したがって、東側陣営のMBFRに関する意図を探るべくNATOの代表を任命するというカナダの提案は、多くのNATO諸国に受け入れられるところとなった。それは、ブレジネフの演説に積極的なかたちで応えるとともに、東ドイツの多国間交渉への参加を避けるための手段であった。NATO外相たちはこの路線に同意し、四カ月後の一〇月五日、外相代理による特別会合において、ブロジオ前NATO事務総長を特使として任命し[64]、ソ連を訪問させ、MBFR交渉の可能性を探らせることとしたのである[65]。

また、このリスボン外相会議では、フランスが、最終コミュニケを「ヨーロッパ安保会議へ向けて、前回よりももう少し前向き」にするよう求め、「継続中の交渉」という文言を取り外し、安保会議開催の条件を軽くするようあらためて求めた[66]。フランス政府にとってすれば、「継続中の交渉」を安保会議の前提条件として加えることは、ベルリン交渉の決着という条件の重要性を相対的に低めるものであった。またイギリス政府は、「もしほかの継続中の交渉という前提条件が取り下げられても、〔フランス政府はSALTにも東西ドイツ間の交渉にも直接利害がないため〕涙を流すような者はパリにはいないだろう」と皮肉交じりに見ていた[67]。前章で論じたように、西ドイツの指導者たちはすでにフランスの立場に支持を与えていた。

安保会議とベルリン交渉に関しては、とりわけ小国がフランスの主張を支持した。ベルギーとカナダは早くから、NATOは「継続中の交渉」というあいまいな文言を取り除くべきであると主張していた[68]。イタリア外相モロも、フランスを支持した。一九七〇年にはヨーロッパ安保会議の構想に批判的であったモロは、一九七一年前半には積極的な姿勢を示すようになっていた。その最大の理由は、国内政治にあった。とくにイタリア共産党の支持を得るためにも、東側陣営が提唱していた安保会議に前向きな態度を示すことが必要であった[69]。その結果モロは、「NATOが維持すべきヨーロッパ安保会議のための唯一の前提条件は、ベルリンであるべき」と主張するようになったのである[70]。デンマーク、ルクセンブルク、そしてノルウェーもこの主張に同意した[71]。安保会議開催のためには、ほかの問題よりもベルリン問題についてより強くソ連に圧力をかけるべきであった。そしてベルリン問題が解決したあかつきには、安保会議開催へ前進すべきであるという考えが明らかに広まっていたのだった。

この大きな流れに対して、アメリカ、イギリスそしてオランダのみが抵抗を示した。ワシントンにとっては、SALTが依然としてもっとも重要な関心事であった。それゆえ、「ほかの継続中の交渉」も前提条件として維持することにこだわっていた。[72] イギリスも、「継続中の交渉」というフレーズは、「一般的かつ柔軟で、便利な」ものと見なしていた。さらに「継続中の交渉」のひとつである両ドイツ間の交渉の結果が明確になるまでは、多国間の安保会議開催の方向へ動くべきではないとする西ドイツの外交官たちの懸念に配慮する有効な手段であるとも見なされていた。[73] しかしながら、米英とオランダの見解は、すでにNATOのなかで少数派となっていた。ベルリン交渉が進展したことで、保守的な意見が受け入れられた前年一二月のNATO外相会議とは異なった雰囲気が生まれていたのである。

結局、米英とオランダの反対にもかかわらず、「継続中の交渉」という言葉は最終コミュニケに盛り込まれなかった。たしかに、たとえそのような文言がコミュニケから消えたとしても、「実際には、国際状況が悪化する方向への変化が見られたら、東西間の多国間の交渉の見通しに必然的に影響を与えるであろう」と米英は考えていた。[74] さらに、最終コミュニケの言葉は、フランスが望んだほど直接的にベルリンと安保会議の関係を明確に規定することはなかった。フランスは、世論に訴えるためにも、「ベルリン交渉において満足のいく進展がなされたらすぐに、多国間の準備を開始するであろう」といったより強い表現を好んでいたのである。[75] しかし、フランスの意向よりは慎重な文言となったものの、「継続中の交渉」という言葉はもはや用いられず、最終コミュニケにおいてNATOはつぎのようなメッセージを発した――NATO外相たちは、「次回の〔NATO外相〕会合のまえに、ベルリン交渉が成功裏に決着すること〔を望み〕、そしてヨーロッパにおける安全保障と協力に関する会議へ至ることを意図した多国間の話し合いが行われること」を希望すると。[76]

2　MBFRとヨーロッパ安全保障会議の連関

ソ連がMBFRに積極的な姿勢を見せたことで、軍縮デタントを好まないイギリスは強い懸念をもった。そこでイギリスは、ＭＢＦＲと安保会議の構想を結びつけることで実質的な軍縮交渉の実現を先延ばしにしようとする。他方、キッシンジャーは米中ソ外交を有利に進めるため、三人組の枠組みで進展を見せていたベルリン交渉をふたたび停滞させる。ベルリン交渉が進まないあいだは、アメリカはイギリスの提案に消極的だった。しかしベルリン交渉が妥結へと動きはじめると、少なくともアメリカ国務省は、イギリス案に前向きになってゆく。フランスと西ドイツ、さらにはソ連もまた基本的にイギリスの考えを受け入れる姿勢を示すことになる。

イギリスのＭＢＦＲ先延ばし政策

西側の構想であるＭＢＦＲはすでにテーブルの上に置かれていた。ＮＡＴＯは、無条件でのＭＢＦＲの開催を提唱し続けてきた。ブレジネフはＭＢＦＲを受け入れる演説を行ない、ＮＡＴＯの小国の軍縮デタントへの期待も高まっていた。しかしながらイギリスは、通常兵力の軍縮は西側の安全保障にとって危険であると考え、このような状況に強い懸念を抱いていた。

そこでイギリスは、少なくとも軍縮交渉の開始を少しでも遅らせるため、ＭＢＦＲをヨーロッパ安保会議と連関させることを試みる。実際、ＭＢＦＲ交渉の開始が避けられないように思われたとき、ダグラス＝ヒューム外相は、通常兵力の削減問題は、安保会議が軍縮交渉の場を設定し、そこで東側との協議を進めるべきであると主張した。安保会議が交渉の場を設定したあとにＭＢＦＲ交渉を押しやることによって、できる限りそれを先延ばしして時間をかせぐためであった(77)。つまり、ベルリン問題が解決したあと、イギリスにとっては「より小さな悪弊」であった安保会議をまず開催し、そこでＭＢＦＲ交渉の場について話し合うことで、安保会議のあとに実際の軍縮交渉を開始するというシナリオである。それは、一年前にワルシャワ条約機構側が提唱した、ブダペスト・メモランダムに含まれていたものと同様の提案であった。軍事安全保障を重視するダグラス＝ヒュームにとって、安保会議とＭＢＦＲを結びつけることは、ヨーロッパにおける通常兵力削減を先延ばしするための都合のよい手段だったのである。

ＮＡＴＯの小国もまた、安保会議とＭＢＦＲを結びつけることに積極的であり、イギリス外務省はその議論にも影響を受けていた。六月のリスボンＮＡＴＯ外相会議の決定を受けて、ＮＡＴＯ上級政治委員会（ＳＰＣ）はＭＢＦＲについて集中的に検討を行った。多くの論点が協議の対象となったなか、ＭＢＦＲ交渉をどこで取り扱うのかという問題が重要な争点となった。そして上級政治委員会の会合では、ベルギーとカナダがＭＢＦＲを安保会議と結びつけるべきであると主張した。たとえばベルギー代表は、ＭＢＦＲの準備協議をすぐに開始するとともに、もしそれが終わるまえにベルリン交渉のほうが決着を見れば、安保会議のなかでＭＢＦＲを議題とすることができると考えていた。[78] カナダ代表もまた、中部ヨーロッパにおける通常兵力削減交渉には直接かかわらないことになっているＮＡＴＯ加盟国――カナダもその一つである――や、中立諸国を納得させるため、ヨーロッパ安保会議の文脈のなかでより広範な軍縮協議の枠組みが提供されるべきであると主張した。[79] このカナダの指摘には、イギリス外務省も同意していた。[80]

ダグラス＝ヒューム外相が主張する、安保会議で設置される組織にＭＢＦＲの討議を委ねるという提案には、さらに二つの利点があるとイギリス外務省は考えていた。第一に、東ドイツの参加を避けることである。もしＭＢＦＲがすぐにでも開催されることになれば、その多国間交渉に東ドイツも参加することになるが、本章第１節のなかでも触れたように、それは西ドイツにとって好ましいことではなかった。しかし、もしＭＢＦＲを安保会議とリンクさせれば、安保会議は少なくともベルリン交渉の締結までは開催されないことになっていたため、ＭＢＦＲが安保会議に先行し、そこに東ドイツがなし崩し的に参加することを避けることができると考えられたのである。

もう一つの利点は、フランスの参加についてである。イギリスは、ＭＢＦＲと安保会議を結びつけることによって、フランスを通常兵力の軍縮問題に関与させられるかもしれないと期待した。[81] フランスは一貫して、ＭＢＦＲがブロックとブロックのあいだの交渉になってしまうとして、それにかかわることを繰り返し拒否してきた。だが他方で、安保会議の構想にはますます関心を強めていた。そのようなフランスを、安保会議を通じてＭＢＦＲにも関与させることは、ＮＡＴＯの結束を重視するイギリスにとって非常に魅力的であった。

さらにつぎのような思惑もあった。フランスとイギリスは、ＭＢＦＲが西側の軍事安全保障にとって危険であるとの見解を共有していた。しかしフランスと異なり、イギリスは、アメリカがＭＢＦＲに積極的であることからも、通常兵力の軍縮交渉が開始されることは不可避であると考えていた。[82] それゆえフランスをＭＢＦＲ交渉に引き込むことによって、実際の交渉のなかでフランスとともに通常兵力の軍縮に反対する、あるいは少なくともその悪影響を減らそうとすることは、イギリスにとって好ましいことであった。このように、イギリスにとって安保会議とＭＢＦＲを結びつけることは、ベルリン問題とフランス問題を同時に処理するための手段となったのである。[83]

アメリカ、ベルリン、中国カード

安保会議とＭＢＦＲを結びつけようとする際の大きな問題は、アメリカからの反対であった。とりわけアメリカ国務省はヨーロッパから米軍を一方的に撤退させようとする議会の圧力をかわすため、できる限り早期のＭＢＦＲの開始を望んでいた。それゆえ、安保会議開催後までＭＢＦＲを先延ばしすることは、アメリカにとって受け入れがたいものであった。[84] 実際、マンスフィールドの米軍撤退要求はすでに上院に提出されていた。ヨーロッパ安保会議が開催されたあとというのは、アメリカにとって遅すぎた。またホワイトハウスは、かねてよりＭＢＦＲは安保会議と分離されるべきであるとの立場であった。[85]

イギリスがアメリカの意向を探る最初の機会は、一九七一年七月二二日のワシントンにおける米英高官協議の際におとずれた。イギリス側は一方でこう論じた。「少なくともベルリンのあと、またできるなら〔東西ドイツ間の〕ドイツ暫定協定のあとまで、ＭＢＦＲを延期すること以外に、〔東ドイツの多国間交渉への参加問題について〕解決を見出すことは困難です」。[86] つまり、東ドイツを早期に承認しないためには、ＭＢＦＲを先送りすべきであると、イギリス側は主張したのである。そして他方で、ヨーロッパ安保会議で設置する新組織のなかでＭＢＦＲを扱うことの長所を強調し、つぎのように主張した。「おそらく、フランスに関して、この問題を解決する唯一の手段は、MBFRをヨーロッパ安保会議と結びつける、あるいはおそらく、MBFRをそれに先行するヨーロッパ安保会議に従属させることです」[87]。アメリカ側のヨーロッパ問題担当国務次官補ヒレンブランドは、イギリスのこのような議論におおむね同意しつつも、ベルリン交渉はゆっくりとしか進まないのではないかという懸念をもっていると述べた。ベルリン交渉が妥結しなければ安保会議もなく、ひいてはMBFRも始まらないというのであれば、軍縮交渉を早期に開始したい国務省としては、それは望ましくなかった。たしかにヒレンブランドは、安保会議とMBFRを結びつけるというイギリスの提案をあからさまには否定せず、もし一九七一年末までにベルリン交渉が満足のいくかたちで決着を見るならば、「MBFRとCSCEの交渉の軌道は合流するであろうし、MBFR交渉はヨーロッパ安全保障の交渉のなかに吸収されるであろう」と述べた。だが彼は、このようなシナリオは「もっとも楽観的な仮定」にすぎないとして、事実上イギリスの提案を拒否したのだった[88]。

実際、当時キッシンジャーは米・ソ・西独の極秘交渉をストップさせていたため、公式の四大国ベルリン交渉もふたたび停滞していた。三人組が極秘交渉を開始した一九七一年五月に、キッシンジャーは早くも、「ベルリン交渉とSALT〔の進展の速度〕のバランスをある程度維持する」ために、ラッシュに「あまりに早いペースで先走ってしまうことを避ける」よう指示していた[89]。ブラントはベルリン交渉の迅速な進展を望んでいたが[90]、キッシンジャーの関心の中心はベルリンにはなく、むしろ米ソ間の戦略兵器制限交渉にあった。

さらに、ニクソンとキッシンジャーは中国カードを効果的に利用しようと考えていた。彼らはすでに、一九七一年四月二七日に中国から北京訪問の招待状を受けとっており、キッシンジャーがまず七月初頭に極秘のうちに中国を訪問するつもりでいた。ドブルイニンはキッシンジャーに、ベルリン交渉の妥結なくして米ソ首脳会談もないという圧力をかけていたが、キッシンジャーはラッシュに対してつぎのように訓令していた。「貴君には〔いずれすぐに〕明らかになる理由のため、〔三人組によるベルリン交渉が〕七月一五日まで最終合意に至らないことが絶対である。

に必要なのです」[91]。このような指示を受けていたため、当時、三人組の交渉はペースダウンしていた。そこでの進展がなければ公式の四大国交渉においても進展は見られなかった。それゆえ、すでに述べた七月二二日の米英高官協議の際にも、ベルリン交渉の見通しについて、ヒレンブランドは楽観的な見通しをもつことができなかったので

だがベルリン交渉は、七月下旬よりふたたび著しく進展する。七月一五日、ニクソンは米中首脳会談のため翌年春に北京を訪問する予定であることを明らかにし、世界に衝撃を与えた。それは、米ソ首脳会談をカードとして利用しようとしてきたソ連の思惑がアメリカの中国カードによって相殺されたことを意味した。ソ連はアメリカが米ソ首脳会談を望んでいると考えていたが、アメリカはソ連との首脳会談が実現しないなら中国を選ぶという姿勢を見せたのである。一九六〇年代より中ソの対立は公然化しており、ソ連としてみれば、ソ連とのサミットと中国とのサミットを両天秤にかけられてしまったのであり、米ソ首脳会談の開催を利用してアメリカから譲歩を勝ち取ろうとする政策の有効性が大いに減じられたわけである。その後、ベルリンに関する秘密協議はふたたび動きはじめ、七月二八日に三人組は暫定的な合意に達した[92]。続いてラッシュが「最終段階」と呼んだ、八月一〇日から一八・一九日にかけての深夜まで続いた一連の四大国大使級協議が開かれた。その最終日、一四時間に及んだマラソン起草作業を経て、米英仏ソの四大使は、ベルリン大使級協定を完成させたのである[93]。

その結果、アメリカ国務省はＭＢＦＲと安保会議を結びつけるというイギリスの提案に関心を示すようになった[94]。実際、ロジャース国務長官は、九月三日の記者会見においてつぎのように述べ、イギリスの提案も考慮に入れつつあることを示唆した——「われわれは〔安保会議とＭＢＦＲの〕両方を検討する準備があります。それらが同時に行われるか、別々になされるかはまだ決めておりません。われわれはどちらの可能性も積極的に検討するつもりです」[95]。

イギリス案への賛同

フランスと西ドイツもまた、イギリスの提案を受け入れる姿勢を示していた。ベルリン大使級協定の完成は、ベルリン問題解決が安保会議の準備会合開催の前提条件であると主張し続けてきたフランスにとって、きわめて重要な成果であった。フランス外務省は、ヨーロッパ安保会議の準備にむけて何かをする必要があると考え、どのようなイニシアティヴが可能であるか検討を続けた。(96) そして九月一日の閣議において、フランス政府は多国間会議に向けてより積極的に行動を起こすことを決定した。(97) 閣議のあとすぐに、政府の報道官は、フィンランド政府の打ち出したコミュニケに大きな関心をもっていると発表した。(98) すでに少しまえの八月二四日、フィンランドは、ベルリン協定の締結が安保会議のための多国間準備協議への扉を開くであろうとの声明を出していた。フィンランドの呼びかけに応えるかたちで、フランスも、安保会議の準備を多国間で進める意思を公にしたのである。

フランスはまた、イギリスのアプローチにも前向きな姿勢を示した。九月八日、ジュルジャンサン仏外務省政治局次長は、パリザー駐仏イギリス公使に、フランスは、MBFR交渉が「非常に長い時間続き、しだいに泥沼におちいってしまう」ことを期待しながら、ヨーロッパ安保会議によって設置される永続的枠組みのなかでそれが協議されるべきであると考えていると述べた。(99) フランスは軍縮デタントを嫌っていたが、もしベルリン交渉が妥結してすぐに安保会議の準備協議が開催されるならば、安保会議とMBFRが結びつけられることも受け入れ可能であるとの構えも見せていたのである。さらに、MBFRが安保会議のあとの交渉で破綻するということまで望んでいたのだった。

西ドイツもまた、イギリスの政策を共有していた。西ドイツでは当初、少なくとも官僚レベルでは、安保会議とMBFRを結びつけることに躊躇が見られた。しかしながらブラント首相は、すでに一九七〇年一〇月に連邦国家安全保障会議において公式化されていた、安保会議においてMBFRを取り扱わなければならないという基本方針を維持していた。ベルリン協定締結後にソ連を訪問し、九月一七日にオレアンダにおけるブレジネフの別荘にてソ連の指導者と会談した際、ブラントはイギリスと同様の構想を提案した。(100) ただしブラントは、MBFRを先延ばしするためではなく、むしろブレジネフにヨーロッパにおける通常兵力の軍縮の重要性を訴えるために、安保会議とMBFRのリンケージを主張したのだった。

他方でブレジネフも、安保会議開催のプロセスを加速化させることの重要性を強調しながら、MBFRを安保会議によって設置される枠組みで取り扱うという提案に同意した。(101) そもそもそれは、一九七〇年六月のブダペスト・メモランダムのなかでワルシャワ条約機構側によって提案されていたものであり、ブレジネフがそれに同意したことは何ら不思議ではなかった。

アメリカ国務省、フランス、西ドイツ、そしてソ連もまた、安保会議とMBFRを結びつけるというイギリスの提案を支持するに至った。ホワイトハウスは安保会議の構想を嫌っており、MBFRと安保会議は別々のものでなければならないと主張していた。だが、もしNATO内で完全に孤立することになったら、ワシントンもまたイギリスの提案に同意せざるを得なかったかもしれない。NATOの小国の多くもイギリスの立場を支持したであろうから、そのような可能性は大いにありえただろう。しかしながら、次節で論じるように、ベルリン問題に関するソ連の対抗提案によって、イギリスのイニシアティヴは水泡に帰すことになるのである。

3　ベルリン大使級協定と逆・抱き合わせ

ベルリン大使級協定の締結は、ヨーロッパ安保会議開催へ至るためのもっとも重要な前提条件を満たすものであった。安保会議に積極的なフランスは、このベルリン大使級協定締結後、安保会議の多国間準備協議の早期開催を求めるようになる。だがソ連は、モスクワ条約の西ドイツ議会での批准を最重要目標に据えていた。そして条約批准を確実にするためにも、ソ連はモスクワ条約の批准とベルリン最終議定書の調印を結びつけるのである。しかしそのようなソ連の態度は西ドイツに反感を抱かせ、西ドイツは早期の多国間準備協議の開催に反対する。その結果、アメリカが望んだように、安保会議の早期開催の可能性は遠のくことになるのである。

ソ連の「逆・抱き合わせ」戦術

一九七一年九月三日。ラジオとテレビによる生中継のなか、午後一時三分、ベルリンのACAビルの小会議室でベルリン大使級協定が米英仏ソ四カ国によって調印された。調印後、シャンパンと昼食が振舞われ、関係者は一年半近くにわたった長期のベルリン交渉の決着を祝った。[102]

しかしながら、アメリカは、このベルリン大使級協定をもってしてベルリン問題の「満足のいく解決」とは見なさなかった。[103]それはひとつには、ベルリンをめぐる合意の形式の複雑さに起因していた。九月三日に調印されたベルリン大使級協定はもっとも重要な中核的合意書であったが、ベルリン問題をめぐる交渉の第一段階でもあった。第二段階は、この米英仏ソ四大国のベルリン大使級協定にもとづいて、東西両ドイツが、東西ベルリン間の交通の技術的詳細について合意文書を交わすことになっていた。さらに第三段階では、ベルリン大使級協定とベルリン交通協定の二つをまとめて、ベルリン最終議定書として四大国がふたたび調印する段取りになっていた。そしてその三つの段階を完遂して、「満足のいく結果」になるとアメリカは主張したのである。だがそれは、いうまでもなく、安保会議開催をできる限り先延ばしするための主張であった。逆に、安保会議に積極的になっていたフランスは、アメリカのこのような解釈に反対する。しかし、以下に論じるように、ソ連の対抗リンケージ提案のために、一九七一年末までにアメリカ、イギリス、そして西ドイツの意見は収斂してゆき、フランスはこの問題で孤立することになる。

当時、ソ連にとってもっとも重要だったのは、一九七〇年八月に西ドイツとのあいだで調印されたモスクワ条約が西ドイツ議会で批准され、発効することであった。[104]しかし西ドイツ政府与党の議会における議席数の優位はわずかであり、野党がモスクワ条約への反対を唱えるなか、条約が順調に批准されるかどうかは微妙な情勢であった。それゆえ、ソ連は新たな戦術をとった。それは最初、ベルリン大使級協定締結のすぐあとに、ブラントが一九七一年九月半ばにソ連を訪問した際にすでにほのめかされていた。ブレジネフはブラントに対して、ベルリン協定においてソ連側は非常に大きな譲歩をしたのだという点を強調したのである。[105] その意味するところはすぐに明らかにされた。九月二七日、ニューヨークにおけるシェール西独外相との会談の際、グロムイコは、モスクワ条約が西ドイツ議会で批准されなければ、ベルリン最終議定書に署名しないというソ連の立場を伝えたのだった。[106] つまりソ連は、モスクワ条約の批准とベルリン最終議定書の調印をリンクさせて圧力をかけることにより、モスクワ条約批准をより確実なものにしようとしたのである。ソ連側からすれば、ベルリン交渉においてソ連は譲歩したのだから、もし西側がその成果であるベルリン大使級協定をベルリン最終議定書の調印によって確実なものにしたいのならば、それに見合うもの、すなわちモスクワ条約がまず批准されなければならなかったのである。

このソ連の「逆・抱き合わせ（reverse Junktim）」戦術は、西側にとって「爆弾」であった。[107] それが多国間ヨーロッパ・デタントに対してもつ意味合いは深刻であった。何よりもまず、ヨーロッパ安保会議の開催が先行きの見えないまま延期されてしまう可能性があった。ベルリン問題が「満足のいく結果」を見るまで、すなわち三つの段階がすべて完遂されるまで、安保会議を開催しないというのが西側、とりわけアメリカの立場であった。しかしながら、「逆・抱き合わせ」によれば、その最終段階はモスクワ条約が批准されたあとで達成されることとなる。モスクワ条約が西ドイツ議会で批准されるためには、議会内で条約内容の精査が必要であったが、それには一定の時間を要する。しかもブラント政権は、ベルリン最終議定書が調印されたあとでその精査を始めるつもりであった。ベルリン問題の決着を見てからモスクワ条約の批准手続きに入ることによって、西ドイツ議会において批准されやすい雰囲気を醸成しようとしたのである。だがソ連が要請するように、ベルリン最終議定書が調印されるまえに議会でのモスクワ条約の批准を図ろうとしても、ヒレンブランドが懸念したように、「ブラントが批准されたモスクワ条約を獲得できるかどうかはまったくもって疑わしかった」。つまり、モスクワ条約が議会で否決される可能性があったのである。[108] 西側、とりわけ西ドイツ政府は、モスクワ条約の議会での批准を確実なものにするためにも最終議定書の調印をまず必要としていた。だがソ連は、最終議定書のためにはまずモスクワ条約の批准が必要であると主張した。それゆえ、ソ連の「逆・抱き合わせ」戦術のために、ベルリン問題が解決されるか否かは予断を許さなくなった。このことはまた、ヨーロッパ安保会議がいつ開催されるのかが非常に不透明なものになったことを意味したのだった。

早期の安保会議開催を求めるフランス

しかしフランス政府は、ソ連の「逆・抱き合わせ」戦術にとらわれることなく、安保会議の準備協議を開始したいと考えていた。シューマン外相は、一九七一年九月にハンガリーとブルガリアを訪問した際、ベルリン大使級協定の調印によって、いまや安保会議開催の条件は満たされたと説明した。[109] ポンピドゥ大統領もまた、一〇月にブレジネフがパリを訪問した際、できる限り早くヘルシンキにおいて多国間の準備協議を開始すべきであると語った。[110] 安保会議の多国間準備の開始への「道に立ちはだかるものは何もない」と、ポンピドゥは述べたという。[111] それゆえ、フランス政府は、ベルリン最終議定書が調印されるのを待たず、少なくとも東西ドイツ間の交通協定が締結されたらすぐに安保会議のための多国間準備交渉を開始すべきであると主張したのである。

イギリスと西ドイツの外務大臣たちは、ソ連の「逆・抱き合わせ」戦術にもかかわらず、少なくとも当初はフランスの立場に反対しなかった。たしかに、イギリス外務省の官僚たちは、NATOは安保会議の多国間準備協議を急ぐ必要はなく、ベルリン協定の「満足のいく結果」とはベルリン最終議定書の調印を意味するとすればよいと考えていた。[112] しかしながら、ダグラス＝ヒューム外相は、一一月六日に、フランスの方針を受け入れる構えであることを示唆していた。[113] シューマン仏外相が一二日にロンドンを訪問した際、ダグラス＝ヒュームは、ベルリン協定の第二段階がうまくいったら、イギリスとしては――西ドイツ政府が同意しさえすれば――ヨーロッパ安保会議の準備のための多国間協議へと早期に移行することに何ら乗り越えられない障害はないとの意見を伝えていた。[114] イギリス政府にとって、安保会議自体はすでに危険なものではなくなっていた。むしろ、より重要なことは、NATO同盟の結束の維持と同盟国の利益を守ることであった。それゆえ、ダグラス＝ヒュームはパリとボンの両方の意見を尊重したのである。

西ドイツもまた、フランスの見解を受け入れる準備があった。もしそれがNATO内の多数派の意見であるならば、東西ドイツ間でのベルリンの交通に関する協定が締結されたあとで、安保会議の準備を開始することにやぶさかではないとシェール外相は考えていた。[115] ただしこの背後には、西ドイツなりの計算があった。つまり安保会議の準備は開始しても、西ドイツ議会がモスクワ条約を批准するまえに安保会議自体の開催を受け入れるつもりはなかったのである。このような方針のもとで、シェール外相は、多国間のヨーロッパ・デタントのペースをコントロールしようとしたのである。だがフランスに同意するまえに、西ドイツ政府としてはモスクワの意向をもう一度確かめる必要があった。シェールは一一月一九日にシューマンと会談した際、もしソ連が対抗リンケージについて柔軟な姿勢を示すのであれば、NATOもまた、フランスが望むように、安保会議の多国間準備協議の開始のタイミングについて柔軟な態度をとることができるであろうと述べていた。[116]

しかし、ソ連のかたくなな態度は変わらなかった。そしてそれは、西ドイツの態度も硬化させてしまうことになる。シェールはシューマンと会談したすぐあとにモスクワを訪れ、一一月二五日から三〇日までのあいだ、ソ連の指導者たちと何度も会談を行った。シェールは、ソ連の「逆・抱き合わせ」がベルリン問題が解決されることを遅らせ、ひいてはソ連が望むヨーロッパ安保会議の開催を遅らせることになるため、それを撤回するよう説得した。[117] しかし、「逆・抱き合わせ」を取り下げた結果、ベルリン協定のみが成立し、モスクワ条約の批准が西ドイツ議会において否決されてしまったならば、それはソ連にとって最悪のシナリオであった。それゆえソ連指導部の態度は変わらず、モスクワ条約の批准とベルリン最終議定書の調印とをリンクさせることに固執したのである。

　このようなソ連の態度は明らかに、西ドイツの立場に影響を及ぼした。一二月三日、西ドイツ政府は、ベルリン最終議定書の調印のまえにヨーロッパ安保会議のための多国間準備協議を開始することに反対することを決めたのである。西ドイツ外務省のドイツ問題担当局長ヴァン・ヴェール（Günther van Well）は、同盟諸国につぎのように説明した。議会においてモスクワ条約の批准を得るためには、東ドイツが参加することとなる多国間準備協議を始めないことが重要である。というのも、それでなくとも困難な議会批准のプロセスが続くなかで、多国間準備協議の開始はさらにマイナスの影響を与えかねなかったからである[118]。もしソ連が「逆・抱き合わせ」を主張しなければ、ベルリン最終議定書はベルリン協定の第二段階である東西ドイツ間の交渉の妥結のすぐあとに調印されたであろう。それゆえ、最終議定書の調印は西ドイツ議会における議論にプラスの影響を与えたと考えられる。だがグロムイコが「逆・抱き合わせ」について態度を軟化させようとはしなかったため、議会にさらに悪い印象を与えないためにも、西ドイツ政府は安保会議に消極的な態度をとることになったのである。

遠ざかる安保会議開催

　その結果、フランスは孤立した。シューマン仏外相は、一二月八日に開かれた米・英・仏・西独の四国外相ディナー会議において、ＮＡＴＯは安保会議のための多国間準備協議を開始する準備があることを表明すべきであると主張したが、受け入れられることはなかった[119]。ロジャース米国務長官はアメリカの姿勢を変えなかった。一二月一日に開かれた国家安全保障会議（ＮＳＣ）において、アメリカ政府はすでに、ベルリン最終議定書の調印のまえに安保会議開催に動くべきではないという点で合意を見ていた[120]。ロジャースは、「もしわれわれが、ベルリン最終議定書の調印以前に多国間準備を開始することに同意すれば、それはわれわれがソ連に屈したことを意味する」と主張し、シューマンの提案を退けた[121]。シェールと、それまでシューマンの立場を受け入れていたダグラス＝ヒュームも、アメリカの側に立った。一二月九〜一〇日に開催されたNATO外相会議においても、米・英・西独の圧力のもとで、ほかの西側の外相たちはアメリカの主張を受け入れた。ただし、それと引き換えに、最終コミュニケには、安保会議の準備協議の場所はフィンランド政府が申し出ていたようにヘルシンキとすることをNATOが受け入れる旨が盛り込まれることにはなった[122]。ささやかながらでも、コミュニケに前向きな内容を盛り込みたいとする国の意向が反映されたからであった。しかしいずれにせよ、安保会議を望まないアメリカにとって、ソ連の「逆・抱き合わせ」戦術は、ベルリン問題を利用して安保会議の開催をできる限り先延ばしするうえで、きわめて都合がよかった。逆に、フランスの主張は、ソ連の非妥協的な態度のまえに、その説得力を失ったのだった。

ソ連が「逆・抱き合わせ」に固執したことによって、安保会議とMBFRを結びつけようとしたイギリスの提案もまた事実上、流産するかたちとなった。なぜなら、ベルリン最終議定書が一九七一年末までに調印されるという楽観的な見通しがくずれさったからである。その結果、MBFRと安保会議を結びつけることはアメリカ国務省にとってもさらに魅力のないものとなった。というのも、「逆・抱き合わせ」戦術は安保会議開催が先延ばしされることを意味し、もしそれがMBFRとリンクしていれば、通常兵力削減交渉もまたはるか先のことになってしまうからである。議会に対抗するため、できる限り早期にMBFR交渉を開始することが重要であった国務省にとっては、安保会議とMBFRを切り離すほうがむしろ都合が良くなったのである。実際、一二月一日のNSC会合のあと、ロジャース国務長官は演説において、アメリカ政府は安保会議にMBFRの議題を含めることを支持しないと言明した[123]。ふたたびMBFRと安保会議とのあいだの関係は不明瞭となり、安保会議の多国間準備会合の早期開催の見込みもなくなった。事実、安保会議の準備会合の開始は、一九七二年の終わりまで待たされることになるのである。

＊

「交渉の時代」は、「リンケージの時代」であった。東西間の諸問題やさまざまなプロジェクトは、明示的にも暗示的にも結びつけられていた。とりわけ、この章で示したように、ベルリン問題、ＭＢＦＲ、そして安保会議のあいだには密接な関係があった。むしろ関係各国は、同時平行で展開するこれらの問題を相互に結びつけることによって、自国にとって有利な状況をつくりだそうとしたのである。たしかに一九七一年は、ベルリン大使級協定が締結されることによって、多国間ヨーロッパ・デタントにとって重要な進展を見ることとなった。しかしながら、さまざまなリンケージのなかで、ベルリン問題やモスクワ条約よりは相対的に重要とは見なされていなかった多国間の安保会議は、結局、諸大国によって当面後回しにされることとなった。とはいえ、そのあいだ、西側諸国は将来のＣＳＣＥを特徴づけることとなる重要な諸問題について検討を重ねていた。次章では、これらの諸問題について論じる。

第七章　ヨーロッパ政治協力の出現
──一九七一～一九七二年──

　ヨーロッパ安全保障協力会議はどのように開催されるに至ったのか。それを西側陣営の観点から包括的に理解するためには、二つのレベルからの分析が必要であった。第一のレベルは、ここまで第四章から第六章で論じたように、安保会議の構想をめぐる国際政治過程である。とりわけドイツ・ベルリン問題やＭＢＦＲとの関連が重要であった。西側では、安保会議は独立した問題として考えられていなかった。むしろそれは、つねに積極的に複数の問題と関連づけられ、その結果、複雑な外交がくり広げられた。それゆえ、安保会議だけを見ていても、その開催に至る過程を十分理解することはできない。

　だがむろん、第二の分析レベルである安保会議構想の中身についても分析されなければならない。本章は、この第二のレベルに焦点を当てる。安保会議への準備として、西側では、国家間関係を規定する原則、経済・科学・技術協力、環境問題、人・思想・情報の移動の自由、ＭＢＦＲとＣＳＣＥとの関係、そして将来の東西関係のための制度などの諸問題について議論がなされ、ＮＡＴＯとしての共通の立場が模索された。くわえて、どのような形式で安保会議を開催するのかも、この準備過程において重要な論点であった。しかし、これらの問題すべてをそれぞれくわしく論じることは本書の課題ではない。[1]ここではむしろ、西側陣営内の外交力学に注目しつつ、CSCEを特徴づけることとなる三つの――ゆるやかに関連する――重要なテーマについて論じる。

本章はまず、安保会議のあり方をめぐる論争を検討する。一九七一年前半、この問題をめぐり安保会議に対するフランスとアメリカの政策の違いがより顕著になった。当時、アメリカは依然としてCSCEの構想を認めようとしなかったのに対し、フランスは非常に積極的になっていた。とりわけ両国のあいだの対立は、安保会議をどのように進め、どのように組織化するかという問題についての見解の相違に反映された。それゆえ本章の第1節では、CSCEに関する手続きの問題を取り扱う。またそれは、西側陣営を分断し、当初EC諸国間の協力を妨げることになる問題でもあった。

第二に、人権条項の起源を検証する。CSCEのヘルシンキ最終議定書がしばしば注目される理由のひとつは、それが人権についての条項を含んでいたからであった。人権の原則は、それまでの東西対立の文脈では正面からとりあげられてこなかった問題であった。いうまでもなく、人権は基本的に西側陣営における重要な価値のひとつである。しかし、人権問題は西側の提案のなかに最初からあったわけではない。それゆえ本章の第2節では、なぜ人権がCSCEの文脈でとりあげられるようになったのかを明らかにする。

本章が取り組む三つ目の重要な問題は、ヨーロッパ政治協力（EPC）である。EPCは一九七〇年一一月に、EC諸国によって、外交政策の調整のための協議枠組みとして設置された。EPCがCSCEの準備協議と本会議において積極的な役割を果たしたことはよく知られている。だが、EC諸国の政治協力は必ずしも最初から順調だったわけではない。それゆえ、第3節はどのようにEPCがヨーロッパ安保会議のための協力の基盤を発展させたのかについて分析する。とくにこの問題が、第1節で論じるCSCEの手続きの問題と密接に関係していたことを明らかにする。

1　ヨーロッパ安全保障会議の手続き

一九七一年から七二年にかけて、NATO内におけるもっとも顕著な対立のひとつは、ヨーロッパ安保会議の手続きをめぐるものであった。従来、安保会議をどのように組織化するのかという問題はあまり注目されてこなかった。しかしそれは、つぎの二つの意味において非常に重要な問題であった。第一に、フランスによって提案された手続きに関する構想は、CSCEを中身のある建設的なものにすることに大きな役割を果たした。それはソ連の安保会議構想と比較してみると明らかである。もともとソ連はできる限り期間の短い、しかも一回限りの安保会議を考えており、そこで武力不行使や国境不可侵の原則に合意し、ヨーロッパの現状を固定化することをめざしていた。しかし、そのような会議では、それ以外の問題について実質的な議論をする余地は非常に限られ、会議の結果も中身の薄い共同宣言のようなものになったであろう。しかし以下に詳述するように、フランスの手続きに関する提案は、ソ連のそもそもの思惑を大きく変容せしめるものであった。また第二に、手続き問題はCSCEをめぐる西側の議論のなかで基本的な部分を占めており、西側陣営内部における外交を理解するうえでもっとも重要な問題のひとつである。そして、第3節で論じるように、この問題を理解することで、どのようにしてEPCがヨーロッパ安保会議において決定的な役割を果たすようになったのかを十分に理解することにもつながるだろう。

フランスの三段階会議構想

一九七一年以降、CSCEをめぐるNATO内での基本的な対立軸は、フランスとアメリカのあいだにあった。この両国は、ヨーロッパ安保会議を準備し、かつ実施するうえでの手続きに関して、まったく異なった考えを抱いていた。アメリカは、長い準備段階と短い一回限りの外相会議が望ましいと考えていた。そして準備段階を可能な限り長引かせるため、アメリカはさらにそれを予備協議と準備協議の二つに分けるべきだと主張した。アメリカの考えによれば、予備協議は非公式会談で会議の議題について協議するものであり、準備協議では実質的な諸問題について協議することになっていた。(2) アメリカの構想の本質は、大臣級会議を開催するまえに詳細な準備を終わらせることにあった。準備期間を長くすることによって、NATOは安保会議のプロセスを完全にコントロールできるだろうと、アメリカは主張していた。アメリカにとって重要なのは、「もし準備協議のいずれかの段階で、会議が価値のある結果に至る可能性が非常に小さいことがわかったら、そのプロセスを中断することが可能になる」ことであった。(3) つまり、準備期間を長くすることで、アメリカは安保会議に至る流れを途中で止める手段を担保しようとしたのである。

それに対してフランスの手続きについてのアイデアは、アメリカのものとはまったく逆であった。フランスは短い準備段階と、長い三段階の会議を考えていた。それは、アルノー（Claude Arnaud）外務省政治局ヨーロッパ課長によって考案されたものであり、(4) アルノーはカナダからその着想を得ていた。第三章で論じたように、カナダ政府はイギリスの「常設東西関係委員会」構想に対して不満をもっており、一九七〇年初頭に対案を提示していた。イギリスがヨーロッパ安保会議の代替案として常設委員会を提示していたのに対し、カナダは安保会議そのものを常設のものにすべきであると提案したのである。(5) アルノーは、このカナダ案が検討に値すると考えていた。(6) 当時シューマン仏外相は、いずれにせよ安保会議は開催されることになるであろうと考えており、フランス外務省としても、安保会議が開催されるのであれば、どのような会議にすべきかをあらかじめ研究しておく必要があったのである。こうしてアルノーは、カナダ案をヒントに、フランス独自のアイデアを構築していった。

第四章でみたように、その後フランス政府、とりわけポンピドゥ大統領は安保会議の構想に積極的になり、ベルリン交渉が妥結したらすぐに安保会議の準備を開始し、できる限り早く本会議を開催したいと考えるようになっていた。しかし、だからといって、ソ連が望むような中身の薄い会議を望んでいたわけではない。それゆえ、つぎのような構想が練りあげられた。フランス外務省は、準備協議は本会議の議題と基本的手続きを決めるためだけの比較的短いものを好ましいと思っていた。だが本会議については、三つの段階からなるひとつの長い会議とするというアイデアを考案したのである。

その第一段階は、外務大臣の会合であった。そこでは政治的責任をもつ大臣たちが自由にそれぞれの意見を述べる場になる予定であった。これは、参加各国がそれぞれのブロックから独立して行動することが望ましいと考えていたフランスの意向に沿うものであった。さらに、外相たちはいくつかの作業委員会を設置することになっていた。大臣による命令というプロセスを経ることにより、ＣＳＣＥでの交渉を公式に制度化するねらいがあった。

第二段階は、各委員会レベルにおける本格的な交渉の段階である。ここでは、実質的な議題について事務レベルでの議論がなされることになっていた。

そして第三段階では、ふたたび大臣級会議が招集され、第二段階の事務レベルでの交渉の結果を最終的に承認することになっていた。カナダ案のように安保会議を常設のものにしたわけではなかったが、会議そのものを時間をかけて実質的な協議を行えるものにしたのである。また、アメリカの手続きの考え方と比較すると、フランスの提案のポイントは、準備期間を短くし、本格的な交渉は最初の外務大臣会合のあとに行われるところにあった。このようにして、フランスは早い段階での、そして実質的なヨーロッパ安保会議の開催をめざしたのである。

アメリカの安保会議観

米仏が手続きに関して異なるアイデアを示したのは、ＣＳＣＥやヨーロッパ・デタント一般についての両国が異なった考え方を抱いていることを反映するものであった。つまり、この問題をくわしく見ることで、フランスとアメリカのヨーロッパ・デタントに対する認識が明らかになるのである。すでに述べたように、アメリカはヨーロッパ安保会議を嫌っており、ソ連の動機に対してきわめて懐疑的であった。それゆえアメリカは会議がもし好ましい方向へ進まなければ、それを中断する余地を残しておきたいと考えた。そしてアメリカは、外相会議そのものよりも、その準備段階のほうが中断しやすいと考えたのである。また会議の準備期間が長ければ長いほど、ソ連の誠実さを試すことができるため、西側にとって好ましいと考えられた。さらに、長い準備期間を通じてソ連の悪意を明らかにすることは、CSCEがもたらしかねない「平和ボケ（euphoria）」を食い止め、しかも米軍のヨーロッパからの一方的撤退を要求する議会の圧力をかわすことに役立つと考えられていた。[7] アメリカは、ヨーロッパのNATO諸国がそのような「平和ボケ」によって防衛努力を怠り、割り当てられた防衛負担を履行しなくなることを懸念していたのである。[8] つまり、少なくとも論理的には、ヨーロッパに一定の緊張があるほうが、アメリカにとって、米軍をヨーロッパに維持し、西欧諸国に防衛努力をさらに促すためにも好ましかったのである。アメリカ政府によれば、フランスの手続きについての提案は、状況をコントロールできないままCSCEに突進するようなものであり、根拠のない「平和ボケ」をもたらしかねないものであった。[9] それゆえ、アメリカは早期の安保会議開催に反対していたのである。

当然フランスは、アメリカの政策に強く反発した。一九七一年四月二八日のNATO上級政治委員会（SPC）会合にて、フランス代表はCSCEの準備段階を予備協議と準備協議の二つに分けることにきっぱりと反対した。[10] アメリカの主張する長い準備段階は、はてしない議論を生み出すだけであり、西側は安保会議の開催を避けようとしているのだという印象を西側の世論に与えてしまうだろうと、フランスは厳しく批判した。[11] フランスは、準備段階を長くすれば、本会議開催が永遠に延期されてしまうのではないかと懸念していた。フランスにとって、アメリカの考えはあまりに消極的で、「非現実的」であり、逆に自分たちの手続きに関する提案は、より実現可能性が高く、世論にもアピールするものであると考えていたのである。[12]

手続き問題に関する論争

手続きに関する米仏対立は、NATO内の意見の分裂ももたらした。フランスのアイデアが提案されたとき、デンマークとノルウェーはそれをおおむね支持した。(13) イギリスも政府内ではフランスの路線に共感していた。(14) イギリスはアメリカと異なり、いったん東西間の多国間協議が開始されれば、たとえ準備段階であってもそれを中断することはむずかしいだろうと予想していた。(15) それゆえイギリス外務省は、フランスの三段階会議構想は検討する価値が十分にあると見ていた。(16) しかし同時に、準備期間は長いほうがよいとも考えていた。というのも、安保会議の開催に際しては東ドイツの参加の問題がともなうため、準備期間を長くすることによって、CSCE本会議が始まるまえに西ドイツに東ドイツとの交渉をとりまとめるための時間を与え、東ドイツが安保会議に参加するにしても西ドイツの納得するかたちで参加させることができると考えられたからである。だがその一方で、イギリス外務省は、手続きをめぐる米仏対立の火にさらに油を注ぐことは、この段階では賢明ではないと考えていた。(17) そのため、イギリスはNATO内の協議では、当面フランスの提案を支持することを差し控えたのである。

ほかのNATO諸国は、準備期間を比較的短くするというフランスの提案に反対であった。とくにトルコ、ギリシャ、オランダ、西ドイツは、アメリカの予備・準備協議を長くするという考えに賛同し、外相レベルの会議が開催されるまえにすべての準備が徹底的になされなければならないと主張した。このように、手続きに関するNATO内の意見は分裂し、この問題については一九七一年のあいだに合意に達することができなかったのである。

本章の議論にとってさらに重要なのは、フランスの立場が、当初、EC諸国にも支持されず、EPCにおける共通の外交方針形式の足かせとなったことである。まずここで、EC諸国がどのような政治協力の枠組みを発足させたのかを手短かにふり返っておこう。フランス、西ドイツ、イタリア、ベルギー、オランダ、ルクセンブルクのEC六カ国は、一九六九年一二月のハーグ・サミットにて新たな政治協議の枠組みの創設について検討を開始することを決定していた。六カ国は長い協議を経て、一九七〇年一一月、EC諸国間の政治協力をEPCとして制度化することで合意した。それは、ゆるやかな政治協議の枠組みであった。当初、年二回の外相会議と、年四回の外務省政治局長レベルの協議（政務委員会）が制度化されたが、それらの協議内容に関して、各国は拘束義務を負わないことになっていた。[18]また、ECが超国家的組織へと発展していくことに反対するフランス政府の意向を反映して、構成国は同じであってもECとEPCは別個の制度とされ、両者間の法律的なつながりはないものとされた。EPC諸国間の協議も、手探り状態からのスタートであった。

CSCEはEPC発足とともに、ベルギー政府の提案によって、EPCにおける最初の協議議題のひとつとなった。[19]さらに、EPCは一九七一年三月にCSCEについての各国外務省の専門家からなる作業グループを設置した。フランスは、そのEPC内に設置されたCSCE作業グループにおいて、手続きの問題を集中して検討することにし、先述のフランスのアイデアをEPC諸国に提示していた。[20]フランスは一九六〇年代より、長らくNATOでの協議を軽視していた。[21]それゆえフランスは、アメリカとの意見が対立するなか、アメリカを含むNATOではなく、EPCの枠組みとEPC諸国の支持に期待したのかもしれない。だが、とくに西ドイツとオランダが強力に反対したため、当初フランスの提案はEPC諸国に受け入れられなかった。また、EPCにおけるCSCEに関する協議も低調であり、すでにNATO内で行われていた議論と比べても新味のないものになっていた。[22]

西ドイツ外務省は、当初はフランスの手続きに関する考えを、アメリカとは別の観点から嫌っていた。ブラントは、ベルリン問題の解決をCSCEの多国間準備協議開催の唯一の前提条件とすべきであるとするフランスの主張に同意することによって、ポンピドゥと良好な関係を維持しようとしていた。しかし外交官たちは、首相レベルにおけるフランスへの譲歩に不満であった。というのも、それはフランスが望んだように、安保会議が早期に開催されてしまうかもしれないことを意味したからであった。当時、東西ドイツ間の交渉はまだ続いていた。西ドイツ外務省は、東ドイツがまちがいなく参加することになる安保会議開催のまえに、交渉が妥結されなければならないと考えていた。それゆえ、西ドイツ政府は、フランスの構想よりもアメリカの提示した長い準備という考えを好んだ。

CSCE本会議の開催を遅くするためにも、その準備を包括的なものにして長引かせることは、西ドイツの利益にかなっていると考えられたのである。(23)

さらに、西ドイツの外交官は、フランスがEPCを支配することも恐れていた。彼らは、フランスがEPCのなかで自らの立場を強化しようとしていると考えていた。それゆえ、フランスとアメリカの意見が対立するなかで、西ドイツ外務省はアメリカの反感を買わないように気を遣い、EPCのなかではアメリカの見解の代弁者のように振舞った。(24) 第3節で論じるように、西ドイツのフランスに対する態度は一九七一年後半に徐々に変化していくが、EPC発足当初は、西ドイツ外務省がその協議のなかで安保会議について協力的ではない態度をとる理由は十分あったのである。

オランダもまたEPCのなかで非常に非協力的であった。オランダは長いあいだ、ヨーロッパ共同体のなかでフランスと対立を続けていた。一九六〇年代初頭、フーシェ・プランと呼ばれたド・ゴールのヨーロッパ政治連合構想を妨げたのはオランダであった。(25) さらに、オランダ政府は、一九六九年に西ドイツによって政治連合同盟構想がふたたび取り上げられたときも積極的な態度をとることはなかった。(26) オランダにとって、政治外交問題はあくまでもNATOが取り扱うべき問題であった。それゆえ、EPCのなかでオランダは、安保会議についての協議はNATOでなされるべきであると主張し、EPCでの合意形成にはきわめて消極的であった。(27) さらに、NATOのオランダ代表は、本国よりフランスを孤立させるよう訓令を受けていた。(28) こうして、オランダはフランスの手続きに関する構想に反対し、アメリカのアプローチを熱心に支持したのだった。

イタリア、ベルギー、ルクセンブルク外相も、当初、CSCEの準備協議は議題について合意することに限定すべきとするフランスの主張を受け入れることに躊躇していた。(29) 結局、一九七一年のあいだに、EPCはCSCEに関して「一つの声」を形成することはできなかったのである。(30) むろん、CSCEに関してEPC内で協議されたのは手続きの問題だけではなかった。だがEPCでのCSCEについての議論は、その当初、NATO内で行われていた議論を超えるものではなかった。EPCとしての独自性は打ち出せず、むしろ手続き問題に関する意見の分裂の結果、あるイタリアの外交官が一九七一年秋に述べたように、「EC六カ国の政務委員会における議論は、あまり役に立っていな」かったのである。[31]

2　人権条項の起源

本章で検討する第二の重要な問題は、CSCEにおいてどのように人権問題が主要議題として現れてきたのかという問題である。一九六九年末の時点で、「人・思想・情報の移動の自由」という議題は現れたものの、人権という言葉は依然として安保会議に関するNATO内の議論には現れていなかった。人権条項は、ヘルシンキ最終議定書のなかでは、「第三バスケット」ではなく「第一バスケット」のなかの「参加国間の関係の指針となる諸原則についての宣言」のなかに盛り込まれている。従来の研究は、しばしばこの二つをヘルシンキ宣言における人道的要素として一括して扱ってきた。たしかにこの二つは密接に関係していた。しかしそれらの起源を正確に理解するためには、それらを別々に分析しなければならないだろう。なぜならば、第一バスケットの人権条項は「人・思想・情報の移動の自由」という議題の中身をむしろ穏健なものにする意図をもって提案されたものだったからである。それゆえ、まずは国家間関係の原則という議案がどのようにNATO内で発展していったのかを簡単に振り返り、ついで人権条項がいかにしてNATO内の議論のなかに現れたのかを見ることにする。

国家間関係を規定する諸原則

国家間関係の原則を東西間の協議のなかで取り扱うという考えは、フランスから出されたものであった。[32] 第二章でとりあげた「具体的な諸問題のリスト」を作成するなか、一九六九年五月二三日に提出されたフランスのペーパーのなかで、「正しい行動規範」という議題が東西間で扱うべき議題のひとつにあげられていたのが始まりであった。それは、たとえば主権原則の尊重や国家間の平等、内政不干渉などといった基本原則を含んでいた。(33) 超大国に支配された二つの陣営間の対立という冷戦構造を解体することがフランスのデタント政策の目標であり、(34) 超大国にもイデオロギーにも支配されない平等で自立した各主権国家が主体となる国際関係を回復することがめざされていた。(35)「正しい行動規範」を東西間で確認しあうことは、そのようなフランスのヴィジョンを実現するためにも意味があったと考えられる。しかしこのフランスの提案のなかにも、人権問題は含まれていなかった。(36)

「正しい行動規範」を東西対話の議題とするというフランスの提案は、大きな反対もなく、ほかのNATO諸国に受け入れられた。いわゆるブレジネフ・ドクトリンに対抗しなければならないという認識が共有されていたからである。一九六九年一〇月、ワルシャワ条約機構が、プラハ宣言において武力不行使協定の締結をヨーロッパ安保会議の討議議題のひとつとして提案したとき、西側は、ソ連には二つの目的があると分析した。一つは、西側に既存の国境を承認させることであり、東ドイツの国境や第二次世界大戦の結果ソ連が獲得した領土（たとえばバルト三国）の境界線を認めさせることである。もう一つは、西側に中・東欧諸国の政治的現状を承認させることである。それは、ソ連によるワルシャワ条約機構諸国の支配権を承認することを意味していた。それゆえ、NATO諸国は、ソ連が安保会議を通じて、ブレジネフ・ドクトリンの暗黙の承認を得ようとしているのだと強い疑いを抱いた。ワルシャワ条約機構軍のチェコスロヴァキアへの武力侵攻のあと、ソ連共産党書記長ブレジネフが自らの行動を正当化するために打ち出したのが、ブレジネフ・ドクトリン、すなわち、社会主義諸国は社会主義体制の秩序を回復するため、別の社会主義諸国に介入する権利と義務があるという論理であった。(37) だが、西側はこのようなソ連の主張を、規範的にもプロパガンダの観点からも受け入れることができなかった。NATO諸国は、これに対抗するためにも、武力不行使協定だけでなく、国家間の行動を規定するより広範な諸原則について東西間で合意することが必要であると考えたのである。

それゆえ、国家間関係の諸原則がNATO内で検討される際、西側にとってもっとも重要であったのは、ブレジネフ・ドクトリンを批判することであり、それを実際に適応することを困難にし、一九六八年に起きたチェコスロヴァキアの悲劇の再発を防ぐことであった。武力行使の放棄とともに、主権の平等や内政不干渉といった原則を並べることにより、西側はブレジネフ・ドクトリンに対する批判的な姿勢を示そうとした(38)。つまり、主権の平等原則も内政不干渉の原則も、ソ連はワルシャワ条約機構諸国の内政問題に介入する権利をもっていないことを意味しており、これらの原則はブレジネフ・ドクトリンと相いれないものになるのだった。くわえて、これらの原則を単に強調するだけでなく、それらをどのように適応するのかが重要であると考えられていた。すなわち、そのような諸原則は、「政治体制や社会体制にかかわらず」あらゆる国家に適応されることが重要であるとされたのである(39)。そうすることで、ソ連陣営内のみで通用するような論理を無効にしようとしたのであった。

しかしながら、西側の見通しは当初より悲観的なものであった。NATO各国は、たとえ主権の原則や武力不行使原則を共産主義諸国が公的に認めたとしても、ソ連はブレジネフ・ドクトリンを放棄することはないだろうと考えていた(40)。また、NATO諸国に提出されたイギリスのブレジネフ・ドクトリンに関する文書では、「北大西洋同盟が、安保会議を利用することによって、ブレジネフ・ドクトリンを葬り去ることができるのだという印象」を西側の世論に与えてはならないと警告していた。というのも、そのような印象を与えてしまうと、「のちに〔世論のなかで〕落胆を引き起こし、〔安保〕会議においてブレジネフ・ドクトリンを取り扱うNATO側のやり方が批判される」ことになるからであった(41)。西側にとってブレジネフ・ドクトリンの承認は政治的に受け入れがたいものであったが、他方で、ブレジネフ・ドクトリンがふたたび適応されることを妨げる効果的な手段がないことを、西側は認識していたのだった。

さらに、ブレジネフ・ドクトリンに対するNATO側の立場は別の要因によっても弱められた。いくつかのNATO諸国は、西側はCSCEにおいて条約レベルの文書の締結を模索すべきであると提案していた。「条約」であれば、単なる「宣言」よりも法的拘束力が強くなり、ブレジネフ・ドクトリンとの関連で、ソ連側をより困難な立場に追いやることができるからである。しかしながら、アメリカはそのような提案に強く反対した。というのも、条約であれば議会の批准が必要となるが、アメリカ議会は、条約締結と引き換えにヨーロッパ駐留米軍の一方的撤退を要求してくるかもしれなかったからである。(42)

西ドイツもまた、CSCEの最終文書を条約をというかたちで調印することを嫌った。ヨーロッパ安保会議に関して、西ドイツ政府がもっとも重視していたポイントのひとつは、そのような会議が第二次世界大戦の講和会議にとって代わるようなものにならないようにすることであった。(43)戦後の国境を最終的に画定するのは、あくまでも再統一されたドイツが調印する講和条約であるというのが西ドイツ政府の立場であったため、東ドイツも参加することとなるCSCEで、東ドイツの国境線を承認するかのような条約を調印してはならなかったのである。イギリスなども、条約を調印することは現段階では時期尚早であると考えていた。(44)その結果、NATOとしては、条約ではなく諸原則に関する宣言の草稿を作成することにしたのであった。だがCSCEの最終文書を条約としないということは、ソ連を法的に強く拘束することを西側自身であきらめてしまったことをも意味したのであった。

国家間関係を規定する諸原則の中身についても論争があった。一九七一年後半に始まった草案作成の過程において、宣言に含めるべき原則をめぐって基本的な見解の相違がNATO内にあることが明らかになった。その論争は、西側はどの程度ヨーロッパにおける緊張緩和を促進できるのかに関する意見の相違を反映していた。一方で、ヨーロッパにおける「平和ボケ」を望まないアメリカなどは、宣言はブレジネフ・ドクトリンに対抗するものに絞って、主権の平等や不介入の原則だけにすべきであるとした。他方で、スカンジナヴィア諸国やイタリア、ベルギーなどは、宣言をソ連に対して対立的なものにするのではなく、より穏健なものとするためにも国家間協力や軍縮に関する原則も含めるべきであると主張した。(45)NATO諸国は結局、一九七二年一一月にCSCEのための多国間準備協議が始まるまで、宣言の中身に関して合意を形成することはできなかったのである。

だがいずれにしても、本章の議論にとって重要なことは、一九七一年一〇月まで、NATO内における国家間関係の原則をめぐる議論のなかで、人権に関する原則はまったくとりあげられなかったことにある。前述の通り、国家間関係の原則についてはブレジネフ・ドクトリンに対抗することが主眼とされ、人権問題はその文脈のなかで現れてこなかったのである。国家間関係の原則のひとつとして、はじめて「人権と基本的自由は、諸国家によって、世界的に尊重されるべきである」という原則が提案されたのは、一九七一年一一月初頭のことであり、それは西ドイツによってなされたのであった。[46] なぜ西ドイツは、このような提案を行ったのだろうか。それを説明するためにも、人・思想・情報の移動の自由に関するNATO内の協議についてさらに検討する必要がある。

人権条項と人・思想・情報の移動の自由

「人・思想・情報の移動の自由」は一九六九年末に打ち出されたのであったが、この議案についてNATO内で本格的な議論が始まったのは一九七一年三月であった。NATO内での議論のため、アメリカとフランスがこれに関する覚書を提出するが、それらは対立するものではなく、むしろ相互補完的なものであった。[47] どのNATO諸国もこの議題自体に反対することはなく、当初これについて深刻な対立はないように見えた。

しかしながら、ヨーロッパ安保会議に関するNATO内の潜在的な見解の相違は、人・思想・情報の移動の自由の問題にも影響を与えた。たしかにすべてのNATO諸国は、この議題がCSCEにおいて重要であると考えていた。しかし、東側陣営にどれだけの譲歩を迫るのかについては温度差が存在した。NATO諸国は、この問題をとりあげることがプロパガンダ戦略上西側の大きな得点になりうるが、ワルシャワ条約機構諸国は逆に激しく抵抗するであろうことを十分に予想していた。アメリカ、イギリス、そしてオランダは、交流の自由化という問題は西側にとっての強力なカードになり、きわめて重要な議題であると見ていた。[48] とりわけアメリカ政府は、このテーマについて東側に詳細で具体的な要求を最大限突きつけることを望んでおり、東側にとってもっとも受け入れ困難であると見

なされていた外国放送の妨害電波や旅行制限の撤廃を最重要項目とするよう提案した。(49)

他方で、西ドイツはより漸進主義的なアプローチを好んだ。人・思想・情報の移動の自由が重要な議題であることは認めながらも、それを完遂するのは長期的な目標であると西ドイツは見なしていた。西ドイツ政府にとって、「人の交流の進展は段階的にのみ達成しうる」ものであったのである。(50)ただし、このことは、西ドイツがこのテーマの重要性を低く評価していたことを意味しない。それどころか、一九六九年一〇月よりブラント首相が積極的に取り組んできた東方政策と東西ドイツ間関係の正常化を成功に導くうえで、これはきわめて重要な問題であった。西ドイツは、東西ドイツ間の人と人の接触は、たとえゆっくりとしたものであっても着実に進展しなければならないと考えていたのである。交流の自由化の問題について西側が東側に最大限の要求をすれば、東側から激しい反発を受け、人・思想・情報の移動の自由という議題全体が反故にされたり、CSCE自体が失敗に終わってしまう可能性が高まりかねなかった。逆に、西ドイツ外務省は、「〔CSCEの〕枠組み内の合意によって、ドイツにおける人びとの状況を向上させるという問題を進めていくうえで、好ましい影響がもたらされるであろう」と考えていた。(51)さらに、ブラント政権にとっては、両ドイツ間で人の接触を漸進的に進展させることは、東方政策反対派に対抗するため、国内的にも重要であった。(52)ブラントは、東方政策や東西ドイツ間の関係改善が着実に進展しているのだということを示さなければならなかったのである。それゆえ、西ドイツは性急なアプローチを避けることがぜひとも必要であると考えたのだった。

フランスとカナダもまた、西ドイツと基本的に同意見であった。たとえば、NATOのフランス代表は、「人・思想・情報の移動の自由」の中身を二つのカテゴリーに分けるべきであり、「われわれ〔西側〕は、あちら側〔東側〕にとって困難を引き起こすことがないような項目をまずとりあげることによって、ヨーロッパ安保会議のための好ましい環境を生み出すことを模索すべきである」と主張したのである。(53)フランスもこの問題については、明らかに穏健なアプローチを好んでいたのだった。

しかしながら、このような西ドイツやフランスの立場はアメリカとイギリスによって強く批判された。アメリカ国務省は、困難な問題を先延ばしにするという西ドイツのアプローチが、戦術的に深刻な誤りであり、西側の交渉の立場全体を脅かしかねないと考えていた。[54] イギリスも、人・思想・情報の移動の自由という西側にとって最大のカードを放棄すべきではないし、西側の要求が東側に受け入れられるか否かという問題は、この議題を差し控える理由にはならないと考えていた。[55]「明らかに、西側はこの点において毅然として主張する立場にあり、東側から相当程度の譲歩を勝ち取るため可能な限り強硬に望んだとしても、失うものはほとんどない」――イギリス外務省はそのような考えであった。[56] さらに、ヒース英首相も、人・思想・情報の移動の自由という討議議題の強力な支持者となっていた。彼は対ソ強硬派であり、この議題を強く主張することによって、ソ連を守勢に追い込むことができるかもしれないと考えていたのである。[57] ブラント政権が人権問題を持ち出したのは、このような状況のなかにおいてのことであった。

なぜ西ドイツはこの段階において、人権を国家間関係の原則のひとつとするよう主張しはじめたのだろうか。端的にいえば、西ドイツにとって人権原則は、「人・思想・情報の移動の自由」をより一般的なものにする案であった。人・思想・情報の移動の自由に関する西ドイツ政府の文書は、つぎのように明確に述べている――

〔人・思想・情報の移動の自由に関する〕さまざまな実質的領域を具体的に〔この議題のなかに〕含めるのとは別に、移動の自由の原則のもっとも重要な部分を反映した基本的な声明が、〔国家間関係を規定する〕原則についての東西間の宣言のなかに含められるべきである。そのなかで、移動の自由の問題は、一般的に承認される人権と個人の基本的自由が実現される際の実例として提示されるであろう。[58]

すなわち、西ドイツは、人・思想・情報の移動の自由の精神は、具体的で対立をもたらしやすい領域に焦点を合わせるのではなく、人権と個人の基本的自由という一般原則を通じて達成すべきであると考えていたのである。アメリカやイギリスなどが主張する、人・思想・情報の移動の自由に関する詳細で具体的な内容は、東側には受け入れがたいものだと懸念された。それに対して、一般的な文言で表現された人権原則は相対的に対立をもたらしにくく、それゆえ東側にとって比較的受け入れやすくなると考えられたのだった。それゆえ、西ドイツは人権をより一般的なかたちで提示することによって、アメリカやイギリスを強硬な立場から後退するよう間接的に説得し、人・思想・情報の移動の自由を長期的目標としてあいまいに位置づけようとしたのである。これが、国家間関係を規定する諸原則についての宣言における人権条項の起源であった。西ドイツは、東方政策とドイツ政策の持続的な成功を保つために、人権問題を持ち出し、「人・思想・情報の移動の自由」を穏健なものにしようとしたのだった。

このような経緯で現れた人権条項は、NATOにおいて必ずしも熱心に支持されたわけではなかった。一九七二年前半、人権と個人の基本的自由を国家間関係の原則に含めるべきだとの西ドイツの主張は、同盟国に基本的に受け入れられたものの、とくにフランスは冷淡だったという[59]。だがいずれにせよ、この人権に関する原則は、しだいに西側の提案のひとつとして定着していくことになったのである。

他方、人・思想・情報の移動の自由の議題についての論争は一九七二年末まで続いた。この問題についてのNATO内での議論は、西ドイツが態度を軟化させたこともあり[60]、議題のタイトルについての論争へと移っていく。アメリカやイギリス、オランダは、「人・思想・情報の移動の自由」という文言に固執したが、西ドイツはより穏健な文言を好み、「コミュニケーションの促進」というタイトルを提案する[61]。フランスもまた、「人の接触の進展と情報の拡散」というソフトな表現を主張した。フランス外務省はイギリス政府に対しては、戦術上、タイトルは穏健なものにしつつ、実質的には内実を修正することを望んでいないと説明していたが[62]、実際には、人の移動の自由に関して過度な期待をすべきではないと考えていた[63]。結局、一九七二年一一月末より始まったCSCEの予備交渉の結果、「第三バスケット」のなかでは「人の接触」という文言が用いられ、「移動の自由」という強い表現は退けられた。EC諸国が中心となって、穏健な文言が支持されたからであった。[64]

だが、EC諸国がCSCEに関する協力をEPCの枠組みで進めるためには、その手続きをめぐるEPC諸国間の意見の相違が乗り越えられなければならなかった。

3　手続きの問題とヨーロッパ政治協力の進展

CSCEの準備とその本会議において、EC諸国はその外交政策の協議枠組み、すなわちEPCを通じて、重要な役割を果たした。EPCの重要性を強調する研究は実に多い。[65] にもかかわらず、そもそもEPCにおける協力がどのように発展していったのかについての分析はこれまで行われてこなかった。しかしすでに述べたように、EPCは設立当初より順調であったわけではなく、一九七一年を通じて十分な成果をあげることができなかった。EPCの協議枠組みが制度化されただけで、CSCEに関する実際の協力が自動的に進展したわけではない。また中東問題に関してはEC諸国の見解は分裂し、EPCが共通の立場を構築することができなかったこともよく知られるところである。[66] 制度ができればどのような分野でも協力が進展するわけではないのである。それゆえ、ECのメンバーがどのようにしてCSCEの協力を発展させることができたのかを検証することは重要であろう。

安保会議に関するEPCの協議が有益なものとなっていったのは、CSCEの手続きの問題に関してとくにフランスと西ドイツが歩み寄りをみせたからであった。本節はまず、西ドイツとフランスが手続きの問題について歩み寄りを見せるなかで、フランスの構想が修正されてゆき、それがEPC諸国の多数派に受け入れられてゆく過程を検討する。さらに、EPC内で唯一フランス案に反対していたオランダがそれをどのように受け入れるようになっていったのかを明らかにし、EPCとしての共通の立場が形成されていく過程を分析する。そして、その手続きの問題においてEPCがまとまったことによって、EPCの独自性がつくりだされ、NATOではなくEPCが、C

SCEの場でイニシアティヴを発揮することになったと論じる。

西ドイツのプレ会議構想

安保会議に関するEPCの協議が有益なものとなっていったのは、CSCEの手続きの問題に関してフランスと西ドイツが歩み寄りをみせたからであった。一九七一年後半になると、西ドイツは、CSCEの主要議題のひとつであった人・思想・情報の移動の自由の問題に関して、EPC諸国、とりわけフランスの支持を必要とするようになっていた。すでに述べた通り、この問題について西ドイツは、着実で漸進主義的なアプローチを好んでいたが、ソ連に対してより強硬な態度をとるべきであると考えていたアメリカとイギリスによって強く批判されていた。むしろ、人・思想・情報の移動の自由については、フランスの立場が西ドイツの立場に近かった。だが、フランスの支持を得るためには、手続きの問題についての両国の意見の相違を縮めなければならなかった。

それゆえ西ドイツは、最初の一歩として、CSCEの手続きに関する政策の変化を示しはじめた。実際、一九七一年九月に、西ドイツ側はフランス外務省に、フランスの三段階会議の考えを考慮しはじめたとほのめかしている。しかし同時に、安保会議の準備段階は数カ月継続すべきであると強調した。[67]東西ドイツ間の交渉がまだ続いていたため、西ドイツとしては、安保会議の準備段階を短くすべきとするフランスの考えを受け入れることは依然として困難であった。

そのかわりブラント政権は、別の提案をもってしてフランスやほかのEPC諸国を説得しようと試みた。これは、ブラント首相自身が提案したアイデアから始まった。クリミア保養地オレアンダにおいて一九七一年九月にブレジネフと会談した際、[68]ブラントはCSCEの大臣級会議を開くまえにプレ会議（Vorkonferenz）を開催することを提案していた。西ドイツ外務省は、このブラントの提案をとりあげ、それをボンとパリ（そしてワシントン）とのあいだの手続きに関する問題についての調停案として利用しようとした。西ドイツ外務省の考えはつぎのようなものであった。第一に、大使級の予備協議をヘルシンキで行う。そして、事務次官級あるいは副大臣級のプレ会議を開催する。そして最後に、大臣級の安保会議を開催するというものであった。この考えは、安保会議の準備段階を長くするという点で、アメリカの考えに近いものであった。しかし、西ドイツ政府は、大使級会談をある段階で副大臣級に格上げすることによって、本会議に向けての準備が進展しているという印象を与えることができる、とフランス側に説明した[69]。さらに西ドイツ側は、一九七一年一〇月七日のＥＰＣのＣＳＣＥ作業グループ会合において、プレ会議の考えはフランスの三段階構想と合致すると主張し、そのアイデアを売り込もうとした[70]。結局、一九七一年末までに、西ドイツの新しい構想はフランスとほかのＥＰＣ諸国によって拒否された。ＣＳＣＥのためにプレ会議をわざわざ開催する必要はないとみなされたからであった[71]。しかし、フランスとの協力を進めようとする西ドイツの試みはむだではなかった。というのも、フランスもまた西ドイツへ歩み寄りを示したからである。

フランスの構想の発展

すでに見たように、フランスの最初の構想は、ＮＡＴＯ各国の反対に直面していた。その三段階会議構想を受け入れてもらうために、フランスは従来の立場を若干修正する必要があった。ＣＳＣＥの準備期間は短くすべきであるというフランスの意見に、ＥＣ諸国、とりわけ西ドイツが反対していた。ブラント政権は安保会議開催まえに東ドイツとの関係正常化交渉を終わらせたいと考えていたが、準備期間が短ければ安保会議が早期に開催されてしまうことを意味したため、西ドイツにとってそれは好ましくなかった。それゆえフランスは、この点について譲歩が必要であると認識していた。

安保会議についてＥＰＣ諸国との協力をさらに進めるため、フランスはより建設的な態度をとるようになる。一九七一年秋までにフランス外務省は、準備協議では安保会議の議題と手続きのみを取り決め、実質的な議論はすべきではないとする従来の立場から後退しはじめていた。たとえば、一〇月一日のフランス・西ドイツ協議で、フランス外務省政治局次長ジュルジャンサンは、多国間準備協議は会議の中身についてある程度までは議論することになるだろうと述べている。ただしフランス側は、そのような協議が、安保会議に外相が集まった際にすでに完全にできあがった文書に調印するだけになってしまうまで徹底的なものになってはならないとも強調した[72]。安保会議は、とりわけ東欧諸国に自主的な発言を促すためにも、外相たちがそれぞれの立場から自由に議論できる場にならないといけないと考えており、またメインの交渉の場は準備協議ではなく、あくまでも本会議でなければならなかったのである。

もっとも、フランスはただその立場を後退させただけではなかった。より重要なのは、フランスが手続きに関して新たな、そして非常に重要なアイデアを考案したことである。一一月一〇～一一日、EPCのCSCE作業グループにおいてそれは初めて提示された。そこでフランスは、CSCEの第二段階において実質的な協議を行うことになる、政治、安全保障、文化、経済の各委員会のための作業指令文書（mandate）を、第一段階のまえに行われる多国間準備協議にて作成するのがよいとの提案を行ったのである。フランスの三段階会議構想では、第一段階の外相会議において、外相たちが第二段階における事務レベルの実質的な協議のための委員会を設置することを決定することになっていた。作業指令文書を作成するというフランスの新提案は、その第二段階における委員会のあり方を事前により明確に設定することを意味した。また、そのような作業指令文書を作成することによって、本会議前の多国間での準備が、より実質的で、そしてあまり短期間では終わらない協議になることも意味した。そしてなおかつ、この新提案においても、フランスのもともとのアイデアである三段階会議という安保会議自体のあり方は意味を失わず、むしろより洗練されたものになることを意味したのであった。

それゆえ一九七二年一月までに、西ドイツはプレ会議の考えを取り下げ、フランスの三段階会議の構想を受け入れることとなった[73]。ただしブラント政権は、つぎのような方針をもったうえで、フランス案を受け入れたのである。すなわち、多国間のCSCE準備協議が始められたとしても、もし東ドイツが西ドイツとの二国間交渉を進めようとしなければ、西ドイツ政府は東西ドイツ間の交渉に決着が着くまで準備協議における作業指令文書の作成を終わらせず、協議を長引かせるつもりだったのである。[74]西ドイツはつねに、東ドイツとの二国間の交渉の進捗を念頭に、多国間の安保会議に対する政策を練り続けていたのである。

フランスの提案は、西ドイツのみならず、イタリア、ベルギー、ルクセンブルクに受け入れられるところとなり、EPCのなかで共有されていった。[75]手続きの問題に決着が着くことによって、安保会議に関するフランスと西ドイツの立場は、MBFRとCSCEの関係の問題を除いて収斂していった。この「仏独合意」は、西欧諸国内での協力の発展の基盤となるのである。

EC諸国の多数がフランスの手続き案に合意したことは、EPCの協議にとって非常に重要であった。すでに述べたように、NATO内では手続きの問題に関して米仏間の対立が続いていた。それゆえ、NATO内では、準備協議の中身について十分に取り扱うことができないでいた。つまり、手続きに関する見解の相違のために、安保会議の前段階に関して具体的で詳細な準備をすることが妨げられていたのであった。しかしEPCはそうではなかった。たしかにオランダは依然としてアメリカの立場を支持していたが、EPC内の多数派はフランスのやり方に同意することになった。[76]それゆえ、EPC内の協議では、フランスの作業指令文書プラス三段階会議のアイデアが「作業仮説」として採用され、それにもとづいてCSCEに向けての協議が積み重ねられていったのである。[77]もっとも重要な点は、EPCにおいて手続きについての作業が十分に進んでいたことによって、EC諸国はCSCEの多国間準備協議においてイニシアティヴをとることができたということである。そして、その成功によって、EPC諸国はCSCE本会議の交渉においてもさらに協力を進めることとなったのである。この意味で、手続きの問題は、EPCの発展を理解するうえで非常に重要な問題であったのである。

ＥＰＣとオランダ

ＥＰＣ諸国のなかではオランダが唯一、フランス案に非協力的な国となった。オランダは依然としてフランスの三段階構想に反対しており、一九七二年前半を通じてアメリカの手続き案を支持し続けた。しかし、秋の終わりまでにオランダもフランスの構想を受け入れ、ＥＰＣの枠組みにおいて協力的になってゆく。このオランダの態度の変化はつぎの四つの理由から説明できるだろう。第一に、一九七二年七月一日より、オランダがＥＣ閣僚理事会の議長国を引き継いだことが重要である。それは、ＥＰＣでの協議の議長国を自動的に引き受けることを意味した。明らかに、この役割を引き受けたことで、異なった意見を調整するためにも、議長国としてのオランダは協力的な態度をとることを要請された。それゆえ、オランダ政府はＥＰＣ内の協議におけるひとつの重要な要素であった手続きの問題について、かたくなな態度をとり続けることが困難になったのである。

第二に外務大臣の交代は、オランダがＥＰＣに対して建設的な態度をとることを容易にした。オランダの前外相ルンスは、親米派として、そしてソ連に対するタカ派として有名であった。しかし、一九七一年七月にルンスのあとを引き継いだ新外相シュメルツァー（Norbert Schmelzer）は、デタントとヨーロッパにおける政治協力について、前任者よりも共感をもっていた。(78) ほかのＮＡＴＯ・ＥＰＣ諸国と比べると、オランダ政府は依然として強硬派であり、ルンスからシュメルツァーへの交代によって眼にみえる政策の変化が即座に起こったわけではない。しかし、シュメルツァー率いるオランダ外務省は、相対的には、以前よりもスムーズにＥＰＣ内の主流派の意見に同調し、より柔軟で協力的な態度をとることができたと考えられる。

オランダが立場を変化させた第三の理由は、イギリスがＥＰＣの議論に参加するようになったことである。一九七一年のあいだ、オランダがＥＰＣにおいて非協力的な態度をとっていた主な言い訳のひとつは、イギリスの不在であった。オランダ政府は、イギリスが参加していないヨーロッパ諸国間の政治協力などまったく役に立たないと主張することで、自らの態度を正当化していたのである。(79) しかし、イギリスのＥＣ加盟交渉が一九七一年後半に妥結すると、イギリスは一九七二年二月よりＥＰＣの協議に参加することを認められた。その結果オランダは、非協力的な態度をとり続ける重要な理由のひとつを失ったのである。

さらに、イギリスの対ＣＳＣＥ政策は全般的にフランスのそれと近いものであった。イギリス外務省はＥＣ（そしてＥＰＣ）に加盟する以前から、フランスの三段階会議構想は安保会議を有益なものにする構想であると評価していた[80]。実際、一九七二年九月にイギリス政府は、フランスの三段階会議のアイデアを受け入れる旨を公的に明言していた[81]。それゆえ、イギリスがＥＣの政治協議に参加したことによって、オランダの孤立感は高まることになった。オランダはＥＰＣの議長国として、オランダ自身が孤立するような態度をとり続けることはむずかしかったのである。

最後に、アメリカのＣＳＣＥへの態度が緩和したことも、オランダの態度が変化した一要因であったかもしれない。オランダのさらなる懸念は、ＥＰＣとＮＡＴＯのあいだの溝が広がってしまうことであった。たとえば、一九七二年五月二七日に、ルクセンブルクにおいてＥＰＣの外相たちが集まったとき、シュメルツァーはＥＰＣとＮＡＴＯとのあいだの関係について強い懸念をもっていることを強調していた[82]。ＥＰＣ諸国が一致してアメリカに対抗するような状況を避けるために、オランダはＥＰＣの協議においてアメリカを代弁するようなかたちで努力していた。しかし、一九七二年秋までに、アメリカはＣＳＣＥに関して、ヨーロッパ側に歩み寄る政策をとるようになっていた。そのときまでに、ホワイトハウスは、ＣＳＣＥがもたらす結果はどの道予測できるものであり、意味のあるものにならないだろうと結論づけていた。たとえば、キッシンジャーのスタッフによって作成されたメモランダムによると、ＣＳＣＥの議題のひとつとなる予定であった国家間関係の原則についての宣言は凡庸な言葉の羅列であるとされた。さらに安保会議では信頼醸成措置として軍隊の移動について最小限の制約が採択されるであろうし、人・思想・情報の移動の自由という議題は重要な一歩として称賛されるであろうが、東側は結局一般的な約束をするだけで、信頼醸成措置や人道的問題については言い逃れをするであろうから、ほとんど何も変わらないであろうと分析されていた。[83] それゆえ、ワシントンにとって多国間のヨーロッパ会議は、せいぜい「象徴的な措置であり、その中身よりも心理的な雰囲気にとってより重要」であった。そして、そのメモランダムはつぎのように提言していた——

それゆえ、アメリカにとっての主要な問題は、東西間の交渉や議論ではなく、同盟の取り扱いという問題である。——われわれはこの〔CSCEに関する〕取り組みから、幻想を最小限にし、同盟の一致団結を最大限にしなければならない。

——このことは、NATOのなかで、ヨーロッパのコンセンサスに進んで従うことを意味する。[84]

CSCEに関してのアメリカの利益は、東側陣営と意味のある協定を結ぶことよりもむしろ、西側陣営内の結束を維持することであった。その結果、アメリカが手続きの問題についてフランスの路線に従うようになれば、オランダがEPC内で非妥協的な態度をとり続ける意味を失うことになる。オランダ政府が当時、アメリカ政府内の政策の変化をどれほど明確に認識していたのかについては不明である。しかしながら、全体的な傾向としては、フランスのアプローチが多数派の支持を得る流れとなっていた。そのような状況で、オランダはEPC内の主流派に合わせていくことになっていったのだろう。

手続きの問題に関するオランダの譲歩によって、CSCEの準備協議に向けてEPCが共通態度をとるための道が最終的に開かれた。一九七二年一〇月五〜六日に開かれたEPCのCSCE作業グループにおいて、オランダはついに、手続きに関する問題の最終決定はNATOにおいて決定されるべきであるとの条件付きながらも、フランスの路線を支持するようになった。[85] 多国間準備協議においてCSCEの議題の中身についてどこまで議論されるべきかといった問題は、まだ論争点として残っていた。しかし、オランダが譲歩したおかげで、EPC諸国はCSC

Eの準備に関する協議を進めることを可能にする重要な合意に達した。そして、一一月二〇～二一日にハーグで開かれたEPC外相会議において、CSCE作業グループが準備した基本文書が採択されるに至ったのである[86]。その後、EPC諸国は、CSCEの多国間準備協議とCSCE本会議において、積極的なイニシアティヴをとっていくことになるのだった。

＊

一九七二年には、CSCEに関する重要な要素がいくつも現れた。東側が全ヨーロッパ会議を提案したとき、その形式についてはは非常にあいまいなままであった。しかし、一九七二年末までに、フランスの手続きに関するアイデア――作業指令文書を作成するための準備協議と三段階会議のセット――は西側諸国にほぼ受け入れられることとなった。人・思想・情報の移動の自由（いわゆる第三バスケット）という議題が一九六九年に現れていたのに対し、国家間関係を規定する諸原則の宣言（第一バスケット）における人権条項は、一九七一年に西ドイツによって提案され、一九七二年にNATO諸国に受け入れられたのだった。さらにEC加盟国の政治協議も、一九七一年のあいだはうまく機能しなかったが、一九七二年には大きな進展を見ることとなった。

なぜEPCは、CSCEに関して協力を進めることができたのだろうか。あるいは、なぜNATOではなくEPCがイニシアティヴをとるようになったのだろうか。たしかに、NATOよりもEPCにおける協力がより進んだ背景には三つの要因があった。第一に、NATOでは常駐代表によって協議が進められたのに対して、EPCでは各国から専門外交官が直接集まって協議が進められたことがあげられる。これらの外交官たちは、厳格な訓令に縛られておらず、それゆえ諸問題に関してより自由に、そして「ギブ・アンド・テイクの精神」で議論することができた[87]。第二に、EPCは相対的に近い意見をもったグループであった。というのも、CSCEについて非常に否定的なアメリカや、逆に非常に積極的なスカンジナヴィア諸国のような極端な見解をもつ国が含まれていなかったたからである[88]。それゆえ、ＥＰＣはＮＡＴＯよりも協議を進展させやすい枠組みであったといえる。そして最後に、ＥＰＣ諸国はその政治協力について積極的な期待をもっていた。一九七二年一月にオランダの外交官はこう観察している――「政治協議のこのプロセスは多くの時間をむだにしたし、まだ具体的な成果を生み出していないが、それは真に効果的な協力をともなうことになるかもしれない緊密な関係の先導者であり、このことは取り組む価値があるという全般的な思いがメンバー諸国のなかにある」[89]。これらの要素は、ＥＰＣの協力を進めるうえでプラスに働く要因であった。

しかし、これらの背景要因だけでは、ＥＰＣがなぜイニシアティヴをとることができたのかを説明するには不十分である。というのも、とくに西ドイツやオランダが、ＥＰＣがＮＡＴＯやアメリカと対立するようなかたちになることを恐れ、当初はＥＰＣ内でアメリカの見解を代弁するような立場をとっていたからである。その結果、ＣＳＣＥに関するＥＰＣの協議内容は、すでに先行していたＮＡＴＯにおいて進められていた内容の後追い以上のものに発展することはなかった。換言すれば、ＥＰＣはその初年度の議論において独自性を発揮することができなかったのである。

ＥＰＣがＣＳＣＥにおいて活躍した直接的な要因は、ＣＳＣＥの手続きの問題であった。なぜなら、その問題においてＥＰＣは、ＮＡＴＯとは異なった独自性を発展させ、それがイニシアティヴをとる基盤となったからである。手続きの問題に関して、フランスとアメリカは対立する考えをもっていた。その対立はＮＡＴＯ内の意見も分断させ、その結果、ＮＡＴＯはこの問題でイニシアティヴをとることができなかった。当初、ＮＡＴＯ内の分裂は、ＥＰＣ内の意見対立にも反映された。しかし、フランスと西ドイツが互いに協力を求めあい、歩み寄りを見せた結果、修正されたフランスの構想――作業指令文書プラス三段階会議――がＥＰＣ諸国の多数の支持を得ることとなった。それはＥＰＣ内で「作業仮説」として採用され、それにもとづいてＥＰＣは協議を重ね、独自の成果を蓄積することができた。安保会議とその準備をどのようなものにするのかについて明確なヴィジョンを積み上げてきたＥＰＣ諸国は、ＣＳＣＥの多国間準備協議においてイニシアティヴを発揮することとなり、それは大きな成功を収めることとなったのである。[90]ヨーロッパ諸国との対立を避けるため、アメリカがＥＰＣにイニシアティヴを任せていたことも後押しとなった。[91]そして準備協議におけるＥＰＣの成功は、ＣＳＣＥ本会議におけるＥＰＣ諸国のさらなる協力をもたらすことになったのである。ヨーロッパにおける政治協力は、その枠組みを制度化するだけでは進展しなかった。ＣＳＣＥに関する協力は、手続きという具体的な問題における協力の基盤のうえに積み重ねられていったのである。

本章で論じたように、西側陣営は決して一枚岩ではなかった。それどころか、ＮＡＴＯ内では多くの論争や対立があった。にもかかわらず、西側諸国は徐々にＣＳＣＥに関するアイデアを発展させてゆき、安保会議を意味のある建設的なものにする方法を準備し、それによって多国間のヨーロッパ・デタントを変容させたのである。だがさらに、安保会議開催過程を理解するうえで、あと二つ論じるべき問題がある。多国間準備協議開催のタイミングの問題と、ＣＳＣＥとＭＢＦＲのあいだの関係ないしは安保会議における軍事的側面の問題の二つである。これらの二つの問題がどのように多国間ヨーロッパ・デタントに影響を与えたのか、章をあらためて検討しよう。

第八章　軍縮・軍備管理デタントとCSCE

——一九七二年一月〜一九七三年七月——

ＮＡＴＯ諸国は、ベルリン問題の解決を安保会議開催のためのもっとも重要な前提条件としてきた。一九七一年九月に調印されたベルリン大使級協定は、その条件をクリアするうえで中核となった。しかしながらソ連側が、モスクワ条約が西ドイツ議会において批准されるまでベルリン最終議定書には調印しないとの態度をとったため、そしてアメリカが、安保会議開催を可能な限り先延ばししたいと考えたため、多国間デタントの実現にはさらなる時を要することとなった。

他方で、その間、前章で見たように、ＣＳＣＥをどのようなかたちで実施するのかといったことがしだいに具体化していった。ＣＳＣＥはその多国間準備協議のあと、三段階のかたちをとって実施され、会議のなかで時間をかけて諸問題を検討するというフランスの構想が有力になっていった。

また、ＣＳＣＥの議題に関しても、東西双方の提案はほぼ出そろった。ヨーロッパにおける緊張緩和には、経済・文化交流デタント、現状維持デタント、そして軍縮・軍備管理デタントの三つの柱があった。東側陣営は、ＣＳＣＥにおいて武力不行使協定の締結を要求することで、多国間の枠組みでヨーロッパの現状を承認させることをめざした。これに対して西側は、武力不行使や内政不干渉の原則とならんで、人権原則や自決原則などを含む国家間の諸原則をＣＳＣＥで扱うことを主張する。さらに、東側が経済協力をＣＳＣＥの議題として提案すると、西側はそれにくわえるかたちで、文化交流や環境問題、そして「人・思想・情報の移動の自由」という問題を提起したのである。

しかしながら、ヨーロッパ・デタントの三つ目の柱である軍縮・軍備管理デタントに関しては、まだ不確定な部分を多く残していた。ＮＡＴＯは通常兵力の軍縮構想であるＭＢＦＲを提唱していたものの、ＭＢＦＲとＣＳＣＥとの関係は依然としてはっきりしていなかった。しかも、ＮＡＴＯ内での意見は分かれていた。西ドイツ、ベルギー、イタリア、オランダなどはＭＢＦＲの熱心な支持者であったが、イギリス、フランス、ギリシャ、トルコは反対であった。ＣＳＣＥとＭＢＦＲを結びつけようとする国もあれば、切り離そうとする国もあった。だがベルリン大使級協定が締結されると、安保会議の開催は不可避であるとの認識がさらに強まり、ＣＳＣＥとＭＢＦＲとの関係についても明確にしなければならなくなった。ヨーロッパ安保会議は軍事的問題を取り扱うべきか否かが問題であった。

よく知られるように、結局ＣＳＣＥで取り扱われた軍事的な問題は、いわゆる信頼醸成措置のみであり、ＭＢＦＲはＣＳＣＥとは別の枠組みで交渉が進められることになる。それゆえ、本章はまず第1節で、信頼醸成措置という考えがＮＡＴＯ内の議論のなかでどのように現れ、なぜ安保会議における唯一の軍事的議題となったのかを分析する。

第2節では、ＭＢＦＲがどのように安保会議から分離されたのかを検討する。その際、つぎの二点に注目する。一点目は、ＣＳＣＥとＭＢＦＲを並行して進めるというアメリカの構想である。これによってアメリカは、ＣＳＣＥとＭＢＦＲを完全に切り離しつつも、ソ連をＭＢＦＲ構想に関与させようとしたのである。

さらに二点目として、米ソ超大国間の密約の存在を明らかにする。とくにＭＢＦＲとの関連で、米ソが密かにＣ

SCEを短期間で終了させることに合意していたことが本章の議論にとって重要である。というのも、それによって安保会議の内容が乏しいものになってしまう可能性があったからである。そもそもソ連の主要な目的は、戦後ヨーロッパの現状を承認させ、固定化することにあり、それゆえCSCEはその目的を達成するためだけの短い会議となることを望んでいた。CSCEを軽視していたアメリカもまた、MBFRの交渉開始をソ連に受け入れさせるために、CSCEを短期間で終わらせようとするソ連側の要求を受け入れようとした。ここに、MBFRの開始と引き換えに、CSCEを早期にとりまとめるという米ソの密約が生まれうる素地があったのである。そして、人権原則や「人・思想・情報の移動の自由」に対する東側の強い反発を考慮したとき、協議期間が短ければ人道的要素は骨抜きにされてしまうおそれがあったのである。

第3節では時系列に沿って、一九七二年一一月末より始まるCSCEの多国間準備協議について分析する。この多国間準備協議によって作成されたいわゆるヘルシンキ最終勧告は、西側にとって大きな成功であり、CSCEを建設的で意味のあるものにする基盤をつくったのであった。それゆえ、ここではどのように西側陣営が好ましい結果を得ることができたのかについて掘り下げることにする。

そして第4節では、ふたたびCSCEとMBFRとの関係に戻り、西欧諸国が米ソ超大国間の秘密合意に反対する過程を分析する。CSCEを東側だけが利益を得られるものにするつもりのなかった西欧諸国およびカナダは、米ソの合意に強く反発する。そしてこれらの国々は、CSCEを短期間で終わらせようとする米ソの思惑をくじくことによって、安保会議を建設的で中身のあるものにする基盤を確保することになるのである。

1　信頼醸成措置への後退

信頼醸成措置とは、緊張状態において攻撃の脅威を低減するさまざまな方策である、と定義できよう。信頼醸成措置は、戦略処点における軍事的な動きを監視する観察地点の設置や軍隊の移動・軍事演習の事前通知などいくつかの要素から構成される。これらの要素ないしは方策の一つひとつは、一九五〇年代から六〇年代を通じて、東西両陣営から提案されたものであった。たとえば、一九五五年にソ連は、奇襲を抑制するための観察地点の設置を提言している。また、誤解をもたらしかねない軍隊の移動や軍事演習を事前通知して危機を回避するという提案も、一九六〇年代になされたものであった。(1)これらの措置は、一九六〇年代後半にまとめられ、軍縮問題とともに取り扱われた。そして第一章で論じたアルメル研究とそのフォローアップ研究のなかで、「信頼を醸成し緊張を低減するための措置」や「信頼醸成措置（Confidence Building Measures）」などと呼ばれるようになったのである。(2)だが一九六〇年代後半以降、西側諸国は軍縮により大きな関心をもつようになり、信頼醸成措置が前面に出ることはなくなっていった。

しかし、通常兵力の軍縮が容易でないとの認識がＮＡＴＯ内に広まると、いくつかの国は、段階的に軍事問題を取り扱い、長期的にＭＢＦＲを実現することをめざす。他方アメリカは、ＭＢＦＲをＣＳＣＥから切り離す手段として信頼醸成措置のみを安保会議のなかで取り扱うことを受け入れるようになる。ＮＡＴＯ内には、ＭＢＦＲとＣＳＣＥが一定のつながりをもつことを望む国は少なくなかったが、結局、信頼醸成措置がＣＳＣＥの唯一の軍事的な要素となっていくのである。

段階的発展アプローチ

ヨーロッパにおける軍縮デタントの勢いは、一九七二年までに相当程度削がれていた。そのときまでに、ＮＡＴＯとワルシャワ条約機構の兵力レベルを考えれば、通常兵力を実質的にすぐに削減することはむずかしいとの認識がＮＡＴＯ諸国によって共有されていた。西ドイツやベルギーといったＭＢＦＲにもっとも熱心であった国でさえ、現状の軍事バランスでは、通常兵力の軍縮は軍事的にあまり現実的ではないことを認めていた。しかし政治的には、軍縮はまだ西ヨーロッパ諸国にアピールするものがあった。そして、多くの政治家はMBFRの考えを放棄するつもりはなかった。

とくに西ドイツとベルギーは、最終的に兵力削減に至る段階的なアプローチを提唱した。西ドイツは、まず「小さな一歩」から始めることを主張した。すなわち、軍縮交渉の第一段階ではMBFRに関する原則の宣言をまとめるための交渉をし、ついでヨーロッパにおける軍備強化や軍隊の移動にさまざまな制約をかけるための交渉に進み、実際の軍縮交渉はこれらのあとにおいてのみ開始することができるとの考えであった。そしてその「小さな一歩」について、CSCEのなかで議論すべきであるとしたのである。[3] ベルギー外相アルメルも、一九七一年一二月、NATO外相会議においてこう提案した。まずCSCEにおいて、軍隊の移動に関する制約などの「安全保障の軍事的側面」について議論し、MBFRの交渉はのちの段階で分離された独自の枠組みのなかで、また参加国は中欧諸国（西ドイツ、ベルギー、オランダ、ポーランド、チェコスロヴァキア）に制限して始められるべきであると提案した。[4] つまりベルギーは、軍縮構想を何とか生きながらえさせる道を確保するために、NATO内でMBFRとともに検討されてきたさまざまな信頼醸成措置をCSCEでとりあげることから始めようとしたのであった。アルメルの提案は西ドイツなどNATOの外相たちに支持され、最終コミュニケにはつぎのような文言が挿入された——

〔NATOの〕外相たちは、軍事対立の危険性を低減し、それゆえヨーロッパにおける安全保障を高めることになるさまざまな措置を重視していることを強調した。彼らは、ヨーロッパ安全保障協力会議がこれらの側面を適切な仕方で取り扱うべきであることに留意した。[5]

しかしこれは明らかに、軍縮デタントからの後退であった。当初NATO諸国がめざしていた実際の兵力削減は事実上長期的目標となり、当時はMBFRにともなう「附随的制約（collateral constraints）」とも呼ばれた措置を優先させる立場へと後退していったのである。そして、さらにアメリカ政府は、CSCEとMBFRのつながりを実質的に切り離そうとしていた。

アメリカの「新アプローチ」

一九七一年の秋より、アメリカは安保会議に関して独自の考えを発展させていた。九月のベルリン大使級協定の調印後、国務省はアメリカの対CSCE政策の見直しを進めていたのである。安保会議への動きはもはや止めることはできないだろうという前提があったからであった。(6) これまで繰り返し述べたように、アメリカはヨーロッパ安保会議の構想に非常に懐疑的であった。だがいまや、ワシントンは安保会議をアメリカの長期的な利益のために利用する方法を探しはじめたのである。そして国務省は、一九七一年一一月三日に提出された研究報告のなかで、CSCEを「ヨーロッパにおけるアメリカの役割を維持するための一歩」とみなす「新アプローチ」を提唱する。それは主に二つのアイデアを提言していた。第一に、「安全保障と協力に関する諸問題についての東西間の交渉の長期的なプロセスに合衆国を緊密に関与させる制度的枠組みを提供するための常設組織」の設置をより強く主張していた。(7) だがこの常設組織の設置という考えは、のちに多くのEPC諸国によって強く反対されることになる。というのも、そのような継続的制度は、東側によってヨーロッパ統合の進展を妨げるために利用されると考えられたからである。(8) ホワイトハウスもこの第一の考えにはあまり関心を示さなかった。

それに対して、キッシンジャーと彼のスタッフは「新アプローチ」の第二の考え、つまり、MBFRから「附随的制約」のいくつかの措置を借りてくることによって安保会議における軍事問題の比重を高めるというアイデアに注目した。(9) それゆえ一九七一年一二月のNATO外相会議において、アメリカもまた「ヨーロッパにおける安全保障を高めることになるさまざまな措置」をCSCEで取り扱うという先述の文言を最終コミュニケに盛り込むことに同意したのである。

しかしそのねらいは、ベルギーや西ドイツのそれとは異なっていた。とくにホワイトハウスや国防省は、CSCEとMBFRを明確に切り離すことを望んでいた。それゆえアメリカは、たとえば、MBFRの諸原則に関する宣言をCSCEのなかで行うという西ドイツの主張などに断固として反対した。そして、軍隊の移動や軍事演習の事前通告、軍事演習を観察する要員の交換、観察地点の設置といった、「附随的制約」のみがCSCEにおいて取り扱われるべきであると主張した。[10]「附随的制約」というより「信頼醸成措置」と呼んだほうがよりポジティヴな響きがするということで後者の呼び方が定着することになるのだが、アメリカは、結局のところこれらの付随的な措置は実際の軍縮交渉に影響を与えることはないと考えていた。さらに重要なことは、これらの制約は軍事的観点からすれば実際にはとるに足らない価値しかないとアメリカが考えていたことである。[11]むしろアメリカの目的は、CSCEとMBFRを連関させるべきであると要求する同盟国をなだめることにあった。つまり、ヨーロッパ安全保障会議は信頼醸成措置を取り扱うべきであると主張することによって、CSCEに軍事的な雰囲気をまとわせようとしたのである。[12]CSCEにおけるアメリカ代表団の一員であったマレスカ（John Maresca）がのちに述べているように、「合衆国は、信頼醸成措置の考えを、予期される軍事的あるいは軍備管理の利益のためというよりも、同盟の結束〔を維持すること〕を理由として支持した」のだった。[13]

唯一の軍事的要素としての信頼醸成措置

最終的に信頼醸成措置は、CSCEにおける唯一の軍事的要素となった。しかしNATO諸国の多くはCSCEとMBFRが、単にあいまいなかたちではなく、明確かつ公式につながりをもつことを望んでいた。西ドイツやオランダ、ベルギーなどにとって、CSCEとMBFRを連関させることは、ソ連のCSCEへの熱意をMBFR交渉に結びつけるための重要な手段であった。[14]西ドイツは、MBFRをCSCEで取り扱うようにするため、「MBFRの諸原則に関する宣言」の草案を起草し、同盟国に提示してそれを後押ししようとした。[15]

ギリシャやトルコ、イタリアなどの南欧諸国にとって、それはまさに安全保障の問題であった。ＭＢＦＲで想定されていた地域は中部ヨーロッパであったが、これらの地中海に面した国々は、もし中部ヨーロッパで兵力が削減されたら、その分の負担や脅威が南部ヨーロッパに押しつけられてしまうのではないのかと、その副作用を懸念していた。中部ヨーロッパの軍縮に、地中海地域は無関係ではなかった。それゆえ南欧諸国にとっては、ＮＡＴＯの軍事戦略や軍縮は加盟国の領域全体を考慮して構想されなければならないのであって、ＭＢＦＲがＣＳＣＥから切り離され、中部ヨーロッパの関係諸国のみが軍縮問題に関与し、南欧諸国がその議論に参加できなくなるということは強く懸念すべきことだったのである。(16) 通常兵力の軍縮には否定的になっていたイギリスですら、同盟国のあいだの結束を重視するがゆえに、ＣＳＣＥとＭＢＦＲのあいだに一定の連関があることは、ＭＢＦＲ交渉に直接参加しない国々を満足させるためにも望ましいと考えていた。(17)

だがアメリカと同様、フランスもまたＣＳＣＥとＭＢＦＲの連関に強く反対する。のちにフランスは、信頼醸成措置に関しては、それがＭＢＦＲと関連せず、それゆえヨーロッパにおける軍事状況に影響を与えないという条件で、ＣＳＣＥにおいて議論することに同意する。(18) しかし、ベルリン大使級協定締結後すぐに安保会議の多国間準備協議が開催される見込みがないとわかると、どのようなかたちであれＭＢＦＲをＣＳＣＥに関連させることには頑迷に反対し続けた。一九七二年三月一九日にポンピドゥ仏大統領は、ヒース英首相と会談した際にこう述べている。

フランス政府はつねに、ＭＢＦＲの問題は安全保障会議の枠組みの外側にとどめるべきであると主張してきました。後者〔安保会議〕は、ヨーロッパにおける安全保障をつくりだすために必要な政治的・人的諸条件に関心をもつべきであり、関係のある軍縮の問題について関心をもつべきではありません。(19)

こうして、ワシントンのみならずパリもまた、CSCEとMBFRがつながりをもつことを拒否した。さらにこのあとで見ていくように、アメリカとソ連が、この二つの交渉をどのように進めていくのかについて、同盟国との相談なしに既成事実をつくっていく。それによってCSCEとMBFRは完全に切り離され、ほかのNATO諸国は、信頼醸成措置のみをCSCEにおける唯一の軍事的要素とすることを受け入れざるをえなくなるのである。

2　MBFRとCSCE——米ソの密約

ホワイトハウスはMBFRの議会対策上の有用性を再認識し、MBFRとCSCEを連関させることなく、しかしソ連が確実に軍縮デタントにコミットする方策を模索していく。ニクソンとキッシンジャーは、一九七二年五月の米ソ首脳会談でMBFRとCSCEを並行して開催することをブレジネフに提案する。だが、MBFRの開始日程をより明確にするため、米ソは、軍縮交渉を開始する時期だけでなく、CSCEを終わらせる時期についても、同盟国に知らせることなく合意するのである。他方、米ソ間に密約が存在する可能性を疑いはじめた西欧諸国は、対米不信を強めていくことになる。

キッシンジャーとMBFR

キッシンジャーは、ヨーロッパにおける通常兵力の軍縮問題に関して、軍縮そのものには本来関心がなく、ヨーロッパから米軍を一方的に撤退させようとする議会の圧力に抵抗する手段としてのみMBFRに関心があった、ということはよく知られている。[20] ただし、それは必ずしも彼の当初からの考えではなかった。実際、一九七一年九月にキッシンジャーは、「議会をなだめるために、ソ連と〔MBFRについての〕協議に進むことを好まない」と述べている。[21] 議会の圧力に対抗するためにMBFRが有益であると主張していたのは、むしろロジャース国務長官と国務省のほうであった。

だが、一九七一年末までに、ホワイトハウスもこのような考えを受け入れ、通常兵力削減問題に積極的に関与していくことになる。というのも、アメリカ議会の米軍撤退圧力はいっこうに収まる気配を示さなかったからである。たしかに一九七一年一一月にマンスフィールド上院議員によって議会に提出されたヨーロッパ駐留米軍の六万人削減案は否決されたものの、同年五月に同様の提案が出されたときよりも、米軍削減に対する賛成派の数は着実に増えていた。ホワイトハウスは、一九七二年のあいだはともかく、翌一九七三年には議会の米軍撤退要求を食い止める必要性が出てくると予想していた[22]。それゆえ、一九七二年までにキッシンジャーは、今後の議会の圧力に対抗するため、相互に通常兵力を削減するという構想を追及すべきであるとの考えを受け入れるようになっていったのである。

アメリカにとって重要な目的は、ヨーロッパ安保会議が終了してしまうまえに、少なくともＭＢＦＲの予備的議論を開始することに関して、ソ連の了解を得ることであった[23]。そしてＭＢＦＲ交渉を実現するためにも、東側の要求していたヨーロッパ安全保障会議の開催を利用することがアメリカにとって有効であると考えられるようになる[24]。むしろアメリカは、ＣＳＣＥを利用しなければならない状況にあったといえよう。当時、ベルリンの通行に関する東西ドイツ間の交渉はすでに、一九七一年一二月一七日に決着を見ていた。その後、もし西ドイツ議会が順調にモスクワ条約とワルシャワ条約を批准すれば、ベルリン最終議定書も調印されることになっていた。それはベルリン交渉の「満足のいく」解決を意味した。それゆえ、もはやアメリカとしてはＣＳＣＥのための多国間準備協議を先延ばしすることはむずかしくなり、西側は早晩それを開始する日程を明確にしなければならなくなるといった状況であった。

ソ連側はＭＢＦＲを前進させることに躊躇を見せていた。たしかにブレジネフはすでにＭＢＦＲを受け入れる旨の演説を行っていた。だが、一九七一年一〇月にＮＡＴＯがＭＢＦＲ交渉の基本的な部分を確認するために前ＮＡＴ

O事務総長ブロジオをモスクワに派遣することを決定したあと、ソ連はその受け入れを拒否していた。表向きの理由は、NATOの代表を受け入れるということは、MBFRに関する対話が「ブロック対ブロック」というかたちになることを意味するからであった。[25] しかし実際には、ソ連にとっては東ドイツも参加する多国間交渉にこそ意味があるのであり、西側代表のブロジオとだけ交渉することに価値はないと考えたのであろう。さらに、一九七二年一月二五〜二六日にプラハで開催されたワルシャワ条約機構首脳会議で打ち出された決議においても、軍縮に関しては何ら新しい要素は含まれていなかった。[26] NATO側がMBFR交渉に別のアプローチでのぞまない限り、東側にこの問題に合意するつもりがないことは明らかであった。つまり、MBFR問題は行き詰まりを見せていたのである。そしてこのことは、MBFR交渉に関する東西間の明確な合意がないまま、CSCEの準備協議が始まってしまう可能性があることを意味していた。

このようななか、きたる米ソ首脳会談は、アメリカにとって、ソ連をMBFRに関与させる重要な機会であった。ニクソンが一九七一年七月一五日に北京を訪問することを発表したあと、ソ連もまた一九七二年の五月あるいは六月に米ソ・サミットを開催することを提案していたのである。[27] そこでアメリカは、MBFR交渉の開始日程についてモスクワの合意を得るために、CSCEとMBFRを同時に並行して進めるようソ連に対して働きかけるという方針を立てる。[28] こうすることでアメリカは、CSCEの枠組みではMBFRを取り扱わないようにしつつ、ソ連を通常兵力の軍縮交渉へと引き込むというねらいを同時に達成しようとしたのである。「〔米ソ〕サミットにおいてMBFRを模索することは好ましく、それ以外にはありえない」と考えられており、一九七二年五月にモスクワで予定されていた米ソ首脳会談は最後の機会であると認識されていたのだった。[29]

米ソ首脳会談

モスクワ。一九七二年五月——

この史上初となるアメリカ大統領のソ連訪問の際、ニクソンとブレジネフは戦略兵器制限条約と弾道弾迎撃ミサイル（ＡＢＭ）条約の調印にこぎつけ、米ソ関係を著しく改善させた。[30] また、訪ソのちょうど五日前の五月一七日に、野党のＣＤＵとＣＳＵの国会議員が棄権したこともあって、ソ連とのあいだのモスクワ条約は、西ドイツ議会において無事批准されていた。このことは明らかに、超大国間の指導者が直接会談するうえで好ましい雰囲気をもたらすものであった。

しかしながら、ＣＳＣＥとＭＢＦＲについては、ソ連側はアメリカの要求を容易には受け入れなかった。そもそもはじめから、アメリカ側がこの問題についてブレジネフから譲歩を得られる余地は限られていた。ニクソンは、アメリカ政府がＣＳＣＥを大筋で受け入れる準備があることを示唆することによってソ連への譲歩を示し、ソ連側からもＭＢＦＲについて譲歩を得ようとした。しかしその一方で、ＣＳＣＥを望んでいなかったアメリカ側は、できる限り安保会議の開催時期を遅らせようともしたのである。そのためニクソンは、ブレジネフとの会談で、その年の末に大統領選挙を控えているため、翌年まで安保会議を開くことは不可能である旨を強調した。[31] しかし、そのようなさらなる会議開催の遅延を、ソ連側が喜ぶはずもなかった。そこで、つぎのようなやりとりが両首脳のあいだで交わされた――「ヨーロッパ会議についての議論を進めるのと同時に、それと並行した軍備削減交渉がありえましょう」とニクソン。だがブレジネフは、「おそらく、それは並行して進めるべきではありません。おそらく、ヨーロッパ会議の問題を解決し、そして軍備削減へと移るのがよいでしょう」と切り返す。ニクソンは食い下がる。「もし会議が終わるまで待っていたら、軍備削減までたどり着かないかもしれません」。そこでようやくブレジネフは、「〔ＣＳＣＥとＭＢＦＲの〕交渉は並行して、しかし別々の協議団体で行われうる」だろうと答えたのである。[32]

たしかにニクソンは、ブレジネフのいちおうの同意を得ることに成功したかに見えた。だが、アメリカ側はＭＢＦＲ交渉の開催日を明確にすることはできなかった。首脳会談のコミュニケにも、ＣＳＣＥとＭＢＦＲが並行して行われる旨は言及されなかった。そこでは単に、「この問題〔ＭＢＦＲ〕についての特別な場における交渉のための手続きについて、関係国間でできる限りすぐに適切な合意がなされるべきである」と述べられただけであった[33]。いつCSCEとMBFR交渉を開始し、具体的にどのように二つの会議を並行して行うのかについては、後日解決されるべき問題として積み残されたのである。

だがいずれにせよ、これでMBFRとCSCEの同時開催と信頼醸成措置とが組み合わされることによって、CSCEとMBFRは決定的に切り離された。一九七二年五月三〇～三一日にボンで開催されたNATO理事会において、多くの外相たちがその二つの連関を求めたが、結局MBFRのための予備協議は、CSCEのための多国間準備協議のまえか、あるいはそれと並行して行うべきであるということで合意することとなった[34]。

その後も米ソは、CSCEとMBFRのつながりに関しては妥協を示さなかった。モスクワにとってすれば、もしこの二つを並行して開催することを受け入れるならば、それらははっきりと別々の会議にされなければならなかった。さもないと、軍縮問題のほうが足かせになって、CSCEの決着がなかなかつかない恐れがあったからである。CSCEを短期間で成功裏に終わらせるためにも、複雑な軍縮問題は避ける必要があった。CSCEを短期間で終わらせたいワシントンとしては、そのような分離はまさに歓迎すべきものであった。アメリカはさらに、その分離を徹底するために、交渉の場も別にすべきであると主張し、CSCEの準備はヘルシンキで、MBFRはウィーンで行うよう提案した。この点で、超大国の利害は一致していたのである。

ボンでのNATO外相会議のすぐあと、西ドイツ外務省もまた、もしCSCEとMBFRが並行して開催されるならば、その二つは連関してなくてもよいという柔軟な態度をとりはじめていた[35]。実際、仏・西独間の定期会談の際に、シェール西独外相は、二つの同時並行開催の考えを受け入れ、CSCEとMBFRのあいだにつながりがなくてもよいと述べていた[36]。小国や中立諸国は、二つの会議のあいだの連関を求め続けたが、むだであった。結局、CSCE参加国は、MBFRとは関連しない信頼醸成措置のみを軍事的問題として取り扱うことに満足しなければならなかった。

もしCSCEにおいてMBFRが取り扱われていたら、いったいどのようなことになったのかを論じることはむずかしい。だが、いったん同時並行開催が受け入れられてしまったいま、西側が、通常兵力の軍縮に関して西側の安全保障にとって好ましいかたちでソ連側から妥協を引き出す手段を失ったことは確かであった。つまり、ソ連が望むCSCEにおいて何らかの合意に至ることと引き換えに、NATOよりもワルシャワ条約機構側の通常兵力をずっと多く削減することを東側に受け入れさせることはできなくなったのである。こうして、MBFR交渉は行き詰まることを運命づけられたのであった。

密約

CSCEとMBFRの切り離しには何とか成功したものの、一九七二年夏までにアメリカは、MBFRの予備交渉の開催日を明確にする必要に迫られるようになっていた。第一に、MBFRの日程が依然としてはっきりしないなか、CSCEの日程が具体化しはじめていたからである。七月、フィンランド政府は、CSCEの多国間予備交渉を一一月二二日より始めることを主要関係各国に提案した[37]。これは、アメリカ大統領選挙の日程（一一月七日）を十分に考慮したものであった。五月一七日にモスクワ条約とワルシャワ条約が批准され、二九日には戦略兵器制限条約とABM制限条約が調印され、三一日にはNATOがボン外相会議のコミュニケのなかでヘルシンキにおいてCSCEの多国間準備協議に関与することを公にしていた。六月三日にはついにベルリン最終議定書も調印された。これらすべてが、七月にフィンランド政府をして東西ヨーロッパ諸国並びにアメリカ、カナダ、中立・非同盟諸国を多国間準備協議へ招待する後押しとなったのである。

だがフィンランドの招待を受け入れるまえに、NATO諸国、とりわけアメリカは、MBFRのスケジュールもはっきりさせておく必要があった。さらに米ソ首脳会談での合意にもかかわらず、ソ連側がCSCEとMBFRを並行して進めるという考えに消極的姿勢を示しはじめていたことも、アメリカ側の焦りをさそっていた[38]。ソ連外相グロムイコが七月にブリュッセルを訪問した際、ベルギー政府もまた、ソ連がCSCEとMBFRを並行して開催することに乗り気ではないとの印象を得ていた[39]。それゆえホワイトハウスは、九月半ばにキッシンジャーがモスクワを訪問するまえに、「MBFRの模索に〔ソ連が〕参与する何らかのサイン」として予備協議開催の時期に関する合意を得る必要があると考えたのである[40]。

ソ連側からのMBFRに関する言質をとるために、キッシンジャーはその開催日程について若干の譲歩をする必要性を感じていた。九月五日、バックチャンネルを通じてドブルイニンと会談したキッシンジャーはつぎのようなプログラムをソ連側に提案する――

もしわれわれ〔米ソ〕が一一月二二日のヨーロッパ安全保障会議〔の準備協議開催〕に合意する準備があるのであれば、MBFRの予備会合は〔一九七三年〕一月末までに開催されます。そして、もしヨーロッパ安保会議〔本会議〕が一九七三年夏のあいだに開催されるのであれば、MBFR会議は一九七三年の秋に開催されるでしょう[41]。

ここで注目すべきは、このキッシンジャーの提案は、CSCEとMBFRを厳密に並行して開催することを要求しておらず、MBFRがCSCEよりも若干遅れて開催されることになっている点である。これは明らかに、ソ連側への譲歩であった。というのも、五月のモスクワ首脳会談の際に、ブレジネフはCSCEの開催がMBFRに先行するようニクソンに要求していたからである。このことは、MBFRはCSCEに先行しなければならないというかつてのアメリカの立場が完全に放棄されたことも意味した。キッシンジャーはそのような譲歩をしてでも、MBFR交渉の開催日程についてソ連側の賛同を得ようとしたのである。だがこのささやかな譲歩は、さらに重要な米ソ間の密約へと発展していく。

その後キッシンジャーは、予定通り一九七二年九月半ばにソ連を訪問した。この米ソ会談の重要性は、彼がドブルイニンに提示したCSCEとMBFRのタイムテーブルにブレジネフが合意したということだけでなく、超大国間である密約が交わされたことにある。その密約とは、いつCSCEを終わらせるのかに関する米ソの合意である。この会談でブレジネフは、「ヨーロッパ安全保障会議が完遂されたあとで会議が開かれるという見通しなら、〔MBFRについての〕交渉に入る準備があります」（傍点筆者）との立場を示した。それに対して、キッシンジャーはこう応えたのである――

> もしCSCEが〔一九七三年〕六月末に開始されるのであれば、〔MBFRの〕本会議はCSCEが完結したあとであるべきであり、MBFR会議は九月末ごろ、九月か一〇月のどこかで開かれるでしょう。もしこれらの原則で合意できるなら、われわれはCSCEの準備を〔一九七二年〕一一月二二日に開始することに同意するでしょう(42)（傍点筆者）。

ブレジネフもすぐさま応じた――「同意しましょう(43)」。

　このやりとりから明らかなのは、キッシンジャーとブレジネフがCSCEを一九七三年六月末に開催し、九月末までにそれを終わらせ、その後にMBFR本会議を開催することを確認しあったことである。つまり、CSCEとMBFRをいつ開始するかだけでなく、CSCEをいつ終わらせるのかについても米ソは合意していたのである(44)。ブレジネフはCSCEをたった三カ月で終わらせるというアメリカの合意を引き出すことに成功した。また、CSCEのあとにMBFRを開催することによって、前者に関して西側に時間的圧力をかけることにもなる。それは、安保会議がソ連が望む戦後ヨーロッパの現状を固定化するための会議になることを意味したのである。そしてこのような米ソの合意は、同盟国と何ら相談されることなく、しかもCSCEが開催されるまえになされたものであった。

同盟国の対米不信

さらに興味深いことに、キッシンジャーはブレジネフに対して、アメリカではなくソ連側がＣＳＣＥとＭＢＦＲの日程表を提示したことにするよう要求していた。(45) そして、モスクワからの帰路、九月一五日にパリに立ち寄ったキッシンジャーは、ブレジネフからタイムテーブルを記した簡素なメモが手交されたとポンピドゥ仏大統領に説明した。メモに示された事実上の米ソ合意はつぎのようなものであった――

1　ヨーロッパ安全保障会議の準備協議はヘルシンキで一一月二二日から始められる、
2　安保会議はヘルシンキにて、一九七三年六月末に開始する、
3　ＭＢＦＲの準備協議は一九七三年一月末に始められる、
4　ＭＢＦＲ本会議は一九七三年九月あるいは一〇月に開始する。(46)

ポンピドゥとの会談の際、キッシンジャーは、ＮＡＴＯの同盟諸国と協議をするまえにこのメモについてソ連側に返答するようなことはしなかったと強調し、あくまでも西側陣営内での協議を優先しているとうそぶいた。(47) むろんキッシンジャーは、ＭＢＦＲ交渉が開始されるまえにＣＳＣＥを終わらせるという密約を、すでにソ連と交わしていることなど口にはしなかった。

このソ連のメモはすぐにほかのＮＡＴＯ諸国にも提示され、当初それは歓迎された。なぜなら、それは、ＮＡＴＯ側が長らく主張してきた通常兵力の軍縮交渉を、ソ連がようやく明確なかたちで受け入れたことを示していたからである。(48)

だがすぐに、ＮＡＴＯ諸国は米ソ間に何らかの秘密の合意があるのではないかと疑いはじめた。実際、グロムイコはオランダ外相シュメルツァーと九月二九日に会談した際、「ＭＢＦＲの準備協議は一月末に始められるが、実

質的な問題はCSCEのあとで初めて持ち出されるであろう」（傍点筆者）と述べ、安保会議が終わるまでソ連はMBFRの本会議開催に応じない姿勢であることをほのめかしていた。[49] フランスは、MBFRの交渉が始まるまえにCSCEを終わらせようとすることによってCSCEを協議するペースに圧力をかけようとするソ連の意図に疑いをもっており、CSCEの開始時期を一九七三年六月に固定することに反対した。[50] また、一〇月にモスクワを訪問して戻ってきたばかりの西ドイツ外交官も、イギリス外務省との意見交換のなかで、ソ連はCSCEが終わったあとでMBFR交渉を開始するつもりだという印象を得たことを伝えた。[51] さらにイギリス側も、ソ連に対してだけでなく、アメリカに対しても不信感を抱き、つぎのような懸念を西ドイツ側に伝えていた――

〔CSCEにおいて〕長期の委員会を設置することで真剣な会議にしようとするわれわれの構想全体が危険にさらされていることを理解すべきです。それは、短く簡素な会議を望むソ連からだけでなく、翌年秋にMBFR交渉を目に見えるかたちで開始したいと思っているアメリカからの攻撃によっても危機にさらされることになるでしょう[52]（傍点筆者）。

前章で見たように、当時、西欧諸国は、フランスの三段階会議構想にもとづいてCSCE本会議を長期にわたる徹底的な協議の場にしようとしていた。それゆえ、米ソによってCSCEでの協議が短く中身の薄いものにされることを、ほかのNATO諸国は受け入れられなかったのである。

さらにイギリス外務省は、（おそらく駐英アメリカ大使館筋から）ドブルイニンがロジャース米国務長官に宛てた機密扱いの文書を入手していた。そこには「昨年九月モスクワにてキッシンジャーとの会談で達した合意」（傍点筆者）という言葉が記されていた。[53] その「合意」の文字の下には、イギリス外交官の手によって下線が引かれている。ソ連のメモは合意されたものではないとキッシンジャーは説明していたが、イギリスは超大国間に密約があることを示唆する証拠を入手していたのだった。それゆえイギリス、フランス、そして西ドイツは、ソ連に対して、

ＣＳＣＥのあとにＭＢＦＲを開催するという考えを受け入れることはできないとの立場を伝えた(54)。アメリカは、そのような同盟国の意見に同調を示すものの、それを実際にソ連側に伝えることはなかった。これは、ヨーロッパ側の対米不信を強める大きな要因となったのである(55)。

米ソの密約に対する西欧諸国およびカナダの抵抗の顛末については第４節で論じる。次節では、一九七二年末よりはじまるＣＳＣＥの多国間準備協議がどのように西側に有利に進んだのかを確認しておくことにする。ＣＳＣＥとＭＢＦＲの関係に関する論争は、その多国間準備協議の終盤にふたたび問題となるからである。

3　多国間準備協議

一九七二年一一月二二日、フィンランドの提案どおり、ＣＳＣＥの多国間準備協議がヘルシンキ郊外のディポリで開催された。米ソの共謀に対する不信感は当面棚上げにしつつ、ＮＡＴＯ諸国はフィンランドの準備会議への招待を受け入れた。ソ連側がＭＢＦＲ交渉のスケジュールを明確にしたため、西側としては、もはやＣＳＣＥ準備協議をこれ以上延期する理由はなかったからである。その準備協議は約六カ月間続き、一九七三年五月六日、ＣＳＣＥで取り扱う議題と手続きに関する最終勧告をとりまとめ、その準備を終えた(56)。この最終勧告は、西側にとってきわめて幸先のよいスタートであった。そこには、ＣＳＣＥ本会議で取り扱う議題として、人権と基本的自由を尊重する条項を含む政府間関係を律する諸原則が盛り込まれた。また、西側が主張してきた「人・思想・情報の移動の自由」に関する諸問題も含まれていた――ただしその項目の名称は「人道およびその他の領域における協力」というややトーンダウンしたものだった。くわえて、手続きの問題に関しても、フランスの三段階会議案が受け入れられた。それゆえイギリス外務省高官は、この多国間準備協議の結果を踏まえ、「これまでのところ、西側は驚くほどうまくやっている」とコメントしていた(57)。

このディポリにおける多国間準備協議に関する詳細な研究は、すでに複数存在する。[58] それゆえ、ここでは以下の四つの重要なポイントに絞って、なぜ西側が多国間準備協議において重要な成果をあげることができたのかを見ていくことにしよう。

西側の入念な準備と中立諸国

フィンランド駐在のイギリス大使エリオット（T. A. K. Elliott）——イギリス交渉団の団長でもあった——によると、「ヘルシンキ最終勧告」の成功の第一の理由は、NATOおよびEPCにおいてまえもってなされた詳細な準備であった。[59] これまで論じてきたように、多くの問題において西側諸国の意見は分かれ、しばしば衝突していた。しかしながら、一九六九〜七二年のあいだに、西側の外交官や専門家たちはヨーロッパ安保会議に関するあらゆる点を注意深く分析し、議論していた。その結果、問題点や論争点が明確にされ、西側陣営内の見解の相違は相対的に狭められていたのである。このような準備にもとづいて、EPC諸国は、CSCE本会議において設置される各委員会のための協議事項や権限に関する草案を、多国間準備協議のテーブルに載せることによって、交渉のイニシアティヴをとることができたのである。[60]

第二に、多国間準備協議においては、中立諸国が全般的に西側寄りであったことが指摘できよう。むろんそれらの国々は、独自の構想や意見をもっていた。[61] しかしながら、いわゆる「中立・非同盟（N+NA, Neutral and Non-aligned）諸国」は、NATO諸国によって提案されたすべての議題項目を支持した。[62] くわえて、ディポリ協議のなかで提案された多くの問題を四つのカテゴリー、すなわちCSCEの専門用語でいう「バスケット」に分けることに貢献したのはスイスとオーストリアであった。両国の提案により、諸議題は安全保障を扱う第一バスケット、経済問題を扱う第二バスケット、人の接触・文化・情報の問題を扱う第三バスケット、そしてCSCEのフォローアップ会議の問題を扱う第四バスケットに分けられたのであった。[63] とくに「人・思想・情報の移動の自由」に関する諸問題をCSCEの議題として生きながらえさせるためにも、「バスケット」という価値中立的な名前が用いられた。東側陣営の見解にも一定の配慮をしながら、中立・非同盟諸国は、本質的には西側にとって好ましい最終勧告を作成するうえで、明らかに重要な役割を果たしたのである。

EPCの戦術

西側の成功の三つ目の理由は、当時、原加盟六カ国にイギリス、アイルランド、デンマークが加わり九カ国となっていたEPC諸国が、多国間準備協議が十分な結果を出すまでは本会議の開催日を受け入れないと決心していたことである。そしてその点で、交渉戦術の面でのEPCの協力が重要であった。EPC諸国は、つぎのような戦術をとった。まず一方で、もっとも重視する第三バスケットに関しては一貫して交渉のなかで取り扱うようにした。他方で、東側陣営が重視する第一バスケットに関する議論を、たとえばスイスが提案していた「紛争の平和的解決」といった項目や、地中海問題、あるいは信頼醸成措置の問題の方向へと誘導し、第三バスケットについて明確な進展が見られるまで、第一バスケットのなかでも東側にとって優先順位がもっとも高かった「参加国の相互関係を律する諸原則」に関する議論を避けるという戦術をとったのである。(64)

この交渉戦術は、西側陣営内の協議にとっても重要であった。というのも、「諸原則」に関しては、依然として西側のなかでも意見の相違があったからである。たとえば西ドイツは、将来のドイツ再統一の根拠とするためにも、民族自決の原則がきわめて重要であると見なしていたが、他方でカナダはケベック問題という分離独立運動を国内に抱えていたため、その原則に反対していたのである。(65) それゆえNATOにとっては、その問題について内部で決着がつくまで「諸原則」の問題が後回しになることは、都合がよかったわけである。

それに対してワルシャワ条約機構諸国は、できる限り早く決着をつけることを重視していた。(66) 一九七二年九月にキッシンジャーとブレジネフが合意した、一九七三年六月にCSCE本会議を開始するというタイムテーブルから圧力を感じていたのは、むしろ東側のほうであった。それゆえ西側、とりわけＥＰＣ諸国の戦術はうまくいったのである。西側陣営内にもいくつかの意見の相違はあったものの、これらの戦術によって、西側は東側から最大限の譲歩を引き出し、西側の譲歩を最小限のものにすることができたのであった。

西側の結束の維持

西側が多国間準備協議を有利に進めることができた最後の理由は、西側が結束を維持したことであった。西側諸国がまえもって入念に準備した内容を東側との交渉のなかで生かすためには、お互いの協力が不可欠であった。もし西側陣営がバラバラであったなら、その交渉力も弱められていたであろう。それゆえ、この点は多国間交渉において決定的に重要であった。東側陣営では、多くの東欧諸国はソ連の厳格なコントロール下にあったものの、多国間準備協議のなかでその独立と主権を強調したルーマニアはソ連を悩ませる要因であった。それに対して、「ヘルシンキにおける〔ＥＰＣ〕九カ国のパフォーマンスはすこぶる効果的であった」のである(67)。

前章ではどのようにＥＰＣ諸国が「一つの声」を形成していったのかについて分析したが、ここでは、なぜＥＰＣの結束が多国間準備協議において成功をおさめたのかについて見ておきたい。まずは、アメリカの態度が重要な背景要因であった。いったん準備協議が開始されると、アメリカ代表は交渉に積極的に介入することを控えるようになった。安保会議には関心が低かったニクソン政権は、アメリカが突出することを避け、ヨーロッパ諸国に議論をリードさせ、九カ国が合意した立場に横槍を入れないよう訓令していたのである(68)。一九七二年のニクソン・ブレジネフ首脳会談以来、ワシントンはモスクワとの良好な関係を維持しようとしていたため、ＣＳＣＥに関してＥＣの友邦国ともソ連とも対立しないことが望ましいと考えていた(69)。このようなアメリカの態度は、ＮＡＴＯ内の非ＥＣ諸国の居心地を悪くさせることとなった。というのも、後者はしばしば、ＥＰＣ九カ国が事前に合意した事項を既成事実として受け入れなければならない立場に追いやられたからである(70)。ギリシャやトルコといった非ＥＣ諸国の声は、アメリカ政府の支持がなくては、NATO内でははなはだ弱いものとならざるを得なかった。その結果、EPC諸国間の協議が、多国間準備協議における西側の立場を準備するうえで、中心的な場として機能することとなったのである。

また、エリオット駐フィンランド英大使が指摘するように、準備協議においてEPCが効果的に機能するうえで、フランスの態度も非常に重要であった[71]。たしかに、ブロックに縛られることを嫌うフランスは、独自にソ連・東欧諸国とも活発な協議を続けていた。他方で、多国間準備協議を東側に有利に、そして早期にとりまとめるためのソ連側の戦術は、二国間関係を利用することであった[72]。それゆえ、一九七三年一月のポンピドゥとブレジネフの首脳会談などは、ワルシャワ条約機構諸国にとって、フランスから譲歩を引き出すための重要な機会であると考えられていた[73]。しかし実際には、妥協を強いられたのはフランスではなくソ連であった。ポンピドゥは首脳会談において、CSCE第二段階において設置される各委員会のための作業指令文書を作成するというアイデアを受け入れるよう熱心に主張した[74]。当時東側は、多国間準備協議において、そのような作業指令文書を作成することに強く反対していた。そのような文書を作成することになれば、準備協議が長引いてしまうことは明らかであり、早期に安保会議を開催するという思惑に反することになるからであった。それゆえ、準備協議はさっそく行き詰まっていた。しかし西側にとって、作業指令文書を準備しておくことは、安保会議を中身のあるものにするためにも非常に重要であった。また、作業指令文書を作成するという考えは、そもそもフランスのアイデアであった。それゆえポンピドゥは、作業指令文書の作成をねばり強く要求し続けた。結局、早期に準備会議に決着をつけ、CSCE開催にこぎつけたいとより強く望んでいたのはソ連側であった。またおそらく、ソ連指導部はここで譲歩して、良好な仏ソ関係を築いておいたほうが、のちのCSCE本会議における交渉の際、東側にとってプラスになると考えたのであろう[75]。その結果、フランス側の強い主張に直面して、ブレジネフは、のちに多国間準備協議の最終勧告につながる文書の作成に同意したのである。

それに続く仏ソ二国間協議も、ソ連側の有利に動くことはなかった。フランスの基本的な立場はほかのEPC諸国と合意した内容に基本的に忠実であり続けた。たしかに、仏ソ首脳会談にて、両国の指導者はCSCEについての、そして作業指令文書についての協議を継続することで合意していた[76]。また、それに従って一連の仏ソの外務省高官協議や外相会談が開かれはした[77]。しかしながらフランス側は一貫して、多国間で協議されている問題を二国間で決定することは困難であると主張し、たとえば仏ソ間だけで独自の共同作業指令文書のようなものを作成することは拒否し続けた[78]。仏ソ二国間協議は緊密であったにもかかわらず、フランスはEPCで合意された立場から逸脱することはなかったのである。結局、多国間準備協議において作業指令文書を作成するというフランスの提案は、「ヘルシンキ協議の最終勧告」として結実し、それはCSCE本会議を西側にとって好ましい方向へ導くうえで基本となる文書となったのである。

さらに興味深いのは、フランス代表団の団長であったアンドレアーニによるつぎのような指摘である[79]。彼によると、東西間の多国間交渉において、NATOはその加盟国を相互に監視する機能を果たしたというのである。つまり、そのような多国間の枠組みでは、NATOのメンバーはお互いに抜け駆けしないか見張っており、ほかの同盟国が何を考えているのかをつねに確認するようになっていたのである。このことによってNATO諸国は、西側で築いた合意を破ることが非常にむずかしくなったのである。アンドレアーニはまた、フィンランドに派遣された各国代表団が、しばしば本国からの訓令よりも現地でのEPCの結束を重視したことを明らかにしている[80]。このことは、ヘルシンキという現場におけるEPCの緊密な協議がそれ独自のダイナミズムをもつようになっていたことを示唆しているといえよう。このようなダイナミズムと相互の監視メカニズムによって、西側は多国間準備協議においてさらに強固なまとまりを形成することになったのであった。

この準備協議は六カ月も続くこととなった。それは、主に西側がCSCE本会議のための作業指令文書を起草するよう迫ったからであった。こうして、多国間準備協議はより実質的な交渉の場となり、多国間のヨーロッパ・デタントの成功に至る過程で非常に重要な段階となったのである。そして、以上の四つの理由から、NATOおよびEPCは、一九七三年六月に、「ヘルシンキ協議の最終勧告」というCSCE本会議のための強力な基盤を築くことができたのである。しかしながら、それを最大限有効に利用するためには、CSCEとMBFRの日程に関する米ソの密約を葬り去る必要があった。

4　超大国への異議申し立て

CSCE開催に向けた準備は無事整ったが、CSCEとMBFRとの関係が大きな争点として残っていた。米ソはCSCEが終了したあとでMBFRを開始することをふたたび確認し、西欧諸国がそれを受け入れるよう主張しはじめる。しかし、西欧諸国とカナダは、それに強く反発することになる。そしてこれらの国々は、CSCEを短期で終わらせようとする米ソの思惑をくじくことによって、安保会議を建設的で中身のあるものにする基盤を確保するのである。またこれは、NATOにおけるアメリカの同盟国が一致してアメリカに異議申し立てを行った、冷戦史のなかでも稀有な事例であったという点でも注目に値するだろう。

米ソによるCSCE／MBFR日程の再調整

多国間準備協議が最終段階に近づくにつれて、CSCEとMBFRについての米ソ間の合意がふたたび重要な問題として前面に出てきた。というのも、第一に、一九七三年三月一五日、マンスフィールド上院議員がアメリカ議会において、海外における米軍を一八カ月以内に撤退させるよう要求する決議を採択させることに成功していたからである。(81) それゆえ、議会対策上、MBFRを開催するタイミングの問題は依然としてアメリカの懸案材料であり続けたのである。(82)

また第二に、東側陣営がＭＢＦＲ本会議の開催日を固定することに反対し、西側陣営は不信感を強めていたことがあげられる。[83] ＭＢＦＲの予備協議は、前年九月のキッシンジャー訪ソの際の合意どおり、一九七三年一月三一日よりすでにウィーンにて開催されていたが、ワルシャワ条約機構側はその予備協議のなかでＭＢＦＲ本会議の開催日を明確にすることを拒否し続けていた。東側のねらいはCSCEを終わらせてからＭＢＦＲを開始することにあった。東側は、ＣＳＣＥを短期で終わらせることを受け入れていたアメリカとは、ＭＢＦＲを「九月あるいは一〇月」に開始することで合意できていた。また米ソは、ＣＳＣＥを終わらせてからＭＢＦＲを開始するという段取りで合意していた。しかしながら、そのような手順を確認できていないほかの西側諸国とは、ＭＢＦＲの開始日を固定できないのは当然であった。なぜなら東側としては、そうすることで、ＣＳＣＥを早期に終わらせなければＭＢＦＲは始められないという圧力を西側にかけることができるが、逆にＭＢＦＲの開催日程について西側と正式に合意してしまえば、ＣＳＣＥの協議がソ連の思惑通りに早期に終わらなくとも、ＭＢＦＲの交渉を開始せざるをえなくなってしまうというジレンマがあったからである。

だがこのような東側の態度は、アメリカをも不安にさせたと思われる。というのも、四月一〇日、ソ連大使館はキッシンジャーにつぎのような新たな日程表を渡していたからである。

外相レベルの第一段階は、六月二七日あるいは二八日に開催され、一〇～一四日間続けられる。「委員会作業」の第二段階は、七月半ばに始まる。そして「最高レベルにおける」第三段階が、一九七三年一〇月あるいは一一月に開催される。[84]

ここからもわかるように、若干の修正はあるものの、ソ連はやはりCSCEの実質的な協議となる「委員会作業」の第二段階を三カ月で終わらせるつもりであった。だがアメリカにとっての問題は、ここにＭＢＦＲについての言及がないことであった。ＭＢＦＲについては準備協議でも本会議の日程が固まらず、またソ連の新たなＣＳＣＥについての日程表にもMBFRとの関係が触れられていなかったため、キッシンジャーはMBFRの日程を再度ソ連側と確認する必要を感じたのであろう。MBFR交渉が確実に開始されなければ、CSCE開催についてソ連に譲歩した意味がなくなってしまうからである。

それゆえ、五月初頭のキッシンジャーの訪ソは、ソ連側の意向を確認する重要な機会であった。六月に予定されていた米ソ首脳会談の事前協議のために、ふたたびモスクワを訪問したキッシンジャーは、「少なくともCSCEの終わりとMBFRの開催のあいだの期間について合意できないだろうか」とグロムイコ外相に尋ねた。CSCE終了とMBFR開始のあいだを一カ月とするのがアメリカ側の提案であった。そしてグロムイコは、「九月から一〇月までに、全ヨーロッパ会議が終わる」ことを前提条件として、キッシンジャーの提案に同意したのである(85)。米ソは、一九七三年の九月から一〇月までにCSCEを終わらせ、その一カ月後にMBFR交渉を開催することにあらためて合意した。ソ連側が、MBFRを用いてCSCEを短期間で終わらせようとしているのは明らかであった。そうすることによって、西側に有利なものとなった多国間準備協議の最終勧告の中身を骨抜きにしようとしたのである。

米ソの圧力、西ヨーロッパ・カナダの反発

キッシンジャーも、MBFR交渉を確実に開始させるために、安保会議を早期に終わらせたいと考えていた。一九七三年二月二一日にルクセンブルク外相トルン（Gaston Thorn）と会談した際――トルンの報告によると――キッシンジャーは、西欧諸国がアメリカのCSCE・MBFR政策に対して「まったく非協力的」であると批判していた。CSCEをほとんど中身のない短い会議にすること、そしてCSCEが何らかの進展をもたらすことはほとんどないということを受け入れるよう主張したのである。また、「移動の自由は戦術的有用性はあっても、どこにも行き着かないだろう」とも述べていた(86)。別の報告においても、キッシンジャーはトルンに、「CSCEはアメリ

カにとって何の重要性もなく、しかしMBFRは国内政治上、非常に必要であるため、CSCEとの関連で西欧諸国はソ連を怒らせるべきではない……そしてまた、応えられないような世論の期待が高まるまえに〔安保〕会議を迅速に終わりにすべきである」と語ったという。(87)

さらに西ドイツに対しても、キッシンジャーは安保会議の早期終結を迫った。新たに駐米大使となった西ドイツの外交官フォン・シュタッデン（Berndt von Staden）と五月一二日に会見した際、キッシンジャーは先のモスクワ訪問の成果について報告し、CSCEが完結してから一カ月後にMBFR交渉を開始するというのがクレムリンの意図であると説明した。(88)先述のとおり、そのような日程を提示したのはソ連ではなく、キッシンジャーだったにもかかわらずである。(89)また同時に彼は、安保会議はできる限り早く終わらせるべきであり、長引かせてはならないとの考えも明らかにした。つまり、キッシンジャーには、CSCEを西側にとって中身のあるものにするために、それを長期にわたるものにする意図はまったくなかったのである。そして、まずCSCEを短期間で終わらせ、ついでMBFRを開始するという流れを、ソ連の提案としながらも西側としても受け入れるよう、同盟国に促しはじめたのだった。

ソ連もまた、二国間関係を通じて西ドイツに同様の日程を受け入れるよう迫った。しかし、ブラント首相もシェール外相も同意することはなかった。すでに述べたように、軍縮問題は西ドイツの東方政策にとってたしかに重要な要素であった。だが西ドイツにとって、ヨーロッパ安全保障会議もまた、東方政策を持続的なものにするため重要であった。ソ連は、MBFR交渉開始を望む西ドイツも、CSCEを短期間で終わらせることに賛同すると考えたかもしれない。というのも、すでにブラントは一九七一年九月にブレジネフと会談した際、MBFRの重要性をソ連側に熱心に説いていたからである。(90)しかしシェールは、一九七三年五月一八日にグロムイコと会談した際、米ソが提示したCSCEとMBFRの日程表をはっきりと拒否した。(91)ブラントもまた、同月二一日にブレジネフと会談した際、MBFRが真剣に交渉されるまえにCSCEを終わらせなければならないとのソ連側の主張に対し、CS

ＣＥを一九七四年の春までに終わらせることはできないだろうと述べた。つまり、ＣＳＣＥの協議が短期間でまとまる可能性を否定することによって、ブラントは遠まわしにソ連の主張に反論したのだった[92]。このように西ドイツは、ＭＢＦＲ交渉を早期に開始するためにＣＳＣＥを短くして、西側に不利な状況をつくるつもりはなかったのである。

また、ほかのＮＡＴＯ諸国も超大国間の合意に激しく反発した[93]。ソ連の――正確には米ソの――日程表は、安保会議が短く中身の薄いものになることを意味した。もし西側がそれを受け入れたなら、ＭＢＦＲ交渉を開始するため、三カ月以内にＣＳＣＥを終わらせなければならなかった。しかし、「ＣＳＣＥ交渉が長ければ長いほど、そして深く掘り下げれば掘り下げるほど、ソ連にとって戦術的にも実質的にもより困ったことになる」とイギリスは考えていた[94]。フランスも、安保会議はそれ独自のリズムで進められなければならないと考え、ＭＢＦＲとＣＳＣＥが日程的に連関することに反対であった[95]。つまり、西欧諸国は、ＣＳＣＥ交渉が時間的圧力にさらされることなく進められる必要があると考えていたのである。それゆえ、ＭＢＦＲの早期開催を望むアメリカからＣＳＣＥを早期に決着させるよう圧力がかかることを避けるためにも、ＭＢＦＲ交渉の開始日を、ＣＳＣＥのスケジュールとは独立したかたちでまえもって設定することが、ほかのＮＡＴＯ諸国にとって不可欠であったのである。

抵抗のための二つの手段

そのための一つ目の手段は、ＣＳＣＥとＭＢＦＲの交渉を実質的に並行して進むようにすることであった。すでに見たように、ＣＳＣＥ本会議は三段階で進められることが準備協議のなかで合意されていた。第一段階は、ＣＳＣＥの開催を象徴する外相会議であり、そこで最終勧告が採択される。第二段階は、その最終勧告にもとづいて議題ごとに委員会を設置し、官僚レベルで実質的な協議を行う。そして第三段階では、外相あるいは首脳レベルの会議をふたたび開催し、第二段階でとりまとめられた結果を正式に承認することになっていた[96]。グロムイコは、その第二段階が第一段階終了後数日のうち、つまり具体的には七月半ばに開催され、九月にはそれを終えるつもりでいた[97]――そしてMBFRはその後に開始される算段であった。しかし西欧諸国は、CSCE第二段階は早くても八月の夏期休暇後の九月に開催されると考えていた[98]。これは戦術的に計算されたものでもあった。すでに述べたとおり、ソ連（とアメリカ）はすでに、MBFR交渉を一九七三年九月あるいは一〇月に開始する旨のメモを提示していた。それゆえ、CSCEの実質的な交渉である第二段階を同じ九月に開始し、二つを同時並行で進めることによって、CSCEが終わってからMBFRを開始するというソ連（とアメリカ）のシナリオを潰そうとしたのである。

米ソの意図に対抗するもうひとつの手段は、CSCEを開始しないことであった。とりわけオランダとカナダが強硬派であった。もしソ連が、MBFRの開催日を明確にしようとしないなら、NATOはCSCE第一段階である外相会議の開催に賛同すべきでない、と両国は主張したのである。一九七三年五月末、CSCEの多国間準備協議は最終段階に入っており、東側は最初のCSCE外相会議の日取りを決めるよう迫っていた[99]。そしてそれは六月末か、七月初頭に設定されるであろうとの見通しがすでにあった。だが、カナダとオランダは、CSCE第一段階の開催受け入れを交渉のカードに使うのが、西側にとってもっとも有効であると考えていたのである。

ほかのNATO諸国はオランダやカナダよりも穏健ではあったが、基本的な戦略は同じであった。多くのNATO諸国は、多国間準備協議が最終段階にあるなかで、CSCE外相会議（第一段階）の開催を遅らせようとするのは戦術的に望ましくないと考えていた[100]。それゆえ、もしソ連がMBFR交渉の開催を拒み続けたら、西側はCSCE第二段階の開催を拒否すればよいというベルギーの提案が広い支持を得ていた[101]。にもかかわらず、オランダとカナダは強硬路線に固執した。その結果、多国間準備協議の最終日において、アメリカを除くすべてのNATO諸国は、一九七三年七月三日をCSCE外相会議の日取りとして暫定的に受け入れるものの、フィンランドからの会議の招待に対しては公式の返答を性急に行わないという妥協案で合意した。NATO内では、アメリカ大使だけが反対した[102]。アメリカは孤立したのである。

西ヨーロッパとカナダの勝利

そのため、米ソは最終的に、日程についての合意の変更を迫られた。戦術的観点からは意見の相違があったものの、西欧諸国およびカナダはすべて米ソの合意に強硬に反対していた。もしソ連が、MBFRはCSCEの終了ひと月後に開催されるという立場に固執し続けたら、CSCEもMBFRもどちらも開催されない恐れがあった。それゆえ、米ソは計画を再考せざるをえなかったのである。六月二日、キッシンジャーはドブルイニンと話し合い、一九七三年中にCSCEを終わらせることで米ソが合意できるなら、MBFRの開始日を固定することを決めた。[103] そして、一九七三年六月末にブレジネフがアメリカを訪問した際、MBFR交渉を一〇月三〇日に開始することで、ついにニクソンと合意したのである。[104] まずCSCEを終わらせ、そのあとにMBFRを開始するという米ソ合意が葬られた瞬間であった。

この一九七三年六月の米ソ首脳会談の結果について、「ブレジネフはおそらく、ソ連がMBFRを開始することに合意することと引き換えに、ニクソンが同盟国を説得してCSCEを成功させることを望んでいたかもしれない」が、「ブレジネフはこの点について限定的に成功しただけだった」との分析がある。[105] しかし、ブレジネフの成功を限定的なものにしたのは、ニクソンの成果とはいえない。むしろ、米ソ両超大国の「成功」を西欧諸国とカナダが阻止したのであった。米ソ首脳会談において、ブレジネフは、CSCEを終わらせる日付についても合意するようニクソンに迫った。しかし、同盟国の反対をまえにして、ニクソンはもはや安保会議の終了日程について約束することはできなかった。[106]「わたしが言えることは、できる限り早く〔CSCEの〕結果を得るために、われわれは〔NATO同盟国を〕せきたてることができる、ということだけです」とブレジネフに応えるのが精一杯であった。[107]

CSCEの進度に関係なくMBFR交渉の日程が固定化されたことは、米ソがCSCE終了後にMBFR交渉を開始するという従来の立場を後退させたことを意味した。重要なことは、それによって、東側は安保会議を早期に終わらせるよう圧力をかけるためのもっとも重要な、そしておそらく唯一のカードを失ったことであった。もし仮に米ソが、ドブルイニンが要求したように一九七三年末までにＣＳＣＥを終わらせることで合意したとしても、ほかの西側諸国はそれに縛られることなく、ＣＳＣＥ第二段階の交渉を独自のペースで、ＭＢＦＲとは独立して進めただろう。実際、ＣＳＣＥ第二段階の交渉は一九七三年末までに終わることはなく、「人・思想・情報の移動の自由」といった西側にとってもっとも重要な議題を、時間をかけて、より実質的に、そして徹底的に議論することになるのである。

＊

当初、軍縮・軍事管理デタントを追及していたのはもっぱら西側であった。しかし一九七二年前半までに西側は、当面は信頼醸成措置についての合意をめざし、実際の軍縮を長期的目標とするところまで後退することとなった。しかも、信頼醸成措置はＭＢＦＲの附随的要素であり、その軍事的価値は低いと見なされていた。そして、ＭＢＦＲはＣＳＣＥから完全に切り離されることとなった。その結果、前者が将来において進展する可能性が大幅に減らされたのである。

しかしながら西欧諸国は、自らが安保会議の真の価値だと考えるものを守ることができた。多国間準備協議において作成された最終勧告において、ＣＳＣＥ本会議で人道的問題を取り扱うことを東側に認めさせた。そして米ソ超大国の密約によるＣＳＣＥとＭＢＦＲの日程表を反故にすることで、西欧諸国とカナダは、ＣＳＣＥが短く中身の薄い会議で終わってしまうことを阻止することに成功したのである。こうして、ＣＳＣＥ本会議が始まるまえに、それが西側にとって有意義なものとなる準備が整ったのであった。

エピローグ

ヘルシンキ。一九七三年七月初頭――

三日。午前一一時半。フィンランド外相カルヤライネン（Ahti Karjalainen）が、ＣＳＣＥの第一段階である外相会議の開会を宣言した。ヘルシンキ市内のフィンランディア・ホールは二年前に新築されたばかりの国際会議場であり、ＣＳＣＥのために建設されたといわれる。入り江に望む白と黒の色調に統一されたこの会場に集った三五カ国の外相は、[1] カルヤライネンを議長とし、多国間準備協議で作成された「ヘルシンキ協議の最終勧告」を全会一致で採択した。この五日間の会合は、出席した全外相が演説をするだけの形式的なものであった。[2] しかし、そこにおけるプロパガンダ合戦は、その後の交渉が長く険しいものとなることを暗示していた。概して共産主義諸国の外相たちは守勢に回り、ヨーロッパには二つの異なった体制があることを強調し、国境の不可侵を訴えた。とくに各国代表演説の冒頭に登壇したグロムイコ・ソ連外相は、人・思想・情報の移動について、各国は主権にもとづく拒否権があると断言した。[3] 駐ヘルシンキ英大使によれば、グロムイコのスピーチは、「まるで〔多国間準備協議が始まってからの〕ここ九カ月のあいだ何も起こらなかったかのように書かれており、そしてきっとこれからも何も起こらないということを保証するかのように作成されたようであった」。[4]

七月七日、ＣＳＣＥ第一段階は、九月一八日より第二段階をジュネーヴで開催することを謳ったコミュニケを発表し、閉幕した。

ＣＳＣＥジュネーヴ協議(5)

「ヘルシンキ協議の最終勧告」に盛り込まれた諸規定は、ＣＳＣＥの行く末を明確に示すものであった。一九七三年九月一八日からジュネーヴで開始された第二段階の事務レベル協議では、「最終勧告」にもとづき、会議全体の中心となる調整委員会と、ヨーロッパ安全保障に関する第一委員会、経済・科学技術・環境の分野に関する第二委員会、そして人道的問題及びその他の領域に関する第三委員会の三つの主要な委員会、さらにその下に一一の小委員会が設置された。(6)ヨーロッパ安保会議は、「最終勧告」に沿って着実に制度化されていった。東側諸国は、それによって設定された枠組みから抜け出すことはできなくなっていた。

さらにソ連陣営は、この第二段階を当初望んでいたように短期間で終わらせることもできなかった。当時だれも予想できなかったことであるが、このジュネーヴでの事務レベルの専門家会議は、およそ二年もの長きにわたって続くことになる。一九七三年六月、フランスの新外相ジョベール（Michel Jobert）がグロムイコと会談した際、グロムイコは、「第二段階は『人為的に長引かせて』はならず、〔一九七三年〕一一月の終わりには終了させられるだろう」と強調していた。それに対しジョベールは、「われわれはとくに、もっとも重要であると考えている委員会での作業に最終期限を設定するようなことは望まない」と答え、西側は第二段階において主要問題を徹底的に協議する姿勢を示していた。(7)当初東側は、ソ連がもっとも重視している第一委員会における「参加国の相互関係を律する諸原則に関する宣言」の完成を優先させ、人道的問題を扱う第三委員会での協議を後回しにする戦術をとろうとしていた。しかし西側は、東側のそのようなアプローチを十分認識しており、第一委員会の議論と第三委員会の議論の進捗を並行して進める戦術をとることで対抗した。(8)その結果、一九七三年一一月半ばにイギリスのＣＳＣＥ代表が報告したように、「ロシアはいまや、早期の〔第二段階の〕終了を強いようとする希望を断念し、いまでは作業が〔一九七四年の〕春までは続くと考えていることがはっきりした」のだった。[9] だが実際には、ジュネーヴでの協議はそれ以上に長引き、一九七五年の夏まで続いたのである。

安全保障問題とドイツ問題

安全保障問題に関しては、西側がCSCEで得たものは相対的に限られていたといえよう。まず、武力不行使や国境不可侵の原則が、ヨーロッパの現状を保証するものとして確認された。信頼醸成措置に関する最終的な合意は、二万五千人以上の大規模な軍の演習を行う際には、国境から二五〇キロメートル以内の隣国には、二一日前に事前通告をして、査察官を交換することとなった。だがそれは、西欧諸国にとってはやや不満が残るものであった。というのも、まずこれらの信頼醸成措置には強制力はなく、自主的にのみなされるという既定となっていた。さらに、一九七三年九月より米国務長官となっていたキッシンジャーが、この問題について一九七五年五月にグロムイコと交渉し、西欧諸国がソ連側から獲得しようと考えていたラインよりも、さらに譲歩してしまったのである。[10]

くわえて、CSCEとは別の会議として一九七三年一〇月三〇日よりウィーンで始まっていたMBFR交渉は、結局一九八〇年代末まで決着のつかないまま続くことになる。NATO側は均衡のとれた軍縮を要求するが、ワルシャワ条約機構側は同じ数だけの兵力削減、つまりヨーロッパにおける既存の不均衡な兵力レベルを固定化するようなかたちでの削減を主張した。この意見の相違は冷戦中に乗り越えることができなかった。

だが西側、とくに西ドイツは、第一バスケットの「参加国の相互関係を律する諸原則に関する宣言」において、自決の原則に関する重要な譲歩を勝ち取った。ソ連は国境不可侵の原則を文字通りそのまま認めるべきであると主張していた。しかし西ドイツは一貫して、国境不可侵の原則は平和的な国境の変更の可能性を排除してはならないと訴えていた。最終的に、「諸原則に関する宣言」において国境不可侵の原則（第三原則）はそのまま独立した原則とされたが、それとは切り離されたかたちではあるが民族自決の原則（第八原則）をそのなかに盛り込ませることができたのである。[11] これにより西ドイツは、ヘルシンキ最終議定書調印の一五年後、まさにドイツ人の自決による東西ドイツの再統一を達成する基盤を確保したのであった。

経済問題

主に経済問題を取り扱う第二バスケットにおける交渉は、東西どちらにおいても内容のあるものとはならなかった。そもそも経済協力を安保会議の議題として主張したのは東側陣営であったが、ソ連は、経済問題に関して多くを勝ち取ろうとするあまり、より重視していた第一バスケットの交渉を複雑にしてしまうつもりはなかったのである。[12] 西側陣営にとっても、安保会議における経済問題の重要性は相対的に低かった。当初よりその問題は、すでに一九四七年より存在する国連のヨーロッパ経済委員会（Economic Commission for Europe）で取り扱われるべきであると考えられていたからである。[13] 実際、ＣＳＣＥにおいて経済問題を担当した人びとのほとんどは、ヨーロッパ経済委員会に関係する経済問題の専門家たちであり、お互いをよく知る人びとであった。[14] 東側陣営が第一バスケットを重視し、西側陣営が第三バスケットを重視するなか、第二バスケットの比重は低下せざるをえなかった。その結果、ＣＳＣＥは実質的な経済交渉の場とはならなかったのである。

経済に関するとくに大きな東西間の意見対立は、最恵国待遇の原則と、互恵主義の原則のあいだの対立であった。東側陣営は、最恵国待遇の原則にもとづく包括的なヨーロッパ規模の経済協力を望んでいた。他方、西側陣営、とりわけＥＣ諸国は、貿易における互恵主義の原則を重視し、ビジネスのための接触の機会や経済情報の流れを促進させる方策を求めた。というのも、ＮＡＴＯ側としては、最恵国待遇は東側にとってのみ利益があり、西側にはほとんどメリットがないと考えられたからである。[15] とくに最恵国待遇は、ＥＣの域内農産物の購入を優先させる共通農業政策（ＣＡＰ）の原則に抵触するため、ＥＣ諸国にとってデメリットになりかねなかった。[16] それゆえ西側は、人や情報の移動の自由に関する要求を経済分野にも拡大することによって、東側の要求に対抗したのである。だが結局、東西双方とも、CSCE第二段階における最後の一カ月間で一定の譲歩を示し、第二バスケットに関する文言をとりまとめた。経済問題は、安保会議を決裂させるほど重視されてはいなかったのである。第二バスケットに関する部分は、ヘルシンキ最終議定書のなかでもっとも分量が多いものとなったが、懸案の最恵国待遇に関する箇所は、双方の見解を盛り込んだため非常にあいまいでぎこちない文言となった(17)。そのような妥協は事務レベルのCSCE第二段階を完遂するという点では役に立ったが、経済領域において実質的に意味のある合意とはならなかった。事実、そのようなあいまいで抽象的な文言を実際の経済協力に具体的に転化することは非常に困難であった。それゆえ両陣営にとって、東西間の経済協力に関する合意されたテキストの実体経済への影響は、きわめて限られたものとなったのである(18)。

人道問題とフォローアップ会議

しかし、CSCEの人道的側面に関しては、西側、とりわけEPC諸国は大きな成果をあげた。西側陣営はすでに、人権と基本的自由の原則を「諸原則に関する宣言」の原則のひとつとして盛り込むことに成功していた。ソ連とその同盟国は、第三バスケットの中身を骨抜きにしようとし続けた。たとえば、前文に内政不干渉の原則を盛り込むことで、人の接触や情報の移動の原則の適用を制限しようとした。だが、EPC諸国はそのような東側の試みを注意深くかわし続けた(19)。

キッシンジャーは、東西関係の文脈で人権といった要素を低く評価し、むしろソ連との良好な関係を維持するため、安保会議が早期に決着することを望んだ。しかし、キッシンジャーが人道的諸問題について態度を軟化させるよう同盟国を説得しようとしたとき、MBFR交渉はすでに一九七三年一〇月末より開始されており、もはや圧力をかけるカードを持ちあわせていなかった(20)。CSCEが完結する以前にMBFR交渉が始められたことによって、西欧諸国とカナダは、同盟国に中身の薄い最終文書を受け入れさせようとするすべをアメリカから奪っていたのである。

さらに、第二段階での長い綱引きの結果、最終的にしびれを切らしたのはブレジネフのほうであった。一九七五年三月初頭、彼は西側の主要各国首脳に書簡を送り、「最高レベルにおける〔安保〕会議の最終段階」が六月三〇日に開始されるべきであると主張した(21)。ソ連側のほうがデッドラインを設定したことの意味は大きかった。ブレジネフは、自身が一貫して要求してきたCSCEの第三段階を首脳レベルの会合にすることを受け入れるかわりに、西側が第三バスケットの諸問題に関してモスクワに圧力をかけるうえで、大きな機会を西側に与えることになったのである。その結果、五月末に、ワルシャワ条約機構諸国はついに実質的な譲歩を行い、人の接触と情報の移動に関する西側の提案を受け入れたのであった(22)。

最後に、CSCEのフォローアップ会議に関する第四バスケットについても触れておこう。CSCE本会議では、東側陣営よりもむしろ中立諸国が会議の常設化に熱心であった。一九七四年六月には、フィンランドが常設調整委員会の設置を訴えた。CSCEのフォローアップ・プロセスを支援するための組織をヘルシンキに誘致したいとの思惑からであった(23)。ほかの中立諸国にとっても、ヘルシンキ最終議定書の実施状況をモニターするために、また中立諸国がヨーロッパ安全保障の問題にかかわり続けるためにも、常設組織の設置は好ましかった。しかしながら、一九七四年四月までに、EPC九カ国はCSCEの常設化に反対し、数年の時間をおいて一九七七年に高級官僚級の会合を開くことを申し合わせていた(24)。結局、ソ連がCSCEの早期決着のためにも常設組織の設置にこだわらなくなったこともあり、EPC諸国の主張が大幅に受け入れられるかたちで、一連のフォローアップ会議が開催されることで決着した。常設組織がつくられることはなかった。とはいえ、一九七七～七八年にベオグラード、一九八〇～八三年にマドリッド、一九八六～八九年にウィーンでCSCE再検討会議が開催され、いわゆるヘルシンキ・プロセスが冷戦の終焉まで続くことになるのである。

＊

ふたたびヘルシンキ。一九七五年七月末――

ソ連が第三バスケットにおける譲歩を示したことによって、ＣＳＣＥ第三段階は、ブレジネフが望んだように、首脳レベルの会議となった。ＣＳＣＥ首脳会議は七月三〇日に始まり、三日間続いた。各国首脳は、二年前に外相たちが集った場所にふたたび戻ってきた。西側主要国の指導者たちの顔ぶれはすでに変わっていた。ヒース、ブラント、ニクソンは政権を去り、ポンピドゥは大統領在任中に死去していた。フィンランドの首都に来たのは、ウィルソン、ジスカール・デスタン、シュミット、そしてフォード（Gerald Ford）といった新たな指導者たちであった。とはいえ、一九六九年からの外交官や専門家たちの努力の結果は、すでにヘルシンキ最終議定書として実を結び、準備されていた。そして八月一日。この歴史的な文書が調印され、冷戦の長期的変化のための重要な一歩をしるしたのだった。

結論　多国間デタントと冷戦

本書は、ＣＳＣＥの開催に至る一九六八〜一九七三年を中心に、ヨーロッパにおけるデタントの分析を試みた。この六年間は、ＣＳＣＥというかたちで結実する多国間のヨーロッパ・デタントを準備するうえできわめて重要であった。これまでの研究の多くは、もっぱら一九七三〜七五年に開催された安保会議それ自体と安保会議のその後を分析してきた。しかし本書は、それ以前の国際政治過程を分析することによって、安保会議の構想がどれほどドイツ・ベルリン問題や軍縮問題と複雑に関係しあっていたのか、また会議の開催がどのように決定され、その内容や手続きがどのように準備されていったのかを明らかにした。そしてそれによって、当初はヨーロッパの現状の固定化を目的として東側によって提案されたＣＳＣＥが、西側にとって実質的で意味のあるものへと変容していく過程を分析した。

この結論の章では、まず一九六三年から一九七三年までのヨーロッパにおけるデタントの展開を概観し、冷戦史における多国間のヨーロッパ・デタントの意義を考察する。つぎに西側の観点から、なぜＣＳＣＥが開催されたのかについて、イギリスと小国の役割に注目して論じる。第三に、安保会議の手続きの面の重要性を強調しつつ、ＣＳＣＥが開催されるうえでＥＰＣが重要な触媒となったことを明らかにするとともに、ＣＳＣＥが実質的で意味のあるものに変容する過程を再検討する。そして最後に、ヘルシンキ最終議定書の調印後、現状維持デタントと人道的要素を含む経済・文化交流デタントが、ヨーロッパ冷戦の終焉過程において果たした役割について素描を試みる。

管理できない多国間のヨーロッパ・デタント

冷戦の緊張緩和には、大きく三つの柱があった。第一章で論じたように、経済・文化交流デタント、現状維持デタント、そして軍縮・軍備管理デタントの三つである。一九六三年の部分的核実験禁止条約（ＰＴＢＴ）は軍縮・軍備管理デタントの最初の具体的な成果であった。それはまた、超大国デタントとヨーロッパ・デタントの分岐点でもあった。実際、ＰＴＢＴは主に米ソ二国間で進められ、イギリスも含めてヨーロッパ諸国が果たした役割は小さかった。より重要なのは、米ソが超大国間の緊張緩和からドイツ問題を切り離すことによってはじめて、ＰＴＢＴに合意できたことである。一九五〇年代には、ドイツ問題と軍縮・軍備管理の問題は密接に結びつけられていた。西側は、ドイツ問題が決着したあとに軍縮・軍備管理デタントを進めるべきだと主張していた。また、東ドイツを国家として承認することになるような多国間協定を受け入れることもできなかった。しかしながら、アメリカは超大国間の関係を安定化させるために、核軍備管理の問題を独立させて進めることを決めた。くわえて米ソは、ＰＴＢＴ調印のために、東ドイツ承認の問題も棚上げにした。ドイツ再統一問題／東ドイツ承認問題というヨーロッパにおける非常に困難な問題を切り離すことで、米ソは核の問題に集中することができたのである。この意味で、ＰＴＢＴは超大国デタントの出発点であった。

このことは、多国間のヨーロッパ・デタントにとっては、ドイツ問題が依然として大きな障害として残っていることを意味した。ソ連は一九五〇年代より、二つのドイツを承認し、既存の国境を固定化する現状維持デタントを追求していた。しかしながら、西ドイツは一九五〇年代から六〇年代を通じて、東ドイツの存在を受け入れることを拒み続け、西ドイツのみがドイツ人を代表する唯一の国家であるとの立場をとり続けたのである。それゆえ、東側陣営が東ドイツを含む現状の承認を望む限り、多国間でのヨーロッパ・デタントを発展させることは困難であった。というのも西側にとって、東ドイツが多国間の組織や会議に参加することを認めれば、必然的に東ドイツを正式な国際社会の一員であると認めることになり、ドイツの分断を固定化することになると解されたのである。そのようなことを、ドイツ再統一を国是としてかかげる西ドイツは受け入れることができなかった。ほかの西側同盟国も、西ドイツが最重要とする立場を尊重しなければならなかった。

それゆえ、東側諸国との関係改善を望む西側諸国は、主に二国間での経済・文化交流を進めようとした。そのなかでももっとも目立つかたちで動いたのがフランスのド・ゴールである。彼の一九六六年のモスクワ訪問はそのクライマックスであった。しかしながら、二国間主義によるフランスのデタント政策は、結局のところ冷戦構造に大きな変化をもたらすことはなかった。西欧諸国も東欧諸国も両超大国の支配に完全に満足しているわけではなかったが、それぞれの同盟を維持することもまた強く望んでいたのである。たとえば、ド・ゴールが一九六七年にポーランドを訪問した際、ゴムウカはほかのワルシャワ条約機構諸国との緊密な関係を維持することがポーランドにとって非常に重要であることを強調し、フランスとの関係強化に消極的な姿勢を示した。他方西側では、フランスのNATO統合軍からの撤退と相まって、ド・ゴールの一方的な東側への接近政策は、同盟内で危機を招いていた。だが、同盟の維持・強化を重視するほかのNATO諸国は、ド・ゴールが引き起こした危機に対応するかたちで、一九六七年に、柔軟反応戦略とアルメル報告を採択した。つまり、ド・ゴールのデタント政策の目的は二つのブロックを解体することにあったにもかかわらず、彼の試みは、むしろ西側陣営の結束を強化することに寄与することとなったのである(1)。

一方、東側陣営は、一九六〇年代中葉より多国間デタントを積極的に提唱しはじめる。だが西側は、ワルシャワ条約機構によるヨーロッパ安全保障会議の提案を黙殺する。抑止とデタントをNATOの役割であると位置づけたアルメル報告も、ドイツ問題に関しては何ら新たな方針をかかげておらず、NATOが多国間デタントを受け入れる基盤を整えていないことを示唆していた。たしかに西側も、一九六八年に多国間の軍縮構想であるMBFRを提唱している。しかし、それはあくまでも、ヨーロッパ駐留米軍の一方的撤退を要求するアメリカ国内からの圧力に対抗するために打ち出されたものであった。MBFRは、ワルシャワ条約機構側がそれにすぐには応じてこないことを見越したうえで提案されたのである。事実、東側陣営は、一九七〇年まで西側の通常兵力の軍縮提案を無視し続けたのだった。

このように一九六〇年代後半には東西両陣営から多国間デタントの構想が打ち出されてはいたが、一九六九～七二年の時期は実質的に二国間デタントの時代であった。一九六九年三月にワルシャワ条約機構諸国は、ふたたびヨーロッパ安保会議の開催を提唱するが、西側の反応はあくまで二国間の接触のなかで東側の真意を探るというものだった。米ソ超大国も二国間での戦略兵器制限交渉を開始した。さらに西ドイツは東方政策にもとづき、ソ連、ポーランド、そして東ドイツとの関係改善に乗り出した。軍縮・軍備管理、経済・文化交流、そして現状承認は、依然として二国間でのやりとりを通じて模索されていたのである。

だがこの時期、西ドイツのブラント政権が、東ドイツを事実上承認する方向で、はじめてドイツ問題の暫定的解決に着手する。さらにブラント政権は、東ドイツの存在のみならず、東ドイツとポーランドのあいだのオーデル＝ナイセ線も事実上の国境として受け入れた。西ドイツとソ連とのあいだで調印された一九七〇年のモスクワ条約は、東方政策のもっとも重要な成果であり、ヨーロッパ安保会議を開催するうえで長年障害となっていた問題を解決する重要な一歩となったのである。

とはいえ、西ドイツの東方政策の成功は、自動的にCSCE開催をもたらしたわけではない。会議を開催するには、ベルリン問題もまた解決されなければならなかった。一九七〇年三月より四大国間で開始されたベルリン交渉の決着を、西側はCSCEのための多国間準備協議を開始する前提条件としていたからである。ブラントもまた、ベルリン交渉の決着を、西ドイツ議会におけるモスクワ条約批准の前提条件とした。その結果、ベルリン問題はヨーロッパ・デタントにとって中心的な問題となり、その解決なしにはほかの交渉の進展も望めなかった。だが、ベルリンをめぐる交渉は容易ではなかった。米ソは、バックチャンネルを通じてこの問題の解決を図るが、この秘密交渉ですらすぐに行き詰まったのである。

第六章で論じたように、その行き詰まりを打開したのは西ドイツのバールであった。彼は、ベルリンの地位に関する法的問題を棚上げにし、ベルリンの状況改善を実際的で現実的なかたちで進めることに専念すべきであるとキッシンジャーに提案した。このバールのアイデアによって、ベルリン協定をプラグマティックなかたちで起草することが可能となり、米ソが譲歩せずに行き詰まっていた交渉が打開されたのである。その結果、一九七一年九月三日に四大国ベルリン大使級協定は調印された。ようやく、多国間のヨーロッパ・デタント実現の必要条件が整ったのである。

このように、一九七〇年代初頭、緊張緩和の試みは二国間ベースで進展した。だがそれらは、主に現状を承認・固定化するかたちで安定を模索するものであった。米ソ間で締結されたSALTや、西ドイツ・ソ連間でのモスクワ条約は、核兵器の均衡や既存の国境を事実上承認するものであった。軍備管理やドイツ問題はあまりにセンシティブな問題であり、二国間ベースで慎重に、現状が急激に変化するような事態が起こらないようにコントロールしながら取り扱われた。逆に、そのようなむずかしい問題をコントロールするために、二国間での取り扱いが好まれたのである。ベルリン交渉も同様に、米ソのバックチャンネルにおいて本質的な部分が交渉されたのであった。そして、そのような二国間交渉においては、現状維持・現状承認を目的とする合意がめざされたのであり、そこに現状を変革する要素が入り込む余地は乏しかった。

アメリカとソ連はまた、多国間のデタントも両超大国によってコントロールしようとした。それはある程度は成功したといえる。たとえば、アメリカはベルリン問題を利用して、安保会議の開催を可能な限り遅らせようとした。また米ソ両国は、CSCEとMBFRを完全に分離することに合意し、それを実現した。NATOの小国や中立諸国はその二つを結びつけることを望んだが、超大国はそれを拒否し、CSCEにおける軍事的要素は信頼醸成措置だけになったのである。ワシントンとモスクワはさらに、CSCEとMBFRの日程表も固定化しようとした。そして実際、その二つの準備協議の開始のタイミングは、事実上米ソ二国間で取り決めてしまった。

しかしながら、いったんヨーロッパにおいて多国間デタントが進展しはじめると、米ソがそれを完全にコントロールすることはできなくなっていったのである。両超大国は、CSCEを短期間で終わらせてしまうことで利害の一致を見ていた。ソ連は、現状を確認する宣言を採択するだけの短い会議を望んでいた。アメリカ、とりわけキッシンジャーは、CSCEに何ら実質的な利益を見出していなかった。それゆえ、むしろソ連のMBFRへのコミットメントを確保するために、彼はブレジネフとのあいだで、CSCEをわずか二〜三カ月で終わらせ、そのあとすぐにMBFRを開始することに密かに合意したのである。つまり米ソは、CSCEとMBFRをいつ始めるかのみならず、CSCEをいつ終わらせるのかについても、同盟国と相談することなく、密約を交わしていたのである。MBFRを早期に開始することを望んでいたキッシンジャーにとって、関心の低いCSCEを短期間で終わらせることについてソ連と約束することに、何ら躊躇はなかった。

だが、西欧諸国とカナダは、それを受け入れるわけにはいかなかった。これらの国々は、CSCEを終わらせる時期をあらかじめ設定して、交渉に時間的圧力がかかることを望んではいなかったのである。アメリカ以外のNATO諸国は、CSCEが長く続けば続くほど、ソ連を戦術的にも実質的にも困難に追いやることができると判断していた。それゆえ、安保会議の終了期限を定めず、できる限り長く交渉を続けることが西側にとっての利益になると考えられたのである。CSCEにおける交渉は独自のペースで進められなければならなかった。それゆえ、西欧諸国とカナダは、安保会議を西側にとって中身のないものにしてしまいかねないキッシンジャーとブレジネフの合意に強く反対する。この強力な反対に直面し、超大国は最終的に立場を後退させ、CSCEの進度に関係なくMBFR交渉を開始することが可能となる日程に合意した。その結果、安保会議は実に二年もの長きにわたるものとなったのである。

この二年間の交渉はきわめて重要であった。というのも、それによって、東側から人権原則や「人・思想・情報の移動の自由」に関する諸問題について、意味のある譲歩を引き出すことが可能となり、安保会議は単に現状維持を確認するだけの場にならずにすんだのである。NATOは一九六九年後半に、人・思想・情報の移動の自由という議題を東西交渉のなかに盛り込むという考えを発展させていた。さらに、西ドイツは人権に関する原則を、国家間を規定する諸原則のひとつとして盛り込むよう同盟国に提案した。ブラント政権は、両陣営間、とりわけ両ドイツ間の人の人の接触が段階的に、しかし確実に進展することを望んでいた。だが、NATO内で論じられていた「移動の自由」に関する内容は非常に具体的で、急進的なものであった。それゆえ西ドイツは、具体的な結果を短期的に望んで失敗するよりも、むしろ人権というより一般的で包括的な、そして中長期的に達成されるべき規範としての原則について東側と合意することを好んだのである。このようなかたちでCSCEの文脈に現れた人道的要素は、東側陣営の共産党独裁体制の正統性を中長期的に突き崩していく重要な要因のひとつになっていく。

米ソ超大国は、CSCEのような多国間の枠組みにおいて、人道的な要素を骨抜きにすることはできなかった。キッシンジャーは東西関係の文脈では人権の要素を低く評価しており、むしろソ連との良好な関係を維持するため、安保会議が早期に決着することを望んだ。しかし、キッシンジャーが人道的諸問題について態度を軟化させるよう同盟国を説得しようとしたのは、MBFRがすでに開始された一九七三年一〇月末よりあとのことであり、このとき彼はもはや圧力をかける適当な手段を持ちあわせていなかった。CSCEが完結する以前にMBFR交渉が始められたことによって、アメリカは同盟国に中身の薄い最終文書を受け入れさせるすべを奪われていた。そしてそれは、アメリカ以外のNATO諸国が、CSCEをできる限り早く終わらせようとする米ソの合意に強く抵抗したことによって可能となったのである。

また、二年にも及ぶCSCEの長い交渉のなかで、最終的にしびれを切らしたのはブレジネフのほうであった。

CSCEの成功を望むソ連は、人道的な要素を受け入れなければならなかったのである。こうして、一九七五年のヘルシンキ最終議定書には人権の原則が規定され、また人の接触や情報の移動に関しては第三バスケットに盛り込まれることになったのである。これは、多国間デタントを米ソがコントロールできなかったことの反映でもあったのである。

西側陣営のCSCEへの関与

しかし、そもそもなぜCSCEは一九七〇年代前半に開催されることになったのだろうか。前述のとおり、ドイツ問題の解決はCSCE開催への重要な一歩であった。東ドイツも参加する多国間のヨーロッパ会議を開催するまえに、西側、とりわけ西ドイツは、「もう一つのドイツ」の存在を承認することが必要であった。そしてブラントの東方政策はそれを可能にしたのである。また、ベルリン交渉の決着も重要な前提条件であった。多くの西側諸国は、安保会議を提唱するソ連の意図に対して強い不信感をもっていた。そのため、ベルリン交渉を東側の誠実さのテストケースと位置づけ、そこでの満足のいく決着をCSCEの準備協議開始の前提条件としたのである。そして、モスクワ条約とベルリン大使級協定の調印によって、CSCEへ至る重要なハードルが乗り越えられたのであった。

しかしながら、ドイツ・ベルリン問題がどれほど重要であったとしても、その解決はあくまでも必要条件にすぎなかった。NATOは、一九六〇年代を通じて、安保会議の提案を事実上黙殺し続けていた(2)。もし西側が七〇年代も安保会議の提案を無視し続けたならば、たとえドイツ・ベルリン問題に進展が見られたとしても、多国間デタントは実現しなかったかもしれない(3)。その意味で、ドイツ・ベルリン問題の解決は必要条件ではあっても、十分条件ではなかった。それゆえ、なぜ西側は、現状維持をめざしたヨーロッパ安保会議の開催という東側のイニシアティヴを受け入れたのかを問うことが重要である。

そこで注目すべきは、一九七〇年五月のNATO外相理事会である。このローマにおける会議において西側は

「継続中の交渉、とりわけドイツとベルリンに関する交渉」の進展を条件としつつも、多国間の安保会議の構想へ公にコミットする立場を示したのである。それは、ブラントがモスクワ条約に調印し、東方政策の成果を示す以前のことであった。それゆえ、なぜCSCEが一九七〇年代前半に開催されたのかという問いに答えるためには、なぜNATOは一九七〇年五月にそれを無視するのではなく、条件付きながらもそれに関与する姿勢を示したのかを検証する必要があるだろう。

その際、まずイギリスの役割に注目する必要がある。イギリス外務省は当初、ソ連による安保会議の提案に対して非常に懐疑的であった。しかし、外務大臣のスチュワートは東西間の緊張緩和全般に積極的であった。彼はとくに、若い世代や学生たちがNATOを批判し東西関係の進展を要求していることを懸念していた。そのため、スチュワートは、外務省が考案した常設東西関係委員会という多国間での東西対話の構想を強く支持した。イギリス外務省にとってその構想は、東側が要求していた安保会議の提案をかわすための代替案であった。しかし、スチュワートにとっては、イギリスや西側がデタントに対して積極的であることを世論に示すための有効な手段であった。一九七〇年にイギリスで総選挙が予定されていたこともあり、彼はその構想をNATOの同盟国に積極的に売り込み、NATOがデタントに後ろ向きではなく、また安保会議の構想をただ無視したり拒否したりするだけではないという姿勢を示すよう促した。常設東西関係委員会構想自体は、結局NATO諸国に受け入れられることはなかったものの、イギリスの積極的な姿勢は、一九六九〜七〇年にNATOがCSCEを最終的に受け入れていくうえで非常に重要であった。安保会議構想を嫌っていたキッシンジャーは、一九七二年にイギリス外務省外務次官補のブリメローに、「もし〔アメリカが〕一〜二のヨーロッパ諸国の支持を得られていたら、〔CSCEを〕阻止することができたかもしれない」とイギリスがアメリカの意に反して多国間デタントを後押ししたことを非難している(4)。ニクソン大統領も、イギリスの内閣官房長官のトレンド（Burke Trend）に対して嫌悪感をあらわにした――「アメリカ政府自身は、決して〔ヨーロッパ安保〕会議を望んでなどいなかった。もともとそれを後押ししたのは、いくつかのヨーロッパ諸国、とくにイギリスだ」[5]。正確にいえば、イギリスは必ずしも安保会議そのものに熱心だったわけではない。だがスチュワートは多国間の東西対話に積極的であり、ある程度は意図せざる結果であったとしても、彼のイニシアティヴによって、NATOはCSCEを受け入れる方向へ進んだのである。

また、スチュワートのリーダーシップにくわえて、西側諸国の多くが緊張緩和の促進を望み、それについて前向きな姿勢を示すようになっていったことも非常に重要である。一九六九～七二年のあいだ、NATOとワルシャワ条約機構は、「コミュニケによる対話」を続けた[6]。年二回のNATO外相会議でコミュニケを起草するたびに、多くの外相たちは積極的な文言を用いることで、デタントに前向きである姿勢を世界あるいは世論に示そうとした。そうするなかで、NATOはヨーロッパ安保会議の構想に公にかかわっていくこととなったのである。その結果、いったんモスクワ条約交渉やベルリン交渉が進展すると、CSCEを望まない国も、徐々にその開催が不可避であると考えるようになっていった。

それでは、なぜNATOの外相たちはデタントに対して前向きな姿勢を示すことが必要であると考えたのだろうか。重要な理由のひとつは、スチュワートのみならず、とりわけアルメル・ベルギー外相をはじめとするほかの小国の外相たちが、東西間の緊張緩和を求める世論の圧力を感じ、デタントに前向きであることを学生や若い世代の人びとに示すことで、将来におけるNATOの存在意義を示す必要があると考えたことにある。イギリス一国だけでは、一九七〇年五月の外相理事会のコミュニケにおいて、NATOを多国間デタントへコミットさせることはむずかしかったであろう。アメリカ、フランス、西ドイツといった大国が当時はまだ多国間の対話に反対で、緊張緩和のための交渉は二国間で進めるべきであると考えていたなかで、NATOとして（条件付きながらも）CSCE開催への重要な一歩を踏み出したのは、イギリスのみならず多くの小国の支持があったからであった。ヴェンガーとスーリのつぎの言葉は本書の議論にとって示唆的である。「一九六〇年代における外交と社会的抵抗は、あとに続く数年のあいだ、政策作成者たちにとって、広範に広まった動揺という遺産を置いていったのだった」[7]。一九六八年の学生運動に典型的に示された社会不安に対する政治家たちの懸念、イギリスのリーダーシップ、そしてドイツ・ベルリン問題の解決が、一九七〇年代前半にNATOが最終的にCSCEに関与していった理由だったのである。

CSCEの形成と西ヨーロッパの政治協力

一九六八〜七三年に注目する意義は、ヨーロッパが多国間デタントの実現へ向かっていったということだけではない。この時期、ヨーロッパ安全保障会議をどのようなかたちで開催するのかについてさまざまな議論が行われ、その方向性が形づくられたという点でも非常に重要であった。というのも、どのようなアジェンダを設定し、どのような手続きでそれを取り扱うのかという問題は、国際交渉の結果を左右する問題だからである。とりわけ、従来あまり注目されなかったものの、安保会議の手続きという側面は、少なくともつぎの二つの点から重要であった。第一に、フランスの提唱した三段階会議構想が、もともと東側陣営のアイデアであったヨーロッパ安保会議を、西側にとって実質的な交渉を行う場へと変容させた点が指摘されなければならない。また第二に、この手続きの問題をいわば触媒として、EC諸国がEPCの枠組みを通じて、CSCEの多国間準備協議とCSCE本会議において西側の中心的な役割を担うことになった点も重要である。

そもそも、ワルシャワ条約機構による安保会議の提案に対して、そのような会議をいったいどのようなかたちで開催するのかという問題は、NATO内での議論における重要な論点のひとつであった。この点についてNATO内では、とりわけ一九七〇年以降、アメリカとフランスの方針が真っ向から対立していた。アメリカは事前協議の期間を可能な限り長くしたうえで、本会議は一回限りの短いものとすることを考えていた。それに対して、フランスは一九七〇年以降、しだいに安保会議に積極的になってゆき、準備協議を短いものにして、本会議を可能な限り早い時期に行うことを望んだ。フランスの計画では、本会議はつぎの三段階に分けられ、長期にわたって行われるものとして構想されていた。準備協議の終了後、まず第一段階として外相会議を行い、議題ごとに各委員会を設置する。第二段階では、その各委員会において、官僚・専門家レベルの長い協議を行う。そして第三段階で、ふたたび閣僚級の会議を開き、官僚レベルでの協議結果に正式なかたちで合意するとしたのである。

当初ＥＰＣ諸国にはアメリカ案を支持する声が多かったが、一九七二年以降フランス案にＥＰＣ諸国の支持が集まるようになる。フランスがそれまでの構想に、ＣＳＣＥの多国間準備協議において作業指令文書を作成するという重要な修正を加えたからであった。多くの西側諸国は、ＣＳＣＥ本会議に性急になだれ込んでしまうことを懸念していたが、準備協議において作業指令文書を作成することは、準備協議が慎重に進められるとともに、ＣＳＣＥ本会議の方向性を明確にし、より実質的なものにする基盤を与えることをも意味した。その結果、修正フランス案は、ほとんどのＥＰＣ諸国に支持されたのである。

手続きに関するフランス案がＥＰＣ諸国の支持を得たことにより、ＥＰＣは独自性を発揮する基盤を得ることができた。そのことは、なぜＮＡＴＯではなく、ＥＰＣがＣＳＣＥにおいて積極的な役割を果たすことができたのかを理解するカギとなる。ＮＡＴＯのなかでもＣＳＣＥに関するさまざまな点が議論されたが、どのようなかたちで安保会議を開催するのかという点では意見が分裂したままであった。それに対してＥＰＣでは、フランスのアイデアが多数派を形成したことにより、それがＥＰＣにおける「作業仮説」となり、それを基盤にＣＳＣＥに関する協議や政策方針が一九七二年を通じて蓄積されていったのである。とくに安保会議の形式について明確なイメージを共有していたことから、ＥＰＣはＣＳＣＥにおける交渉に際してより具体的な協力を進め、それにもとづいてイニシアティヴを発揮することが可能であった。実際、一九七二年一一月よりＣＳＣＥ多国間準備協議が始まると、ＥＰＣはそこで重要な役割を果たしていくのである。さらに、準備協議での協力の成功はＥＰＣを通じた外交にはずみをつけ、一九七三～七五年のＣＳＣＥ本会議においてもさらなる協力を進めていったのだった。この意味で、手続きの問題についてＥＰＣのあいだで合意を形成できたことが、ＣＳＣＥにおいてＥＣ諸国が声を一つにして交渉にあたることになった起源だったのである。

フランスの手続きに関する構想はＥＰＣをまとめるのに役立っただけではなく、ＣＳＣＥを西側にとって建設的な交渉の場にすることにもつながった。ソ連のもともとの考えは、準備協議も本会議も短期間で終わらせ、武力不行使や国境不可侵の原則だけを宣言する多国間会議を開催することであった。その目的は単に、既存の国境や東ドイツの存在といったヨーロッパにおける現状を多国間で承認することにあった。だが、もしＣＳＣＥがそれだけの会議で終わっていたならば、冷戦におけるその意義は限りなく小さかったであろう。なぜなら、そこに冷戦を変容させるような要素が盛り込まれることはなかったと思われるからである。

だが、作業指令文書を作成し、本会議を三段階の長いものとするフランスの提案は、西側にとってＣＳＣＥを成功させるための重要な要素となった。第一に、真の交渉を本会議の第二段階に置くことによって、いつ終わるとも知れない長い準備協議を予定していたアメリカの提案ではなく、フランスの構想に、ＣＳＣＥの早期開催を望んでいたソ連を惹きつけることができた。第二に、準備交渉において作業指令文書を作成することによって、西側はＣＳＣＥ本会議（とくに事務レベル協議の第二段階）の議論を方向づけることに成功した。とりわけ、その作業指令文書の草稿はＥＰＣ諸国の主導で事前に準備されており、それゆえ人の接触や情報の移動、人権、そして信頼醸成措置といった西側が安保会議でとりあげたいと考えていた議題が、より詳細なかたちでそこに含まれることになったのである。そして、その作業指令文書は「ヘルシンキ最終勧告」としてＣＳＣＥ本会議の第一段階で承認され、事務レベルの交渉の方向性が基礎づけられることとなった。

さらに第三に、その事務レベルの第二段階の交渉が長いものとなったことが西側にとって有利に働いた。というのも、すでに述べたように、東側は現状を承認するだけの短い会議として終わらせることができなかったからである。そして最後に、二年にもわたる交渉のあと、とりわけブレジネフ個人が第三段階の会合を最高首脳レベルの会議にすることを望んだこともあり、西側はそれを受け入れるかわりに東側からついに人道的な問題に関してさらなる譲歩を引き出したのであった。会議を三段階のものにし、その制度化された手続きのなかにソ連を引き込んだことによって、西側は巧みに東側から譲歩を引き出すことができるようになった。その結果、もともと西側には何らメリットはないと考えられていた安保会議を、ヨーロッパのデタントにとって建設的で、実質的で、意味のあるものにすることができたのであった。

安定とヘルシンキ効果

冷戦後の今日から振り返ってみると、MBFRに代表されるヨーロッパの軍縮・軍備管理デタントは、冷戦の終焉において重要な役割を果たすことはなかったといえよう。一九七三年一〇月より始まったMBFR交渉は、CSCEと並行して進められ、CSCEがヘルシンキ最終議定書に調印したあとも低調なまま続けられはした。しかし結局、MBFRが冷戦期に実を結ぶことはなかった。MBFRを引き継いだヨーロッパ通常戦力（CFE）交渉が妥結したのは、ベルリンの壁が崩壊し、東欧各国の体制が共産党独裁体制からより民主的な多党制へと転換し、さらにドイツ再統一も成し遂げられたあとの一九九〇年一一月のことであった。(8)冷戦期、ヨーロッパにおける軍縮交渉は軍事的緊張を減らすことはできず、むしろ冷戦の終焉が実際の軍縮を可能にしたのである。(9)また、ヘルシンキ最終議定書の第一バスケットのなかに盛り込まれた信頼醸成措置も、その軍事的価値は当初よりあまり高くないとみなされていた。実際、冷戦の終焉過程が信頼醸成措置と積極的に結びつけられて論じられることはほとんどない。(10)むしろ、ヨーロッパにおいて鉄のカーテンを引き上げることに貢献したのは、現状維持デタントと、人道的要素を含む経済・文化交流デタントであった。

一方で、CSCEのなかの現状維持デタントの安定化要素は、なぜヨーロッパにおける東西分断がすぐに劇的な変化を見せることはなかったのかをある程度説明するだろう。ワルシャワ条約機構諸国は、ヘルシンキ最終議定書において「平和共存」の原則を確認したことは東側の勝利であるとして、CSCEの結果を称賛した。(11)たしかにそれは、もともとソ連がヨーロッパ安保会議を通じてめざしたもののひとつであった。ヘルシンキ最終議定書は、第二次世界大戦の事実上の講和条約としての意味合いもあった。それは戦後の国境線と二つのドイツを多国間の枠組みで事実上承認したのである。[12] 国境不可侵や内政不干渉の原則をヘルシンキ最終議定書において確認したことで、CSCEはヨーロッパにおける政府間関係を安定化させる基盤を提供したといえよう。

他方、政府間レベルにおける相対的に安定的な雰囲気のなか、経済・文化交流デタントと人権規範は、東側陣営を下から揺さぶる要素となった。一九七〇年代、東西ヨーロッパ間の経済・文化交流は増大した。ヘルシンキ最終議定書の第二バスケットの諸規定自体は、必ずしも東西間の貿易を増大させるのに直接役立つものではなかった。むしろそれは、ヨーロッパにおける「経済冷戦」の終わりを象徴的に確認するものであったといえるかもしれない。[13] フランス大統領ジスカール・デスタンや西ドイツ首相シュミットは、CSCEの成功によって生み出された緊張緩和の雰囲気のなかで、東西間の経済・文化協力を発展させることに熱心であった。[14] 実際、一九七〇年代に東西貿易は増大した。[15] この時期、東ヨーロッパにおける経済成長は、もっぱら西側の融資によって支えられていた。[16] 東西貿易の増大は、東側諸国の消費社会への移行を加速させることになった。東欧における西側の消費財の需要は拡大し、さらなる借款が必要となった。その結果、東欧諸国の西側への負債は急速に増大し、閉鎖的独裁国家の経済的自立性は侵食されていったのである。[17]

より重要なのは、ヘルシンキ最終議定書の人権規範がソ連・東欧諸国の人びとに与えた影響である。[18] ダニエル・トーマスは、それを「ヘルシンキ効果」と呼んだ。[19] ヘルシンキ宣言の内容は、徐々に、しかし着実に知られるようになっていった。社会主義陣営の反体制派の人びとは団体を組織し、ネットワークを発展させていった。スペイン、イタリア、フランスなどのユーロ・コミュニズムも人権尊重を謳い、ソ連体制のイデオロギー的正当性に対して異議申し立てを行っていた。たしかに、社会主義体制における人権状況は、すぐに改善したわけではなかった。むしろ、ワルシャワ条約機構諸国はヘルシンキ宣言の効果を止めようとし、多くの活動家たちは当局に逮捕され、拘留された。ヘルシンキ宣言の調印後すぐに東側陣営の体制が崩壊したわけではなかった。

だが、共産党政府当局の抑圧にも限界があった。というのも、東側諸国は西側との良好な経済関係のために安定を必要とし、そのため、反体制の人びとを根絶するまで抑圧することはできなかった。一九八〇年代初頭に起こったポーランドにおける非共産党系の労働組合「連帯」を中心とした政治改革運動は、ポーランド政府の出した戒厳令によって一時的後退を余儀なくされた。だが、「連帯」は生き残る。東側陣営の経済状況は一九八〇年代に悪化した。「連帯」を解散させたことはポーランドにおける問題の解決にはならなかった。一九八〇〜八一年の危機はポーランド経済を悪化させただけであった。「連帯」は復活し、全国規模のストライキは一九八八年にふたたび勃発した。状況を安定化させるため、ヤルゼルスキー（Wojchiech Jaruzelski）大統領は、「連帯」の代表と政治改革について交渉することを強いられ、最終的には「連帯」も参加する総選挙の実施に同意した。そして「連帯」は、一九八九年の選挙で劇的な勝利を収めることになるのである。CSCEは現状を承認することで、ヨーロッパを政府レベルで安定化させる一方、ヘルシンキ効果が東側陣営の基盤を下から徐々に弱体化させはじめたのだった。

興味深いのは、すでに一九八〇年代初頭にはブレジネフ・ドクトリンが放棄されていたという事実である。ソ連は当時、ポーランド危機に軍事介入しないことを決定していた。ソ連指導部は、もしポーランド共産党政府が自力で状況を解決できない場合、「連帯」による新政府を承認する用意すらあったのである。[20] クレムリンは、一九六八年の「プラハの春」を潰したときのような武力行使のリスクを冒せば、東西関係の悪化により、ソ連経済が深刻な打撃をうけると考えていた。ゴルバチョフ（Mikhail Gorbachev）の登場以前に、すでにソ連の政策は変化し始めていた。

一九八五年にソ連共産党書記長に就任したゴルバチョフは、社会主義体制を上から改革するためペレストロイカなどを実行していく。だが彼の目的は、社会主義体制を放棄したり、ワルシャワ条約機構を解体したりすることではなく、あくまでもソ連を再興することであった。[21] また、西側との関係を改善し、経済支援を得るためには「ヘルシンキの精神」が重要であると考えていたゴルバチョフは、西側が重視していた人権問題に対応しようとさえしていた。[22] このようなソ連の政策の変化は、すでに東欧社会で始まっていた変化を後押しし、激動をもたらすことになる。

鉄のカーテンの亀裂はハンガリーでつくられた。東側の経済は一九八〇年代に入ってさらに悪化した。ハンガリー政府の西側への債務は二百億ドルに達していた。[23] さらに、一九八九年八月、ハンガリーとオーストリアの国境を通じて西ドイツに脱出できると期待した東ドイツの人びとが、続々とハンガリーに押しかけていった。経済と難民の二重の問題に苦慮していたハンガリー政府は、一九八九年九月一〇日、ついにオーストリアとの国境を開放したのである。それは、西ドイツ政府との秘密協定による一〇億マルクの追加借款と引き換えになされたものであった。[24]

引き金は引かれた。この小さな亀裂から東ヨーロッパの人びとの下からの力が噴出した。いったん国境が解放されると、何万人もの東ドイツ市民がオーストリアを経由して西ドイツに向かった。一九八九年一〇月には大規模なデモが東ドイツにおいて勃発する。そして一一月九日、ベルリンの壁はついに崩れ落ちた。革命は東ヨーロッパ中に拡大し、一九八九年、東欧各国の共産党一党独裁体制はつぎつぎと崩壊した。ゴルバチョフはもはや状況をコントロールできなかった。彼とブッシュ米大統領（George H. W. Bush）は、一九八九年一二月二日、事後承認のように、マルタにおいて冷戦の終結を宣言しなければならなかった。一九九〇年、ドイツは再統一を果たす。東ドイツの人びとは選挙で西ドイツと一体になることを選んだのである。続いて、本書の冒頭で描いたように、一五年ぶりに開催されたCSCE首脳会議が「パリ憲章」を採択し、NATOとワルシャワ条約機構の加盟国はパートナーであると宣言したのである。当時、ゴルバチョフはまだワルシャワ条約機構の存続を望んでいた。[25] しかし東欧諸国は強く反対し、結局一九九一年、東側の軍事同盟は解体される。こうして、ヨーロッパの分断が終わったのである。

本書はヨーロッパ冷戦と米ソ冷戦を意図的に区別しながら論じてきた。それゆえ、米ソ超大国の冷戦の終焉については さらなる説明が必要であろう。[26]「冷戦はなぜ一九八九年に終焉したのか」という問いもまた、検証されるべき重要な問題であろう。[27] しかし、ヨーロッパ冷戦の終焉は、つぎの四つの要因が複合的にもたらした結果といえよう。まず第一に、背景要因として、一九七〇年代前半にドイツ・ベルリン問題が暫定的解決を見たことによって、CSCEの開催が可能となり、ヘルシンキ最終議定書に人道的要素が盛り込まれるとともに、CSCEの成功が経済・文化交流デタントをより活性化したことが重要である。ヘルシンキ最終議定書は、チェコスロヴァキアの憲章七七、ポーランドの「連帯」、ソ連などのヘルシンキ人権ウォッチといった多くの反体制グループが活動を進めるうえで重要な刺激となった。(28) ソ連とその同盟国が安定と経済交流を望む限り、それらはまた人権問題から逃れることはできなかった。ソ連・東欧諸国の経済が悪化すればするほど、この構図は意味をもっていった。その結果、ソ連がもはや東ヨーロッパの同盟諸国に対して武力行使することができないと認識するようになったことが、二つ目の背景要因として指摘できよう。このような背景要因は、本書が注目した一九六八〜七三年に、多国間のヨーロッパ・デタントが発展したことによって生み出されたものであった。

そして第三に、経済・文化交流デタントが東欧社会の変容をもたらし、東欧各国の政府を借款によって間接的に拘束したことが、より直接的な変動の要因であった。ハンガリーとオーストリアのあいだの国境が開かれたことは、西ドイツからの借款がもたらした影響を無視して理解することはできない。だが第四に、人権や自由を求める東ヨーロッパの人びとの下からのパワーの重要性を忘れてはならない。それは経済・文化交流デタントがもたらした小さなきっかけをつかみ、「激動」と形容されるヨーロッパの構造変動をもたらし、ヨーロッパの分断を終わらせたのだった。

あとがき

ヨーロッパ・デタントについて研究したいと思ったのは、もはや正確に思い出すことはできないが、おそらく一〇年以上はまえのことである。当時からヨーロッパにおける冷戦に関心をもっていたが、冷戦の対立の側面を見るよりも、対立の構図はなくならないにもかかわらず一定の緊張緩和がもたらされた時代を見るほうが、冷戦の本質がわかるのではないかなどと漠然と思っていた。だが具体的にCSCEを中心に一九七〇年代前半のヨーロッパ・デタントを研究することに決めたのは、二〇〇二年にイギリスに留学する少しまえのことであり、むろん本格的な研究を開始したのはロンドンについてからのことである。

本書はその留学中、ロンドン・スクール・オブ・エコノミクス・アンド・ポリティカル・サイエンス（LSE）に二〇〇七年に提出した博士論文 "The Road to the Conference on Security and Cooperation in Europe, 1969-1973: Britain, France and West Germany" (PhD. International History, London School of Economics and Political Science, June 2007). にもとづくものである。今回、日本語で出版するにあたり、大幅な加筆・修正をほどこし、全体の構成なども若干変更した。

一九七〇年代のヨーロッパ・デタントの研究にとりかかるにあたって、わたしは当初よりそれを国際政治史として分析したいと思っていた。伝統的な（一国）外交史でも二国間関係史でもなく、多国間の国際政治の歴史として描きたいと考えていた。

しかしいまから思えば、留学当初のわたしの考えは非常に甘かった。国際政治史とは何かということをきちんと考えることなく、複数の国の史料を読めば自動的に国際政治史が書けると漠然と考えていたように思う。だが実際、各国の史料を読んで書いた初期の草稿は、せいぜい各国史の寄せ集めにすぎなかった。イギリスでの指導教官であったピアーズ・ラドロウ（N. Piers Ludlow）先生からは、複数の国を扱い、複数の国の史料を使ったからといって、国際政治史になるわけではないとはっきりと指摘された。何より、自分がその草稿を書いていておもしろくなく、こんなものは国際政治史ではないともどかしく思っていた。

四年間かけて国際政治史を書けるようにわたしを鍛え上げてくださったのは、なんといってもラドロウ先生である。彼はいまやヨーロッパ統合史研究の中堅どころの第一人者である。そして彼自身の描くヨーロッパ統合史は、まさに国際政治史の名にふさわしいものである。先生からはよく、わたしが「史料の殻（あるいは鎧）にこもっている」と叱られた。つまり、外交文書に書いてあることをただ並べているだけになってしまっているという批判である。たしかに史料に書いてあることをそのまま並べて書けば――おもしろみはなくとも――ある意味で批判されにくいだろう。しかしラドロウ先生には、「タケシ・ヤマモトはいったいどこにいるんだ」とたびたび言われた。そして、「何を書いてもどうせ批判されるのだから、批判を恐れず、タケシ・ヤマモトを前面に出せ」と叱咤激励してくださった。また、史料の殻に閉じこもるのではなく、もっと複数のアーカイブの史料を縦横無尽に操るようにしなさいと教えてくださった。一度いわれただけでわたしの書くものがすぐに変わるわけでもなく、時には恐ろしくつまらなかったであろう草稿を何度も読んでいただくこととなった。にもかかわらず、そのたびにていねいにコメントを下さったラドロウ先生にはまったくもって頭が下がる思いである。

博士論文に取り組んでいるあいだ、ラドロウ先生の新著が出版されたことはわたしにとって幸運であった。実際、出版される以前の草稿を快く読ませていただいたのであるが、それはどのように国際政治史を書くのかという点ですばらしい手本となり、大きな刺激を受けることとなった(1)。ラドロウ先生に会うたびに頂いたコメントと、彼の書いた本を自分のなかで何度も往復させるうちに、ようやくいろいろなことが見えてきた気がした。

うまく伝わるかどうかわからないが、国際政治史とは、国際システムレベルの歴史を描くことであるというのがいまのところのわたしの結論である。それは、決して国内政治レベルを切り離すという意味ではない。史料にもとづき歴史を描こうとすれば、国内・政府内レベルの政策決定過程を無視することはできない。そして、それが議論の中心になりがちである。だが、国内・政府内の政策決定過程の分析・記述にとどまるのではなく、国際システムレベルの分析・記述をめざすのが国際政治史である。ある一国の視点に偏るのではなく、どの国からも距離をとり、かといって複数の国をバラバラに見るのではなく、有機的な全体をとらえようとする視点を設定することが重要となる。その国際システムレベルは史料から自動的に立ち現れてくるものではない。国際システムレベルは、史料にもとづきつつも、歴史家が史料を縦横無尽に利用しながら再構築しなければならないレベルである。それはまた、史料の殻にこもっていては決して見えてこないレベルであろう。歴史家が積極的に――批判を恐れずに――仮説というかたちで提示していくレベルなのである。

このような国際政治史の理解は、おそらく大きくはまちがっていないと思っている。というのも、時間はかかったものの、わたしの書いた博士論文の草稿が、少しずつラドロウ先生に認められるようになっていったからである。「ようやくタケシが見えてきたな」と言っていただいたときはやはり非常に嬉しかった。博士論文において、そして本書において描くことを試みた国際政治史が完全に成功しているとは、また冒頭に書いた冷戦の本質なるものがわかったなどとは――当然ながら――思わない。だが、不出来なところも含めて、本書は現時点でのベストを尽くしたものである。また、本書の取り扱ったテーマの現在における研究水準にかんがみても、本書の議論を現段階で世に問うことに意味があると信じている。それゆえに、忌憚のないご批判をぜひ賜りたいと思うしだいである。

＊

わたしはしばしば、学生に対して、自分で実際に書いて文字にしてみることが重要だとアドバイスする。この「あとがき」という場を借りて、本書を書き終えて去来するさまざまな思いや感謝の念を、もう少し書き記しておきたい。文字にしておくことが重要だと思うからである。

二〇〇二年に渡英し、はじめてラドロウ先生の研究室を訪れたとき、わたしは自分の不安を率直に伝えた。国際政治史を書きたいという野心をもつ一方で、はじめての留学で英会話すらまだおぼつかないなか、さらにフランスやドイツの史料を読みに行くなんてできるでしょうかと尋ねた。要は無謀だったのである。だが、いまでもはっきりと覚えている。先生は笑顔で、「ノー・プロブレム」と言ってくださった――実際そうだった。留学中にわたしの語学力が飛躍的に伸びた、というわけではない。わたしのフランス語とドイツ語の会話力はいまだ初歩レベルである。しかし、各国の史料館のアーキビストやスタッフはみなさん非常に親切であった。彼ら・彼女らのサポートがなければ、充実した史料調査を行うことなど不可能だっただろう。この場を借りて、感謝申し上げたい。

本書では、大国のみならず、NATOの小国も重視してヨーロッパ・デタントの分析を行った。だが留学当初、わたしはイギリス、フランス、西ドイツの三大国にのみ絞ってこのテーマに取り組むつもりであった。小国にも目を向けるようアドバイスしてくださったのは、やはりラドロウ先生である。そのおかげで、より幅広い視点からCSCEの開催に至る西側陣営内の外交を分析できた、と思っている。少なくとも、わたしの博士論文を審査してくださったキャスリーン・バーク（Kathleen Burk）先生とヴィルフリート・ロート（Wilfried Loth）先生は、小国もちゃんと盛り込んで分析を行ったことを高く評価してくださった。お忙しいなか、博論審査の労をとってくださったこの両先生方にも御礼申し上げる。

またあらためて、ラドロウ先生に御礼申し上げたい。語学のハンデもあったため、やはり日本人がヨーロッパ国際政治の歴史研究を行い、それを博士論文としてまとめることなどできるだろうかとの不安にはいつもとらわれていた。しかしラドロウ先生は、イギリス人の書くイギリス外交史が必ずしも面白いわけではないとしばしばおっしゃっており、わたしにも、日本人がヨーロッパのことを研究するのにディスアドバンテージなどないと励ましてくださった。このような指導教官にめぐりあえたことが、留学して得られた何よりの宝であると思っている。

わたしが学恩を賜ったのは、留学中のみではない。留学し、博士論文を書き上げるうえでの学問的な基盤をつくっていただいたのは、わたしの一橋大学時代の恩師であり、現在は早稲田大学にて教鞭をとっていらっしゃる田中孝彦教授である。学部時代から大学院まで、さまざまなかたちでお世話になった。本の読み方、文章の書き方、議論の仕方、報告の仕方など、基本的なことはほとんどすべて田中教授に教わった。何より、わたしを戦後ヨーロッパの歴史研究へと誘ってくれたのは田中教授であった。また、幅広い視点から物事をみること、大胆な仮説を立てること、緻密で論理的に思考すること、そしてとりわけつねに学問に対して謙虚であることを繰り返し諭してくださった。心より御礼申し上げます。

一橋大学時代、田中教授のゼミには、すばらしい人びとが集まっていた。なかでも同期の高瀬弘文は、学部時代に一緒に田中ゼミの門を叩いてから現在に至るまで、良き友人である。彼の高い問題意識は、いつもわたしをより高いレベルをめざすよう奮い立たせてくれる。また南日賢、池田亮、国吉知樹、青野利彦、高一、片山慶隆、といった諸先輩・後輩とは、さまざまな場面で熱い議論を交わし、さまざまなかたちでわたしを支援してくれた。田中ゼミという環境のなかで切磋琢磨できたことは、いまでもわたしのなかで非常に大きな財産となっている。

またLSE時代には、同じラドロウ先生を指導教官とし、また同期入学のギャレット・マーティン（Garret Martin）にはいろいろお世話になるとともに、彼とは留学時代にロンドンでの楽しい思い出もつくることができた。また、LSEの教員であるクリスティーナ・スポーア＝リードマン（Kristina Spohr-Readman）とは、わたしの博論のテーマについてより内容に踏み込んだ議論を何度もすることができ、大いに刺激を受けた。同じくLSEの教員である、ウェスタッド（Odd Arne Westad）先生、ベスト（Anthony Best）先生には博士課程学生担当のチューターであったこともあり、大変お世話になった。留学時代にロンドンで知り合うことのできた朝日新聞の刀祢館正明さんには、社会人の観点から心に残るアドバイスをいただき、多いに励まされた。またゼミは異なるものの一橋大学の先輩である宮城大蔵先生は、史料調査でロンドンに訪れた際、やはりいろいろと励ましてくださった。ありがたいことである。

とりわけ本書の原稿や、博士論文にもとづいて発表した論文の草稿をていねいに読んでくださり、貴重なコメントを下さった、池田亮、青野利彦、片山慶隆、高瀬弘文、そして愛知県立大学の小川浩之の諸先生方には貴重なお時間を割いていただき、心から感謝申し上げるしだいである。本書が少しでも読みやすいものとなっていたとしたら、それはこれらの方々のおかげである。

また本書が完成を見るまでに、まだまだ数多くの方々に直接的・間接的にお世話になった。それらすべての方に謝辞を捧げなければならないが、なかでも、戦後ヨーロッパ史を研究されている、遠藤乾、岩間陽子、益田実、橋口豊、川嶋周一、上原良子、八十田博人、齋藤嘉臣、芝崎祐典、鈴木均、清水聡、黒田友哉、宮下雄一郎、妹尾哲志といった諸先生方との議論からは多くを学ばさせていただいた。また細谷雄一先生からは、「ヨーロッパ冷戦史」（『歴史の中の国際政治（日本の国際政治学　第4巻）』有斐閣、二〇〇九年）という論文を書く機会を与えていただき、それによってより広い文脈で自分の博士論文を見直すことができ、本書にもそれを生かすことができた。重ねて感謝申し上げたい。

むろんわたし一人で本書を出版することなどできるわけではない。わたしの博士論文を評価し、日本語での出版を勧めてくださった勁草書房の上原正信さんには何度頭を下げても足りないくらいである。

そして大学院、さらには留学というかたちでいつまでたっても社会人にならない息子を辛抱強く支援してくれた母には、ただただ感謝するのみである。最後に一つ、書き記しておきたいことがある。博士論文の執筆中、わたしは母方の祖母を亡くした。まさに博論を書き上げて提出する最後の仕上げの段階であったこともあり、帰国する余裕が無く、葬儀に参列することもかなわなかった。もう少しがんばって早く書き上げることができたなら、博論を提出して帰国し、祖母にその旨を報告することができただろうと思うと、すでに数年が経ったいまでも悔しさが込み上げてくる。人生には待ってくれないことがある。だからこそ、いま努力しなければならない。祖母との思い出とともに、このことを忘れないようにしたい。

二〇一〇年四月

山本 健

同盟外交の力学
ヨーロッパ・デタントの国際政治史　1968-1973

2017年7月1日　オンデマンド版発行

著　者　山本　健

発行者　井村寿人

発行所　株式会社　勁《けい》草《そう》書房

112-0005 東京都文京区水道2-1-1　振替　00150-2-175253
（編集）電話03-3815-5277／FAX 03-3814-6968
（営業）電話03-3814-6861／FAX 03-3814-6854
印刷・製本　（株）デジタルパブリッシングサービス http://www.d-pub.co.jp

© YAMAMOTO Takeshi 2010
AJ960

ISBN978-4-326-98285-1　Printed in Japan

JCOPY ＜(社)出版者著作権管理機構 委託出版物＞
本書の無断複写は著作権法上での例外を除き禁じられています。
複写される場合は、そのつど事前に、(社)出版者著作権管理機構
（電話03-3513-6969、FAX 03-3513-6979、e-mail: info@jcopy.or.jp）
の許諾を得てください。

※落丁本・乱丁本はお取替いたします。
http://www.keisoshobo.co.jp

著者紹介

山本 健（やまもと たけし）

1973年，岐阜県生まれ。1997年，一橋大学法学部を卒業。2008年，ロンドン大学ロンドンスクール・オブ・エコノミクス（LSE）国際関係史学部博士課程修了，Ph.D.（国際関係史）を取得。

現在：名古屋商科大学外国語学部専任講師。専攻は国際関係論，ヨーロッパ国際政治史。

主著：『歴史の中の国際政治（日本の国際政治学 第4巻）』（有斐閣，2009年，共著），『〈戦争〉のあとに――ヨーロッパの和解と寛容』（勁草書房，2008年，共著），“Détente or Integration?: EC Response to Soviet Policy Change towards the Common Market, 1970-1975”，（*Cold War History* 7/1 ［2007］, HEIRS Essay Prize を受賞）など。

同盟外交の力学
ヨーロッパ・デタントの国際政治史 1968－1973

2010年5月25日 第1版第1刷発行

著 者 山《やま》 本《もと》 健《たけし》

発行者 井 村 寿 人

発行所 株式会社 勁《けい》 草《そう》 書 房

112-0005 東京都文京区水道2-1-1 振替 00150-2-175253
（編集）電話 03-3815-5277／FAX 03-3814-6968
（営業）電話 03-3814-6861／FAX 03-3814-6854
日本フィニッシュ・青木製本

©YAMAMOTO Takeshi 2010

Printed in Japan

JCOPY ＜㈳出版者著作権管理機構 委託出版物＞
本書の無断複写は著作権法上での例外を除き禁じられています。
複写される場合は、そのつど事前に、㈳出版者著作権管理機構
（電話 03-3513-6969、FAX 03-3513-6979、e-mail: info@jcopy.or.jp）
の許諾を得てください。

＊落丁本・乱丁本はお取替いたします。

http ://www.keisoshobo.co.jp

事項索引

※　斜体（イタリック）のページ番号は，巻末注のページを表す。

ア行

カ行

サ行

タ行

ナ行

ハ行

マ行

ヤ行

ラ行

ワ行

アルファベット

人名索引

※　斜体（イタリック）のページ番号は，巻末注のページを表す。

ア行

アイゼンハワー（Dwight D. Eisenhower）　20
アジュベイ（Alexei Adzhubei）　29
アデナウアー（Konrad Adenauer）　4, 19-21, 23, 25-26, 32-33
アブラシモフ（Pyotr Abrasimov）　134, 169, 172, 175
アルノー（Claude Arnaud）　198, *70*
アルファン（Hervé Alphand）　150, 152, *82-92*
アルメル（Pierre Harmel）　40, 98-99, 173, 272, *59-65*
アンドレアーニ（Jacques Andréani）　150, 246, *80*, *92*
アンドロポフ（Yuri Andropov）　130, 166-67, *68*
イーデン（Anthony Eden）　19
ヴァン・ヴェール（Günther van Well）　191
ヴィッケルト（Erwin Wickert）　32
ウィルソン（Harold Wilson）　25, 42, 146, 261, *57*, *70*
ウェルナー（Pierre Werner）　157
ウルブリヒト（Walter Ulbricht）　55, 58, 78, 155, *86*
エアハルト（Ludwig Erhard）　26, 30, 32-33, 35, 45, *52*
エームケ（Horst Ehmke）　165-66, *83*
エリオット（T. A. K. Elliott）　242, 245
エルスワース（Robert Ellsworth）　106

カ行

カーダール（János Kádár）　58, 61-62
カールステンス（Karl Carstens）　32
カルヤライネン（Ahti Karjalainen）　255
キージンガー（Kurt Kiesinger）　45, 70, *58*
キッシンジャー（Henry Kissinger）　62, 79, 103, 127, 129, 135, 164-70, 174-75, 180, 183, 218, 228, 231-32, 237, 239-40, 248-50, 253, 257, 259, 267-69, 271, *48*, *66-67*, *71*, *83-84*, *102-03*
キャリントン卿（Lord Carrington）　125, 177, *87*
クーヴ・ド・ミュルヴィル（Maurice Couve de Murville）　26, 36-37, 50
クズネツォフ（Vasily V. Kuznetsov）　62
グレーヴェ（Wilhelm Grewe）　70, 102
グロムイコ（Andrei Gromyko）　33, 75, 79, 128-31, 134-36, 166-67, 188, 191, 237, 239, 249-51, 255-57
ケネディ（John F. Kennedy）　44
ゲンシャー（Hans-Dietrich Genscher）　170
コヴァレフ（A. E. Kovvalev）　67
コスイギン（Alexei Kosygin）　29, 79, 130, *68*
ゴムウカ（Wladyslaw Gomulka）　29, 55, 58, 265
コーラー（Foy D. Kohler）　46
ゴルバチョフ（Mikhail Gorbachev）　278-79

サ行

サイミントン（William Stuart Symington）

48
シェール（Walter Scheel） 76, 94, 110, 112, 130-31, 142, 158-59, 173-74, 188, 190-91, 235, 250, *102*
ジスカール・デスタン（Valéry Giscard d'Estaing） 26, 261, 277, *107*
ジャクリング（Roger Jackling） 136
シャバン=デルマ（Jacques Chaban-Delmas） 73
シャープ（Mitchell Sharp） 141
シュッツ（Karl Schütz） 46
シュトフ（Willi Stoph） 90
シューマン（Maurice Schumann） 74-75, 77, 81, 93-95, 98, 110-11, 137, 142-43, 148, 150, 154, 189-92, 198, *69*, *82*, *83*
シュミット（Helmut Schmidt） 102-03, 110, 121, 261, 277
シュメルツアー（Norbert Schmelzer） 217-18, 239
ジュルジャンサン（Jean-Daniel Jurgensen） 87, 185, 215
シュレーダー（Gerhard Schröder） 24-25, 32-33
ジョベール（Michel Jobert） 256
ジョンソン（Lyndon Johnson） 31, 35, 41, 43-45, 48, *57*
シラー（Karl Schiller） 157
スターリン（Joseph Stalin） 4
スチュワート（Michael Stewart） 31, 40-41, 57, 64-66, 84-86, 90-93, 96-97, 101, 109-10, 112-13, 115, 146-47, 160, 271-72, *63*, *70*
スミルノフスキー（Mikhail Smirnovsky） 84
スパーク（Paul-Henri Spaak） 30, *52*
セイドー（Roger Seydoux） 69, 73, 150, 152, *93*
ソヴァニャルグ（Jean Sauvagnarges） 134
ゾンネンフェルト（Helmut Sonnenfeldt） *71*

タ行

ダグラス=ヒューム（Alec Douglas-Home） 123-25, 136, 141, 146-47, 149, 180, 190-91, *75*, *87*
ダレス（John F. Dulles） 19-20
チャウシェスク（Nicolae Ceauşescu） 151
チャーチル（Winston Churchill） 2
ドゥプチェク（Alexander Dubcek） 55-56, 59
ド・ゴール（Charles de Gaulle） 25-27, 35, 37, 41, 49, 57, 69, 73, 137, 146, 149, 153, 203, 265,
ド・スタエルク（André de Staercke） 106
ドブルイニン（Anatoly Dobrynin） 8, 49, 62, 79, 129, 164-67, 169-71, 175, 183, 237-38, 240, 253-54, *66-67*, *83-84*
ドブレ（Michel Debré） 64
ド・ボーマルシェ（Jacques de Beaumarchais） *82*
トムソン（George Thomson） 98
トルン（Gaston Thorn） 249
トレンド（Burke Trend） 271

ナ行

ナッター（G. Warren Nutter） *72*
ニクソン（Richard Nixon） 62, 79-80, 96, 103-04, 118, 127, 134-35, 137, 152, 155, 166, 170, 183-84, 231, 233-34, 237, 244, 253, 261, 271, *48*, *72*, *82*, *84*, *97*, *100*, *103*
ネンニ（Pietro Nenni） 65, 67, 96, *63*, *102*
ノヴォトニー（Antonin Novotný） 55

ハ行

バーゼル（Rainer Barzel） 170
ハートリング（Poul Hartling） 49
パリザー（Michael Palliser） 157, 185, *80*
バール（Egon Bahr） 89, 121, 128-30, 155, 164-65, 167-71, 174-75, 267, *68*, *84*, *87*, *101*
バローズ（Bernard Burrows） 71, 108
ヒース（Edward Heath） 123-24, 146-47,

155, 173, 210, 230, 261, *81-82, 94, 102*
ヒーリー（Denis Healey） 103
ヒレンブランド（Martin Hillenbrand） 119, 140, 183-84, 188
ファーリン（Valentin Falin） 155, 164, 174-75
プオー（François Puaux） 26
フォード（Gerald Ford） 261
フォン・シュタッテン（Berndt von Staden） 250
ブッシュ（George H. W. Bush） 279
ブラント（Willy Brandt） 45, 50, 66, 70, 73, 75-76, 89-90, 102-04, 120-21, 128-31, 133, 135-38, 142-44, 146, 151-52, 154-59, 165-66, 170, 172, 183, 185, 188, 202, 209, 213, 250-51, 261, 266, 269-71, *59, 68-69, 72, 75, 84, 95, 104*
ブリメロー（Thomas Brimelow） 136, 271
ブルガーニン（Nikolai Bulganin） 20
フルシチョフ（Nikita Khrushchev） 22, 28-30, 72, 78, *52*
ブレジネフ（Leonid Brezhnev） 29, 33, 36-37, 58-59, 61, 130, 133, 152, 170-73, 176-77, 180, 185, 188-89, 205, 213, 231-32, 234, 237, 239, 243-45, 250, 253, 260-61, 268-69, 275, *68, 83, 95, 101, 103*
ブレジンスキー（Zbigniew Brzezinski） 44
ブロジオ（Manlio Brosio） 46, 108, 178, 233, *87*
ポドゴルヌイ（Nikolai Podgorny） 26
ホーネッカー（Erich Honecker） *86*
ポンピドゥ（Georges Pompidou） 57, 73-74, 80-81, 97, 111, 137, 145, 149-53, 155-59, 172, 189, 198, 202, 230, 239, 245, 261, *46-47, 66, 79-84, 101*

マ行

マウアー（Ion Maurer） 26
マレスカ（John Maresca） 229
マンスフィールド（Mike Mansfield） 43, 177, 182, 232, 247
ミッテラン（François Mitterrand） 1
モレ（Guy Mollet） 19
モロ（Aldo Moro） 96, 110, 141, 178
モロトフ（Vyacheslav Morotov） 5
ロート（Hellmuth Roth） 121

ヤ行

ヤルゼルスキー（Wojchiech Jaruzelski） 278

ラ行

ラスク（Dean Rusk） 36, 40-42, 48-49
ラッシュ（Kenneth Rush） 134, 169-70, 175, 183
ラパツキ（Adam Rapacki） 27-29, *52*
ルンス（Joseph Luns） 173, 217, *87*
レアード（Melvin Laird） 103, *72*
レイモン（Jean-Bernard Raimond） 80, 137, 156-57, *80*
ロジャース（William Rogers） 64-65, 74, 85, 95-96, 103, 109, 112, 118, 125, 127, 135, 141, 184, 191-92, 231, 240, *91*
ロバーツ（Frank Roberts） 33

史料および参考文献

1. 未公刊文書

[イギリス]

The National Archives (Public Record Office): Kew

CAB128: Cabinet Minutes.

CAB129: Cabinet Memoranda.

CAB134: Cabinet: Miscellaneous Committees: Minutes and Papers.

CAB164: Cabinet Office: Subject (Theme Series) Files

FO371: Foreign Office, Political Departments.

FCO28: Foreign and Commonwealth Office: Northern Department and East European and Soviet Department.

FCO30: Foreign and Commonwealth Office, European Economic Organisations Department and successors.

FCO33: Foreign and Commonwealth Office, Western European Department.

FCO41: Foreign and Commonwealth Office, Western Organisations and Co-ordination Department and Foreign and Commonwealth Office, Western Organisations Department.

FCO73: Foreign and Commonwealth Office, Private Offices: Various Ministers' and Officials' Papers.

PREM13: Prime Minister's Office Files, 1964-70.

PREM15: Prime Minister's Office Files, 1970-74.

[フランス]

Archives Nationales: Paris

5émeP République Archives de la Présidence Pompidou [5 AG 2]:

République Fédérale d'Allemagne (RFA): Cartons 1009-1012.

Belgique, Danemark, Finlande: Carton 1013.

Grande-Bretagne: Cartons 1014-1015.

Italie, Luxembourg, Norvège, Pays-Bas: Carton 1016.

Union des Républiques Socialistes Soviétiques (URSS): Cartons 1017-1019.

Étas-Unis: Cartons 1021-1023.

Ministrère des Affaires Étrangères (Quai d'Orsay): Paris

2. 公刊史料

Europe:

Allemagne, 1966-1970.
Belgique, 1966-1970.
Italie, 1966-1970.
Organismes Internationaux et Grandes Questions Internationales, 1966-1970.
Organismes Internationaux et Grandes Questions Internationales, 1971 - juin 1976.
Questions Internationaux Européennes 1966-1970.
Communautés Européenne, 1971 - juin 1976.
Pay-Bas, 1966-1970.
URSS, 1966-1970.
URSS, 1971 - juin 1976.

Secrétariat Général:

Entretiens et Messages, 1956-1971.

Service des Pactes:

Pactes, 1961-1970.

[西ドイツ]

Auswärtiges Amt: Berlin

Ministerburo files.
Buro Staatssekretare files.
Referat IA1.
Referat IA2.
Referat IIA3
Referat IIA7
Referat 212

Bundesarchiv: Koblenz

Bundeskanzleramt files, 1969-1973

2. 公刊史料（デジタル化された史料を含む）

Foreign Relations of the United States, 1964-68, Volume XII, Western Europe (Washington: Government Printing Office, 2001).

Foreign Relations of the United States, 1964-1968, Volume XIII, Western Europe Region (Washington: Government Printing Office, 1995).

Foreign Relations of the United States, 1964-1968, Volume XV, Germany and Berlin (Washington: Government Printing Office, 1999).

Foreign Relations of the United States, 1969-1976, Volume XII, Soviet Union, January 1969-October 1970 (Washington: Government Printing Office, 2006).

Foreign Relations of the United States, 1969-1976, Volume XIV, Soviet Union, October 1971-May 1972 (Washington: Government Printing Office, 2006).

Foreign Relations of the United States, 1969-1976, Volume XXXIX, European Security (Washington: Government Printing Office, 2008).

Foreign Relations of the United States, 1969-1976, Volume XL, Germany and Berlin, 1969-1972 (Washington: Government Printing Office, 2008).

David C. Geyer and Douglas E. Selvage (eds.), *Soviet-American Relations, The Détente Years, 1969-1972,* (United States Government Printing Office, 2007).

United States Department of State, *Documents on Germany, 1944-1985* (United States Department State, Office of the Historian, Bureau of Public Affairs, 1985).

Public Papers of the Presidents of the United States: Lyndon B. Johnson (Washington: United States Government Printing Office).

Public Papers of the Presidents of the United States: Richard Nixon (Washington: United States Government Printing Office).

Akten zur Auswärtigen Politik der Bundesrepublik Deutschland, 1966-73 (München: R. Oldenbourg Verlag).

Dokumente zur Deutschlandpolitik

Documents on British Policy Overseas (London: Whitehall History Publishing, Frank Cass).

Ser.Ⅲ, Vol.Ⅰ, Britain and the Soviet Union, 1968-72.

Ser.Ⅲ, Vol.Ⅱ, The Conference on Security and Cooperation in Europe, 1972-75.

Ser.Ⅲ, Vol.Ⅲ, Détente in Europe, 1972-76.

Georges Pompidou, Entretiens et Discours 1968-1974, 2 vols. (Paris: Plon, 1975).

L'Annee Politique

Digital National Security Archive. Online. Available HTTP: http://nsarchive.chadwyck.com/marketing/index.jsp

Collections:

The Kissinger Transcripts: A Verbatim Record of U.S. Diplomacy, 1969-1977.

Presidential Directives on National Security, Part I: From Truman to Clinton.

Presidential Directives on National Security, Part II: From Truman to George W. Bush.

The Parallel History Project on NATO and the Warsaw Pact (PHP). Online. Available HTTP: http://www.isn.ethz.ch/php/

Collections:

Records of the Political Consultative Committee, 1955-1990.

Records of the Committee of the Ministers of Foreign Affairs, 1976-1990.

Records of the Meetings of the Warsaw Pact Deputy Foreign Ministers.

The NATO Archives' Subject Files on the Harmel Report, 1966-1967.

North Atlantic Treaty Organization (NATO) On-line Library: Summits & Ministerial Meetings. Available HTTP: http://www.nato.int/docu/comm.htm

European NAvigator (ENA) − The history of a united Europe on the Internet. Available HTTP: http://www.ena.lu/

Mircea Munteanu, Hedi Giusto, and Christian Ostermann (ed.), CD-ROM *The Rise of Détente*. 国際会議 "NATO, the Warsaw Pact and the Rise of Détente, 1965-1972" in Dobiacco, Italy, on 26-28 September 2002 にて配布。

3. 回顧録，日記など

Alphand, Hervé, *L'Étonnement d'Être: Journal 1939-1973* (Paris: Fayard, 1977).

Bahr, Egon, *Zu meiner Zeit* (München: K. Blessing, 1996).

Brandt, Willy, *People and Politics: The Years 1960-1975* (translated from the German by J. Maxwell Brownjohn. London: Collins, 1978).

Bundy, William, *A Tangled Web: The Making of Foreign Policy in the Nixon Presidency* (New York: Hill and Wang, 1998).

Debré, Michel, *Trois Républiques pour une France: Mémoires V − Combattre Toujours, 1969-1993* (Paris: Albin Michel).

Dobrynin, Anatoly, *In Confidence: Moscow's Ambassador to America's Six Cold War Presidents (1962-1986)* (New York: Random House, 1995).

Douglas-Home, Alec, *The Way the Wind Blows: An Autobiography* (New York: Quadrangle, 1976).

Falin, Valentin, *Politische Erinnerungen*. (München: Droemer Knaur, 1993).

Grewe, Wilhelm Georg, *Rückblenden 1976-1951* (Frankfurt/Main: Propylaen, 1979).

Healey, Denis, *The Time of My Life* (London: Michael Joseph, 1989).

Heath, Edward, *The Course of My Life: My Autobiography* (London: Hodder & Stoughton, 1998).

Henderson, Nicholas, *Mandarin: The Diaries of an Ambassador, 1969-1982* (London: Weidenfeld and Nicholson, 1994).

Hillenbrand, Martin J., *Fragments of Our Time: Memoirs of a Diplomat* (Athens: University of Georgia Press, 1998).

Hyland, William G., *Mortal Rivals* (New York: Random House, 1987).

Jobert, Michel, *Mémoires d'avenir* (Paris: Grasset, 1974).

———. *L'autre regard* (Paris: Grasset, 1976).

Keworkow, Vjaceslav, *Der geheime Kanal: Moskau, der KGB und die Bonner Ostpolitik.*

(Berlin: Rowohlt, 1995).

Kissinger, Henry, *White House Years* (Boston: Little Brown, 1979). 斉藤弥三郎ほか訳『キッシンジャー秘録』第5巻（小学館，1979〜1980年）。

Nixon, Richard, *The Memoirs of Richard Nixon* (New York: Touchstone, 1990). 松尾文夫・斎田一路訳『ニクソン回顧録』全3巻（小学館，1978〜1979年）。

Seydoux, François, *Dans L'Intimité Franco-Allemande: Une Mission Diplomatique.* (Paris: Albatros, 1977).

Stewart, Michael, *Life and Labour: an Autobiography* (London: Sidgwick & Jackson, 1980).

Von Staden, Berndt, *Zwischen Eiszeit und Tauwetter: Diplomatie in einer Epoche des Umbruchs-Erinnerungen* (Berlin: wjs Verlag, 2005).

Wilson, Harold, *The Labour Government, 1964-1970* (London: Weidenfeld and Nicolson, 1971).

ヴァレリー・ジスカールデスタン『エリゼ宮の決断――続フランス大統領回想録』（池村俊郎訳，読売新聞社，1993年）。

ミハイル・ゴルバチョフ『ゴルバチョフ回想録』下巻（工藤精一郎・鈴木康雄訳，新潮社，1996年）。

4. 研 究 書

Acimovic, Ljubivoje, *Problems of Security and Cooperation in Europe* (Alphen aan den Rijn, The Netherlands; Rockville, Md., USA: Sijthoff & Noordhoff, 1981).

Adomeit, Hannes, *Imperial Overstretch: Germany in Soviet Policy from Stalin to Gorbachev* (Baden-Baden: Nomos, 1998).

Allen, David, Reinhardt Rummel and Wolfgang Wessels (eds.), *European Political Cooperation: Towards a Foreign Policy for Western Europe* (London: Butterworth Scientific, 1982).

Allin, Dana H., *Cold War Illusions: America, Europe and Soviet Power, 1969-1989* (Basingstoke: Macmillan, 1995).

Alting von Geusau, F. (ed.), *Uncertain Détente* (Alphen aan den Rijn: Sijthoff and Noordhoff, 1978).

Andréani, Jacques, *Le Piège: Helsinki et la chute du communisme* (Paris: Odile Jacob, 2005).

Ashton, S. R., *In Search of Détente: the Politics of East-West Relations since 1945* (New York: St. Martin's Press, 1989).

Association Geroges Pompidou, *Georges Pompidou et l'Europe*: Colloque, 25 et 26 Novembre 1993 (Paris: Editions Complexe, 1995).

Ball, S. J., *The Cold War: An International History, 1947-1991* (New York: St. Martin's Press, 1998).

4. 研究書

Ball, Stuart and Anthony Seldon (eds.), *The Heath Government, 1970-74: A Reappraisal* (London: Longman, 1996).

Bange, Oliver, and Gottfried Niedhart (eds.), *Helsinki 1975 and the Transformation of Europe* (Oxford: Berghahn Books, 2008).

Baring, Arnulf, *Machtwechsel: die Ära Brandt-Scheel* (Berlin: Ullstein, 1998).

Becker, Peter, *Die frühe KSZE-Politik der Bundesrepublik Deutschland: Der Außenpolitische Entscheidungs porzeß bis zur Unterzeichnung der Schlußakte von Helsinki* (Hamburg: Lit Verlag, 1992).

Bell, P. M. H., *France and Britain 1940-1994: The Long Separation* (New York: Longman, 1997).

Bender, Peter, *Die "Neue Ostpolitik" und ihre Folgen: vom Mauerbau bis zur Vereinigung* (München: Deutscher Taschenbuch Verlag, 1995).

Berstein, Serge and Jean-Pierre Rioux, *The Pompidou Years, 1969-1974* (Cambridge: Cambridge University Press, 2000).

Bischof, Günter and Saki Dockrill (eds.), *Cold War Respite: The Geneva Summit of 1955* (Baton Rouge: Louisiana State University Press, 2000).

Bluth, Christoph, *The Two Germanies and Military Security in Europe* (Basingstoke: Palgrave Macmillan, 2002).

Bozo, Frédéric, *Two Strategies for Europe: De Gaulle, the United States, and the Atlantic Alliance* (translated by Susan Emanuel. Lanham, Md.: Rowman & Littlefield, 2001).

Bozo, Frédéric, N. Piers Ludlow, Marie-Pierre Rey, and Leopoldo Nuti (eds.), *Europe and the End of the Cold War: A Reappraisal* (London: Routledge, 2007).

Burk, Kathleen and Melvyn Stokes (eds.), *The United States and the European Alliance Since 1945* (Oxford: Berg, 1999).

Campbell, John, *Edward Heath: A Biography* (London: Cape, 1993).

Catudal, Honoré Marc, *The Diplomacy of the Quadripartite Agreement on Berlin: A New Era in East-West Politics* (Berlin: Berlin-Verlag, 1978).

———. *A Balance Sheet of the Quadripartite Agreement on Berlin: Evaluation and Documentation* (Berlin: Berlin-Verlag, 1978).

Cohen, Warren I. and Nancy Bernkopf Tucker (eds.), *Lyndon B. Johnson Confronts the World: American Foreign Policy, 1963-1968* (Cambridge: Cambridge University Press, 1994).

Coolsaet, Rik, *La politique extérieure de la Belgique: Au coeur de l'Europe, le poids d'une petite puissance* (Graduit du néerlandais par Serge Govaert, Bruxelles: De Boeck Université, 2002).

Davy, Richard (ed.), *European Détente: A Reappraisal* (London: Royal Institute of International Affairs: Sage, 1992).

Defrance, Corine, Ulrich Pfeil (eds.), *Le traité de l'Elysée: et les relations franco-*

allemandes 1945-1963-2003 (Paris: CNRS, 2005).

Deighton, Anne, *The Impossible Peace: Britain, the Division of Germany and the Origins of the Cold War* (Oxford: Clarendon Press, 1990).

Deighton, Ann and Alan Milward (eds.), *Widining, Deeping and Acceleration: The European Economic Community 1957-1963* (Baden-Baden: Nomos, 1999).

DePorte, A. W., *Europe between The Superpowers: The Enduring Balance* (New Haven: Yale University Press, 1979).

Diallo, Thierno, *La politique étrangère de George Pompidou* (Paris: LGDJ, 1992).

Dockrill, Saki (ed.), *Controversy and Compromise: Alliance Politics between Great Britain, Federal Republic of Germany, and the United States of America, 1945-1967* (Bodenheim: Philo, 1998).

Dujardin, Vincent, *Pierre Harmel: Biographie* (Brussels: Le Cri, 2005).

Dunbabin, J. P. D., *The Cold War: The Great Powers and their Allies* (London: Longman, 1994).

Dyson, Kenneth (ed.), *European Détente: Case Studies of the Politics of East-West Relations* (London: F. Pinter, 1986).

Eibl, Franz, *Politik der Bewegung: Gerhard Schröder als Außenminister 1961-1966,* (München: Oldenbourg, 2001).

Eisenberg, Carolyn Woods, *Drawing the Line: The American Decision to Divide Germany, 1944-1949* (Cambridge: Cambridge University Press, 1996).

Ellison, James, *The United States, Britain and the Transatlantic Crisis: Rising to the Gaullist Challenge, 1963-68* (Basingstoke: Palgrave, 2007).

Fink, Carole, et al. (eds.), *1968: The World Transformed* (New York: Cambridge University Press, 1998).

Fischer, Thomas, *Neutral Power in the CSCE: The N+N States and the Making of the Helsinki Accords 1975* (Baden-Baden: Nomos, 2009).

Fontaine, André, *Un seul lit pour deux rêves. Histoire de la "détente" 1962-1981* (Paris: Fayard, 1981).

Fuchs, Stephan, *"Dreiecksverhältnisse sind immer kompliziert": Kissinger, Bahr und die Ostpolitik* (Hamburg: Europäische Verlagsanstalt, 1999).

Garthoff, Raymond L., *Détente and Confrontation: American-Soviet Relations from Nixon to Reagan*. Rev. ed., (Washington, D.C.: Brookings Institution, 1994).

Garton Ash, Timothy, *In Europe's Name: Germany and the Divided Continent* (New York: Random House, 1993). 杉浦茂樹訳『ヨーロッパに架ける橋——東西冷戦とドイツ外交』上下巻（みすず書房，2009年）。

Ghebali, Victor-Yves, *La Diplomatie de la Détente: la CSCE, d'Helsinki à Vienne, 1973-1989* (Bruxelles: E. Bruylant, 1989).

Giauque, Jeffrey Glen, *Grand Designs and Visions of Unity: the Atlantic Powers and the Reorganization of Western Europe, 1955-1963* (Chapel Hill: University of North

Carolina Press, 2002).
Goodby, James E., *Europe Undivided: The New Logic of Peace in U.S.-Russian Relations* (Washington, D.C.: United States Institute of Peace Press, 1998).
Granieri, Ronald J., *The Ambivalent Alliance: Konrad Adenauer, the CDU/CSU, and the West, 1949-1966* (Oxford: Berghahn Books, 2003).
Gray, William Glenn, *Germany's Cold War: The Global Campaign to Isolate East Germany, 1949-1969* (Chapel Hill: University of North Carolina Press, 2003).
Greenwood, Sean, *Britain and the Cold War, 1945-1991* (Basingstoke: Macmillan Press, 1999).
Griffith, William E., *The Ostpolitik of the Federal Republic of Germany* (Cambridge, Mass.: MIT Press, 1978).
Guillen, Pierre, *La question allemande, 1945 à nos jours* (Paris: Imprimerie nationale, 1996).
Haftendorn, Helga, *Abrustungs- und Entspannungspolitik zwischen Sicherheitsbefriedigung und Friedenssicherung: zur Aussenpolitik der BRD 1955-1973* (Düsseldorf: Bertelsmann Universitätsverlag, 1974).
———. *Sicherheit und Entspannung: zur Aussenpolitik der Bundesrepublik Deutschland, 1955-1982* (Baden-Baden: Nomos, 1983).
———. *NATO and the Nuclear Revolution: A Crisis of Credibility, 1966-1967* (Oxford: Clarendon Press, 1996).
———. *Deutsche Aussenpolitik zwischen Selbstbeschränkung und Selbstbehauptung 1945-2000* (Stuttgart: Deutsche Verlags-Anstalt, 2001).
Haftendorn, Helga, Georges-Henri Soutou, Stephen F. Szabo and Samuel F. Wells Jr. (eds.), *The Strategic Triangle: France, Germany, and the United States in the Shaping of the New Europe* (Baltimore: Johns Hopkins University Press, 2006).
Hanhimäki, Jussi, *The Flawed Architect: Henry Kissinger and American Foreign Policy* (Oxford: Oxford University Press, 2004).
Hanrieder, Wolfram F., *Germany, America, Europe: Forty Years of German Foreign Policy* (New Haven: Yale University Press, 1989).
Harrison, Hope, *Driving the Soviets up the Wall: Soviet-East German Relations, 1953-1961* (Princeton: Princeton University Press, 2003).
Heiss, Mary Ann and S. Victor Papacosma (eds.), *NATO and the Warsaw Pact: Intrabloc Conflicts* (Ohio: Kent University Press, 2008).
Hill, Christopher (ed.), *National Foreign Policies and European Political Cooperation* (London: G. Allen & Unwin, 1983).
Hoff, Henning, *Grossbritannien und die DDR 1955-1973: Diplomatie auf Umwegen* (München: Oldenbourg Verlag, 2003).
Hofmann, Arne, *The Emergence of Détente in Europe: Brandt, Kennedy and the Formation of Ostpolitik* (London: Routledge, 2007).

Hughes, Geraint, *Harold Wilson's Cold War: The Labour Government and East-West Politics, 1964-1970* (Woodbridge: Royal Historical Society/Boydell Prss, 2009).

Hughes, R. Gerald, *Britain, Germany and the Cold War: The Search for a European Détente, 1949-1967* (London: Routledge, 2007).

Hunter, Allen (ed.), *Re-Thinking the Cold War* (Philadelphia,: Temple University Press, 1998).

Ifestos, Panayiotis, *European Political Cooperation: Towards a Framework of Supranational Diplomacy?* (Aldershot, Hants: Avebury, 1987).

Institut Charles de Gaulle, *De Gaulle en son siècle: L'Europe, Tome 5* (Paris: La Documentation Française, 1992).

Jacobsen, Hans-Adolf, et al. (eds.), *Sicherheit und Zusammenarbeit in Europa (KSZE): Analyse und Dokumentation, 1973-1978* (Köln: Wissenschaft und Politik, 1978).

Judt, Tony, *Postwar: A History of Europe Since 1945* (London: Pimlico, 2005). 森本醇・浅沼澄訳『ヨーロッパ戦後史』上下巻（みすず書房，2008 年)。

Kaldor, Mary, *The Imaginary War: Understanding the East-West Conflict* (London: Basil Blackwell, 1990).

Kandiah, Michael D. and Gillian Staerck, *The Helsinki Negotiations: The Accords and Their Impact* (London: Centre for Contemporary British History, 2006).

Keithly, David M., *Breakthrough in the Ostpolitik: The 1971 Quadripartite Agreement* (Boulder: Westview Press, 1986).

Keliher, John G., *The Negotiations on Mutual and Balanced Force Reductions. The Search for Arms Control in Central Europe* (New York: Pergamon Press, 1980).

Kipp, Yvonne, *Eden, Adenauer und die deutsche Frage: britische Deutschlandpolitik im internationalen Spannungsfeld 1951-1957* (Paderborn: Schöningh., 2002).

Korey, William, *The Promises We Keep: Human Rights, the Helsinki Process, and American Foreign Policy* (New York: St. Martin's Press, 1993).

Kunz, Diane B. (ed.), *The Diplomacy of the Crucial Decade: American Foreign Relations during the 1960s* (New York: Columbia University Press, 1994).

Lacouture, Jean, *De Gaulle. The Ruler, 1945-1970* (translated from the French by Alan Sheridan, New York: Norton, 1992).

Larres, Klaus (ed.), *Uneasy Allies: British-German Relations and European Integration since 1945* (Oxford: Oxford University Press, 2000).

Larres, Klaus, and Kenneth Alan Osgood (eds.), *The Cold War after Stalin's Death: A Missed Opportunity for Peace?* (Lanham, Md.: Rowman & Littlefield, 2006).

Lee, Sabine, *Victory in Europe?: Britain and Germany since 1945* (Harlow: Longman, 2001).

Link, Werner, et al., *Republik im Wandel 1969-1974. Die Ära Brandt, t.5/I: Geschichte der Bundesrepublik Deutschland* (Stuttgart: Deutsche Verlags-Anstalt, 1986).

Logevall, Fredrik, *Choosing War: The Lost Chance for Peace and the Escalation of War*

in Vietnam (Berkeley: University of California Press, 1999).
Logevall, Fredrik, and Andrew Preston (eds.), *Nixon in the World: American Foreign Relations, 1969-1977* (Oxford: Oxford University Press, 2008).
Loth, Wilfried, *The Division of the World, 1941-1955* (London: Routledge, 1988).
———. (ed.), *Crises and Compromises: the European Project, 1963-1969* (Baden-Baden: Nomos, 2001).
———. *Overcoming the Cold War: A History of Détente, 1950-1991* (Basingstoke: Palgrave, 2002).
———. (ed.), *Europe, Cold War and Co-Existence 1953-1965* (London: Frank Cass & Co, 2004).
Loth, Wilfried and Georges-Henri Soutou (eds.), *The Making of Détente: Eastern and Western Europe in the Cold War, 1965-75* (London: Routledge, 2008).
Ludlow, N. Piers, *Dealing with Britain: The Six and the First UK Application to the EEC* (Cambridge: Cambridge University Press, 1997).
———. *The European Community and the Crises of the 1960s: Negotiating the Gaullist Challenge* (London: Routledge, 2006).
———. (ed.), *European Integration and the Cold War: Ostpolitik-Westpolitik, 1965-1973* (London: Routledge, 2007).
Lundestad, Geir, *"Empire" by Integration: The United States & European Integration, 1945-1997* (Oxford: Oxford University Press, 1998). 河田潤一訳『ヨーロッパの統合とアメリカの戦略――統合による「帝国」への道』(NTT 出版, 2005 年)。
———. *The United States and Europe since 1945: From "Empire" by Invitation to Transatlantic Drift* (Oxford: Oxford University Press, 2003).
Lüthi, Lorenz M., *The Sino-Soviet Split: Cold War in the Communist World* (Princeton: Princeton University Press, 2008).
Macintyre, Terry, *Anglo-German Relations during the Labour Governments, 1964-70: NATO Strategy, Détente and European Integration* (Manchester: Manchester University Press, 2008).
Maresca, John J., *To Helsinki－the Conference on Security and Cooperation in Europe, 1973-1975* (Durham: Duke University Press, 1985).
Mastny, Vojtech, *Helsinki, Human Rights, and European Security: Analysis and Documentation* (Durham: Duke University Press, 1986).
Mastny, Vojtech and Malcolm Byrne (eds.), *A Cardboard Castle?: An Inside History of the Warsaw Pact, 1955-1991* (New York: Central European University Press, 2005).
Meimeth, Michael, *Frankreichs Entspannungspolitik der 70er Jahre: Zwischen Status quo und friedlichem Wandel. Die Ara Georges Pompidou und Valery Giscard d'Estaing* (Baden-Baden: Nomos, 1990).
Möckli, Daniel, *European Foreign Policy during the Cold War: Heath, Brandt, Pompidou*

and the Dream of Political Unity (London: I B Tauris & Co Ltd, 2008).

Moravcsik, Anderw, *The Choice for Europe: Social Purpose and State Power from Messina to Maastricht* (Ithaca: Cornell University Press, 1998).

Mottola, Kari, *Ten Years after Helsinki: The Making of the European Security Regime* (Boulder: Westview Press, 1986).

Müller, Martin, *Politik und Bürokratie: die MBFR-Politik der Bundesrepublik Deutschland zwischen 1967 und 1973* (Baden-Baden: Nomos, 1988).

Newton, Julie M., *Russia, France, and the Idea of Europe* (Basingstoke: Palgrave Macmillan, 2003).

Ninkovich, Frank A., *Germany and the United States: the Transformation of the German Question since 1945, Updated Edition* (New York: Twayne Publishers, 1995).

Njφlstad, Olav (ed.), *The Last Decade of the Cold War: From Conflict Escalation to Conflict Transformation* (London: Frank Cass, 2004).

Nuenlist, Christian and Anna Locher (eds.), *Transatlantic Relations at Stake: Aspects of NATO, 1956-1972* (ETH Zurich: Center for Security Studies (CSS), 2006). http://www.isn.ch/pubs/ph/details.cfm?id=24737

Nuti, Leopoldo (ed.), *The Crisis of Détente: From Helsinki to Gorbachev, 1975-1985* (London: Routledge, 2009).

Nuttall, Simon, *European Political Co-operation* (Oxford: Oxford University Press, 1992).

Oliver, Kendrick, *Kennedy, Macmillan and the Nuclear Test-Ban Debate, 1961-63* (London: Macmillan, 1998).

Ouimet, Matthew J., *The Rise and Fall of the Brezhnev Doctrine in Soviet Foreign Policy* (Chapel Hill: University of North Carolina Press, 2003).

Palmer, Michael, *The Prospects for a European Security Conference* (London: Chatham House, P.E.P., 1971).

Patton, David F., *Cold War Politics in Postwar Germany* (London: Macmillan, 1999).

Pfeil, Ulrich (ed.), *La République Démocratique Allemande et l'Occident* (Paris: Publications de l'Institut Allemand, 2000).

Rey, Marie-Pierre, *La tentation du rapprochement: France et URSS à l'heure de la détente (1964-1974)* (Paris: Publications de la Sorbonne, 1991).

Reynolds, David, *One World Divisible: A Global History since 1945* (New York: W.W. Norton, 2000).

Romano, Angela, *From Détente in Europe to European Détente: How the West Shaped the Helsinki CSCE* (Brussels: P.I.E. Peter Lang, 2009).

Roussel, Eric, *Georges Pompidou, 1911-1974, Nouvelle édition, revue, augumentée, établie d'après les archives du quinquennat* (1969-1974) (Paris: J.C. Lattès, 1994).

Sarotte, M. E., *Dealing with the Devil: East Germany, Détente, and Ostpolitik, 1969-1973*

(Chapel Hill: University of North Carolina Press, 2001).
Schwarz, Hans Peter and Helga Haftendorn (eds.), *Europäische Sicherheitskonferenz* (Opladen: Leske Verlag, 1970).
Schwartz, Thomas Alan, *Lyndon Johnson and Europe: In the Shadow of Vietnam* (London: Harvard University Press, 2003).
Simonian, Haig, *The Privileged Partnership: Franco-German Relations in the European Community, 1969-1984* (Oxford: Oxford University Press, 1985).
Sjursen, Helene, *The United States, Western Europe and the Polish Crisis: International Relations in the Second Cold War* (London: Palgrave Macmillan, 2003).
Smyser, W. R., *From Yalta to Berlin: The Cold War Struggle over Germany* (London: Macmillan, 1999).
Sodaro, Michael J., *Moscow, Germany, and the West from Khrushchev to Gorbachev* (London: Cornell University Press, 1990).
Soutou, Georges-Henri, *L'alliance incertaine: Les rapports politico-stratégiques franco-allemands, 1954-1996* (Paris: Fayard, 1996).
Spencer, Robert (ed.), *Canada and the Conference on Security and Cooperation in Europe* (Tront: University of Tront, 1984).
Stent, Angela, *From Embargo to Ostpolitik: The Political Economy of West German-Soviet Relations, 1955-1980* (Cambridge: Cambridge University Press, 1981).
Suri, Jeremi, *Power and Protest: Global Revolution and the Rise of Détente* (Cambridge: Harvard University Press, 2003).
Sutterlin, James S. and David Klein, *Berlin: From Symbol of Confrontation to Keystone of Stability* (New York: Praeger, 1989).
Taubman, William, *Khrushchev: The Man and His Era* (New York: W.W.Norton & Company, 2003).
Thomas, Daniel C., *The Helsinki Effect: International Norms, Human Rights, and the Demise of Communism* (Princeton: Princeton University Press, 2001).
Trachtenberg, Marc, *A Constructed Peace: The Making of the European Settlement, 1945-1963* (Princeton: Princeton University Press, 1999).
Vaïsse, Maurice, Pierre Mélandri, et Frédéric Bozo (dir.), *La France et l'OTAN, 1949-1996* (Paris: Editions Complexe, 1996).
Vaïsse, Maurice, *La Grandeur: Politique étrangère de général de Gaulle, 1958-69* (Paris: Fayard, 1998).
Van der Harst, Jan (ed.), *Beyond the Customs Union: the European Community's Quest for Deepening, Widening and Completion, 1969-1975* (Bruxelles: Bruylant, 2007).
Van Oudenaren, John, *Détente in Europe: The Soviet Union and the West since 1953* (Durham: Duke University Press, 1991).
Von Dannenberg, Julia, *The Foundations of Ostpolitik: The Making of the Moscow Treaty between West Germany and the USSR* (Oxford: Oxford University Press,

2008).
Wallace, William V. and Roger A. Clarke, *Comecon, Trade and the West* (London: Pinter, 1986). 箱木眞澄・香川敏幸訳『ソ連・東欧諸国の選択』(文眞堂, 1990年)。
Wenger, Andreas, *Living with Peril: Eisenhower, Kennedy, and Nuclear Weapons* (Lanham, Md.: Rowman & Littlefield, 1997).
Wenger, Andreas, Christian Nuenlist and Anna Locher (eds.), *Transforming NATO in the Cold War: Challenges beyond Deterrence in the 1960s* (London: Routledge, 2006).
Westad, Odd Arne (ed.), *The Fall of Détente: Soviet-American Relations during the Carter Years* (Oslo: Scandinavian University Press, 1997).
———. (ed.), *Reviewing the Cold War: Approaches, Interpretations, Theory* (London: Frank Cass, 2000).
———. *The Global Cold War: Third World Interventions and the Making of Our Times* (Cambridge: Cambridge University Press, 2005).
White, Brian, *Britain, Détente, and Changing East-West Relations* (London: Routledge, 1992).
Wilkens, Andreas, *Der unstete Nachbar: Frankreich, die deutsche Ostpolitik und die Berliner Vier-Mächte-Verhandlungen, 1969-1974* (München: Oldenbourg, 1990).
Winand, Pascaline, *Eisenhower, Kennedy, and the United States of Europe* (New York: St. Martin's Press, 1993).
Wolfe, Thomas W., *Soviet Power and Europe, 1945-1970* (Baltimore: Johns Hopkins Press, 1970).
Young, John W., *Britain and European Unity, 1945-1992* (Basingstoke, British History in Perspective, 1993).
———. *The Labour Governments 1964-70: International Policy* (Manchester: Manchester University Press, 2003).
Zimmerman, Hubert, *Money and Security: Troops, Monetary Policy, and West Germany's Relations with the United States and Britain, 1950-1971* (Cambridge: Cambridge University Press, 2002).
Zubok, Vladislav, *A Failed Empire: The Soviet Union in the Cold War from Stalin to Gorbachev* (Chapel Hill: The University of North Carolina Press, 2007).
岩間陽子『ドイツ再軍備』(中公叢書, 1993)。
小川浩之『イギリス帝国からヨーロッパ統合へ——戦後イギリス対外政策の転換とEEC加盟申請』(名古屋大学出版会, 2008年)。
金子譲『NATO北大西洋条約機構の研究——米欧安全保障関係の軌跡』(彩流社, 2008年)。
川嶋周一『独仏関係と戦後ヨーロッパ国際秩序——ドゴール外交とヨーロッパの構築1958−1969』(創文社, 2007年)。
吉川元『ソ連ブロックの崩壊——国際主義, 民族主義, そして人権』(有信堂高文社,

1992年)。

――『ヨーロッパ安全保障協力会議CSCE――人権の国際化から民主化支援への発展過程の考察』(三嶺書房, 1994年)。

倉科一希『アイゼンハワー政権と西ドイツ――同盟政策としての東西軍備管理交渉』(ミネルヴァ書房, 2008年)。

齋藤嘉臣『冷戦変容とイギリス外交――デタントをめぐる欧州国際政治 1964～1975』(ミネルヴァ書房, 2006年)。

高橋進『歴史としてのドイツ統一――指導者たちはどう動いたか』(岩波書店, 1999年)。

田中素香(編著)『EMS：欧州通貨制度――欧州通貨統合の焦点』(有斐閣, 1996年)。

細谷雄一『戦後国際秩序とイギリス外交――戦後ヨーロッパの形成 1945年～1951年』(創文社, 2001年)。

――『外交による平和――アンソニー・イーデンと二十世紀の国際政治』(有斐閣, 2005年)。

――(編)『イギリスとヨーロッパ――孤立と統合の二百年』(勁草書房, 2009年)。

益田実『戦後イギリス外交と対ヨーロッパ政策――「世界大国」の将来と地域統合の進展, 1945～1957年』(ミネルヴァ書房, 2008年)。

宮脇昇『CSCE人権レジームの研究――「ヘルシンキ宣言」は冷戦を終わらせた』(国際書院, 2003年)。

百瀬宏『小国――歴史にみる理念と現実』(岩波書店, 1988年)。

百瀬宏・植田隆子(編)『欧州安全保障協力会議(CSCE)――1975－92』(日本国際問題研究所, 1992年)。

渡邊啓貴『米欧同盟の協調と対立――二十一世紀国際社会の構造』(有斐閣, 2008年)。

ドン・オーバードーファー『マイク・マンスフィールド――米国の良心を守った政治家の生涯』下巻(菱木一美・長賀一哉訳, 共同通信社, 2005年)。

5. 論　文

Agger, Jonathan Søborg, 'Striving for Détente: Denmark and NATO, 1966-67', in Andreas Wenger, Christian Nuenlist and Anna Locher (eds.), *Transforming NATO in the Cold War: Challenges beyond Deterrence in the 1960s* (London: Routledge, an imprint of Taylor & Francis Books Ltd, 2006).
Alle, David and William Wallace, 'European Political Cooperation: the historical and contemporary background', in David Allen, Reinhardt Rummel and Wolfgang Wessels (eds.), *European Political Cooperation: Towards a Foreign Policy for Western Europe* (London: Butterworth Scientific, 1982).
Aunesluoma, Juhana, 'Finlandisation in Reverse: The CSCE and the Rise and Fall of Economic Détente, 1968-1975', in Oliver Bange and Gottfried Niedhart (eds.), *Helsinki 1975 and the Transformation of Europe* (Oxford: Berghahn Books, 2008).
Bange, Olivier, 'Kiesingers Ost- und Deutschlandpolitik von 1966 bis 1969', in Günter

Buchstab, Philipp Gassert and Peter Lang (eds.), *Kurt Georg Kiesinger 1904-1988: von Ebingen ins Kanzleramt* (Freiburg im Breisgau: Herder, 2005).

———. 'An Intricate Web: Ostpolitik, the European Security System and German Unification', in Oliver Bange and Gottfried Niedhart (eds.), *Helsinki 1975 and the Transformation of Europe* (Oxford: Berghahn Books, 2008).

Bange, Oliver, and Stephan Kieninger, 'Negotiating One's Own Demise?: The GDR's Foreign Ministry and the CSCE Negotiations Plans, Preparations, Tactics and Presumptions', *Cold War International History Project,* e-Dossier 17 (2008).

Basosi, Duccio, 'Helsinki and Rambouillet: US Attitudes towards Trade and Security during the Early CSCE Process, 1972-75', in Andreas Wenger, Vojtech Mastny, and Christian Nuenlist (eds.), *Origins of the European Security System: The Helsinki Process Revisited, 1965-75* (London: Routledge, 2008).

Baudet, Floribert, '"It was Cold War and We Wanted to Win": Human Rights, "Détente," and the CSCE', in Andreas Wenger, Vojtech Mastny, and Christian Nuenlist (eds.), *Origins of the European Security System: The Helsinki Process Revisited, 1965-75* (London: Routledge, 2008).

Békés, Csaba, 'The Warsaw Pact and the CSCE Process from 1965 to 1970', in Wilfried Loth and Georges-Henri Soutou (eds.), *The Making of Détente: Eastern and Western Europe in the Cold War, 1965-75* (London: Routledge, 2008).

———. 'The Warsaw Pact, the German Question and the Birth of the CSCE Process, 1961-1970', in Oliver Bange and Gottfried Niedhart (eds.), *Helsinki 1975 and the Transformation of Europe* (Oxford: Berghahn Books, 2008).

Bitsch, Marie-Thérèse, 'Le sommet de la Haye. La mise en route de la relance de 1969', in Wilfried Loth (ed.), *Crises and Compromises: the European Project, 1963-1969* (Baden-Baden: Nomos, 2001).

———. 'Le sommet de La Haye. L'initiative française, ses finalités et ses limites', *Journal of European Integration History*, vol. 9, no. 2 (2003).

Blasius, Rainer A., 'Erwin Wickert und die Friedensnote der Bundesregierung vom 25. März 1966', *Vierteljahrshefte für Zeitgeschichte*, vol. 43, no. 3 (1995).

Bluth, Christoph, 'A West German View', in Richard Davy (ed.), *European Détente: A Reappraisal* (London: Royal Institute of International Affairs: Sage, 1992).

———. 'Détente and Conventional Arms Control: West German Policy Priorities and the Origins of MBFR', *German Politics*, vol. 8, no. 1 (1999).

Bossuat, Gérard, 'Le président Georges Pompidou et les tentatives d'Union économique et monétaire', in Association Geroges Pompidou (ed.), *Georges Pompidou et l'Europe* (Paris: Editions Complexe, 1995).

Bowker, Mike, 'Brezhnev and Superpower Relations', in Edwin Bacon and Mark Sandle (eds.), *Brezhnev Reconsidered* (London: Palgrave Macmillan, 2002).

Bozo, Frédéric, 'A French View', in Richard Davy (ed.), *European Détente: A*

Reappraisal (London: Royal Institute of International Affairs: Sage, 1992).

———. 'Détente versus Alliance: France, the United States and the Politics of the Harmel Report (1964-1968)', *Contemporary European History*, vol. 7, no. 3 (1998).

———. 'Before the Wall: French Diplomacy and the Last Decade of the Cold War, 1979-89', in Olav Njølstad (ed.), *The Last Decade of the Cold War: From Conflict Escalation to Conflict Transformation* (London: Frank Cass, 2004).

Brands, Hal, 'Progress Unseen: U.S. Arms Control Policy and the Origins of Détente, 1963-1968', *Diplomatic History*, vol. 30, no. 2 (2006).

———. 'Rethinking Nonproliferation: LBJ, the Gilpatric Committee, and U.S. National Security Policy', *Journal of Cold War Studies*, vol. 8, no. 2 (2006).

———. 'Non-Proliferation and the Dynamics of the Middle Cold War: The Superpowers, the MLF, and the NPT', *Cold War History*, vol. 7, no. 3 (2007).

Burk, Kathleen, 'Britain and the Marshall Plan', in Chris Wrigley (ed.), *Warfare, Diplomacy and Politics* (London: H. Hamilton, 1986).

Burr, William, 'Sino-American Relations, 1969: The Sino-Soviet Border War and Steps towards Rapproachment', *Cold War History*, vol. 1, no. 3 (2001).

Caciagli, Federica, 'The GDR's Targets in the Early CSCE Process: Another Missed Opportunity to Freeze the Division of Germany, 1969-73', in Andreas Wenger, Vojtech Mastny, and Christian Nuenlist (eds.), *Origins of the European Security System: The Helsinki Process Revisited, 1965-75* (London: Routledge, 2008).

Clarke, Michael, 'Britain and European Political Cooperation in the CSCE', in Kenneth Dyson (ed.), *European Détente: Case Studies of the Politics of East-West Relations* (London: F. Pinter, 1986).

———. 'A British View', in Richard Davy (ed.), *European Détente: A Reappraisal* (London: Royal Institute of International Affairs: Sage, 1992).

Costigliola, Frank, 'Lyndon B. Johnson, Germany, and the End of the Cold War', in Warren I. Cohen and Nancy Bernkopf Tucker (eds.), *Lyndon B. Johnson Confronts the World: American Foreign Policy, 1963-1968* (Cambridge: Cambridge University Press, 1994).

Cox, Michael and Caroline Kennedy-Pipe, 'The Tragedy of American Diplomacy? Rethinking the Marshall Plan', *Journal of Cold War Studies*, vol. 7, no. 1 (2005).

Dassù, Marta, 'An Italian View', in Richard Davy (ed.), *European Détente: A Reappraisal* (London: Royal Institute of International Affairs: Sage, 1992).

Davy, Richard, 'Up the Learning Curve; An Overview', in Richard Davy (ed.), *European Détente: A Reappraisal* (London: Royal Institute of International Affairs: Sage, 1992).

———. 'Perceptions and Performance: An Evaluation', in Richard Davy (ed.), *European Détente: A Reappraisal* (London: Royal Institute of International Affairs: Sage, 1992).

Deighton, Anne, 'British-West German Relations, 1945-1972', in Klaus Larres (ed.), *Uneasy Allies: British-German Relations and Euroepan Integration since 1945* (Oxford: Oxford University Press, 2000).

De Schoutheete, Philippe, 'La Conference sur la Securite et la Cooperation en Europe', in Philippe de Schoutheete (ed.), *La coopération politique européenne* (Bruxelles: Editions Labor, 1980).

Dockrill, Saki, 'Britain's Power and Influence: Dealing with the Three Roles and the Wilson Government's Defence Debate at Chequers in November 1964', *Diplomacy & Statecraft*, vol. 11, no. 1 (2000).

———. 'Eden Plan', in Günter Bischof and Saki Dockrill (eds.), *Cold War Respite: The Geneva Summit of 1955* (Louisiana: Louisiana State University Press, 2000).

Dujardin, Vincent, 'La politique étrangère de la Belgique et l'inégration européenne sous l'ère Harmel (1965-1973)', in Michel Dumoulin, Geneviève Duchenne et Arthe Van Laer (eds.), *La Belgique, les petits États et la construction européenne* (Bruxelles: Peter Lang, 2003).

———. 'Belgium, NATO, and Détente, 1960-1973', in Christian Nuenlist and Anna Locher (eds.), *Transatlantic Relations at Stake: Aspects of NATO, 1956-1972* (ETH Zurich: Center for Security Studies (CSS), 2006). http://www.isn.ch/pubs/ph/details.cfm?id=24737

———. 'Go-Between: Belgium and Détente, 1961-1973', *Cold War History*, vol. 7, no. 1, (2007).

Dyson, Kenneth 'European Détente in Historical Perspective: Ambiguities and Paradoxes', in Kenneth Dyson (ed.), *European Détente: Case Studies of the Politics of East-West Relations* (London: F. Pinter, 1986).

———. 'The Conference on Security and Cooperation in Europe: Europe before and after the Helsinki Final Act', in Kenneth Dyson (ed.), *European Détente: Case Studies of the Politics of East-West Relations* (London: F. Pinter, 1986).

Ellison, James, 'Defeating the General: Anglo-American Relations, Europe and the NATO Crisis of 1966', *Cold War History*, vol. 6, no. 1 (2006).

Fontaine, André, 'Détente, Entente, Cooperation', in F. Alting von Geusau (ed.), *Uncertain Détente* (Alphen aan den Rijn: Sijthoff and Noordhoff, 1978).

Frank, Paul, 'Zielsetzungen der Bundesrepublik Deutschland im Rahmen europäischer Sicherheitsverhandlungen', *Europa-Archiv*, vol. 5 (1972).

Frank, Robert, 'Pompidou, le franc et l'Europe 1969-1974', in Association Geroges Pompidou (ed.), *Georges Pompidou et l'Europe* (Paris: Editions Complexe, 1995).

Friedmann, Harriet, 'Warsaw Pact Socialism: Détente and the Disintegration of the Soviet Bloc', in Allen Hunter (ed.), *Re-Thinking the Cold War* (Philadelphia: Temple University Press, 1998).

Gala, Marilena. 'The Multilateral Force: A Brief History of the American Efforts to

Maintain the Nuclear Status Quo within the Atlantic Alliance', *Stria delle Relazioni Internazionali*, vol. 13, no. 1 (1998).

———. 'Western Europe and Negotiations on Arms Control: The Anglo-Americans and the Evolving Concept of European Security, 1963-68', in Wilfried Loth (ed.), *Europe, Cold War and Coexistence, 1953-1965* (London: Frank Cass, 2004).

Garadnai, Zoltàn, 'La Hongrie de János Kádár et le processus d'Helsinki', in Elisabeth du Reau et Christine Manigand (dir.), *Vers la Réunification de l'Europe: Apports et limites du processus d'Helsinki de 1975 à nos jours* (Paris: L'Harmattan, 2005).

Germond, Carine, 'Les projets d'Union politique de l'année 1964', in Wilfried Loth (ed.), *Crises and Compromises: the European Project, 1963-1969* (Baden-Baden: Nomos, 2001).

Geyer, David C., 'The Missing Link: Henry Kissinger and the Back-Channel Negotiations on Berlin', in David C. Geyer and Bernd Schaefer (eds.), "American Détente and German Ostpolitik, 1969-1972", *Bulletin, Supplement 1* (Washington, D.C.: German Historical Institute, 2004). http://www.ghi-dc.org/bulletinS04_supp/bulletinS04_supp.index.html.

Gilcher-Holtey, Ingrid, 'May 1968 in France: The Rise and Fall of a New Social Movement', in Carole Fink, et al. (eds.), *1968: The World Transformed* (New York: Cambridge University Press, 1998).

Greenwood, Sean, 'Helping to Open the Door? Britain in the Last Decade of the Cold War', in Olav Njφlstad (ed.), *The Last Decade of the Cold War: From Conflict Escalation to Conflict Transformation* (London: Frank Cass, 2004).

Grozev, Kostadin, and Jordan Baev, 'Bulgaria, Balkan Diplomacy and the Road to Helsinki', in Oliver Bange and Gottfried Niedhart (eds.), *Helsinki 1975 and the Transformation of Europe* (Oxford: Berghahn Books, 2008).

Guillen, Pierre, 'Le probleme allemand dans les rapports East-Ouest de 1955 à 1957', *Relations internationales*, no. 71 (1992).

Haftendorn, Helga, 'The Adaptation of the NATO Alliance to a Period of Détante: The 1967 Harmel Report', in Wilfried Loth (ed.), *Crises and Compromises: the European Project, 1963-1969* (Baden-Baden: Nomos, 2001).

———. 'German Ostpolitik in a Multilateral Setting', in Helga Haftendorn, et al. (eds.), *The Strategic Triangle: France, Germany, and the United States in the Shaping of the New Europe* (Baltimore: Johns Hopkins University Press, 2006).

———. 'The Link between CSCE and MBFR: Two Sprouts from One Bulb', in Andreas Wenger, Vojtech Mastny, and Christian Nuenlist (eds.), *Origins of the European Security System: The Helsinki Process Revisited, 1965-75* (London: Routledge, 2008).

Hakkarainen, Petri, 'From Linkage to Freer Movement: the FRG and the Nexus between Western CSCE Preparations and *Deutschlandpolitik*, 1969-72', in

Andreas Wenger, Vojtech Mastny, and Christian Nuenlist (eds.), *Origins of the European Security System: The Helsinki Process Revisited, 1965-75* (London: Routledge, 2008).

Hanhimäki, Jussi, 'Ironies and Turning Points: Détente in Perspective', in Odd Arne Westad (ed.), *Reviewing the Cold War: Approaches, Interpretations, Theory* (London: Frank Cass, 2000).

———. '"They Can Write it in Swahili": Kissinger, the Soviets, and the Helsinki Accords, 1973-1975', *The Journal of Transatlantic Studies,* vol. 1, no. 1 (2003).

———. 'Selling the Decent Interval: Kissiner, Triangular Diplomacy, and the End of the Vietnam War, 1971-73', *Diplomacy & Statecraft,* vol. 14, no. 1 (2003).

Hanson, Philip, 'Economic Aspects of Helsinki', *International Affairs,* vol. 61, no. 4 (1985).

Harryvan, Anjo and Jan van der Harst, 'Swan Song or Cock Crow? The Netherlands and the Hague Conference of December 1969', *Journal of European Integration History,* vol. 9, no. 2 (2003).

Hentilä, Seppo, 'Maintaining Neutrality between the Two German States: Finland and Divided Germany until 1973', *Contemporary European History,* vol. 15, no. 4 (2006).

———. 'Finland and the Two German States: Finland's German Policy in the Framework of European Détente', in Wilfried Loth and Georges-Henri Soutou (eds.), *The Making of Détente: Eastern and Western Europe in the Cold War, 1965-75* (London: Routledge, 2008).

Hertle, Hans-Hermann, 'Germany in the Last Decade of the Cold War', in Olav Njϕlstad (ed.), *The Last Decade of the Cold War: From Conflict Escalation to Conflict Transformation* (London: Frank Cass, 2004).

Hiepel Claudia, 'In Search of the Greatest Common Denominator. Germany and the Hague Summit Conference 1969', *Journal of European Integration History,* vol. 9, no. 2 (2003).

Hill, Christopher and Christopher Lord, 'The Foreign Policy of the Heath Government', in Stuart Ball and Anthony Seldon (eds.), *The Heath Government, 1970-74: A Reappraisal* (London: Longman, 1996).

Hughes, Geraint, 'British Policy towards Eastern Europe and the Impact of the "Prague Spring" 1964-8', *Cold War History,* vol. 4, no. 2 (2004).

———. '"Giving the Russians a Bloody Nose": 1 Operation Foot and Soviet Espionage in the United Kingdom, 1964-71', *Cold War History,* vol. 6, no. 2 (2006).

Ionescu, Mihail E., 'Romania, *Ostpolitik* and the CSCE, 1967-1975', in Oliver Bange and Gottfried Niedhart (eds.), *Helsinki 1975 and the Transformation of Europe* (Oxford: Berghahn Books, 2008).

Jarzabek, Wanda, 'Hope and Reality: Poland and the Conference on Security and

Cooperation in Europe, 1964-1989', *Cold War International History Project,* Working Paper no. 56 (2008).

———. 'Preserving the Status Quo or Promoting Change: The Role of the CSCE in the Perception of Polish Authorities', in Oliver Bange and Gottfried Niedhart (eds.), *Helsinki 1975 and the Transformation of Europe* (Oxford: Berghahn Books, 2008).

Kieninger, Stephan, 'Transformation or Status Quo: The Conflict of Stratagems in Washington over the Meaning and Purpose of the CSCE and MBFR, 1969-1973', in Oliver Bange and Gottfried Niedhart (eds.), *Helsinki 1975 and the Transformation of Europe* (Oxford: Berghahn Books, 2008).

Klessmann, Christoph, 'Adenauers Deutschland- und Ostpolitik 1955-1963', in Josef Foschepoth (Hrsg), *Adenauer und die Deutsche Frage* (Güttingen: Vandenhoeck & Ruprecht, 1990).

Koopmann, Martin, 'Le malentendu d'une defense nucléaire commune: l'Allemagne et la Force multilatérale', in Wilfried Loth (ed.), *Crises and Compromises: the European Project, 1963-1969* (Baden-Baden: Nomos, 2001).

Kramer, Mark, 'The Prague Spring and the Soviet Invasion of Czechoslovakia: New Interpretation', *Cold War International History Project,* Bulletin, Issue 3 (1993).

———. 'The Czechoslovak Crisis and the Brezhnev Doctorine', in Carole Fink, et al. (eds.), *1968: The World Transformed* (New York: Cambridge University Press, 1998).

Kuisong, Yang, 'The Sino-Soviet Border Clash of 1969: From Zhenbao Island to Sino-American Rapprochement', *Cold War History,* vol. 1, no. 1 (2000).

Küsters, Hanns-Jürgen, 'Die auBenpolitische Zusammenarbeit der Neun und die KSZE', in Helga Hafterndorn, u.a. (eds.), *Verwaltete AuBenpolitik. Sicherheits- und entspannungspolitische Entscheidungsprozesse* (Köln: Verlag Wissenschaft und Politik, 1978).

———. 'Die auBenpolitische Zusammenarbeit der Neun und die KSZE', in Helga Hafterndorn, u.a. (eds.), *Verwaltete AuBenpolitik. Sicherheits- und entspannungspolitische Entscheidungsprozesse* (Köln: Verlag Wissenschaft und Politik, 1978).

Larres, Klaus, 'Britain and the GDR in the 1960s: The Politics of Trade and Recognition by Stealth', in Jeremy Noakes, et al. (eds.), *Britian and Germany in Europe, 1949-1999* (Oxford: Oxford University Press, 2002).

———. 'Britain, East Germany and Détente: British Policy toward the GDR and West German's "Policy of Movement", 1955-1965', in Wilfried Loth (ed.), *Europe, Cold War and Co-Existence 1953-1965* (London: Frank Cass & Co, 2004).

Lerner, Mitchell, '"Trying to Find the Guy Who Invited Them": Lyndon Johnson, Bridge Building, and the End of the Prague Spring', *Diplomatic History,* vol. 32,

no. 1 (2008).

Link, Werner, 'Die Entstehung des Moskauer Vertrags im Lichte neuer Archivalien', *Vierteljahrshefte für Zeitgeschichte,* vol. 49, no. 2 (2001).

Locher, Anna, 'A Crisis Foretold: NATO and France, 1963-66', in Andreas Wenger, Christian Nuenlist and Anna Locher (eds.), *Transforming NATO in the Cold War: Challenges beyond Deterrence in the 1960s* (Routledge, an imprint of Taylor & Francis Books Ltd, 2006).

Locher, Anna and Christian Nuenlist, 'What Role for NATO? Conflicting Western Perceptions of Détente, 1963-65', *Journal of Transatlantic Studies*, vol. 2, no. 2 (2004).

Loth, Wilfried, 'Moscow, Prague and Warsaw: Overcoming the Brezhnev Doctrine', *Cold War History,* vol. 1, no. 2 (2001).

———. 'Adenauer's Final Western Choice, 1955-58', in Wilfried Loth (ed.), *Europe, Cold War and Co-Existence, 1953-1965* (London: Frank Cass & Co, 2004).

———. 'Détente and European Integration in the policies of Willy Brandt and Georges Pompidou', in N. Piers Ludlow (ed.), *European Integration and the Cold War: Ostpolitik-Westpolitik, 1965-1973* (London: Routledge, 2007).

Ludlow, N. Piers, '*Le paradoxe anglais*: Great Britain and Political Union', *Revue d'Allemagne*, vol. 29, no. 2 (1997).

———. 'Challenging French Leadership in Europe: Germany, Italy, the Netherlands and the Outbreak of the Empty Chair Crisis of 1965-1966', *Contemporary European History,* vol. 8, no. 2 (1999).

———. 'Constancy and Flirtation: Germany, Britain, and the EEC, 1956-1972', in Jeremy Noakes, Peter Wende, and Jonathan Wright (eds.), *Britain and Germany in Europe, 1949-1990* (Oxford: Oxford University Press, 2002).

———. 'A Short-Term Defeat: the Community Institutions and the Second British Application to Joint the EEC', in Oliver J. Daddow (ed.), *Harold Wilson and European Integration: Britain's Second Application to Join the EEC* (London: Frank Cass, 2002).

———. 'An Opportunity or a Threat?: The European Commission and The Hague Council of December 1969', *Journal of European Integration History*, vol. 9, no. 2 (2003).

Lunák, Petr, 'Khrushchev and the Berlin Crisis: Soviet Brinkmanship Seen from Inside', *Cold War History*, vol. 3, no. 2 (2003).

Lundestad, Geir, 'The European Role at the Beginning and Particularly the End of the Cold War', in Olav Njϕlstad (ed.), *The Last Decade of the Cold War: From Conflict Escalation to Conflict Transformation* (London: Frank Cass, 2004).

Mastny, Vojtech, 'The Soviet Non-Invasion of Poland in 1980-1981 and the End of the Cold War', *Europe-Asia Studies*, vol. 51, no. 2 (1999).

———. 'Superpower Détente: US-Soviet Relations, 1969-1972', in David C. Geyer and Bernd Schaefer (eds.), "American Détente and German Ostpolitik, 1969-1972", *Bulletin, Supplement 1* (Washington, D.C.: German Historical Institute, 2004). http://www.ghi-dc.org/bulletinS04_supp/bulletinS04_supp.index.html.

———. 'Détente, the Superpowers and their Allies', in Wilfried Loth (ed.), *Europe, Cold War and Co-Existence, 1953-1965* (London: Frank Cass & Co, 2004).

———. 'Did Gorbachev Liberate Eastern Europe?', in Olav Njølstad (ed.), *The Last Decade of the Cold War: From Conflict Escalation to Conflict Transformation* (London: Frank Cass, 2004).

———. 'Was 1968 a Strategic Watershed of the Cold War?', *Diplomatic History*, vol. 29, no. 1 (2005).

———. 'The 1963 Nuclear Test Ban Treaty: A Missed Opportunity for Détente?', *Journal of Cold War Studies*, vol. 10, no. 1 (2008).

Mayer, Hartmut, 'L'Allemagne, la politique de coopération européenne et le processus de la CSCE (1972-1975)', in Élisabeth du Réau et Robert Frank, *Dynamiques européennes, Nouvel espace Nouveaux acteurs, 1969-1981* (Paris: Publication de la Sorbonne, 2002).

McGinn, John G., 'The Politics of Collective Inaction: NATO's Response to the Prague Spring', *Journal of Cold War Studies*, vol. 1, no. 3 (1999).

Mélandri, Pierre, 'Une relation très spéciale: La France, les Etats-Unis et l'année de l'Europe, 1973-1974', in Association Geroges Pompidou (ed.), *Georges Pompidou et l'Europe* (Paris: Editions Complexe, 1995).

———. 'Une relation très spéciale: La France, les Etats-Unis et l'année de l'Europe, 1973-1974', in Association Geroges Pompidou (ed.), *Georges Pompidou et l'Europe* (Paris: Editions Complexe, 1995).

Möckli, Daniel, 'The EC Nine, the CSCE, and the Changing Pattern of European Security', in Andreas Wenger, Vojtech Mastny, and Christian Nuenlist (eds.), *Origins of the European Security System: The Helsinki Process Revisited, 1965-75* (London: Routledge, 2008).

Mogan, Michael Cotey, 'North America, Atlanticism, and the Making of the Helsinki Final Act', in Andreas Wenger, Vojtech Mastny, and Christian Nuenlist (eds.), *Origins of the European Security System: The Helsinki Process Revisited, 1965-75* (London: Routledge, 2008).

———. 'The United States and the Making of the Helsinki Final Act', in Fredrik Logevall and Andrew Preston (eds.), *Nixon in the World: American Foreign Relations, 1969-1977* (Oxford: Oxford University Press, 2008).

Moussakova, Svetla, 'L'esprit d'Helsinki et les milieux intellectuels bulgares: l'épisode Soljenitsyne', in Elisabeth du Reau et Christine Manigand (dir.), *Vers la Réunification de l'Europe: Apports et limites du processus d'Helsinki de 1975 à*

nos jours (Paris: L'Harmattan, 2005).

———. 'The Sofia Spring and the Bulgarian cultural elite: the Culture of Contestation from 1965 to 1975', in Wilfried Loth and Georges-Henri Soutou (eds.), *The Making of Détente: Eastern and Western Europe in the Cold War, 1965-75* (London: Routledge, 2008).

Niedhart, Gottfried, 'The Federal Republic's *Ostpolitik* and the United States: Initiatives and Constraints', in Kathleen Burk and Melvyn Stokes (eds.), *The United States and the European Alliance since 1945* (Oxford: Berg, 1999). http://www.ostpolitik.net/ostpolitik/publications/index.html

———. 'Partnerschaft und Konkurrenz: Deutsche und französische Ostpolitik in der Ära Brandt und Pompidou', in Ilja Mieck and Pierre Guillen (eds.), *Deutschalnd-Frankreich-Russland, Begegnungen und Konfrontationen* (München: Oldenbourg, 2000). http://www.ostpolitik.net/ostpolitik/publications/index.html

———. 'Rivisionistische Elemente und die Initierung friedlichen Wandels in der neuen Ostpolitik 1967-1974', *Geschichte und Gesellschaft*, vol. 28 (2002). http://www.ostpolitik.net/ostpolitik/publications/index.html

———. 'The British Reaction towards Ostpoitik, Anglo-West German Relations in the Era of Détente 1967-1971', in Christian Haase and Daniel Gossel (eds.), *Debating Foreign Affairs. The Public Dimension of British Foreign Policy* (Berlin: Philo, 2003). http://www.ostpolitik.net/ostpolitik/publications/index.html

———. 'Anglo-American Relations in the Era of Détente and the Challenge of Ostpolitik', in Ursula Lehmkuhl and Gustav Schmidt (eds.), *From Enmity to Friendship: Anglo-American Relations in the 19th and 20th Century* (Augsburg: Wißner, 2005). http://www.ostpolitik.net/ostpolitik/publications/index.html

———. 'Peaceful Change of Frontiers as a Crucial Element in the West German Strategy of Transformation', in Oliver Bange and Gottfried Niedhart (eds.), *Helsinki 1975 and the Transformation of Europe* (Oxford: Berghahn Books, 2008).

Nouailhat, Yves-Henri, 'Les divergences entre la France et les États-Unis face au conflit israéro-arabe de 1967 à 1973', *Relations internationales*, no. 119 (2004).

Nuenlist, Christian, 'Expanding the East-West Dialog beyond the Bloc Division: the Neutrals as Negotiators and Mediators, 1969-75', in Andreas Wenger, Vojtech Mastny, and Christian Nuenlist (eds.), *Origins of the European Security System: The Helsinki Process Revisited, 1965-75* (London: Routledge, 2008).

Nuti, Leopoldo, 'A Decade of Delusions and Disappointments: Italy and NATO in the 1960s', in Andreas Wenger, Christian Nuenlist and Anna Locher (eds.), *Transforming NATO in the Cold War: Challenges Beyond Deterrence in the 1960s* (London: Routledge, an imprint of Taylor & Francis Books Ltd, 2006).

Obitchkina, Evguenia, 'La naissance du dialogue franco-soviétique sur l'Europe de la détente: les premières initiatives soviétiques', in Elisabeth du Reau et Christine

Manigand (dir.), *Vers la Réunification de l'Europe: Apports et limites du processus d'Helsinki de 1975 à nos jours* (Paris: L'Harmattan, 2005).

Oliver, Kendrick, 'West Germany and the Moscow Test Ban Treaty Negotiations, July 1963', in Saki Dockrill (ed.), *Controversy and Compromise: Alliance Politics between Great Britain, Federal Republic of Germany, and the United States of America, 1945-1967* (Bodenheim: Philo, 1998).

Oppelland, Torsten, 'Gerhard Schröder and the First "Ostpolitik"', in Wilfried Loth (ed.), *Europe, Cold War and Co-Existence, 1953-1965* (Frank Cass & Co, 2004).

Paczkowski, Andrezej, 'Playground of Superpowers, Poland 1980-89: A View from Inside', in Olav Njφlstad (ed.), *The Last Decade of the Cold War: From Conflict Escalation to Conflict Transformation* (London: Frank Cass, 2004).

Palmer, Michael, 'The European Community and a Security Conference', *The World Today*, 1972.

Parr, Helen, 'A Question of Leadership: July 1966 and Harold Wilson's European Decision', *Contemporary British History*, vol. 19, no. 4 (2005).

———. 'Britain, America, East of Suez and the EEC: Finding a Role in British Foreign Policy, 1964-67', *Contemporary British History*, vol. 20, no. 3 (2006).

Pijpers, Alfred, 'European Political Cooperation and the CSCE Process', *Legal Issues of European Integration*, no. 1 (1984).

Prados, John, 'Prague Spring and SALT', in H. W. Brands (ed.), *The Foreign Policies of Lyndon Johnson: beyond Vietnam* (College Station: Texas A&M University Press, 1999).

Puaux, François, 'L'originalité de la politique française de détente', in Institut Charles de Gaulle (ed.), *De Gaulle en son siécle: L'Europe, Tome 5* (Paris: Plon, 1992).

Radchenko, Sergey, 'Splitting Asia: Beijing and Moscow in Search of Allies', 2002. http://www.radchenko.net/sinosovietresearch.shtm

Ratti, Luca, 'Britain, the German Question and the Transformation of Europe: From *Ostpolitik* to the Helsinki Conference, 1963-1975', in Oliver Bange and Gottfried Niedhart (eds.), *Helsinki 1975 and the Transformation of Europe* (Oxford: Berghahn Books, 2008).

Rey, Marie-Pierre. 'Georges Pompidou, l'Union soviétique et l'Europe', in Association Geroges Pompidou (ed.), *Georges Pompidou et l'Europe* (Paris: Editions Complexe, 1995).

———. 'Le retour à l'Europe? Les décideurs soviétiques face à l'intégration oust-européenne, 1957-1991', *Journal of European Integration History*, vol. 11, no. 1 (2005).

———. 'Les relations franco-sovietiques et la conference d'Helsinki, 1969-1974', in Elisabeth du Reau et Christine Manigand (dir.), *Vers la Réunification de l'Europe: Apports et limites du processus d'Helsinki de 1975 à nos jours* (Paris: L'Harmattan,

2005).

———. 'France and the German Question in the Context of *Ostpolitik* and the CSCE, 1969-1974', in Oliver Bange and Gottfried Niedhart (eds.), *Helsinki 1975 and the Transformation of Europe* (Oxford: Berghahn Books, 2008).

Roberts, Geoffrey, 'A Chance for Peace? The Soviet Campaign to End the Cold War, 1953-1955', *Cold War International History Project,* Working Paper no. 57, Woodrow Wilson Center, (2008).

Romano, Angela, 'The Nine and the Conference of Helsinki: A Challenging Game with the Soviets', in Jan van der Harst (ed.), *Beyond the Customs Union: the European Community's Quest for Deepening, Widening and Completion, 1969-1975* (Bruxelles: Bruylant, 2007).

Savranskaya, Svetlana, 'Unintended Consequences: Soviet Interests, Expectations and Reactions to the Helsinki Final Act', in Oliver Bange and Gottfried Niedhart (eds.), *Helsinki 1975 and the Transformation of Europe* (Oxford: Berghahn Books, 2008).

———. 'Human Rights Movement in the USSR after the Signing of the Helsinki Final Act, and the Reaction of Soviet Authorities', in Leopoldo Nuti (ed.), *The Crisis of Détente: From Helsinki to Gorbachev, 1975-1985* (London: Routledge, 2009).

Schraafstter, Susanna and Stephen Twigge, 'Trick or Truth?: The British ANF Proposal, West Germany and US Nonproliferation Policy, 1964-68', *Diplomacy & Statecraft*, vol. 11, no. 2 (2000).

Schwartz, Thomas Alan, 'Victories and Defeats in the Long Twilight Struggle: The United States and Western Europe in the 1960s', in Diane B. Kunz (ed.), *The Diplomacy of the Crucial Decade: American Foreign Relations during the 1960s* (Columbia: Columbia University Press, 1994).

———. 'Lyndon Johnson and Europe: Alliance Politics, Political Economy, and "Growing out of the Cold War"', in H. W. Brands (ed.), *The Foreign Policies of Lyndon Johnson: Beyond Vietnam* (College Station: Texas A&M University Press, 1999).

Schwerin, von Otto Graf, 'Die Solidarität der EG-Staaten in der KSZE', *Europa-Archiv,* vol. 15 (1975).

Scott, N., 'La diplomatie économique multilatérale Est-Ouest: La Conference sur la Sécurité et la Coopération en Europe et la Commission Économique pour l'Europe des Nationas Unies', *Relations internationales*, no. 40 (1984).

See, Jennifer W., 'An Uneasy Truce: John F. Kennedy and Soviet-American Détente, 1963', *Cold War History*, vol. 2, no. 2 (2002).

Selvage, Douglas, 'The Warsaw Pact and Nuclear Nonproliferation, 1963-1965', *Cold War International History* Working Paper no. 32 (2001).

———. 'The Treaty of Warsaw: The Warsaw Pact Context', in David C. Geyer and Bernd Schaefer (eds.), "American Détente and German Ostpolitik, 1969-1972", *Bulletin, Supplement 1* (Washington, D.C.: German Historical Institute, 2004). http://www.ghi-dc.org/bulletinS04_supp/bulletinS04_supp.index.html.

———. 'Poland, the GDR, and the "Ulbricht Doctrine"', in Mieczyslaw B. Biskupski and Piotr Stefan Wandycz (eds.), *Ideology, Politics, and Diplomacy in East Central Europe* (Rochester, N.Y. : University of Rochester Press, 2004).

———. 'The Warsaw Pact and the European Security Conference, 1964-69: Sovereignty, Hegemony, and the German Question', in Andreas Wenger, Vojtech Mastny, and Christian Nuenlist (eds.), *Origins of the European Security System: The Helsinki Process Revisited, 1965-75* (London: Routledge, 2008).

Smith-Norris, Martha, 'The Eisenhower Administration and the Nuclear Test Ban Talks, 1958-1960: Another Challenge to "Revisionism"', *Diplomatic History*, vol. 27, no. 4 (2003).

Soutou, Georges-Henri., 'Le général de Gaulle et le plan Fouchet d'union politique européenne: un projet stratégique', in Ann Deighton and Alan Milward (eds.), *Widining, Deeping and Acceleration: The European Economic Community 1957-1963* (Baden-Baden: Nomos, 1999).

———. 'Le President Pompidou et les relations entre les Etats-Unis et l'Europe', *Journal of European Integration History*, vol. 6, no. 2 (2000).

———. 'La France et l'accord quadripartite sur Berlin du 3 septembre 1971', *Revue d'histoire diplomatique*, vo. 1 (2004).

———. 'La place d'Helsinki dans l'evolution de la guerre froide', in Elisabeth du Reau et Christine Manigand (dir.), *Vers la Réunification de l'Europe: Apports et limites du processus d'Helsinki de 1975 à nos jours* (Paris: L'Harmattan, 2005).

———. 'President Pompidou, *Ostpolitik*, and the Strategy of Détente', in Helga Haftendorn, et al. (eds.), *The Strategic Triangle: France, Germany, and the United States in the Shaping of the New Europe* (Baltimore: Johns Hopkins University Press, 2006).

———. 'The Linkage between European Integration and Détente: The Contrasting Approaches of de Gaulle and Pompidou (1965-1975)', in N. Piers Ludlow (ed.), *European Integration and the Cold War: Ostpolitik-Westpolitik, 1965-1973* (London: Routledge, 2007).

Spohr-Readman, Kristina, 'National Interests and the Power of "Language": West German Diplomacy and the Conference on Security and Cooperation in Europe, 1972-1975', *Journal of Strategic Studies*, vol. 29, no. 6 (2006).

Stelandre, Yves, 'Les Pays du Benelux, l'Europe Politique et les Négociations Fouchet', in Ann Deighton and Alan Milward (eds.), *Widining, Deeping and Acceleration: The European Economic Community, 1957-1963* (Baden-Baden:

Nomos, 1999).

Suri, Jeremi, 'Explaining the End of the Cold War: A New Historical Consensus?', *Journal of Cold War Studies*, vol. 4, no. 4 (2002).

———. 'The Promise and Failure of "Developed Socialism": The Soviet "Thaw" and the Crucible of the Prague Spring, 1964-1972," *Contemporary European History*, vol. 15, no. 2 (2006).

Tessmer, Carsten, '"Thinking the Unthinkable" to "Make the Impossibile Possible": Ostpolitik, Intra-German Policy, and the Moscow Treaty, 1969-1970', in David C. Geyer and Bernd Schaefer (eds.), "American Détente and German Ostpolitik, 1969-1972", *Bulletin, Supplement 1* (Washington, D.C.: German Historical Institute, 2004). http://www.ghi-dc.org/bulletinS04_supp/bulletinS04_supp.index.html.

Thomas, Daniel C., 'Human Rights Ideas, the Demise of Communism, and the End of the Cold War', *Journal of Cold War Studies*, vol. 7, no. 2 (2005).

Vaïsse, Maurice, 'Les 'relations spéciales' franco-américaines au temps de Richard Nixon et Georges Pompidou', *Relations internationales*, no. 119 (2004).

Van der Harst, Jan, 'The Netherlands, the Gaullist Chanllenge and the Evolving Cold War, 1966-1973', in N. Piers Ludlow (ed.), *European Integration and the Cold War: Ostpolitik-Westpolitik, 1965-1973* (London: Routledge, 2007).

Vanke, Jeffrey W., 'An Impossible Union: Dutch Objections to the Fouchet Plan, 1959-62', *Cold War History*, vol. 2, no. 1 (2001).

———. 'The European Collaborations of France and Germany, 1963-1966', in Wilfried Loth (ed.), *Crises and Compromises: The European Project, 1963-1969* (Baden-Baden: Nomos, 2001).

Von Groll, Götz, 'Ost-West-Gespräche in Helsinki', *Aussenpolitik*, vol. 9 (1972).

———. 'Die Helsinki-Konsultationen', *Aussenpolitik*, vol. 2 (1973).

———. 'Die Außenminister in Helsinki', *Aussenpolitik*, vol. 3 (1973).

———. 'The Nine at the Conference on Security and Cooperation in Europe', in David Allen, Reinhardt Rummel and Wolfgang Wessels (eds.), *European Political Cooperation: Towards a Foreign Policy for Western Europe* (London: Butterworth Scientific, 1982).

Wandycz, Piotr, 'Adam Rapacki and the Search for European Security', in Gordon A. Craig and Francis L. Loewenheim (eds.), *The Diplomats, 1939-1979* (Princeton: Princeton University Press, 1994).

Wells, Samuel, 'Charles de Gaulle and the French Withdrawal from NATO's Integrated Command', in Lawrence Kaplan (ed.), *American Historians and the Atlantic Alliance* (Kent, Ohio: Kent State University Press, 1991).

Wenger, Andreas and Jeremi Suri, 'At the Crossroads of Diplomatic and Social History: The Nuclear Revolution, Dissent and Détente', *Cold War History*, vol. 1,

no. 3 (2001).

Wenger, Andreas, 'Crisis and Opportunity: NATO and the Miscalculation of Détente, 1966-1968', *Journal of Cold War Studies*, vol. 6, no. 1 (2004).

Wilkens, Andreas, 'Westpolitik, Ostpolitik and the Project of the Economic and Monerary Union: Germany's European Policy in the Brandt Era (1969-1974)', *Journal of European Integration History*, vol. 5, no. 1 (1999).

———. 'Accords et désaccords. La France, l'Ostpolitik et la question allemande 1969-1974', in Ulrich Pfeil (ed.), *La République Démocratique Allemande et l'Occident* (Paris: Publications de l'Institut Allemand, 2000).

———. 'L'Europe en suspens. Willy Brandt et l'orientation de la politique européenne de l'Allemagne fédérale 1966-1969', in Wilfried Loth (ed.), *Crises and Compromises: The European Project, 1963-1969* (Baden-Baden: Nomos, 2001).

Williams, Philip, 'Britain, Détente and the Conference on Security and Cooperation in Europe', in Kenneth Dyson (ed.), *European Détente: Case Studies of the Politics of East-West Relations* (London: F. Pinter, 1986).

Wyn Rees, G., 'British Strategic Thinking and Europe, 1964-1970', *Journal of European Integration History*, vol. 5, no. 1 (1999).

Yamamoto, Takeshi, 'Détente or Integration?: EC Response to Soviet Policy Change towards the Common Market, 1970-1975', *Cold War History*, vol. 7, no. 1 (2007).

———. 'Confidence Building Measures: A Transatlantic Convergence of Arms Control and Disarmament Détente during the 1960s and 1970s', in Catherine Hynes and Sandra Scanlon (eds.), *Reform and Renewal: Transatlantic Relations during the 1960s and 1970s* (Newcastle upon Tyne: Cambridge Scholars Publishing, 2009).

Young, John, 'Killing the MLF? The Wilson Government and Nuclear Sharing in Europe, 1964-66', *Diplomacy & Statecraft*, vol. 14, no. 2 (2003).

Zimmerman, Hubert, 'The Sour Fruits of Victory: Sterling and Security in Anglo-German Relations during the 1950s and 1960s', *Contemporary European History*, vol. 9, no. 2 (2002).

———. 'The Improbable Permanence of a Commitment: America's Troop Presence in Europe during the Cold War', *Journal of Cold War Studies*, vol. 11, no. 1 (2009).

Zubok, Vladislav, 'Unwrapping the Enigma: What was behind the Soviet Challenge in the 1960s?', in Diane B. Kunz (ed.), *The Diplomacy of the Crucial Decade: American Foreign Relations during the 1960s* (New York: Columbia University Press, 1994).

———. 'The Soviet Union and European Integration from Stalin to Gorbachev', *Journal of European Integration History*, vol. 2, no. 1 (1996).

———. 'Why Did the Cold War End in 1989? Explanations of "The Turn"', in Odd Arne Westad (ed.), *Reviewing the Cold War: Approaches, Interpretations, Theory*

(London: Frank Cass, 2000).

———. 'The Case of Divided Germany, 1953-1964', in William Taubman and Sergei Khrushchev, et al. (eds.), *Nikita Khrushchev* (New Haven: Yale University Press, 2000).

青野利彦「1963年デタントの限界——キューバ・ミサイル危機後の米ソ交渉と同盟政治 1962−63年」『一橋法学』第8巻第2号 (2009年)。

石井修「冷戦の『五五年体制』」『国際政治』第100号 (1992年)。

上原良子「フランスのドイツ政策——ドイツ弱体化政策から独仏和解へ」油井大三郎ほか (編)『占領改革の国際比較——日本・アジア・ヨーロッパ—』(三省堂, 1994年)。

倉科一希「一九五〇年代後半の米国軍縮・軍備管理政策と同盟関係」『国際政治』第134号 (2003年)。

権上康男「ウェルナー委員会とフランスの通貨戦略 (一九六八−七〇年) ——フランスは『マネタリスト派』であったか」『経済系』第227集 (2006年)。

齋藤嘉臣「イギリス政府の『欧州宣言』構想, 一九六五年−一九六七年——デタント, 多極化, 英独関係」『国際政治』第148号 (2007年)。

———「冷戦とデタントのなかで——CSCEへの道とイギリスの役割意識 一九五一−七九年」細谷雄一 (編)『イギリスとヨーロッパ——孤立と統合の二百年』(勁草書房, 2009年)。

芝崎祐典「第二次EEC加盟申請とその挫折 一九六四−七〇年——イギリスの緩やかな方向転換」細谷雄一 (編)『イギリスとヨーロッパ——孤立と統合の二百年』(勁草書房, 2009年)。

清水聡「『スターリン・ノート』とドイツ統一問題」『政治学研究論集』第10号 (1999年)。

妹尾哲史「ブラントの東方政策と人的交流の拡大——バールの構想と東西ドイツ首脳会談に着目して」『六甲台論集 (国際協力研究編)』第4号 (2003年)。

高橋進「西欧のデタント——東方政策試論」犬童一男, 山口定・馬場康雄・高橋進 (編)『戦後デモクラシーの変容』(岩波書店, 1991年)。

田中孝彦「冷戦構造の形成とパワーポリティクス——西欧 v.s. アメリカ」東京大学社会科学研究所 (編)『二〇世紀システムⅠ 構想と形成』(東京大学出版会, 1998年)。

津崎直人「核拡散防止条約の起源 (一九五五−一九六一年) (一) (二・完)」『法学論叢』第159巻第5号 (2006年), 第161巻第1号 (2007年)。

鳥潟優子「ドゴールの外交戦略とベトナム和平仲介」『国際政治』第156号 (2009年)。

橋口豊「冷戦の中の英米関係——スカイボルト危機とナッソー協定をめぐって」『国際政治』第126号 (2001年)。

———「米欧間での揺らぎ 一九七〇−七九年」細谷雄一 (編)『イギリスとヨーロッパ——孤立と統合の二百年』(勁草書房, 2009年)。

羽場久浘子「東欧と冷戦の起源再考——ハンガリーの転機:一九四五〜一九四九」『社會勞働研究』第45巻第2号 (1998年)。

山本健「CSCEにおける人の移動の自由および人権条項の起源」『現代史研究』第53号 (2007年)。

———「ポンピドゥとフランスの CSCE 政策，1969−1974 年」『一橋法学』第 7 巻第 1 号（2008 年）。

———「CSCE と MBFR——米ソの密約と西側同盟国の抵抗，1971−73 年」『早稲田政治經濟學雜雜誌』第 372 巻（2008 年）。

———「冷戦の緊張緩和とヨーロッパ統合」田中孝彦・青木人志（編）『〈戦争〉のあとに——ヨーロッパの和解と寛容』（勁草書房，2008 年）。

———「ヨーロッパ冷戦史——ドイツ問題とヨーロッパ・デタント」李鍾元・田中孝彦・細谷雄一（編）『歴史の中の国際政治（日本の国際政治学第 4 巻）』（有斐閣，2009 年）。

6. 未公刊論文

Burdett, Elizabeth Jane, 'The Effectiveness of European Political Cooperation as a System of Collective Diplomacy: A Study of the CSCE Process, 1972-1992' (unpublished Ph.D. thesis, London School of Economics, 1997).
Martin, Garret, 'Untying the Gaullian Knot: France and the Struggle to Overcome the Cold War Order, 1963-1968' (unpublished Ph.D. thesis, London School of Economics, 2006).
Senoo, Tetsuji, 'Die Bedeutung der Konferenz über Sicherheit und Zusammenarbeit in Europa für die Ostpolitik Willy Brandts unter besonderer Berücksichtigung der gesamteuropäischen Konzeptionen Egon Bahrs und der Koordination des Vorgehens mit den westlichen Partnern 1969-1975' (unpublished Ph.D. thesis, Rheinischen Friedrich-Wilhelms-Universitat, 2008).

注

序 論　ヨーロッパにおける冷戦と本書の視角

1　Peter Schlotter, *Die KSZE im Ost-West-Konflikt: Wirkung einer internationalen Institution*, Campus, 1999; Daniel C. Thomas, *The Helsinki Effect: International Norms, Human Rights, and the Demise of Communism*, Princeton University Press, 2001; Jacques Andéani, *Le Piège: Helsinki et la chute du communisme*, Odile Jacob, 2005; 吉川元『ヨーロッパ安全保障協力会議CSCE――人権の国際化から民主化支援への発展過程の考察』三嶺書房，1994 年; 宮脇昇『CSCE 人権レジームの研究――「ヘルシンキ宣言」は冷戦を終わらせた』国際書院，2003 年。ただし，冷戦の終焉における CSCE の役割を軽視する研究も存在する。Timothy Garton Ash, *In Europe's Name: Germany and the Divided Continent*, Random House, 1993, pp. 363-64.

2　Anatoly Dobrynin, *In Confidence: Moscow's Ambassador to America's Six Cold War Presidents (1962-1986)*, Random House, 1995, p. 351.

3　また本書ではヨーロッパ・デタントといった場合，「ヨーロッパにおける緊張緩和の試み」を意味するのであり，「ヨーロッパ諸国のみが主体となる緊張緩和」という意味ではない。ドイツ・ベルリン問題でもヨーロッパにおける軍縮でも，米ソは重要な関係国であり，ヨーロッパ・デタントから両超大国が除外されるわけではない。

4　「ドイツ問題」には大きく 2 つの意味がある。1 つは，伝統的なドイツ問題。すなわち，ヨーロッパの中央にドイツという大国があり，そのドイツをどのように扱うのかがヨーロッパの安定にとっての要点であるという問題である。もう 1 つは，冷戦におけるドイツ問題である。すでに触れたように，これには 2 つの側面があり，分断された 2 つのドイツの再統一問題と，東ドイツ承認の問題である。これはコインの裏表のような関係にある。本書においてドイツ問題とは，もっぱら冷戦におけるドイツ問題を意味する。ただし，伝統的なドイツ問題も，西ドイツの再軍備や核武装に対する不信感や，西ドイツがソ連に接近していくことへの不信感などといったかたちで，冷戦期にも表れることになる。また，ドイツ再統一問題も伝統的なドイツ問題と潜在的に関連していた。というのも，ドイツの分断は「不自然」な状態であり，それゆえヨーロッパにおける不安定要素であるのか，それともドイツは分断させておいたほうがヨーロッパの安定にとって好ましいのか，という意見の対立があったからである。

5　本書では，ドイツ問題に直接権利と責任をもつアメリカ，イギリス，フランス，および西ドイツの四カ国を NATO の大国とし，それ以外の NATO 諸国を小国として扱う。たとえばカナダを「ミドル・パワー」と位置づける研究もあるが，本書の議論において，あえて大国と小国のあいだに「ミドル・パワー」というカテゴリーを設ける積極的な理由は無いため，煩雑さを避けるためにも大国／小国のカテゴリーのみを用いることとする。

6　ここでは主にCSCE研究についての整理を試みる。MBFRや東方政策，ベルリン交渉などに関する研究については，本論のなかで随時触れることにする。

7　John J. Maresca, *To Helsinki — the Conference on Security and Cooperation in Europe, 1973-1975*, Duke University Press, 1985; Luigi Vittorio Ferraris, *Report on a Negotiation. Helsinki-Geneva-Helsinki 1972-1975,* Alphen aan den Rijn-Genève, 1979. またCSCEにたずさわった外交官の近年の著作として，Andéani, *Le Piège*.

8　Ljubivoje Acimovic, *Problems of Security and Cooperation in Europe*, Sijthoff & Noordhoff, 1981; Helga Haftendorn, *Sicherheit und Entspannung: zur Aussenpolitik der Bundesrepublik Deutschland, 1955-1982*, Nomos, 1983, pp. 415-61; Kenneth Dyson (ed.), *European Détente: Case Studies of the Politics of East-West Relations*, F. Pinter, 1986; Victor-Yves Ghebali, *La Diplomatie de la Détente: la CSCE, d'Helsinki à Vienne, 1973-1989*, E. Bruylant, 1989; Michael Meimeth, *Frankreichs Entspannungspolitik der 70er Jahre: Zwischen Status quo und friedlichem Wandel. Die Ara Georges Pompidou und Valery Giscard d'Estaing,* Baden-Baden, 1990, pp. 156-73; Richard Davy (ed.), *European Détente: A Reappraisal*, Royal Institute of International Affairs: Sage, 1992; Peter Becker, *Die frühe KSZE-Politik der Bundesrepublik Deutschland*, Lit, 1992; Schlotter, *Die KSZE*; Elizabeth Jane Burdett, 'The Effectiveness of European Political Cooperation as a System of Collective diplomacy: a Study of the CSCE Process, 1972-1992,' Ph.D. thesis 1997 LSE; 吉川，前掲書; 宮脇，前掲書; 百瀬宏・植田隆子（編）『欧州安全保障協力会議(CSCE)——1975－92』日本国際問題研究所，1992年。

9　初期の研究のなかで，例外的に外交文書（カナダ政府の文書）にもとづいたものとして，Spencer, Robert (ed.), *Canada and the Conference on Security and Cooperation in Europe*, University of Tront, 1984.

10　比較的早い段階で開示されたポンピドゥ仏大統領の大統領文書にもとづいた研究として，Georges-Henri Soutou, "L'attitude de Georges Pompidou face à l'Allemagne", in Association Geroges Pompidou, *Georges Pompidou et l'Europe,* Editions Complexe, 1995; Georges-Henri Soutou, *L'alliance incertaine: les rapports politico-stratégiques franco-allemands 1954-1996*, Fayard, 1996, chap. IX; Marie-Pierre Rey, "Georges Pompidou, l'Union soviétique", in Association Geroges Pompidou, *Georges Pompidou et l'Europe,* Editions Complexe, 1995. そして近年の，いわゆる「30年ルール」にもとづき公開された一次史料に依拠した研究として，Jussi Hanhimäki, "'They Can Write it in Swahili': Kissinger, the Soviets, and the Helsinki Accords, 1973-1975", *The Journal of Transatlantic Studies,* 1/1 (2003); Elisabeth du Reau et Christine Manigand (dir.), *Vers la réunification de l'Europe: apports et limites du processus d'Helsinki de 1975 à nos jours*, L'Harmattan, 2005; Kristina Spohr-Readman, "National Interests and the Power of 'Language': West German Diplomacy and the Conference on Security and Cooperation in Europe, 1972-1975", *Journal of Strategic Studies*, 29/6 (2006); 齋藤嘉臣『冷戦変容とイギリス外交

——デタントをめぐる欧州国際政治 1964〜1975 年』ミネルヴァ書房，2006 年; Michael C. Morgan, "The United States and the Making of the Helsinki Final Act", in Fredrik Logevall and Andrew Preston (eds.), *Nixon in the World: American Foreign Relations 1969-1977*, Oxford University Press, 2008; Oliver Bange and Gottfried Niedhart (eds.), *Helsinki 1975 and the Transformation of Europe*, Berghahn Books, 2008; Andreas Wenger, Vojtech Mastny, and Christian Nuenlist (eds.), *Origins of the European Security System: The Helsinki Process Revisited, 1965-75*, Routledge, 2008; Tetsuji Senoo, "Die Bedeutung der Konferenz über Sicherheit und Zusammenarbeit in Europa für die Ostpolitik Willy Brandts unter besonderer Berücksichtigung der gesamteuropäischen Konzeptionen Egon Bahrs und der Koordination des Vorgehens mit den westlichen Partnern 1969-1975" (Ph. D. dissertation submitted to Rheinischen Friedrich-Wilhelms-Universitat, 2008).

11 Angela Romano, *From Détente in Europe to European Détente: How the West Shaped the Helsinki CSCE*, P.I.E. Peter Lang, 2009; Daniel Möckli, *European Foreign Policy During the Cold War: Heath, Brandt, Pompidou and the Dream of Political Unity*, I B Tauris & Co Ltd, 2008.

12 CSCE の開催に至る西側の外交を国際政治史として分析するために，史料に関して本研究はつぎのような方法論をとっている。まず，もっとも史料が豊富に開示されており情報量も多いのがイギリスの国立公文書館である。その史料は，イギリス外交のみならず，ほかの NATO 諸国に関する情報も多数含んでいる。また，NATO 本部のあるブリュッセルからの公電などを通じて，NATO 内においてどのようなことが起こっているのかについても知ることができる。

むろん，イギリスの史料は中立的なものではなく，バイアスがかかっている場合もあることは避けられない。また当然，そこにはイギリスにとって必要とされる情報が記録されているという意味で，偏ってもいる。可能な限り客観的な分析を行うために，本書では，イギリスの史料の情報を，フランスや西ドイツの史料と比較検討するよう試みた。ただし，残念ながら，仏・西独の史料の開示状況はイギリスのそれと比べるとはるかに不十分なものとなっている。フランスに関しては，仏外務省史料館の外交文書が主に利用される。くわえて，ポンピドゥの大統領文書も重要な史料として用いられている。CSCE に関するもっとも重要な西ドイツ政府の史料は，ドイツ外務省政治史料館所蔵の外交文書である。またコブレンツにあるドイツ連邦公文書館所蔵の首相府官邸史料も可能な限り利用している。だが，仏・西独の史料館の史料は断片的で，包括的なものとは言いがたい。それゆえ，その政策決定過程を詳細に追うのが困難な場合もしばしばある。しかし，イギリスの史料にもとづく情報によって，フランスや西ドイツの史料の意味や重要性を解釈するうえでの基本的な文脈が与えられることも少なくない。むろん，いうまでもなく，仏・西独の史料からは，イギリスの史料だけでは得られない，さまざまな情報と新たな視点を得ることができる。要するに，イギリス，フランス，西ドイツの史料を組み合わせることによって，西側の対 CSCE 政策・外交を，多国間関係史として，

かなりの程度分析することが可能となるのである。

上記の公文書館の史料は，ほかの公刊史料とデジタル化された史料によっても補完される。公刊されている，西ドイツの外交文書集，*Akten zur Auswärtigen Politik der Bundesrepublik Deutschland*，は非常に有益であり，最高レベルの会談記録や，重要な問題についての基本文書が収録されており，西ドイツのアーカイブの史料を大いに補足するものである。イギリスの刊行外交文書集，*Documents on British Policy Overseas* (Series III) も有益である。しかし，そこに収録されている史料は，1972-75 の史料であり，CSCE が開催される以前の史料の数は多くない。

ヨーロッパ・デタントに関するアメリカの政策については，近年，アメリカの外交文書集である *Foreign Relations of the United States* のニクソン政権期の European Security の巻ならびに Germany and Berlin, 1969-1972 の巻が公刊され，本書においてアメリカ政府の政策を分析する上での基本史料となる。これにくわえて，重複する部分もあるものの，*Soviet-American Relations, The Détente Years, 1969-1972* や，Digital National Security Archive のウェッブサイトでは，大統領指令文書やキッシンジャーの会談記録などといった重要な文書にアクセスすることができる（http://nsarchive.chadwyck.com/marketing/index.jsp)。また，著名な歴史家たちによって編纂され以下の学術会議において配布された，CD-ROM *The Rise of Détente* も，デタントに関する 1960 年代から 70 年代にかけての重要なアメリカの文書を収録しており，重要な補足史料として利用している。"NATO, the Warsaw Pact and the Rise of Détente, 1965-1972" in Dobiacco, Italy, on 26-28 September 2002.

第一章　一九六〇年代のデタント

1 Andreas Wenger, *Living with Peril: Eisenhower, Kennedy, and Nuclear Weapons*, Rowman & Littlefield, 1997; Jennifer W. See, "An Uneasy Truce: John F. Kennedy and Soviet-American Détente, 1963", *Cold War History*, 2/2 (2002). また PTBT のみならず，1963 年の「デタント」を包括的に論じ，その限界を浮き彫りにした論文として，青野利彦「1963 年デタントの限界——キューバ・ミサイル危機後の米ソ交渉と同盟政治 1962－63 年」『一橋法学』第 8 巻第 2 号，2009 年。

2 Lincoln Bloomaeld, Walter C. Clemens, Jr., and Franklyn Gvifaths, *Khrushchev and the Arms Race: Soviet Interests in Arms Control and Disarmament, 1954-1964*, MIT Press, 1966, p. 22. 核実験に対する国際的批判はそれ以前より高まっており，非核保有国としては，1945 年 4 月にインドが核実験の禁止を提唱している。

3 John van Oudenaren, *Détente in Europe: the Soviet Union and the West since 1953*, Duke University Press, 1991, pp. 37, 165.

4 *Ibid.*, p. 40.

5 Wolfram F. Hanrieder, *Germany, America, Europe: Forty Years of German Foreign Policy*, Yale University Press, 1989, pp. 83-106.

6 イーデン・プランのテキストは，United States Department of State, *Documents on Germany, 1944-1985*, pp. 408-11. また，Saki Dockrill, "Eden Plan", in Günter

Bischof and Saki Dockrill (eds.), *Cold War Respite: The Geneva Summit of 1955*, Louisiana State University Press, 2000 も参照。

7 Pierre Guillen, "Le probleme allemand dans les rapports East-Ouest de 1955 à 1957", *Relations internationales*, 71 (1992), p. 303; Jeffrey Glen Giauque, *Grand Designs and Visions of Unity: the Atlantic Powers and the Reorganization of Western Europe, 1955-1963*, University of North Carolina Press, 2002, p. 27.

8 Wilfried Loth, "Adenauer's Final Western Choice, 1955-58", in Wilfried Loth (ed.), *Europe, Cold War and Co-Existence 1953-1965*, Frank Cass & Co, 2004, p. 26.

9 倉科一希「一九五〇年代後半の米国軍縮・軍備管理政策と同盟関係――ドイツ再統一との連関を巡って」『国際政治』第 134 号，2003 年，47-48 頁。

10 Andreas Wenger and Jeremi Suri, "At the Crossroads of Diplomatic and Social History: The Nuclear Revolution, Dissent and Détente", *Cold War History*, 1/3 (2001), p. 12.

11 Martha Smith-Norris, "The Eisenhower Administration and the Nuclear Test Ban Talks, 1958-1960: Another Challenge to 'Revisionism'", *Diplomatic History*, 27/4 (2003), p. 509-14.

12 Hanrieder, *Germany, America, Europe*, pp. 85-86. また，Loth, "Adenauer's Final Western Choice", pp. 24-26 も参照。

13 William Glenn Gray, *Germany's Cold War: The Global Campaign to Isolate East Germany, 1949-1969*, University of North Carolina Press, 2003.

14 Anna Locher and Christian Nuenlist, "What Role for NATO? Conflicting Western Perceptions of Détente, 1963-65", *Journal of Transatlantic Studies*, 2/2 (2004), p. 187.

15 "An Uneasy Truce", p. 176; Kendrick Oliver, "West Germany and the Moscow Test Ban Treaty Negotiations, July 1963", in Saki Dockrill (ed.), *Controversy and Compromise: Alliance Politics between Great Britain, Federal Republic of Germany, and the United States of America, 1945-1967*, Philo, 1998, pp. 163-64.

16 Oliver, "West Germany and the Moscow Test Ban", p. 168; Locher and Nuenlist, "What Role for NATO?", p. 188.

17 Oliver, "West Germany and the Moscow Test Ban", pp. 169-70.

18 Arne Hofmann, *The Emergence of Détente in Europe: Brandt, Kennedy and the Formation of Ostpolitik*, Routledge, 2007.

19 Vojtech Mastny, "Détente, the Superpowers and their Allies, 1962-1964", in Loth (ed.), *Europe, Cold War and Co-Existence*, p. 222; Wenger and Suri, "At the Crossroads of Diplomatic", p. 7; Van Oudenaren, *Détente in Europe*, p. 170; Kendrick Oliver, *Kennedy, Macmillan and the Nuclear Test-Ban Debate, 1961-63*, Macmillan, 1998.

20 Locher and Nuenlist, "What Role for NATO?", p. 189.

21 Gray, *Germany's Cold War*, p. 142.

22 Franz Eibl, *Politik der Bewegung: Gerhard Schröder als Außenminister 1961-1966*, Oldenbourg, 2001, pp. 149-54; 川嶋周一『独仏関係と戦後ヨーロッパ国際秩序――ドゴール外交とヨーロッパの構築 1958－1969』創文社，2007 年，160-62 頁。

23 Gray, *Germany's Cold War*, p. 142.

24 Hanrieder, *Germany, America, Europe*, p. 180.

25 Geraint Hughes, "British Policy towards Eastern Europe and the Impact of the 'Prague Spring' 1964-8", *Cold War History*, 4/2 (2004), p. 118.

26 Ibid., p. 121. また，Klaus Larres, "Britain, East Germany and Détente: British Policy toward the GDR and West German's 'Policy of Movement', 1955-1965", in Wilfried Loth (ed.), *Europe, Cold War and Co-Existence 1953-1965*, Frank Cass & Co, 2004, p. 126; Brian White, *Britain, Détente, and Changing East-West Relations*, Routledge, 1992, p. 125 も参照。

27 Michael Clark, "A British View", in Richard Davy (ed.), *European Détente: A Reappraisal*, Royal Institute of International Affairs: Sage, 1992, p. 92.

28 Brian White, *Britain, Détente, and Changing East-West Relations*, Routledge, 1992, p. 92.

29 Hughes, "British Policy towards Eastern Europe", p. 121.

30 John W. Young, *The Labour Governments 1964-70: International Policy*, Manchester University Press, 2003, p. 128.

31 Georges-Henri Soutou, "Le General de Gaulle et le Plan Fouchet d'Union Politique Europeenne: un Projet Strategique", in Ann Deighton and Alan Milward (eds.), *Widining, Deeping and Acceleration: The European Economic Community 1957-1963*, Nomos, 1999.

32 Yves Stelandre, "Les Pays du Benelux, l'Europe Politique et les Negociations Fouchet", in Deighton and Milward (eds.), *Widining, Deeping and Acceleration*; Jeffrey W. Vanke, "An Impossible Union: Dutch Objections to the Fouchet Plan, 1959-62", *Cold War History*, 2/1 (2001).

33 エリゼ条約については，Corine Defrance et Ulrich Pfeil (dir.), *Le traité de l'Elysée: Et les relations franco-allemandes 1945 - 1963 - 2003*, CNRS, 2005.

34 Georges-Henri Soutou, *L'alliance incertaine*, pp. 290-91.

35 Gray, *Germany's Cold War*, p. 141.

36 Soutou, *L'alliance incertaine*, p. 274.

37 仏ソ関係の展開については以下が詳しい。Garret Martin, "Untying the Gaullian Knot: France and the Struggle to Overcome the Cold War Order, 1963-1968", unpublished Ph.D. thesis, London School of Economics, 2006. また，Marie-Pierre Rey, *La tentation du rapprochement: France et URSS à l'heure de la détente (1964-1974)*, Publications de la Sorbonne, 1991 も参照。

38 Maurice Vaïsse, *La Grandeur: Politique étrangère de général de Gaulle 1958-69*, Fayard, 1998, p. 418.

39 François Puaux, "L'originalité de la politique française de détente", in Institut Charles de Gaulle, *De Gaulle en son siécle: L'Europe, Tome 5*, Plon, 1992, p. 433.

40 Vaïsse, *La Grandeur*, pp. 423-24, 435.

41 Locher and Nuenlist, "What Role for NATO?", pp. 200-01.

42 Vaïsse, *La Grandeur*, p. 424.「大西洋からウラルまでの協力」"la coopération de l'Atlantique à l'Oural" という考えは，早くも 1965 年 2 月に現れている。Soutou, *L'alliance incertaine*, p. 284.

43 John G. Keliher, *The Negotiations on Mutual and Balanced Force Reductions: The Search for Arms Control in Central Europe*, Pergamon Press, 1980, p. 11 から再引用。また Ljubivoje Achimovic, *Problems of Security and Cooperation in Europe,* Sijthoff & Noordhoff, 1981, p. 78 も参照。

44 Wanda Jarzabek, "Hope and Reality: Poland and the Conference on Security and Cooperation in Europe, 1964-1989", *Cold War International History Project*（以下，*CWIHP*）Working Paper 56, 2008, p. 7.

45 Jarzabek, "Hope and Reality", p. 1.

46 MLF をめぐる西側同盟内の論争に関しては，Marilena Gala, "The Multilateral Force: A Brief History of the American Efforts to Maintain the Nuclear Status Quo Within the Atlantic Alliance", *Storia delle Relazioni Internazionali*, 13/1 (1998); Susanna Schraafstter and Stephen Twigge, "Trick or Truth?: The British ANF Proposal, West Germany and US Nonproliferation Policy, 1964-68", *Diplomacy and Statecraft*, 11/2 (2000); Martin Koopman,"Le malentendu d'une defense nucléaire commune: l'Allemagne et la Force multilatérale", in Wilfried Loth (ed.), *Crises and Compromises: the European Project, 1963-1969*, Nomos, 2001; John Young, "Killing the MLF? The Wilson Government and Nuclear Sharing in Europe, 1964-66", *Diplomacy & Statecraft*, 14/2 (2003).

47 Douglas Selvage, "The Warsaw Pact and Nuclear Nonproliferation, 1963-1965", *CWIHP* Working Paper 32, 2001.

48 1954 年のソ連の全ヨーロッパ会議構想については，Geoffrey Roberts, "A Chance for Peace? The Soviet Campaign to End the Cold War, 1953-1955", *CWIHP* Working Paper 57, 2008, pp. 6-35; Vojtech Mastny, "The Elusive Détente: Stalin's Successors and the West", in Klaus Larres and Kenneth Alan Osgood (eds.), *The Cold War after Stalin's Death: A Missed Opportunity for Peace?*, Rowman & Littlefield, 2006, p. 16. 中部ヨーロッパに非核地帯を設置するといういわゆるラパツキ・プランについては，Piotr Wandycz, "Adam Rapacki and the Search for European Security", in Gordon A. Craig and Francis L. Loewenheim (eds.), *The Diplomats, 1939-1979*, Princeton University Press, 1994.

49 Selvage, "The Warsaw Pact and Nuclear Nonproliferation", pp. 7-13; Hal Brands, "Non-Proliferation and the Dynamics of the Middle Cold War: The Superpowers, the MLF, and the NPT", *Cold War History*, 7/3 (2007), pp. 397-98; Jarzabek, "Hope

and Reality", p. 5

50 Selvage, "The Treaty of Warsaw", p. 68.

51 Douglas Selvage, "The Treaty of Warsaw: The Warsaw Pact Context", in David C. Geyer and Bernd Schaefer (eds.), "American Détente and German Ostpolitik, 1969-1972", *Bulletin, Supplement 1*, German Historical Institute, 2004; http://www.ghi-dc.org/bulletinS04_supp/bulletinS04_supp.index.html, p. 68. フルシチョフはまた，東ドイツ指導部に対して，エアハルトはソ連との関係を求めているとの楽観論を語っていた。Benedikt Schoenborn, "Bargaining with the Bear: Chancellor Erhard's Bid to Buy German Reunification, 1963-64", *Cold War History*, 8/1 (2008), p. 35.

52 Jarzabek, "Hope and Reality", p. 5.

53 1965年のワルシャワ条約諸国首脳会議（政治諮問委員会）において，ゴムウカ・ポーランド共産党書記長は，ラパツキ外相の一方的な行動について謝罪し，「ラパツキは，ヨーロッパ安全保障の問題に関する提案をもって国連に向かいました。その提案は非常に一般的なかたちで提示されたとはいえ，われわれはこの問題に関してほかの社会主義諸国と相談しなかったことに罪の意識を感じています」と述べた。Selvage, "The Warsaw Pact and Nuclear Nonproliferation", p. 47; Wanda Jarzabek, "Preserving the Status Quo or Promoting Change: The Role of the CSCE in the Perception of Polish Authorities", in Oliver Bange and Gottfried Niedhart (eds.), *Helsinki 1975 and the Transformation of Europe*, Berghahn Books, 2008, p. 145 も同様の指摘をしている。

54 Vojtech Mastny, "VII. Meeting of the PCC, Warsaw, 19-20 January 1965: Editorial Note", in the "Parallel History Project on NATO and the Warsaw Pact" website（以下，PHP); http://www.isn.ethz.ch/php/documents/collection_3/PCC_texts/ed_note_65.htm

55 Evguenia Obitchkina, "La naissance du dialogue franco-soviétique sur l'Europe de la détente: les premières initiatives soviétiques", in Elisabeth du Reau et Christine Manigand (dir.), *Vers la Réunification de l'Europe: Apports et limites du processus d'Helsinki de 1975 à nos jours*, L'Harmattan, 2005, p. 222.

56 Csaba Békés, "The Warsaw Pact, the German Question and the Birth of the CSCE Process, 1961-1970", in Bange and Niedhart (eds.), *Helsinki 1975*, p. 114-15. ワルシャワ条約機構政治諮問委員会の最終コミュニケではこう述べられている。「ポーランド人民共和国のイニシアティヴを支持し，政治諮問委員会は，ヨーロッパにおける集団安全保障を確かなものにするためのさまざまな措置を討議するため，ヨーロッパ諸国の会議を開催することを求める」。http://www.isn.ethz.ch/php/documents/collection_3/PCC_docs/1965/1965_19.pdf

57 *Akten zur Auswärtigen Politik der Bundesrepublik Deutschland*（以下*AAPD*）*1965*, Dok. 152, Aufzeichnung des Ministerialdirektors Krapf, 26.3.1965. スパークはすでに，1963年からポーランド外相ラパツキと交渉をしていた。スパークのデタント政策については，Vincent Dujardin, "Go-Between: Belgium and Détente, 1961-1973",

Cold War History, 7/1 (2007), p. 98.

58 AAPD 1965, Dok. 152, Aufzeichnung des Ministerialdirektors Krapf, 26.3.1965.

59 Thomas Alan Schwartz, *Lyndon Johnson and Europe: In the Shadow of Vietnam*, Harvard University Press, 2003, pp. 53-55.

60 Brands, "Non-Proliferation and the Dynamics of the Middle Cold War".

61 White, *Britain, Détente*, pp. 114-15.

62 R. Gerald Hughes, *Britain, Germany and the Cold War: The Search for a European Détente 1949-1967*, Routledge, 2007, p. 124 より再引用。

63 Soutou, *L'alliance incertaine*, pp. 281-86.

64 Torsten Oppelland, "Gerhard Schröder and the First '*Ostpolitik* '", in Wilfried Loth (ed.), *Europe, Cold War and Co-Existence 1953-1965*, Frank Cass & Co, 2004.

65 *AAPD 1965*, Dok. 262, Aufzeichnung des Ministerialdirektors Krapf, 29.6.1965.

66 Eibl, *Politik der Bewegung*, p. 423.

67 「平和覚書」の西ドイツ政府内における誕生過程については，Rainer A. Blasius, "Erwin Wickert und die Friedensnote der Bundesregierung vom 25. Marz 1966", *Vierteljahrshefte für Zeitgeschichte*, 43/3 (1995).

68 *Europa-Archiv*, 21/7 (1966), pp. 171-75.

69 Gottfried Niedhart, "The British Reaction towards Ostpolitik. Anglo-West German Relations in the Era of Détente 1967-1971", downloaded from the website "Ostpolitik and CSCE". http://www.ostpolitik.net/

70 Ibid. 多くの研究者もまた，「平和覚書」には新しいことがほとんど何も含まれていなかったと批判している。William E. Griffith, *The Ostpolitik of the Federal Republic of Germany*, MIT Press, 1978, pp. 127-28; Hanrieder, *Germany, America, Europe*, p. 182; Gray, *Germany's Cold War*, pp. 193-94; W. R. Smyser, *From Yalta to Berlin: the Cold War Struggle over Germany*, Macmillan, 1999, p. 215; Peter Bender, *Die "Neue Ostpolitik" und ihre Folgen: vom Mauerbau bis zur Vereinigung*, Deutscher Taschenbuch Verlag, 1995, pp. 116-18. スーリは「平和覚書」を高く評価する記述をしている。しかし，実際には東側諸国はそれを強く批判し，それゆえそれが緊張緩和を促進したとはいえない。にもかかわらず，彼がなぜそれを評価しているのかについてはつまびらかではない。Jeremi Suri, *Power and Protest: Global Revolution and the Rise of Détente,* Harvard University Press, 2003, pp. 219-20.

71 Eibl, *Politik der Bewegung*, pp. 426-27.

72 Gray, *Germany's Cold War*, p. 194.

73 Thomas W. Wolfe, *Soviet Power and Europe, 1945-1970*, Johns Hopkins Press, 1970, pp. 285-86 より再引用。また，Haftendorn, *Sicherheit und Entspannung*, pp. 416-17 も参照。

74 Marta Dassù, "An Italian View", in Davy, Richard (ed.), *European Détente: A Reappraisal*, Royal Institute of International Affairs: Sage, 1992, p. 115; *AAPD 1966*, Dok. 142, Anm. 3, p. 613.

75　*Dokumente zur Deutschlandpolitik*, IV/12, p. 723-32.

76　*AAPD 1966*, Dok. 166, Botschafter von Walther, Moskau, an das Auswärtige Amt, 25.5.1966.

77　Svetlana Savranskaya, “Unintended Consequences: Soviet Interests, Expectations and Reactions to the Helsinki Final Act”, in Bange and Niedhart (eds.), *Helsinki 1975*, pp. 176-77.

78　Soutou, *L'alliance incertaine*, pp. 230-40. 同時にド・ゴールは，有名な 1963 年 1 月 14 日の記者会見において，イギリスのヨーロッパ経済共同体への加盟申請を公に拒否した。N. Piers Ludlow, *Dealing with Britain: The Six and the First UK Application to the EEC*, Cambridge Universtiy Press, 1997, pp. 206-12. ナッソー協定に関する邦語文献としては，橋口豊「冷戦の中の英米関係――スカイボルト危機とナッソー協定をめぐって」『国際政治』第 126 号，2001 年。

79　Vaïsse, *La Grandeur*, pp. 525-27; Fredrik Logevall, *Choosing War: The Lost Chance for Peace and the Escalation of War in Vietnam*, University of California Press, 1999. ド・ゴールの対ヴェトナム政策に関しては，鳥潟優子「ドゴールの外交戦略とベトナム和平仲介」『国際政治』第 156 号，2009 年。

80　Soutou, *L'alliance incertaine*, p. 284.

81　しかしながら，ラドロウが実証的に論じるように，フランスのヨーロッパ統合プロセスへの関与は，1965～66 年の危機のあいだに表面的に見られたものよりも，実際はずっと強固なものであった。N. Piers Ludlow, *The European Community and the Crises of the 1960s: Negotiating the Gaullist Challenge*, Routledge, 2006, chap. 3 and 4.

82　Frédéric Bozo, *Two Strategies for Europe: De Gaulle, the United States, and the Atlantic Alliance*, Rowman & Littlefield, 2001. また，Schwartz, *Lyndon Johnson and Europe*, pp. 93-115 も参照。

83　Martin, “Untying the Gaullian Knot”, pp. 146-55.

84　Julie M. Newton, *Russia, France, and the Idea of Europe*, Palgrave 2003, pp. 57-75.

85　*AAPD 1966*, Dok. 142, Ministerialdirektor Werz an die Botschaft in Moskau, 10.5.1966; Obitchkina, “La naissance du dialogue franco-soviétique”, pp. 23-24; Savranskaya, “Unintended Consequences”, p. 176.

86　Jonathan Søborg Agger, “Striving for Détente: Denmark and NATO, 1966-67”, in Andreas Wenger, Christian Nuenlist and Anna Locher (eds.), *Transforming NATO in the Cold War: Challenges beyond Deterrence in the 1960s*, Routledge, an imprint of Taylor & Francis Books, 2006, pp. 186-87.

87　*AAPD 1966*, Dok. 169, Ministerialdirigent Ruete an die Ständige Vertretung bei der NATO in Paris, 27.5.1966 and fn. 9, p. 725; FCO41/21 所収のいくつかの文書も参照されたい。

88　*Foreign Relations of the United States*（以下，*FRUS*）*1964-1968*, vol. XIII, Western Europe Region, Doc. 177, Telegram From the Mission to the North Atlantic Treaty Organization and European Regional Organizations to the Department of State,

10.6.1966.

89 *AAPD 1966*, Dok. 166, fn. 10, p. 725.

90 1966年6月9日のNATO外相会議のコミュニケのテキストは，http://www.nato.int/docu/comm/49-95/c660607a.htm

91 Vaïsse, *La Grandeur*, pp. 426-28; Bozo, *Two Strategies for Europe*, p. 177.

92 *AAPD 1966*, Dok. 169, Ministerialdirigent Ruete an die Ständige Vertretung bei der NATO in Paris, 27.5.1966.

93 Hughes, *Britain, Germany and the Cold War*, p. 130.

94 Vaïsse, *La Grandeur*, p. 427.

95 Bozo, *Two Strategies for Europe*, p. 177.

96 *AAPD 1966*, Dok. 142, fn. 27, p. 615-16.

97 Haftendorn, *Sicherheit und Entspannung*, p. 417. ブカレスト宣言のテキスト（英語）は以下のサイトで閲覧できるPHP; http://www.isn.ethz.ch/php/documents/collection_3/PCC_docs/1966/1966_10.pdf

98 Csaba Békés, "The Warsaw Pact and the CSCE process from 1965 to 1970", in Wilfried Loth and Georges-Henri Soutou (eds.), *The Making of Détente: Eastern and Western Europe in the Cold War, 1965-75*, Routledge, 2008, pp. 202-03.

99 Wolfe, *Soviet Power and Europe*, p. 309. また東側陣営は，翌1967年の4月にも，チェコのカルロヴィー・ヴァリーにおけるヨーロッパ共産党大会において，ブカレスト宣言とほぼ同内容の文書を採択する。Achimovic, *Problems of Security,* p. 80.

100 ちなみに，ブカレスト会議において外国軍の撤退や外国軍基地の撤収，2つの軍事同盟の解体を主張した国はルーマニアであった。Békés, "The Warsaw Pact and the CSCE Process", p. 203.

101 Peter Becker, *Die frühe KSZE-Politik der Bundesrepublik Deutschland: Der Außenpolitische Entscheidungs porzeß bis zur Unterzeichnung der Schlußakte von Helsinki*, Lit, 1992, p. 109.

102 1966年12月のNATO外相会議のコミュニケにも，ヨーロッパ安保会議への言及はない。http://www.nato.int/docu/comm/49-95/c661215a.htm ただし，ソ連との二国間での外相会談などのコミュニケのなかで安保会議について言及するNATO諸国はあった。

103 Keliher, *The Negotiations on Mutual and Balanced Force Reductions,* p. 16; Achimovic, *Problems of Security,* p. 81; Haftendorn, Helga, "The Link between CSCE and MBFR: Two Sprouts from One Bulb", in Andreas Wenger, Vojtech Mastny, and Christian Nuenlist (eds.), *Origins of the European Security System: The Helsinki Process Revisited, 1965-75*, Routledge, 2008, p. 237.

104 アルメル報告（同盟の将来の課題）のテキストは http://www.nato.int/docu/comm/49-95/c671213b.htm

105 Frédéric Bozo, "Détente versus Alliance: France, the United States and the Politics of the Harmel Report (1964-1968)", *Contemporary European History*, 7/3

(1998); Ann Locher, “A Crisis Foretold: NATO and France, 1963-66”, in Wenger, Nuenlist and Locher (eds.), *Transforming NATO*.

106　Andreas Wenger, “Crisis and Opportunity: NATO and the Miscalculation of Détente, 1966-1968”, *Journal of Cold War Studies*, 6/1 (2004), pp. 25-34.

107　Rik Coolsaet, *La politique extérieure de la Belgique: Au Coeur de l'Europe, le poids d'une petite puissance*, Graduit du néerlandais par Serge Govaert, De Boeck Université, 2002, p. 180.

108　Wenger, “Crisis and Opportunity”, p. 59 より再引用。

109　Helga Haftendorn, “The Adaption of the NATO Alliance to a Period of Détente: The 1967 Harmel Report”, in Wilfried Loth (ed.), *Crises and Compromises: the European Project, 1963-1969*, Nomos, 2001; Wenger, “Crisis and Opportunity”, pp. 59-71; Bozo, “Détente versus Alliance”, pp. 350-55; 齋藤『冷戦変容とイギリス外交』, 第三章。

110　西ドイツあるいはアメリカと MBFR の関連について論じた文献はいくつか存在する。たとえば，ブルスは MBFR の構想を持ち出したのは西ドイツであったと，その起源を論じている。Christoph Bluth, “Détente and Conventional Arms Control: West German Policy Priorities and the Origins of MBFR”, *German Politics*, 8/1 (1999). またヴェンガーやケリアーはアメリカに起源があることをほのめかしている。Wenger, “Crisis and Opportunity”, pp. 50-51; Keliher, *The Negotiations on Mutual and Balanced Force Reductions*, pp. 13-15. しかしながら，以下で論じるように，MBFR がどのように NATO の公式の政策となっていったのかを理解するためには，西ドイツやアメリカのみならず，イギリスの役割にも注目し，多国間関係のなかで分析されなければならない。

111　The National Archives (Public Record Office), Kew, London (以下，TNA). FO 371/190712, an extract from the record of the conversation between Rusk and Stewart on 9.6.1966. 英米関係とド・ゴールの挑戦については James Ellison, “Defeating the General: Anglo-American Relations, Europe and the NATO Crisis of 1966”, *Cold War History*, 6/1 (2006); James Ellison, *The United States, Britain and the Transatlantic Crisis: Rising to the Gaullist Challenge, 1963-68*, Palgrave, 2007.

112　Keliher, *The Negotiations on Mutual and Balanced Force Reductions*, pp. 13-14.

113　TNA. FO 371/190712, an extract from the record of the conversation between Rusk and Stewart on 9.6.1966.

114　齋藤嘉臣「イギリス政府の『欧州宣言』構想，一九六五年――一九六七年――デタント，多極化，英独関係」『国際政治』第 148 号，2007 年。

115　1960 年代におけるイギリスの経済・財政的問題については，たとえば，Sabine Lee, *Victory in Europe: Britain and Germany Since 1945*, Longman, 2001, pp. 102-04.

116　Hubert Zimmerman, “The Sour Fruits of Victory: Sterling and Security in Anglo-German Relations during the 1950s and 1960s”, *Contemporary European History*, 9/2 (2002).

117 ウィルソン政権期のオフセット問題に関しては，Terry Macintyre, *Anglo-German Relations during the Labour Governments, 1964-70: NATO Strategy, Détente and European Integration*, Manchester University Press, 2008, pp. 73-95.

118 TNA. FO 371/190712, Barnes to Arthur, 13.6.1966.

119 TNA. FO 371/190712, Palliser to the Foreign Office, 30.6.1966.

120 ポンド危機については，芝崎祐典「第二次 EEC 加盟申請とその挫折 一九六四―七〇年――イギリスの緩やかな方向転換」細谷雄一（編）『イギリスとヨーロッパ――統合と孤立の二百年』勁草書房，2009 年，164-68 頁。

121 Hubert Zimmerman, *Money and Security: Troops, Monetary Policy, and West Germany's Relations with the United States and Britain, 1950-1971*, Cambridge University Press, 2002, p. 189 より再引用。

122 TNA. FO 800/959, Charlfont to the Secreatary of State, 16.8.1966.

123 TNA. FO 800/959, "Troop Reductions in Europe", 19.8.1966.

124 Ibid.

125 Keliher, *The Negotiations on Mutual and Balanced Force Reductions*, p. 14より再引用。また，Schwartz, *Lyndon Johnson and Europe*, pp. 121-22; ドン・オーバードーファー『マイク・マンスフィールド――米国の良心を守った政治家の生涯』（下巻），菱木一美・長賀一哉訳，共同通信社，2005 年，41-43 頁も参照。

126 *FRUS 1964-1968, vol. XIII, Western Europe Region,* Doc. 198, Memorandum From the President's Deputy Special Assistant for National Security Affairs (Bator) to President Johnson, 11.8.1966. また，Hubert Zimmermann, "The Improbable Permanence of a Commitment: America's Troop Presence in Europe during the Cold War", *Journal of Cold War Studies*, 11/1 (2009), p. 17 も参照。

127 *Public Papers of the Presidents of the United States, Lyndon B. Johnson, 1966*, pp. 1125-30.

128 *Ibid.*

129 *Ibid.* ジョンソンの「橋渡し」政策については，Frank Costigliola, "Lyndon B. Johnson, Germany, and the End of the Cold War", in Warren I. Cohen and Nancy Bernkopf Tucker (eds.), *Lyndon B. Johnson Confronts the World: American Foreign Policy, 1963-1968*, Cambridge University Press, 1994, pp. 192-99; Mitchell Lerner, "'Trying to Find the Guy Who Invited Them': Lyndon Johnson, Bridge Building, and the End of the Prague Spring", *Diplomatic History*, 32/1 (2008).

130 Wenger, "Crisis and Opportunity", p. 47 より再引用。

131 White, *Britain, Détente,* pp. 116-17. また，Hal Brands, "Progress Unseen: U.S. Arms Control Policy and the Origins of Détente, 1963-1968", *Diplomatic History*, 30/2 (2006), p. 270 も参照。

132 Gray, *Germany's Cold War*, p. 195.

133 Lee, *Victory in Europe,* p. 109.

134 Schwartz, *Lyndon Johnson and Europe*, pp. 115-33; Gray, *Germany's Cold War*,

pp. 194-95.

135　キージンガー政権に関しては，Olivier Bange, "Kiesingers Ost-und Deutschlandpolitik von 1966 bis 1969", in Günter Buchstab, Philipp Gassert, and Peter Lang (eds.), *Kurt Georg Kiesinger 1904-1988 - Von Ebingen ins Kanzleramt*, Freiburg, 2005.

136　*Dokumente zur Deutschlandpolitik*, Aus der Erklarung des Bundesministers Brandt vor der Versammlung der WEU in Paris, 14.12.1966, p. 79; Bluth, "Détente and Conventional Arms Control", p. 186.

137　*FRUS 1964-8, vol. XIII, Western Europe Region*, Doc. 252, Telegram From the Department of State to the Mission to the North Atlantic Treaty Organization and European Regional Organizations, 10.5.1967.

138　Letter from United Kingdom Delegation, 11.2.1967, NATO Archives document, downloaded from PHP; http://www.isn.ethz.ch/php/collections/coll_Harmel.htm

139　Statement Made by Herr K. Schütz State Secretary of the German Foreign Office, 15.2.1967, NATO Archives document, downloaded from PHP; http://www.isn.ethz.ch/php/collections/coll_Harmel.htm

140　Haftendorn, "The Adaption of the NATO Alliance to a Period of Détente", p. 306; *FRUS 1964-8, vol. XIII, Western Europe Region*, Doc. 260, Letter From the Deputy Under Secretary of State for Political Affairs (Kohler) to the British Assistant Under Secretary of State (Watson), 13.7.1967.

141　Letter from US Delegation Circulating Rapporteur's Preliminary Outline, 17.4.1967, NATO Archives document, downloaded from PHP; http://www.isn.ethz.ch/php/collections/coll_Harmel.htm

142　Proposals by the German Delegation to US Draft, 5.5.1967, NATO Archives document, downloaded from PHP; http://www.isn.ethz.ch/php/collections/coll_Harmel.htm

143　*FRUS 1964-1968, vol. XIII, Western Europe Region*, Doc. 252, Telegram From the Department of State to the Mission to the North Atlantic Treaty Organization and European Regional Organizations, 10.5.1967; Letter from US Delegation Circulating a Revised Outline on Future Defence Policy, 15.5.1967, NATO Archives document, downloaded from PHP; http://www.isn.ethz.ch/php/collections/coll_Harmel.htm

　さらに 1967 年 6 月の NATO 外相会議でも，政治家レベルのイニシアティヴの結果，コミュニケにおいて，「もし諸条件が許せば，東側と西側による兵力の均衡削減はヨーロッパにおける安全保障への重要な一歩となるであろう」という文言が盛り込まれた。コミュニケのテキストは http://www.nato.int/docu/comm/49-95/c670613a.htm

144　*FRUS 1964-1968, vol. XIII, Western Europe Region*, Doc. 273, Paper Prepared in the Department of State, 10.25.1967.

145　Martin Müller, *Politik und Bürokratie: die MBFR-Politik der Bundesrepublik Deutschland zwischen 1967 und 1973*, Nomos, 1988, pp. 56-57.

146 *AAPD 1967*, Dok. 313, Botschafter Knappstein, Washington, an Ministerialdirektor Ruete, 30.8.1967.

147 Müller, *Politik und Bürokratie,* p. 58.

148 ミュラーとブルスはレイキャヴィク・シグナルがアルメルとブラントの努力の結果であったと論じている。Müller, *Politik und Bürokratie,* p. 59; Bluth, "Détente and Conventional Arms Control", p. 187. しかし，新たに公開された史料はその見解が正しくないことを示している。

149 *AAPD 1968*, Dok. 171, Botschafter Grewe, Brüssel（NATO), an das Auswärtige Amt, 25.5.1968.

150 当時ベルギー政府は，NATOの同盟国とまえもって相談することなしに，このアイデアをポーランドと相談していた。それゆえ，ベルギーの提案は同盟国の多くから批判されることとなった。*FRUS 1964-1968, vol. XIII, Western Europe Region*, Doc. 300, Telegram From the Department of State to the Mission to the North Atlantic Treaty Organization, 17.4.1968; *Documents on British Foreign Policy Overseas*（以下，*DBPO*), *Series III, Volume I*（以下，*III, I*), p. 44, fn. 9.

151 Bluth, "Détente and Conventional Arms Control", p. 187.

152 実際，8月に，ベルギー，西ドイツ，カナダ，アメリカ，そしてイギリスによって提出されたすべての削減モデルは，NATOの軍事委員会によって拒否されている。Müller, *Politik und Bürokratie,* p. 59.

153 Schwartz, *Lyndon Johnson and Europe*, p. 215.

154 *FRUS 1964-1968, vol. XIII, Western Europe Region*, Doc. 273, Paper Prepared in the Department of State, 25.10.1967.

155 Wilfried Loth, *Overcoming the Cold War: A History of Détente, 1950-1991*, Palgrave, 2002, p. 94.

156 *FRUS 1964-1968, vol. XIII, Western Europe Region*, Doc. 309, Memorandum of Conversation, 6.6.1968. また，TNA. FCO 41/180, Washington tel no. 1826 to FCO 11.6.1968 も参照。

157 そもそもフランスがNATOから完全に脱退するのではなく，その軍事統合司令部からのみ脱退したのは，NATOを批判しつつも，それがまったく無用であると考えていたわけではないことを示唆している。

158 Bozo, "Détente versus Alliance", pp. 350-55; Wenger, "Crisis and Opportunity", pp. 66-68.

159 Bozo, *Two Strategies for Europe*, pp. 220-22; Martin, "Untying the Gaullian Knot".

160 レイキャヴィク・シグナルのテキストは，http://www.nato.int/docu/comm/49-95/c680624b.htm

161 *FRUS 1964-1968, vol. XIII, Western Europe Region*, Doc. 313, Memorandum for the Record, 19.6.1968; TNA. FCO 41/180, Washington tel no. 1826 to FCO 11.6.1968.

162 TNA. FCO 41/182, UKDEL NATO Saving tel no. 30 to FO, 28.6.1968.

163 *FRUS 1964-1968, vol. XIII, Western Europe Region*, Doc. 316, Intelligence Note No. 512, 28.6.1968.

164 *AAPD 1967*, Dok. 184, Aufzeichnung des Ministerialdirektors Ruete, 26.5.1967; Helga Haftendorn, "The Harmel Report and its impact on German Ostpolitik", in Loth and Soutou (eds.), *The Making of Détente*, p. 105; 齋藤『冷戦変容とイギリス外交』，81 頁。

165 Haftendorn, "The Adaption of the NATO Alliance to a Period of Détente", p. 299.

166 Ibid., pp. 300-02; Wenger, "Crisis and Opportunity", pp. 63-64.

第二章　ヨーロッパ安全保障会議と人道的要素の起源

1 「人・思想・情報の移動の自由」の起源については，これまで西側諸国の政府文書が開示されていなかったこともあり，ほとんど論じられてこなかった（吉川とロマーノは，人的交流及び情報や思想の自由の問題が，1950 年代半ばにすでにとりあげられていた事実を指摘しているが，CSCE の文脈でどのように現れてきたのかについては論じていない。吉川『ヨーロッパ安全保障協力会議 CSCE』，30 頁: Romano, *From Détente in Europe*, p. 62)。例外として，たとえばトーマスは，1969 年秋にベルギー代表が議会間連合(Inter-Parliamentary Union)の会合で初めて，「人・思想・情報の移動の自由」というフレーズを打ち出したと論じている（Thomas, *The Helsinki Effect*, p. 41)。また齋藤は，イギリスの政府文書を用いた新しい研究のなかで，フランスが「人・思想・情報の移動の自由」の起源であったことを指摘している（齋藤『冷戦の変容とイギリス外交』，160 頁)。しかしながら，より重要なことは，どのように「人・思想・情報の移動の自由」というフレーズが NATO 内の議論のなかで現れ，西側の政策として採択されていったのかということであるが，齋藤もトーマスもそれについて分析していない。本章では，人道的問題がヨーロッパ全体の問題として 1960 年代末に NATO 内で採択されていく過程を分析する。その際，「人・思想・情報の移動の自由」の起源はフランス一国のみに帰されるものではなく，多国間の協議の流れのなかで理解できるものであることを明らかにする。

2 Mark Kramer, "The Czechoslovak Crisis and the Brezhnev Doctorine", in Carole Fink, et al. (eds.), *1968: The World Transformed*, Cambridge University Press, 1998, pp. 121-22; Matthew J. Ouimet, *The Rise and Fall of the Brezhnev Doctrine in Soviet Foreign Policy*, University of North Carolina Press, 2003, p. 18.

3 Lerner, "Trying to Find the Guy", pp. 99-100.

4 Douglas Selvage, "The Warsaw Pact and the European Security Conference, 1964-69: Sovereignty, Hegemony, and the German Question", in Wenger, Mastny, and Nuenlist (eds.), *Origins of the European Security System*, pp. 91-92.

5 Vojtech Mastny, "Was 1968 a Strategic Watershed of the Cold War?", *Diplomatic History*, 29/1 (2005), p. 156 より再引用。

6 Kramer, "The Czechoslovak Crisis", p. 128; Mark Kramer, "The Prague Spring and the Soviet Invasion of Czechoslovakia: New Interpretation", *CWIHP* Bulletin, 3, 1993, p. 5.

7 J. P. D. Dunbabin, *The Cold War: The Great Powers and their Allies*, Longman, 1994, p. 446 より再引用。

8 Kramer, "The Czechoslovak Crisis", p. 122.

9 John G. McGinn, "The Politics of Collective Inaction: NATO's Response to the Prague Spring", *Journal of Cold War Studies*, 1/3 (1999), pp. 121-22.

10 Ibid., pp. 122-23.

11 David Reynolds, *One World Divisible: A Global History since 1945*, W.W. Norton, 2001, p. 191.

12 Suri, *Power and Protest*, pp. 88-93.

13 Reynolds, *One World Divisible*, pp. 190-91; Suri, *Power and Protest*, p. 180-81.

14 1968年5月のフランスについては，Reynolds, *One World Divisible*, pp. 191-93; Suri, *Power and Protest*, pp. 186-94; Ingrid Gilcher-Holtey, "May 1968 in France: The Rise and Fall of a New Social Movement", in Carole Fink, et al. (eds.), *1968: The World Transformed*, Cambridge University Press, 1998.

15 TNA. FCO 41/182, Text of Secretary of State's Statement in the General Debate on 23 June. また，*AAPD* 1968, Dok. 204, Ministerialdirektor Ruete, z.Z. Reykjavik, an das Auswärtige Amt, 25.6.1968 も参照。

16 Suri, *Power and Protest*, pp. 200-03.

17 Kramer, "The Czechoslovak Crisis", p. 146.

18 Wilfried Loth, "Moscow, Prague and Warsaw: Overcoming the Brezhnev Doctrine", *Cold War History*, 1/2 (2001), p. 103 より再引用。

19 Ouimet, *The Rise and Fall*, pp. 31-32.

20 *Ibid.*, pp. 34-35; Kramer, "The Czechoslovak Crisis", pp. 154-56.

21 Hughes, "British Policy towards Eastern Europe", pp. 124-26.

22 Loth, "Moscow, Prague and Warsaw", p. 104 より再引用。

23 Hughes, "British Policy towards Eastern Europe", p. 131; Schwartz, *Lyndon Johnson and Europe*, pp. 216-18.

24 Hughes, "British Policy towards Eastern Europe", p. 125.

25 *FRUS 1964-1968, vol. XIII, Western Europe Region,* Doc. 337, Telegram from Secretary of State Rusk to the Department of State, 16.11.1968.

26 ブダペスト・アピールのテキストは，Vojtech Mastny and Malcolm Byrne (eds.), *A Cardboard Castles? An Inside History of the Warsaw Pact 1955-1991*, CSU Press, 2005, p. 330.

27 Csaba Békés, "The Warsaw Pact and the CSCE Process", p. 207. ベケシュによると，現在の史料状況では，ソ連がなぜこのブダペスト会議において安保会議をとりあげるよう提案したのかはまだよくわからない。

28 Selvage, "The Warsaw Pact and the European Security Conference", p. 27; Vladislav Zubok, *A Failed Empire: The Soviet Union in the Cold War from Stalin to Gorbachev*, The University of North Carolina Press, 2007, pp. 207-09.

29 サロットの近年の研究は，ソ連のデタント政策が中国との武力衝突に大きく影響を受けていたと強調している。M. E. Sarotte, *Dealing With the Devil: East Germany, Détente, and Ostpolitik, 1969-1973*, University of North Carolina Press, 2001, esp. pp. 4, 21-3, 178. また，Zubok, *A Failed Empire*, pp. 209-10 も参照。中ソ国境紛争に関する近年の研究として，Yang Kuisong, "The Sino-Soviet Border Clash of 1969: From Zhenbao Island to Sino-American Rapprochement", *Cold War History,* 1/1 (2000); Willam Burr, "Sino-American Relations, 1969: The Sino-Soviet Border War and Steps Towards Rapproachment", *Cold War History,* 1/3 (2001).

30 *FRUS 1969-1976, vol. XII, USSR, January 1969-October 1970,* Doc. 15, Note from Soviet Leaders to President Nixon, 17.2.1969.

31 David C. Geyer and Douglas E. Selvage (eds.), *Soviet-American Relations, The Détente Years, 1969-1972*, United States Government Printing Office, 2007 (以下，*SAR*), Doc. 8, Meeting Between Presidential Assistant Kissinger and Ambassador Dobrynin, 21.2.1969, p. 21.

32 *SAR*, Doc. 9, Telegram From First Deputy Foreign Minister Kuznetsov to Ambassador Dobrynin, 28.2.1969, p. 26.

33 ワルシャワ条約機構首脳会議における東側陣営内の意見対立と，ブダペスト・アピールの形成過程については，Békés, "The Warsaw Pact and the CSCE Process", pp. 205-10.

34 Békés, "The Warsaw Pact, the German Question", pp. 116-20.

35 東ドイツやポーランドはブダペスト会議においても強硬な姿勢をとったが，ルーマニアがより柔軟な路線を主張し，その中間的立場であったソ連，ハンガリー，ブルガリアが，ルーマニアをブダペスト・アピールに賛同させ，会議を成功させるために，ルーマニアの路線を支持した結果，同アピールの論調は穏健なものとなったのである。Békés, "The Warsaw Pact and the CSCE", p. 210.

36 Wanda Jarzabek, "Preserving the Status Quo or Promoting Change: The Role of the CSCE in the Perception of Polish Authorities", in Bange and Niedhart (eds.), *Helsinki 1975*, p. 147.

37 The Digital National Security Archives (以下，DNSA), http://nsarchive.chadwyck.com/, The Kissinger Transcripts: A Verbatim Record of U.S. Diplomacy, 1969-1977, Memorandum of Conversation with Ambassador Dobrynin, April 3, 1969, KT00014; Henry Kissinger, *White House Years*, Little Brown, 1979, p. 414.

38 TNA. FCO 41/411, Washington tel no. 54 to FCO, 11.4.1969; *AAPD 1969*, Dok. 121, Ministerialdirektor Ruete, z.Z. Washington, an das Auswärtige Amt, 11.4.1969.

39 TNA. FCO 41/411, Washington tel no. 54 to FCO, 11.4.1969.

40 TNA. FCO 41/411, tel no. 54 A Saving, Washington to FCO, 11.4.1969; *AAPD 1969*, Dok. 121, Ministerialdirektor Ruete, z.Z. Washington, an das Auswärtige Amt, 11.4.1969.

41 http://www.nato.int/docu/comm/49-95/c690410a.htm. のちにイタリア外相ネンニは，イギリス外相スチュワートとの会談の際，NATO コミュニケのなかにブダペスト・アピールについての言及がなされなかったことへの不満を明らかにしている。TNA. FCO 41/411, Record of Conversation between the Secretary of State for Foreign and Commonwealth Affairs and the Italian Foreign Minister at the Italian Embassy in Washington on Saturday, 12 April at 10 a.m., 12.4.1969.

42 Ibid. Record of Conversation between the Secretary of State for Foreign and Commonwealth Affairs and the US Secretary of State, 12.4.1969.

43 NATO の正当性の危機については，Wenger, "Crisis and Opportunity.

44 TNA. FCO 41/411, tel no. 54 A Saving, Washington to FCO, 11.4.1969.

45 *AAPD 1969*, Dok. 121, Ministerialdirektor Ruete, z.Z. Washington, an das Auswärtige Amt, 11.4.1969.

46 *AAPD 1969*, Dok. 120, Ministerialdirektor Ruete, z.Z. Washington, an das Auswärtige Amt, 11.4.1969.

47 TNA. FCO 41/411, tel no. 54, Washington to FCO, 11.4.1969; Peter Becker, *Die früe KSZE-Politik der Bundesrepublik Deutschland: Der Außenpolitische Entscheidungs porzeß bis zur Unterzeichnung der Schlußakte von Helsinki*, Lit, 1992, pp. 133-34.

48 White, *Britain, Détente*, p. 123.

49 TNA. FCO 41/538, tel no. 117, Stewart to UKDEL NATO, 18.3.1969.

50 コミュニケの全文は，http://www.nato.int/docu/comm/49-95/c690410a.htm

51 フィンランド政府のエイド・メモワールのテキストは，Michael Palmer, *The Prospects*, pp. 88-89; TNA. FCO 41/540, FCO tel no. 151 to UKDEL NATO, 5.5.1969.

52 CSCE に関する中立・非同盟諸国の役割に関しては，Christian Nuenlist Nuenlist, "Expanding the East-West Dialog beyond the Bloc Division: the Neutrals as Negotiators and Mediators, 1969-75", in Wenger, Mastny, and Nuenlist (eds.), *Origins of the European Security System*; Thomas Fischer, *Neutral Power in the CSCE: The N+N States and the Making of the Helsinki Accords 1975*, Nomos, 2009.

53 実際，ソ連が中立諸国に注目したのは 1969 年 3 月のブダペスト・アピールからであった。それ以前のワルシャワ条約機構による安保会議開催の提案のなかに中立諸国は含まれていなかったのである。Nuenlist, "Expanding the East-West Dialog beyond the Bloc Division", p. 202; Seppo Hentilä, "Finland and the Two German States: Finland's German Policy in the framework of European détente", in Loth and Soutou (eds.), *The Making of Détente*, p. 186.

54 TNA. FCO 41/540, Golds to Waterfield, 17.5.1969.

55 TNA. FCO 41/541, Paris to Brimelow, 28.5.1969.

56 Nuenlist, "Expanding the East-West Dialog beyond the Bloc Division", p. 202.

57 TNA. FCO 41/541, The Finnish Ambassador's Call Tuesday. 3 June 4.30 p.m. 3.6.1969.

58 TNA. FOC 41/542, Helsinki tel no. 166 to FCO, 7.6.1969. Hentilä, "Finland and the Two German States", p. 186. も参照。

59 TNA. FCO 41/540, FCO tel no. 156 to UKDEL NATO, 7.5. 1969.

60 Ibid.

61 *AAPD 1969*, Dok. 155, Ministerialdirektor Ruete an die Ständige Vertretung bei der NATO in Brüssel, 12.5.1969.

62 TNA. FCO 41/540, UKDEL NATO tel no. 287 to FCO, 15.5.1969.

63 Ibid.

64 TNA. FCO 41/541, Davidson to Waterfield, 27.5.1969.

65 TNA. FCO 41/539, Wilson to Giffard, 29.4.1969.

66 TNA. FCO 41/552, Délegation de la France au Conseil de L'Atlantique Nord, 23.5.1969.

67 TNA. FCO 41/554, Wilcock to Braithwaite, 14.8.1969.

68 TNA. FCO 41/552, Pemberton-Pigott to Waterfield, 13.5.1969.

69 *AAPD 1969*, Dok. 146, Aufzeinung des Ministerialdirektors Ruete, 6.5.1969; *Ibid.*, Dok. 164, Bundesminister Brandt an Bundeskanzler Kiesinger, 20.5.1969. 西ドイツとソ連とのあいだの武力不行使協定に関する交渉は，1967-68 年にも試みられたが挫折している。これについては，たとえば，Olivier Bange, "Kiesingers Ost-und Deutschlandpolitik von 1966 bis 1969", in Günter Buchstab, Philipp Gassert, and Peter Lang (eds.), *Kurt Georg Kiesinger 1904-1988: Von Ebingen ins Kanzleramt*, Freiburg, 2005.

70 *AAPD 1969*, Dok. 146, Aufzeinung des Ministerialdirektors Ruete, 6.5.1969.

71 TNA. FCO 41/552, Pemberton-Pigott to Waterfield, 13.5.1969.

72 TNA. FCO 41/552, Pemberton-Pigott to Waterfield, 29.5.1969.

73 Wilhelm Georg Grewe, *Rückblenden 1976-1951*, Propylaen, 1979, p. 671.

74 Hakkaranien, "From Linkage to Freer Movement", p. 168.

75 Willy Brandt, *People and Politics: the Years, 1960-1975*, Little Brown, 1978, p. 187.

76 イギリス政府が提出したリストにおける「軍縮・軍備管理」の項目には，つぎの 3 つの題目が付されている。(1) 相互均衡兵力削減(MBFR)，(2) 核の凍結，(3) 信頼を醸成し，緊張緩和を提言する措置。3 つ目の題目のなかにはさらに，(a)観察地点の設置，(b)追加の観察措置，(c)軍の移動および演習の事前通告，そして(d)軍事演習におけるオブザーバーの交換，という項目があげられている。

77 TNA. FCO 41/539, Brimelow to Burrows, 26.4.1969.

78 Ibid.

79 TNA. FCO 41/553, Parsons to Pemberton-Pigott, 24.6.1969.

80 TNA. FCO 41/553, Burrows to Waterfield, 7.10.1969.

81 「第IV部　ドイツとベルリン」には，「旅行施設の改善」，「書籍，雑誌，新聞の交換」など人的接触・情報流通に関する若干の項目が含まれている。しかしながら，これらはもっぱら東西ドイツ間の関係に関してのものとなっており，全ヨーロッパ規模のものとして想定されていない。

82 「西側講和計画」のテキストは，United States Department of State, *Documents on Germany, 1944-1985,* U.S. Dept. of State, Office of the Historian, Bureau of Public Affairs, 1985, pp. 624-29.

83 *FRUS 1964-1968, vol. XV, Germany and Berlin*, Doc. 2, Paper Presented by the German Government to the Washington Ambassadorial Group, 15.2.1964; TNA, FO 1042/134, Tomkins to Hood, 19.9.1966.

84 イタリアのリストには，たとえば，「有機的な軍縮計画」，「軍事目的の核分裂物質の生産の削減」などが盛り込まれている。オランダのペーパーにもまた，いわゆる信頼醸成措置に強い関心を示していた。カナダはこれらの提案を全般的に支持した。イタリアとオランダのペーパーはつぎのファイルに所収されている。TNA. FCO 41/552.

85 *AAPD 1969*, Dok. 222, Gespräch des Bundesministers Brandt mit Ministerpräsident Chaban-Delmas in Paris, 4.7.1969.

86 Ministère des Affaires Etrangères, Paris（以下，MAE), Série Pactes 1961-1970, carton 277, circulaire no. 308, 4.7.1969. また，TNA. FCO 41/544, Brimelow to Giffard, Waterfield, 28.7.1969 も参照。

87 仏語の原文は，“les questions relatives à la protection des droits de l'homme, à la libre circulation des personnes, des idées et des informations, au progrès des échanges culturels”. MAE, Série Pactes 1961-1970, carton 277, circulaire no. 308, 4. 7. 1969.

88 TNA. FCO 41/550, Palliser to Brimelow, 19.12.1969; Archives Nationales, Paris（以下，AN), 5AG2/1022, Entretien entre le Président de la République et M. William Rogers, Secrétaire d'État Aéricain, le 8 decembre 1969, de 15 h. 15 à 16 h. 40.

89 ワルシャワ条約機構軍が1968年10月にチェコスロヴァキアに侵攻して以来，最初にソ連を訪問した西側の閣僚は，ベルギーのアルメル外相であった。1969年7月のことである。Vincent Dujardin, *Pierre Harmel: Biographie*, Le Cri, 2005, pp. 495-98.

90 *AAPD* 1969, Dok. 299, Anm.8, p. 1070.

91 TNA. FCO 33/532, Palliser to Brimelow, 17.10.1969; FCO 41/546, UKDEL NATO tel no. 612 to FCO, 22.10.1969; *AAPD 1969*, p. 1070, Anm. 8.

92 TNA. FCO 41/546, UKDEL NATO tel no. 612 to FCO, 22.10.1969.

93 Rey, “Georges Pompidou, l'Union soviétique”, pp. 151-52.

94 CDU/CSU は242議席を獲得し，SPD は224議席，FDP は30議席であった。

95 Michael J. Sodaro, *Moscow, Germany, and the West from Khrushchev to Gorbachev,* Cornell University Press, 1990, p. 151.

96　Ingo von Münch (ed.), *Dokumente des geteilten Deutschland*, vol. 2, Kröner, 1974, pp. 167-69.

97　アメリカ，イギリス，フランスの各国政府は，表向きブラントの新政策を支持する姿勢を示したものの，実際には東方政策の行方に不安を抱いていた。Gottfried Niedhart, "Zustimmung und Irritationen: Die Westmächte und die deutsche Ostpolitik 1969/70", 2003, downloaded from the website "Ostpolitik and CSCE". http://www.ostpolitik.net/. また，Soutou, "L'attitude de Georges Pompidou", pp. 272-73.

98　Haftendorn, *Sicherheit und Entspannung*, 1983, p. 428; David F. Patton, *Cold War Politics in Postwar Germany*, Macmillan, 1999, p. 69 も参照。

99　TNA. FCO 41/547, Bonn tel no. 1353 to FCO, 29.10.1969.

100　Haftendorn, *Sicherheit und Entspannung*, p. 425.

101　*AAPD 1969*, Dok. 301, Aufzeichnung des Planungsstabs, 24.9.1969.

102　Ibid.

103　Zubok Vladislav, "The Case of Divided Germany, 1953-1964", in William Taubman and Sergei Khrushchev, et al. (eds.), *Nikita Khrushchev*, Yale University Press, 2000, p. 292.

104　Hope M. Harrison, *Driving the Soviets up the Wall: Soviet-East German Relations, 1953-1961*, Princeton University Press, 2003, chap. 4.

105　Marc Trachtenberg, *A Constructed Peace: The Making of the European Settlement, 1945-1963*, Princeton University Press, 1999, pp. 322-51.

106　William E. Griffith, *The Ostpolitik of the Federal Republic of Germany*, MIT Press, 1978, p. 165.

107　*FRUS 1969-1976, vol. XII, USSR, January 1969-October 1970,* Doc. 14, Editorial Note.

108　キッシンジャーとドブルイニンとのあいだのバックチャンネル形成については，Jussi Hanhimäki, *The Flawed Architect: Henry Kissinger and American Foreign Policy*, Oxford University Press, 2004, pp. 34-40.

109　DNSA, Kissinger's Transcripts, Conversation with Ambassador Dobrynin, Lunch, March 3, KT00009, 6.3.1969.

110　Ibid.

111　Martin J. Hillenbrand, *Fragments of Our Time: Memoirs of a Diplomat,* University of Georgia Press, 1998, p. 281.

112　W. R. Smyser, *From Yalta to Berlin: the Cold War Struggle over Germany,* Macmillan, 1999, p. 226.

113　Kissinger, *White House Years*, p. 407.

114　Sodaro, *Moscow, Germany*, p. 150.

115　ベルリン問題に手を出すことにきわめて懐疑的であったポンピドゥは，8月4日，キッシンジャーに対し，なぜアメリカがベルリン交渉開催をソ連に申し出たのか理解できないと非難交じりの疑問をぶつけた。それに対しキッシンジャーは，秋に予定されて

いる西ドイツの選挙においてキリスト教民主同盟を支援したかったからであると，虚偽の理由を答えている。AN, 5AG2/1022, Entretien entre le Président de la Républiequ et M. Kissinger, Palais de l'Elysée - le 4 aout 1969 de 15h35 à 17h. おそらく，キッシンジャーは正直に答えることによって，ドブルイニンとのバックチャンネルの存在に気づかれてしまうのを恐れたのだろう。

116 AN, 5AG2/1021, NOTE pour Monsieur le Président de la République, 4.8.1969.

117 Georges-Henri Soutou, "La France et l'accord quadripartite sur Berlin du 3 septembre 1971", *Revue d'histoire diplomatique*, 1 (2004), p. 50.

118 AN, 5AG2/1022, Entretien entre le Président Nixon et le Président Pompidou à la Maison Blanche, judi 26 Février 1970, 10 h40 - 12 h40.

119 *AAPD 1969*, Dok. 255, Darhterlaß des Vortragenden Legationsrats I. Klasse Blumenfeld, 5.8.1969.

120 MAE, Série Pactes 1961-1970, carton 277, Note, A/S: échange de vues concernant une éventuelle conférence sur la sécurité européenne (réunion chez le Directeur Politique, 8 novembre), 20.11.1969.

121 Soutou, "La France et l'accord quadripartite", pp. 69-70.

122 MAE, Série Pactes 1961-1970, carton 277, Note, A/S: échange de vues concernant une éventuelle conférence sur la sécurité européenne (réunion chez le Directeur Politique, 8 novembre), 20.11.1969.

123 MAE, Série Pactes 1961-1970, carton 277, Dîner quadripartite du 3 décembre 1969 à l'Ambassade d'Allemagne à Bruxelles, Compte Rendu de l'Entretien des quatre Ministres des Affaires Etrangères, M. Schumann, M. Rogers, M. Stewart & M. Scheel.

124 プラハ宣言の抜粋は，Michael Palmer, *The Prospects*, pp. 89-90.

125 TNA. FCO 41/547, Guidance Department, 31.10.1969; *AAPD 1969*, Dok. 338, Anm.4, p. 1198.

126 ポーランドはまた，ワルシャワ条約機構の同盟国を説得してプラハ宣言に地域的な軍縮提案を盛り込もうと試みたが，受け入れられることはなかった。TNA. FCO 41/549, Waterfield to Bendall, 21.11.1969.

127 Mastny and Byrne (eds.), *A Cardboard Castle?*, p. 348.

128 Ibid. また，MAE, Série Pactes 1961-1970, carton 277, Varsovie tel no. 1352-1353 to Paris, 19.11.1969 も参照。

129 Békés, "The Warsaw Pact, the German Question", p. 122.

130 TNA. FCO 41/548, Background note: The Warsaw Pact Declaration at Prague, 31 October, undated.

131 Ibid.

132 *AAPD 1969*, Dok. 349, Staatssekretär Duckwitz, z.Z. Brüssel, an das Auswärtige Amt, 5.11.1969.

133 TNA. FCO 41/548, Background note: The Warsaw Pact Declaration at Prague,

31 October, undated.

134　TNA. FCO 41/548, FCO tel no. 971 to Moscow, 19.11.1969.

135　TNA. FCO 41/558, Thomson to Secretary of State, 24.11.1969.

136　TNA. FCO 41/544, Private Secretary to Brimelow, undated: FCO 41/544, Brimelow to Burrows, 28.7.1969.

137　TNA. FCO 41/544, Waterfield to Bendall, 17.9.1969.

138　Ibid.

139　TNA. FCO 41/546, Waterfield to Bendall, 2.10.1969.

140　TNA, FCO 41/556, FCO tel no. 356 to UKDEL NATO, 18.10.1969.

141　TNA. FCO 41/554, Wilcock to Braithwaite, 14.8.1969; FCO 41/556, UKDEL NATO tel no. 554 to FCO, 2.10.1969.

142　TNA. FCO 41/556, Davidson to Braithwaite, 25.9.1969.

143　Ibid., FCO tel no. 352 to UKDEL NATO, 16.10.1969.

144　MAE, Série Pactes 1961-1970, carton 273b, NOTE A/s.: Session ministerielle de l'Alliance. Projet de communiqé américaine, 25.11.1969.

145　Ibid., Repan-Bruxelles tel no. 1694/1710 to Paris, 25.11.1969.

146　アメリカのCSCE政策の第一次史料にもとづく近年の研究として，Hanhimäki, "'They Can Write it in Swahili'"; Morgan, "The United States and the Making of the Helsinki Final Act".

147　MAE, Série Pactes 1961-1970, carton 273b, Circulaire no. 484, 2.12.1969.

148　TNA. FCO 41/550, Palliser to Brimelow, 27.11.1969.

149　このフレーズを含む段落の全文は以下のとおり。「〔NATO〕同盟国政府は，経済的，技術的交流だけでなく，関連諸国間の文化的交流もまた相互の利益と理解をもたらすものであると考える。東西諸国間の人・思想・情報の移動の自由によって，さらなる相互利益がこれらの領域において得られるであろう」。http://www.nato.int/docu/comm/comm6069.htm#69

150　Ghebali, *La Diplomatie de la Détentela CSCE*, pp. 271-73.

151　http://www.nato.int/docu/comm/comm6069.htm#69

第三章　イギリスとNATOの多国間交渉への関与

1　ブラントはまず，1969年11月19日，ソ連首相コスイギンへ極秘書簡を送った（*AAPD 1969*, Dok. 370）。ソ連もまたそれに密かに対応し，12月21日，ソ連からの使者がバールとの接触を試みた。密使は，KGB議長アンドロポフの使いを名乗り，アンドロポフがブレジネフと直接つながっている証拠として，モスクワがボンとの交渉を真剣に行う準備があるとのメッセージを渡した。その使者が，ごく限られた者しか知るはずのないブラントのコスイギンへの極秘書簡に言及したため，バールは彼を信頼したのである。このようにして，西ドイツの首相府官邸とクレムリンとを直接つなぐバックチャンネルがつくられた。*AAPD 1969*, Dok. 412, Aufzeichnung des Staatssekretärs Bahr, Bundeskanzleramt, 24.12.1969; Vjaceslav Keworkow, *Der geheime Kanal:*

Moskau, der KGB und die Bonner Ostpolitik, Rowohlt, 1995, pp. 50-59; Sarotte, *Dealing With the Devil*, pp. 33-34; Smyser, *From Yalta to Berlin*, pp. 228-29.

2 Sarotte, *Dealing With the Devil*, pp. 48-51, 60-63.

3 ブラントはエルフルトにおいて，住民から熱烈な歓迎を受けた。これはソ連・東ドイツ当局にとって予想外の出来事であった。東ドイツ住民の反応を十分コントロールすることができなかったこの経験を踏まえ，モスクワは両ドイツ間の交渉に介入し，それを管理しようとしたのであった。Sarotte, *Dealing With the Devil*, p. 55.

4 イギリスの常設東西関係委員会構想に関しては，齋藤『冷戦変容とイギリス外交』，123-25 頁，も参照されたい。

5 TNA. FCO 41/558, Waterfield to Bendall, 20.11.1969.

6 Ibid.

7 TNA. FO 1116/15, Waterfield to Burrows, 29.10.1969.

8 TNA. FCO 41/558, A Standing Committee on East-West Relations Preliminary Memorandum by F.C.O. officials, undated.

9 TNA. FCO 41/558, Waterfield to Burrows, 29.10.1969.

10 MAE, Série Pactes 1961-1970, carton 277, Dîner quadripartite du 3 décembre 1969 à l'Ambassade d'Allemagne à Bruxelles, Compte Rendu de l'Entretien des quatre Ministres des Affaires Etrangères, M. Schumann, M. Rogers, M. Stewart & M. Scheel.

11 TNA. FCO 41/418, tel no. 766, UKDEL NATO to FCO, 5.12.1969.

12 Ibid.; *AAPD 1969*, Dok. 388, Ministerialdirektor Ruete, z.Z. Brüssel, an das Auswärtige Amt, 5.12.1969.

13 MAE, Série Pactes 1961-1970, carton 277, Dîner quadripartite du 3 décembre 1969 à l'Ambassade d'Allemagne à Bruxelles, Compte Rendu de l'Entretien des quatre Ministres des Affaires Etrangères, M. Schumann, M. Rogers, M. Stewart & M. Scheel.

14 TNA. FCO 41/558, Waterfield to Bendall, 20.11.1969.

15 TNA. FCO 41/549, UKDEL NATO tel no. 754 to FCO, 4.12.1969.

16 MAE, Série Pactes 1961-1970, carton 273b, Verbatim Extract of Statements made at the Meeting of the Council held on Friday, 5th December 1969 in the course of discussion on the Press Communiqué and Declaration.

17 Ibid.

18 Ibid. シューマン仏外相はまた，この手続きに関するセンテンスは，ヨーロッパ安保会議に言及している第 14 段落のなかに含めるべきではないと強調した――イギリスは当初そうしようとしたのであるが。そのかわり彼は，手続きに関する研究を進める旨の言及は第 3 段落に盛り込まれることを主張した。つまり，東西交渉の形式を NATO 内で検討することと，東側が提唱する安保会議の構想が直接関連しているわけではないことを暗に示すことがそのねらいであった。そして，フランスの提案は受け入れられることとなったのである。

19　TNA. FCO 41/418, UKDEL NATO tel no. 767 to FCO, 5.12.1969.

20　Ibid, Waterfield to Bendall, 10.12.1969.

21　TNA. FCO 41/740, Brimelow to Redaway, 3.2.1970.

22　Ibid, Rocord of Conversation between Stewart and Rogers on 27 January 1970. スチュワート英外相は，労働党左派が離脱することを恐れていたともいわれる。TNA. FCO 41/883, Wiggin to Brimelow, 15.3.1971.

23　*FRUS 1969-1976, vol. XXXIX, European Security*, Doc. 19, Minutes of National Security Meeting, 28.1.1970. ウィルソンとスチュワートは，このNSC会議に特別ゲストとして参加していた。

24　*Ibid.*

25　TNA. FCO 41/558, Braithwaite to Waterfield, 27.1.1970. また，MAE, Série Pactes 1961-1970, carton 274, Repan-Bruxelle, tel no. 109/116, to Paris, 22.1.1970も参照。

26　TNA. FCO 41/737, UKDEL NATO tel no. 30 to FCO, 22.1.1970; UKDEL NATO tel no. 32 to FCO, 23.1.1970.

27　Ibid., FCO 41/737, UKDEL NATO tel no. 30 to FCO, 22.1.1970; Ewart-Biggs to Waterfield 27.1.1970.

28　MAE, Série Pactes 1961-1970, carton 274, Repan-Bruxelle, tel no. 105/108, to Paris, 22.1.1970; TNA, FCO 41/737, UKDEL NATO tel no. 13 to FCO, 14.1.1970.

29　Ibid., FCO 41/737, Waterfield to Brimelow, 10.2.1970.

30　1970年2月2日，カナダの提案に従い，NATO理事会は東西交渉の手続きの側面を上級政治委員会(SPC)においてより一般的なかたちで討議することを決定した。いくつかのNATO諸国はそれぞれ独自の案を提出し，4月16日までそれらを検討した。

31　TNA. FCO 41/747, Canada's paper, 24.2.1970.

32　東欧諸国のいくつかもまた，カナダの構想とよく似た手続きに関する考えを公にしていた。たとえば，1970年2月に，ハンガリーとポーランドは，安保会議のあとに何らかの恒常的な組織を設置することに大きな関心を示している。TNA. FCO 41/740, Budapest tel no. 39 to FCO, 2.2.1970; Grattan to Elam, 17.2.1970; FCO 41/747, Mallaby to Western Organisation Department, 13.3.1970. ルーマニアは，3月9日の覚書のなかで，安保会議の準備のためのプレ会議の開催を提案した。だが，このルーマニアの考えは，ほかのワルシャワ条約機構諸国のあいだで支持されることはなかった。*AAPD 1970*, Dok. 117, Anm.14, p. 465.

33　フランス外務省ヨーロッパ部長（のちに，政治局次長）のクラウド・アルノー（Claude Arnaud）は，三段階会議構想の発案者であった。彼は，アメリカ国務省のヨーロッパ問題担当のマーティン・ヒレンブランド（Martin Hillenbrand）にこう語っている——「わが国は，〔カナダの〕アイデアはわれわれにとって検討に値するものであると感じています」。MAE, Série Pactes 1961-1970, carton 278, Réunions franco-américaines des 6 et 7 April 1970, 16.4.1970; Ibid., carton 274, Note a.S. Position française sur les procedures de négociation entre l'Est et l'Ouest, undated. また，

Jacques Andéani, *Le Piège: Helsinki et la chute du communisme*, Paris: Odile Jacob, 2005, p. 51 も参照。

34 TNA. FCO 41/747, Marshall to Giffard, 4.3.1970.

35 Ibid.

36 Ibid., FCO 41/747, Wilcock to Braithwaite, 6.3.1970.

37 Ibid.

38 Ibid., FCO 41/747, FCO tel no. 90 to UKDEL NATO, 14.3.1970.

39 Ibid., FCO 41/748, Burrows to Waterfield, 12.3.1970; Waterfield to Brimelow, 24.3.1970.

40 Ibid., FCO 41/747, Brussels tel no. 118 to FCO, 12.3.1970.

41 Ibid.

42 1969年12月のブリュッセルにおけるNATO外相会議のあと，アメリカの提案にもとづき，NATO内にMBFR問題への多様なアプローチを検討する作業部会が設置される。この部会はヨーロッパにおける通常兵力の軍縮モデルを作成する。それらについては，Müller, *Politik und Bürokratie*, pp. 63-66. また，MAE, Série Pactes 1961-1970, carton 274, NOTE a.s.: réduction mutuelle et équilibrée des forces, 22.5.1970 も参照。

43 Ibid.

44 TNA. FCO 41/682, Wilcock to Alexander, 5.3.1970; UKDEL NATO tel no. 131 to FCO, 6.3.1970.

45 Ibid.

46 Ibid, FCO 41/682, Waterfield to Brimelow, 24.3.1970.

47 MAE, Série Pactes 1961-1970, carton 278, Paris tel no. 202/210 to Repan Bruxelles, 30.4.1970.

48 *AAPD 1970*, Dok. 80, Botschafter Grewe, Brüssel (NATO), an das Auswärtige Amt, 27.2.1970.

49 *Ibid.*

50 TNA. FCO 41/681, Bonn tel no. 131 to FCO, 10.2.1970.

51 Helga Haftendorn, *Sicherheit und Entspannung*, p. 536.

52 TNA. FCO 41/681, Bonn tel no. 131 to FCO, 10.2.1970.

53 Ibid.

54 *AAPD 1970*, Dok. 83, Vorlage des Auswärtigen Amts und des Bundesministeriums der Verteidigung für den Bundessicherheitsrat, 2.3.1970; *Ibid.,* Dok. 94, Aufzeichnung des Parlamentarischen Staatssekretärs Dahrendorf, 6.3.1970.

55 TNA. DEFE 13/691, Record of Discussion between the Defence Secretary and Herr Helmut Schmidt, 24.3.1970.

56 *AAPD 1970*, Dok. 146, Gespräche des Bundesministers Schmidt in Washington, 7.4.1970. 実際，当時キッシンジャーと彼の側近であるゾンネンフェルト（Helmut Sonnenfeldt）は，ソ連は東欧から軍隊を撤退させることはできず，それゆえ相互削減の

見込みはないと考えていた。TNA. FCO 41/684, Waterfield to Alexander, 4.5.1970.

57　1970年1月19日に国防次官補ナッター(G. Warren Nutter)は，レアード国防長官に，「兵力均衡削減に関して，国務省と国防省のあいだに決定的な見解の相違があるようである」と報告し，この問題に関する早期の交渉開始は「不健全で危険である」と進言している。*FRUS 1969-1976, vol. XXXIX, European Security*, Doc. 18, Editorial Note.

58　*AAPD 1970*, Dok. 153, Aufzeichnung des Bundeskanzelers Brandt, 11.4.1970.

59　ブラントとの会談ののち，ニクソンは，MBFRに関する包括的な研究をするよう関係省庁に指令を出している。*FRUS 1969-1976, vol. XXXIX, European Security*, Doc. 21, National Security Study Memorandum 92, 13.4.1970.

60　*FRUS 1969-1976, vol. XL, Germany and Berlin, 1969-1972*, Doc. 78, Memorandum from Kissinger to Nixon, 9.4.1970.

61　MBFR宣言に盛り込まれた軍縮のための原則に関しては，Bluth, "Détente and Conventional Arms Control", p. 193.

62　TNA. FCO 41/7481, UKDEL NATO tel no. 204 to FCO, 16.4.1970; *AAPD 1970*, Dok. 166, Botschafter Grewe, Brussel (NATO), an das Austwärtige Amt, 17.4.1970.

63　Ibid.

64　Ibid., TNA. FCO 41/748, UKDEL NATO tel no. 204 to FCO, 6.4.1970; UKDEL NATO tel no. 205 to FCO, 6.4.1970; UKDEL NATO tel no. 208 to FCO, 21.4.1970.

65　MAE, Série Pactes 1961-1970, carton 274, Repan-Bruxelles tel no. 758/766 to Paris, 12.5.1970.

66　TNA, FCO 41/748, UKDEL NATO tel no. 256 to FCO, 6.5.1970; MAE, Série Pactes 1961-1970, carton 274, NOTE a/s: prochaine session ministérielle du Conseil de l'Atlantique Nord (26-27 mai 1970), 22.5.1970.

67　TNA. FCO 41/747, UKDEL NATO tel no. 221 to FCO, 24.4.1970; UKDEL NATO tel no. 226 to FCO, 25.4.1970.

68　Ibid., FCO 41/684, Draft Declaration on Mutual and Balanced Force Reductions, 29.4.1970.

69　Ibid., UKDEL NATO tel no. 204 to FCO, 16.4.1970.

70　この点については，Hakkaranien, "From Linkage to Freer Movement", pp. 167-72.

71　*AAPD 1970*, Dok. 197, Aufzeichnung des Ministerialdirektors Oncken, 5.5.1970.

72　Politisches Archiv, Auswaertiges Amt（以下，PAAA), Berlin, B-40, Bd. 185, Konferenz über die Sicherheit Europas (KSE), Sachstand, 15.5.1970.

73　TNA. FCO 41/626, Ellsworth to Brosio, 4.5.1970.

74　TNA. FCO 41/749, UKDEL NATO tel no. 256 to FCO, 6.5.1970.

75　Ibid., Washington tel no. 1448 to FCO, 12.5.1970; FCO 41/749, UKDEL NATO tel no. 256 to FCO, 6.5.1970.

76　TNA. FCO 41/628, Ministerial Meeting in Rome 26-27 May, Note for Secretary of State's Meeting on 18 May Present Position and Tactics, 16.5.1970. ギリシャの

立場が変化した理由は調査した史料からは明らかでない。

77 カナダの対CSCE政策についての新しい研究は，Michael Cotey Morgan, “North America, Atlanticism, and the Making of Helsinki Final Act”, in Wenger, Mastny, and Nuenlist (eds.), *Origins of the European Security System*, pp. 34-40. 古典的研究としては，Spencer (ed.), *Canada and the Conference on Security and Cooperation in Europe.*

78 TNA. FCO 41/749, UKDEL NATO tel no. 256 to FCO, 6.5.1970.

79 Ibid., FCO 41/684, Pemberton-Pigott to Waterfield, 11.5.1970. このNATOの代表によってMBFRの可能性を東側に打診するという考えは，1年後にふたたびカナダより提案され，ブロジオ・ミッションとして同盟国に受け入れられる（第六章を参照）。

80 *FRUS 1969-1976, vol. XXXIX, European Security*, Doc. 23, Memorandum from Sonnenfeldt to Kissinger, 20.5.1970.

81 TNA. FCO 41/684, FCO 41/626, Waterfield to Brimelow, 8.5.1970.

82 *AAPD 1970*, Dok. 244, Amn. 3, p. 897.

83 TNA. FCO 41/627, Waterfield to Bendall, 6.5.1970; FCO 41/684, Waterfield to Alexander, 4.5.1970.

84 Ibid., FCO 41/627, Washington tel no. 1492 to FCO, 15.5.1970.

85 Ibid., FCO 41/685, Jaffray to Deputy Under Secretary, 14.5.1970.

86 Ibid., FCO tel no. 177 to UKDEL NATO, 14.5.1970.

87 Ibid., Bonn tel no. 545 to FCO, 13.5.1970; Ibid., Bonn tel no. 570 to FCO, 19.5.1970; FCO 41/628, Anglo-German talks, Bonn 19.5.1970.

88 Ibid., untitled document written by the Western Organisation Department, 16.5.1970.

89 MAE, Série Europe 1961-1970, Italie, carton 401, Entretiens entre M. Maurice Schumann et M. Aldo Moro, Ministre des Affaires Étrangères d'Italie (Paris, les 19 et 20 mai 1970): Compte-rendu de la séance de travail du mercredi 20 mai, 26.5.1970.

90 Ibid.

91 Ibid.

92 Ibid.

93 MAE, Série Pactes 1961-1970, carton 274, NOTE a/s: Prochaine session ministérielle du Conseil de l'Atlantique Nord (26-27 mai 1970), 22.5.1970.

94 MBFR宣言のテキストは，http://www.nato.int/docu/comm/49-95/c700526b.htm

95 MAE, Série Pactes 1961-1970, carton 274, a.s. Réunion Ministérielle du Conseil Atlantique, 3.6.1970.

96 *AAPD 1970*, Dok. 240, Staatssekretar Duckwitz, z.Z. Rom, an das Auswärtige Amt, 27.5.1970.

97 TNA. FCO 41/628, Rome tel no. 489 to FCO, 26.5.1970.

98　Ibid.

99　MAE, Série Pactes 1961-1970, carton 274, a.s.: Réunion Ministérielle de Rome. Discussion du communiqué, 4.6.1970.

100　Ibid.

101　コミュニケの全文は，http://www.nato.int/docu/comm/49-95/c700526a.htm

第四章　交渉の停滞

1　TNA. FCO 41/631, FCO tel no. 491 to Moscow, 28.5.1970; *DBPO, III, I*, p. 238.

2　Helga Haftendorn, *Sicherheit und Entspannung*, pp. 444-45; Achimovic, *Problems of Security*, p. 91.

3　TNA. FCO 41/635, Fielding to Braithwaite, 8.7.1970.

4　当時，ヨーロッパにおける通常兵力の軍縮問題について東側陣営の見解は分かれていた。ベルギーを通じてもたらされたポーランドからの情報によると，ルーマニア，ハンガリー，そしてポーランドが1970年6月のブダペスト会議において，ブダペスト・メモランダムに兵力削減に関する文言を盛り込むことを主張したという。他方，東ドイツは軍縮を主張することに反対した。ソ連は両者のあいだをとりもって，最終的に同メモランダムに現れることになる立場を提案したのだった。TNA. FCO 41/828, Grattan to Alexander, 2.3.1971.

5　PAAA, Berlin, B-40, Bd. 184, Aufzeichnung, Betr. Konferenz uber die Sicherheit Europas（KSE), hier: Kommunique der Konferenz der Aussenminister des Warschauer Pakts vom 21./22. Juni 1970 in Budapest, 24.6.1970; MAE, Série Pactes 1961-1970, carton 278, Repan-Bruxelles tel no. 1196/1208, 1.7.1970.

6　*AAPD 1970*, Dok. 290, Gesandter Boss, Brüssel（NATO), an das Auswärtige Amt, 1.7.1970.

7　*FRUS 1969-1976, vol. XXXIX, European Security*, Doc. 30, From Secretary of State Rogers to President Nixon, 28.6.1970.

8　TNA. FCO 41/687, Crowe to Braithwaite, 22.9.1970.

9　TNA. FCO 41/685, Braithwaite to Bendall, undated.

10　TNA. FCO 41/685, Waterfield to Bendall, 7.7.1970.

11　TNA. FCO 41/685, Wilcock to Alexander, 3.7.1970.

12　TNA. FCO 41/687, Crowe to Alexander, 25.9.1970.

13　TNA. FCO 41/687, Braithwaite to Cable, 20.10.1970.

14　TNA. FCO 41/636, O'Neill to Braithwaite, 2.7.1970. この西ドイツの見解は，イギリス外務省においても共有されていた。

15　ブラントは，公にブダペスト・メモランダムを歓迎した唯一の西側の指導者であった。これに対してほかのNATO諸国は，NATOが同メモランダムについて統一的な分析・評価を行うまで独自の見解を公にするのを控えるべきだと批判していた。*AAPD 1970*, Dok. 290, Gesandter Boss, Brüssel（NATO), an das Auswärtige Amt, 1.7.1970.

16　*Ibid.*

17 Olivier Bange, “An Intricate Web: Ostpolitik, the European Security System and German Unification,” in Bange and Niedhart (eds.), *Helsinki 1975*, p. 28.

18 *AAPD 1970*, Dok. 303, Aufzeichnung des Legationsrats Ederer, 10.7.1970.

19 *Ibid.*

20 *AAPD 1970*, Dok. 452, Vorlage des Auswärtigen Amts und des Bundesministeriums der Verteidigung fur den Bundessicherheitsrat, 5.10.1970.

21 *Ibid.*

22 *AAPD 1970*, Dok. 428, Aufzeichnung des Vortragenden Legationsrats Ruth, 14.9.1970.

23 *Ibid.*

24 この研究報告はつぎの３つの文書を含んでいた。①全般的状況，②相互均衡兵力削減，③ヨーロッパ安全保障会議・戦術。TNA. FCO 41/744, Bendall to Permanent Under-Secreatary, Private Secretary, 16.9.1970. また，*DBPO, III, I*, pp. 262-63 も参照。

25 TNA. FCO 41/744, Bendall to Private Secretary, “European Security Paper 2. Mutual and Balanced Force Reductions”, 16.9.1970.

26 TNA. FCO 41/746, Graham to Bendall, 28.9.1970. ヨーロッパ安全保障に関する研究報告に対するダグラス＝ヒューム外相のコメントは, *DBPO, III, I*, p. 264.

27 TNA. FCO 41/687, “Extract from the conversation between the Secretary of State and Rogers”.

28 TNA. FCO 41/687, Bendall to Penberton-Pigott, 13.10.1970.

29 MAE, Série Europe 1966-1970, carton 2031, NOTE A/S. Conference europeenne et redution equilibree des forces, 23.10.1970. フランスが軍縮・軍備管理デタントに消極的だった点については，Meimeth, *Frankreichs Entspannungspolitik*, pp. 173-87 も参照。

30 TNA. FCO 41/746, Cable to Daunt, 16.11.1970.「イギリス・ベルギー・ドイツ戦線」については前章を参照せよ。

31 TNA. FCO 41/688, Pemberton-Pigott to Cable, 30.10.1970.

32 MAE, Série Pactes 1961-1970, carton 278, Repan-Bruxelle, tel no. 1610/1620, to Paris, 15.10.1970.

33 Thomas, *The Helsinki Effect*, p. 143; Spencer, “Canada and the Origins of the CSCE”, p. 90.

34 TNA. FCO 41/687, Grattan to Alexander, 6.11.1970.

35 Ibid.

36 *FRUS 1969-1976, vol. XXXIX, European Security*, Doc. 39, Minutes of a Senior Review Group Meeting, 23.11.1970.

37 TNA. FCO 41/687, Crowe to Braithwaite, 10.11.1970; TNA. FCO 41/687, Meeting of British and American Officials in London on 19 November 1970.

38 DNSA, Kissinger’s Transcripts, Memorandum of Conversation, KT00211,

19.11.1970.

39 Ibid.

40 Werner Link, "Die Entstehung des Moskauer Vertrags im Lichte neuer Archivalien," *Vierteljahrshefte für Zeitgeschichte,* 49/2(2001); Carsten Tessmer, "'Thinking the Unthinkable' to 'Make the Impossible Possible': Ostpolitik, Intra-German Policy, and the Moscow Treaty, 1969-1970," German Historical Institute, Washington, D.C., *Bulletin Supplement 1,* 2004 "American Détente and German Ostpolitik, 1969-1972", downloaded from: http://www.ghi-dc.org/bulletinS04_supp/bulletinS04_supp.index.html; 齋藤『冷戦変容とイギリス外交』，143-45 頁; Julia von Dannenberg, *The Foundations of Ostpolitik: The Making of the Moscow Treaty between West Germany and the USSR*, Oxford University Press, 2008; Senoo, "Die Bedeutung".

41 *AAPD 1969,* Dok. 412, Aufzeichnung des Staatssekretärs Bahr, Bundeskanzleramt, 4.12.1969.

42 *AAPD 1970*, Dok. 8, Aufzeichnung des Staatssekretärs Bahr, Bundeskanzleramt, 14.1.1970. また，Hakkaranien, "From Linkage to Freer Movement", p. 168 も参照。

43 *SAR*, Doc. 10, Memorandum from Presidential Assistant Kissinger to President (Conversation with Ambassador Dobrynin, Lunch, March 3, 1969), p. 27.

44 *AAPD 1970*, Dok. 104, Gespräch des Staatssekretärs Bahr, Bundeskanzleramt, mit dem sowjetischen Außenminister Gromyko in Moskau, 10.5.1970.

45 ボン・モスクワ間の極秘ルート形成については，第三章の注 1 を参照されたい。

46 Loth, *Overcoming the Cold War*, p. 108.

47 サロットによると，クレムリンがモスクワ条約を熱心に求めたのには主に 3 つの理由があった。1 つは，アジア側における中国の脅威を懸念して，ヨーロッパにおける現状維持に合意することにより，ソ連のヨーロッパ「戦線」を安定させるためである。2 つは，西ドイツとの良好な関係から期待される経済的利益である。そして 3 つは，西ドイツがしだいに中立の立場に傾いていくのではないかとの希望であった。Sarotte, *Dealing With the Devil*, pp. 69-70.

48 Tessmer, "Thinking the Unthinkable", p. 61.

49 Von Donnerburg, *The Foundations of Ostpolitik*, p. 177.

50 Honoré M. Catudal, *The Diplomacy of the Quadripartite Agreement on Berlin: A New Era in East-West Politics*, Berlin Verlag, 1978, p. 118.

51 カチューダルは，ベルリン交渉における重要な問題領域を 10 点列挙しているが，このことはベルリン交渉の複雑さを端的に示していよう。その 10 個の問題領域とはつぎのとおりである。(1)ベルリンの地位，(2)東ドイツの承認，(3)西ベルリンと東ドイツとの関係，(4)海外において西ドイツが西ベルリンを代表する問題，(5)西ベルリン市民による東ベルリンおよび東ドイツ訪問，(6)ベルリンへのアクセス，(7)飛び領土の問題，(8)ベルリン域外とのコミュニケーションの促進，(9)西ベルリンにおけるソ連のプレゼンス，(10)協議メカニズム。Catudal, *The Diplomacy of the Quadripartite*, p. 233.

52 *Ibid.*, pp. 245-46.

53 David M. Keithly, *Breakthrough in the Ostpolitik: the 1971 Quadripartite Agreement*, Westview Press, 1986, p. 120.

54 Sarotte, *Dealing With the Devil*, p. 72 から再引用。

55 *AAPD 1970*, Dok. 388, Gespräch des Bundeskanzlers Brandt mit dem Generalsekretär des ZK der KpdSU, Breschnew, in Moskau, 12.8.1970.

56 *FRUS 1969-1976, vol. XL, Germany and Berlin, 1969-1972*, Doc. 114, Telegram From the Mission in Berlin to the Department of State, 2.9.1970; AN, 5AG2/1009, NOTE a.s. Etat des negociations quadripartites sur Berlin -addendum-, 16.9.1970.

57 TNA. FCO 41/744, Mallaby to the Western Organisation Department, 9.10.1970. フランスに対するソ連のアプローチに関しては，*AAPD 1970*, Dok. 453, Aufzeichnung des Vortragenden Legationsrats I. Klasse van Well, 7.10.1970; Soutou, "La France et l'accord quadripartite", p. 60; Sarotte, *Dealing With the Devil,* p. 74.

58 *SAR*, Doc. 93, Memorandum of Conversation [between Nixon and Gromyko], 22.10.1970, pp. 221-22.

59 Trachtenberg, *A Constructed Peace*, pp. 348-49.

60 *FRUS 1969-1976, vol. XL, Germany and Berlin, 1969-1972*, Doc. 126, Memorandum of Conversation [Meeting of the National Security Council], 14.10.1970.

61 *Ibid.*, Doc. 58, Memorandum from Kissinger to Nixon, 24.2.1970.

62 *Ibid.*, Doc. 101, Memorandum from Kissinger to Nixon, 17.7.1970; *ibid.* Doc. 111, Minutes of the Senior Review Group Meeting, 31.8.1970.

63 *SAR*, Doc. 93, Memorandum of Conversation [between Nixon and Gromyko], 22.10.1970, pp. 221-22.

64 *Ibid.*

65 *FRUS 1969-1976, vol. XL, Germany and Berlin, 1969-1972*, Doc. 136, National Security Decision Memorandum 91 [United States Policy on Germany and Berlin], 6.11.1970.

66 TNA. FCO 41/687, Extract from the conversation between the Secretary of State and Rogers, [3.10.1970].

67 Catudal, *The Diplomacy of the Quadripartite*, p. 98.

68 *DBPO, III, I*, Doc. 52, fn. 7, pp. 265-66.

69 *Ibid.*, Doc. 53, Record of conversation between Sir A. Douglas-Home and Mr. Gromyko at the Foreign & Commonwealth Office at 11 a.m. on Tuesday, 27 October 1970.

70 *DBPO, III, I*, Doc. 50, Brimelow to Edmonds, 14.8.1970.

71 この問題については，Geraint Hughes, "'Giving the Russians a Bloody Nose':1 Operation Foot and Soviet Espionage in the United Kingdom, 1964-71", *Cold War*

History, 6/2 (2006).

72 *DBPO, III, I*, Doc. 55, fn. 15, p. 284.

73 Eric Roussel, *Georges Pompidou 1911-1974, Nouvelle édition, revue, augumentée, établie d'après les archives du quinquennat* (*1969-1974*), J.C. Lattes, 1994, p. 393, 404.

74 AN, 5AG2/1009, Annotation du Président, 2.11.1970.

75 AN, 5AG2/1009, Note pour Monsieur le Président de la République, 8.9.1969.

76 AN, 5AG2/1009, Note pour Monsieur le Président de la République, 2.11.1970.

77 AN, 5AG2/1022, Entretien entre le Président Pompidou et le Président Nixon, 12.11.1970."

78 Andreas Wilkens, *Der unstete Nachbar: Frankreich, die deutsche Ostpolitik und die Berliner Vier-Machte-Verhandlungen 1969-1974*, R. Oldenbourg, 1990, p. 140; Soutou, "La France et l'accord quadripartite", p. 61.

79 *AAPD 1970*, Dok. 506, Gespräch des Bundesministers Scheel mit dem französischen Außenminister Schumann in Paris, 2.11.1970.

80 *DBPO, III, I*, Doc. 55, fn. 15, p. 283.

81 Sarotte, *Dealing With the Devil*, p. 73 から再引用。

82 Catudal, *The Diplomacy of the Quadripartite*, p. 125.

83 TNA. FCO 41/746, UKDEL NATO tel no. 614 to FCO, 12.11.1970.

84 TNA. FCO 41/746, UKDEL NATO tel no. 627 to FCO, 18.11.1970.

85 MAE, Série Pactes 1961-1970, carton 278, circulaire no. 373, 24.11.1970. また，*AAPD 1971*, Dok. 11, fn. 14, p. 43 も参照。

86 TNA. FCO 41/746, Record of a meeting between Mr Nairne and Mr Bendall and Mr Springsteen in the State Department at 9. 30 a.m. on 25 November 1970.

87 Ibid.

88 TNA. FCO 41/746, Cable to Daunt, 16.11.1970. ベルギーは，1971 年 2 月にも同様の批判を繰り返している。*AAPD 1971*, Dok. 73, Botschafter Grewe, Brüssel (NATO), an das Auswärtige Amt, 23.2.1971.

89 TNA. FCO 41/638, UKDEL NATO tel no. 683 to FCO, 3.12.1970.

90 Spencer, "Canada and the Origins of the CSCE", p. 59 から再引用。

91 TNA. FCO 41/638, UKDEL NATO tel no. 683 to FCO, 3.12.1970.

92 Ibid.

93 TNA. FCO 41/638, UKDEL NATO tel no. 682 to FCO, 3.12.1970.

94 1970 年 12 月の NATO 理事会のコミュニケのテキストは，http://www.nato.int/docu/comm/49-95/c701203a.htm

95 TNA. FCO 41/638, UKDEL NATO tel no. 685 to FCO, 4.12.1970; *AAPD 1970*, Dok. 586, Botschafter Grewe, Brüssel (NATO), an das Auswärtige Amt, 4.12.1970.

96 *AAPD 1970*, Dok. 586, Botschafter Grewe, Brüssel (NATO), an das Auswärtige Amt, 4.12.1970.

97 コミュニケの全文は，http://www.nato.int/docu/comm/49-95/c701203a.htm

98 *AAPD 1970*, Dok. 586, Botschafter Grewe, Brüssel (NATO), an das Auswärtige Amt, 4.12.1970; また， TNA. FCO 41/638, UKDEL NATO tel no. 686 to FCO, 4.12.1970 も参照。

99 *AAPD 1970*, Dok. 586, Botschafter Grewe, Brüssel (NATO), an das Auswärtige Amt, 4.12.1970.

第五章　イギリス，フランス，西ドイツ

1 芝崎祐典「第二次 EEC 加盟申請とその挫折」; Helen Parr, "Britain, America, East of Suez and the EEC: Finding a Role in British Foreign Policy, 1964-67", *Contemporary British History*, 20/3 (2006).

2 TNA. FCO 41/743, Graham to WOD, 8.7.1970.

3 *DBPO, III, I*, p. 310.

4 齋藤『冷戦変容とイギリス外交』，150-51 頁。

5 TNA. FCO 41/744, Bendall to Private Secretary, "European Security: Paper 3. A European Security Conference: Tactics", 16.9.1970.

6 Ibid.

7 TNA. FCO 41/882, Cable to Peck, 25.1.1971.

8 Ibid. また，*DBPO, III, I*, p. 315 も参照。

9 TNA. FCO 41/882, Cable to Peck, 25.1.1971.

10 ポンピドゥ政権の対 CSCE 政策についての先行研究の分析には，大きく 2 つの傾向がある。1 つは，フランス政府は早い段階から CSCE を支持していたというものである。レイやストゥーは，デタント政策はフランス外交の基盤であるという前提から，ヨーロッパ安保会議についてもポンピドゥ政権発足の 1969 年当初よりフランスはそれを支持していたかのように描いている。Rey, *La tentation du rapprochement*, pp. 82-107; ibid., "Georges Pompidou, l'Union soviétique"; ibid., "Les relations franco-soviétiques et la conférence d'Helsinki, 1969-1974", in Elisabeth Du Réau et Christine Manigand (dir.), *Vers la réunification de l'Europe. Apports et limites du processus d'Helsinki de 1975 à nos jours*, L'Harmattan, 2005; Soutou, "L'attitude de Georges Pompidou face à l'Allemagne"; ibid., "President Pompidou, *Ostpolitik*, and the Strategy of Détente", in Helga Haftendorn, et al. (eds.), *The Strategic Triangle: France, Germany, and the United States in the Shaping of the New Europe*, Johns Hopkins University Press, 2006; ibid., "The Linkage between European Integration and Détente: The Contrasting Approaches of De Gaulle and Pompidou (1965-1974)", in N. Piers Ludlow (ed.), *European Integration and the Cold War: Ostpolitik-Westpolitik, 1965-1973*, Routledge, 2007.

もう 1 つは，フランスの CSCE に対する態度が変化していったと見る見方である。マイメスの研究は，ポンピドゥのフランスが当初の二国間関係の改善による緊張緩和を模索する方針から，安保会議のような多国間関係によるデタントを追求するようになっ

ていったと分析する。Meimeth, *Frankreichs Entspannungspolitik der 70er Jahre*, pp. 154-73.

本書もこの2つ目の見方をとる。史料からフランスの対CSCE政策の変化は明らかであり，レイやストゥーはその変化を踏まえたうえでフランス外交を分析していないと考えるからである。だが，一次史料が開示される以前のマイメスの研究も，フランスの政策が変化した原因を十分に分析していない。マイメスは，フランスが多国間会議を重視するようになった要因としてベルリン問題を指摘している。すなわち，1970年より始まるベルリン交渉でソ連から譲歩を得るために，フランス政府は安保会議構想に前向きになっていったのだとマイメスは説明する。たしかに，第二章で強調したように，フランスはベルリン問題をきわめて重視していた。しかしそれだけではフランスのCSCEに対する立場についての説明としては不十分である。なぜなら，ベルリンのみが重要であるというだけであるならば，1971年にベルリン大使級協定が締結されて以降，フランスはCSCEに積極的である必要は必ずしもなかったからである。

ここで重要なのは，安保会議に対するポンピドゥの態度の，ゆるやかだがはっきりとした変化である。この点についてマイメスは十分な関心を払っていない。とくにフランス第五共和制の大統領は外交に関して大きな権限をもっており，ポンピドゥの対CSCE認識はフランス外交の大きな方針を規定したといってよい。実際，大統領がCSCEに積極的になることによって，フランス外交全体もCSCEにより能動的にかかわっていくことになる。それゆえ本節は，以下において，ポンピドゥに注目しつつ，フランスの対CSCE政策の変化を明らかにする。

11　Garret Martin's interview with Jacques Andréani, 15 February 2006. マーチンは，アンドレアーニ氏とのインタビューの際，筆者自身が準備したいくつかの質問について筆者にかわってアンドレアーニ氏に尋ねてくれた。アンドレアーニ氏も，筆者の質問にていねいに答えてくれた。両氏に深く感謝する。

12　Eric Roussel, *Georges Pompidou 1911-1974, Nouvelle édition,* J.C. Lattes, 1994, pp. 365-66.

13　Garret Martin's interview with Jacques Andréani, 15 February 2006. Yves-Henri Nouailhat, "Les divergences entre la France et les États-Unis face au conflit israéro-arabe de 1967 à 1973", *Relations internationales*, 119 (2004), p. 337も参照されたい。

14　Soutou, "President Pompidou, *Ostpolitik*", p. 234.

15　Garret Martin's interview with Jacques Andréani, 15 February 2006.

16　Roussel, *Georges Pompidou*, pp. 403-04.

17　*AAPD 1971*, Dok. 31, Gespräch des Bundeskanzlers Brandt mit Staatspräsident Pompidou in Paris, 25.1.1971, p. 157.

18　1971年1月，ポンピドゥの外交問題アドバイザーのレイモンは，駐仏イギリス公使パリザー(Michael Palliser)に対して，ポンピドゥの基本的考えは変わっておらず，ただより柔軟に見えるように表向き穏健な態度をとるようになっただけであると説明している。TNA. FCO 41/882, Palliser (Paris) to Brimelow, 25.1.1971.

このことは，一面において，ポンピドゥの安保会議に対する認識が急激に変化したわけではないことを傍証している。だが，今日の目から振り返って1969年から1971年にかけての安保会議に対するポンピドゥの態度の変化を見るとき，やはり，1970年後半が大きな変化の時であったといえる。

19 Soutou, "L'attitude de Georges Pompidou", p. 313; Roussel, *Georges Pompidou*, p. 394.

20 Kissinger, *White House Years*, p. 414.

21 Rey, "Georges Pompidou, l'Union soviétique et l'Europe", pp. 155-56.

22 外交問題アドバイザーであるレイモンの覚書は，ポンピドゥが安保会議開催を追求することがフランス外交のオリジナリティであると見なしていたことを間接的に示している。AN, 5AG2/1018, NOTE pour Monsieur le Président de la République, 8.6.1972.

23 Soutou, "L'attitude de Georges Pompidou", p. 303.

24 Vaïsse, *La Grandeur*, p. 420.

25 *Ibid.*, pp. 426-27; Bozo, *Two Strategies for Europe*, p. 177.

26 Soutou, "L'attitude de Georges Pompidou", pp. 316-17.

27 1971年1月には，ポンピドゥ大統領自身が記者会見において，ベルリン交渉が好ましいかたちで妥結しない限り安保会議は開催されないと強調している。*L'Annee Politique 1971*, pp. 243-44.

28 MAE, Série Europe 1966-1970, carton 2031, Paris tel. to Moscou, Varsovie, Bucarest, Budapest, Prague, Sofia, Repan, Washington, London, Bonn and Berlin, 4.12.1970.

29 *FRUS 1969-1976, vol. XL, Germany and Berlin, 1969-1972*, Doc. 145, Letter from Brandt to Nixon, 15.12.1970; *AAPD 1970*, Dok. 600, Bundeskanzler Brandt an Premierminister Heath, 15.12.1970. ヒースへの書簡はもちろん「首相殿」という書き出しになっている。また，Kissinger, *White House Years*, p. 800; Bahr, *Zu meiner Zeit*, p. 354も参照。

30 *FRUS, 1969-1976, vol. XL, Germany and Berlin, 1969-1972*, Doc. 146, Memorandum Sonnenfeldt to Kissinger, 16.12.1970.

31 *Ibid.*

32 TNA. FO 1042/302, Paris tel no. 1279 to FCO, 17.12.1970.

33 TNA. FO 1042/302, Paris tel no. 1290 to FCO, 19.12.1970; Andreas Wilkens, "Accords et désaccords. La France, l'Ostpolitik et la question allemande 1969-1974", in Ulrich Pfeil (ed.), *La République Démocratique Allemande et l'Occident*, Paris: Publications de l'Institut Allemand, 2000, p. 372.

34 TNA. FO 1042/302, Paris tel no. 1279 to FCO, 17.12.1970; TNA. FO 1042/302, Paris tel no. 1290 to FCO, 19.12.1970.

35 仏語の原文はこうである。"J'en ai assez de Berlin. Mettons-nous en réserve et laissons les Américains se déchaîner. Nous nous sommes compromis à l'excès à Bruxelles." AN, 5AG2/1009, Instructions du Président de la République pour

Monsieur Raimond, 23.12.1970.

36　TNA. FO 1042/302, Palliser to Brimelow, 21.12.1970.

37　ヨーロッパ経済通貨同盟に関する近年の史料にもとづく研究としては，Gérard Bossuat, “Le président Georges Pompidou et les tentatives d’Union économique et monétaire”, in Association Geroges Pompidou, *Georges Pompidou et l’Europe*, Editions Complexe, 1995; Robert Frank, “Pompidou, le franc et l’Europe 1969-1974,” in ibid.; Andreas Wilkens, “Westpolitik, Ostpolitik and the Project of the Economic and Monerary Union. Germany’s European Policy in the Brandt Era (1969-1974)”, *Journal of European Integration History*, 5/1 (1999). 権上康男「ウェルナー委員会とフランスの通貨戦略（一九六八－七〇年）――フランスは『マネタリスト派』であったか」『経済系』第 227 集，2006 年。

38　本書では，EMU をめぐる仏独間の対立の技術的な中身についての説明は省くが，くわしくはつぎを参照されたい。田中素香（編著）『EMS：欧州通貨制度――欧州通貨統合の焦点』有斐閣，1996 年，39-46 頁。

39　Haig Simonian, *The Privileged Partnership: Franco-German Relations in the European Community, 1969-1984*, Oxford University Press, 1985, p. 90.

40　TNA. FO 1042/302, Palliser to Brimelow, 21.12.1970.

41　ブラントの書簡に対してポンピドゥは，シューマン外相やほかの外務省の高官と相談することなく，すぐさま返事を送っている。当時シューマン外相は，ド・ボーマルシェ(Jacques de Beaumarchais)政治局長とともにモロッコにいた。また外務事務次官のアルファンはワシントンにいて，フランスを離れていた。彼らが帰国するのを待つことなく返信したのは，通貨統合の問題を扱う西ドイツのやり方に対してポンピドゥが個人的に憤りを覚えていたことの証左であった。

42　*AAPD 1971*, Dok. 27, Gespäch des Bundeskanzlers Brandt mit Staatspräsident Pompidou in Paris, 25.1.1971.

43　Simonian, *The Privileged Partnership*, pp. 91-92.

44　Willy Brandt, *People and Politics: the Years 1960-1975*, Little, Brown, 1978, p. 154, 254.

45　Hakkarainen, “From Linkage to Freer Movement”, p. 170.

46　Ibid.

47　西側諸国は緊密な情報交換を行っており，たとえば，1970 年 12 月のブラントの書簡に対して，ポンピドゥ，ニクソン，そしてヒースがどのような内容の返信をしたのかも，それぞれの政府は把握していた。それゆえ，その書簡にポンピドゥがいらだちを覚えていたことをイギリス政府が知っていたということは，西ドイツもまたその事実を了解していたと考えられるのである。

48　Ibid.

49　ただし，たとえば交渉が続いていた超大国間の SALT は，西ドイツやフランスが直接かかわることはできない米ソの専権事項であり，SALT が妥結しなければ安保会議開催もありえないというアメリカの「拒否権」行使の可能性がなくなったわけではない。

戦略兵器制限条約は1972年5月に調印されることになるが，本書は超大国デタントではなくヨーロッパ・デタントに主眼を置くため，SALTのくわしい経緯については取り扱わない。SALTに関しては，Garthoff, *Détente and Confrontation*, pp. 146-223. またニクソン政権期前半の超大国デタントに関しては，David C. Geyer and Douglas E. Selvage (eds.), *Soviet-American Relations, The Détente Years, 1969-1972*, United States Government Printing Office, 2007が米ソ双方の史料を収録しており，第一級の史料集となっている。

第六章　ベルリン，MBFR，ヨーロッパ安全保障会議

1 Catudal, *The Diplomacy of the Quadripartite Agreement*, pp. 166-70.

2 この行き詰まりの打開については，これまで3つの異なる説明がなされてきた。第一の説明は，1971年3月30日から4月9日に開催された第24回ソ連共産党大会におけるブレジネフの平和イニシアティヴに注目し，そこで政策転換が図られたというものである。*Ibid*., p. 186. しかしながら，駐米ソ連大使ドブルイニンが回顧録で明らかにしているように，ベルリン交渉に関するクレムリンの態度は，共産党大会の終わりの時点では依然として強硬であった。Dobrynin, *In Confidence*, p. 223. それゆえ，ブレジネフのイニシアティヴが5月のブレークスルーをもたらしたとはいえない。第二の説明は，フランスの役割を強調するものである。それは，1971年5月5〜6日のシューマン外相のモスクワ訪問が，ソ連のベルリンについての態度を変化させるうえで非常に重要であったと論じる。Wilkens, *Der unstete Nachbar*, pp. 156-57. しかしながら，ストゥーが指摘するように，ソ連はシューマン訪ソのまえから態度を変化させていた。Soutou, “La France et l'accord quadripartite”, p. 64. それゆえ，フランスの役割が決定的であったともいえない。第三の説明は，キッシンジャーとドブルイニンのあいだの秘密交渉の重要性を強調するものである。Kissinger, *White House Years*, pp. 823-33; David M. Keithly, *Breakthrough in the Ostpolitik: the 1971 Quadripartite Agreement*, Westview Press, 1986, pp. 130-31. だが，ゲイヤーが論じ，また筆者も本章で強調するように，米ソ間のバックチャンネルにおけるベルリン交渉もまた行き詰まることになるのである。Geyer, “The Missing Link”, pp. 84-85. それゆえ，米ソのバックチャンネルの存在自体がベルリン交渉の行き詰まりを打開したという説明もまた不十分だということができよう。

3 Kissinger, *White House Years*, pp. 800-33.

4 *AAPD 1970*, Dok. 587, Aufzeichnung des Staatsekretärs Bahr, Bundeskanzleramt, 5.12.1970.

5 Wilkens, *Der unstete Nachbar*, p. 144.

6 *FRUS 1969-1976*, vol. XL, Germany and Berlin, 1969-1972, Doc. 151, Memorandum of Conversation, 21.12.1970. エームケ・キッシンジャー会談については，つぎも参照されたい。*AAPD 1970*, Dok. 610, Botschafter Pauls, Washington, an das Auswärtige Amt, 22.12.1970; Stephan Fuchs, *“Dreiecksverhältnisse sind immer kompliziert”: Kissinger, Bahr und die Ostpolitik*, Hamburg: Europäische

Verlagsanstalt, 1999, p. 110.

7 Wilkens, "Accords et désaccords", p. 372.

8 *FRUS 1969-1976, vol. XL, Germany and Berlin, 1969-1972*, Doc. 153, Memorandum from Kissinger to Nixon [Subject: Letter from Chancellor Brandt; Need for Review our Policy on Berlin], 22.12.1970. ニクソン大統領はこれを承認し，12月29日，キッシンジャーはベルリン問題に関するアメリカ政府の方針の再検討を，国務省，国防省，CIAに訓令した。*Ibid.* Doc. 156, National Security Study Memorandum 111 [Study of Four Power Negotiations on Berlin and Implications of Ostpolitik], 29.12.1970.

9 TNA. FCO 41/638, Bonn tel no. 1576 to FCO, 30.12.1970; Ibid., Paris tel no. 1310 to FCO, 31.12.1970. おそらく西側陣営を分裂させるため，ソ連は，その非難の文言を使い分けていた。NATOの小国に対しては，安保会議とベルリン問題のリンケージはデタントの進展の妨げになるという主張をしていた。しかし，アメリカに対しては，アメリカが小国をワシントンの政策に従わせようとしていると非難していた。それゆえ，NATO政治委員会は，モスクワが西側同盟内の意見の分裂を図っていると結論づけていたのだった。*AAPD 1971*, Dok. 11, Gesandter Boss, Brüssel（NATO), an das Auswärtige Amt, 12.1.1971.

10 Acimovic, *Problems of Security*, p. 95.

11 Dobrynin, *In Confidence*, p. 214.

12 *Ibid.*

13 *Ibid.*

14 Kissinger, *White House Years*, pp. 801-02. ドブルイニンのメモは，*FRUS 1969-1976, vol. XL, Germany and Berlin, 1969-1972*, Doc. 159, Note From the Soviet Leadership to President Nixon, 6.1.1971.

15 DNSA, Kissinger Transcripts, Information Memorandum [on Meeting with Dobrynin, January 9, 1971], KT00227, 25.1.1971. キッシンジャーは，1971年1月27日に，バールに対してベルリンに関するバックチャンネルでの交渉手続きについて意見調整するためにワシントンを訪問するよう要請すべく，彼の個人的スタッフをボンに派遣していた。ちなみにそれは，上記のポンピドゥとブラントの首脳会談の直後のことであった。バールは，キッシンジャーの要請を受け，1月31日に訪米している。Geyer, "The Missing Link", p. 82. また，*FRUS 1969-1976, vol. XL, Germany and Berlin, 1969-1972*, Doc. 172. Memorandum From the President's Assistant for National Security Affairs（Kissinger）to President Nixon, 4.2.1971. Kissinger, *White House Years*, pp. 802-03も参照。

16 *Ibid.*, p. 802. アメリカの中国への接近に関しては，Chris Connolly, "The American Factor: Sino-American Rapprochement and Chinese Attitudes to the Vietnam War, 1968-72", *Cold War History*, 5/4（2005), pp. 514-15; Hanhimäki, *The Flawed Architect*, pp. 79-82, 105-09.

17 *FRUS 1969-1976, vol. XL, Germany and Berlin, 1969-1972*, Doc. 172.

Memorandum from Kissinger to Nixon, 4.2.1971.

18 *SAR*, Doc. 120, Memorandum of Conversation [between Kissinger and Dobrynin], 10.2.1971; Kissinger, *White House Years*, pp. 825-26.

19 *SAR*, Doc. 125, Memorandum of Conversation [between Kissinger and Dobrynin], 22.2.1971.

20 Kissinger, *White House Years*, p. 826; *FRUS 1969-1976, vol. XL, Germany and Berlin, 1969-1972*, Doc. 185, Message from Kissinger to Rush, 22.2.1971; CD-ROM *The Rise of Détente*, letter from Kissinger to Bahr via special channel, 22.2.1971; *AAPD 1971*, Dok. 75, Staatssekretär Bahr, Bundeskanzleramt, an den Sicherheitsberater des amerikanischen Präsidenten, Kissinger, 25.2.1971. 1971 年 2 月 4 日の西側のベルリン協定草稿に関しては，*FRUS 1969-1976, vol. XL, Germany and Berlin, 1969-1972*, Doc. 173, Telegram from the Embassy in Germany to the Department of State, 4.2.1971; *AAPD 1971*, Dok. 52, Aufzeichnung des Vortragenden Legationsrats I. Klasse van Well, 8.2.1971.

21 *FRUS 1969-1976, vol. XL, Germany and Berlin, 1969-1972*, Doc. 190. Message from Kissinger to Rush, 3.3.1971.

22 *SAR*, Doc. 129, Memorandum of Conversation [between Kissinger and Dobrynin], 12.3.1971.

23 *FRUS 1969-1976, vol. XL, Germany and Berlin, 1969-1972*, Doc. 209. Memorandum from Sonnenfeldt to Kissinger, 27.3.1971. また，*AAPD 1971*, Dok. 110, Aufzeichnung des Ministerialdirektors von Staden, 29.3.1971; Catudal, *The Diplomacy of the Quadripartite*, pp. 159-62 も参照。

24 *SAR*, Doc. 112, Memorandum of Conversation [between Kissinger and Dobrynin], 23.1.1971.

25 *SAR*, Doc. 131, Memorandum of Conversation [between Kissinger and Dobrynin], 15.3.1971.

26 *FRUS 1969-1976, vol. XL, Germany and Berlin, 1969-1972*, Doc. 198. Message from Rush to Kissinger, 16.3.1971.

27 *SAR*, Doc. 137, Memorandum of Converstaion [between Kissinger and Dobrynin], 25.3.1971, p. 317.

28 Keliher, *The Negotiations on Mutual and Balanced Force Reductions*, p. 25 より再引用。

29 *AAPD 1971*, Dok. 52, Aufzeichnung des Vortragenden Legationsrats I. Klasse van Well, 8.2.1971.

30 *DBPO, III, I*, Doc. 64, fn. 3, p. 328.

31 *AAPD 1971*, Dok. 31, “Gespräch des Bundeskanzlers Brandt mit Staatspräsident Pompidou in Paris”, 25.1.1971.

32 TNA. FCO 41/885, Peck to Wiggin, 8.4.1971.

33 Ibid.

34 Ibid.

35 ベルギーの立場については，たとえば，PAAA, B-40, Bd. 186, Konferenz über Sicherheit und Zusammenarbeit in Europa: Belgische Haltung, April 1971.

36 TNA. FCO 41/829, TNA. FCO tel no. 318 to Bonn, 20.4.1971.

37 Ibid.

38 *AAPD 1971*, Dok. 91, Aufzeichnung des Botschaftsrats Sönksen, Washington, 12.3.1971.

39 TNA. PREM 15/1522, Record of the Prime Minister's meeting with Herr Walter Scheel, German Minister for Foreign Affairs at 11.30 a.m. on Friday, 5 February 1971 at 10 Downing Street, 5.2.1971.

40 TNA. FCO 41/806, UKDEL NATO tel no. 152 to FCO, 4.5.1971.

41 *AAPD 1971*, Dok. 161, Runderlaß des Staatssekretärs Frank, 10.5.1971; TNA. FCO 41/829, Braithwaite to Pembeton-Pigott, 26.4.1971.

42 *AAPD 1971*, Dok. 109, Staatssekretär Bahr, Bundeskanzleramt, an den Sicherheitsberater des amerikanischen Präsidenten, Kissinger, 26.3.1971.

43 *FRUS 1969-1976, vol. XL, Germany and Berlin, 1969-1972*, Doc. 224, Memorandum of Conversation [between Kissinger and Bahr], 22.4.1971. また，Kissinger, *White House Years*, p. 828 も参照。

44 *FRUS 1969-1976, vol. XL, Germany and Berlin, 1969-1972*, Doc. 224, Memorandum of Conversation [between Kissinger and Bahr], 22.4.1971.

45 Bahr, *Zu meiner Zeit*, p. 360.

46 *SAR*, Doc. 145, Memorandum of Conversation [between Kissinger and Dobrynin], 26.4.1971.

47 *FRUS 1969-1976, vol. XL, Germany and Berlin, 1969-1972*, Doc. 231. Editorial Note.

48 Kissinger, *White House Years*, p. 827; *SAR*, Doc. 145, Memorandum of Conversation [between Kissinger and Dobrynin], 26.4.1971.

49 *SAR*, Doc. 144, Memorandum of Conversation（USSR）[between Kissinger and Dobrynin], 23.4.1971.

50 *AAPD 1971*, Dok. 163, Staatssekretär Bahr, Bundeskanzleramt, an den Sicherheitsberater des amerikanischen Präsidenten, Kissinger, 11.5.1971. そのすぐまえに，ソ連は，東ドイツの指導者ウルブリヒトを事実上辞任させることについて同意していた。彼は，20年以上の長きにわたって東ドイツを支配しており，大きな権力をもっていた。それゆえ，ソ連にとってはしばしば扱いづらい人物でもあった。1971年5月3日，ウルブリヒトは，東ドイツ社会主義統一党（SED）内部からの圧力とクレムリンからの圧力のために辞任を余儀なくされた。彼は，ホーネッカー（Erich Honecker）にとって代えられたのだが，後者はウルブリヒトよりもモスクワからの指令に従順な人物であった。それゆえ，デタントの進展過程において，ホーネッカー率いる東ドイツは，ソ連にとってより御しやすい国となっていたのである。Sarotte,

Dealing With the Devil, pp. 109-11.

51　バール作成の草案については，*FRUS 1969-1976, vol. XL, Germany and Berlin, 1969-1972*, Doc. 230, Message from Rush to Kissinger, 30.4.1971.

52　Sarotte, *Dealing With the Devil*, p. 119.

53　*DBPO, III, I*, Doc. 67, note 10, p. 346; また，*AAPD 1971*, Dok. 190, Aufzeichning des Vortragenden Legationsrats Blech, 27.5.1971 も参照。

54　カチューダルは，1971 年 5 月末の第 20 回ベルリン大使級協議後に行われた作業レベルにおけるベルリン交渉の状況，つまり 6 月の NATO 外相会議の直前の状況をつぎのように簡潔にまとめている。「その後，専門家レベルにおける 3 日間の集中的な対話において，最初の共通の協定草案がつくりあげられた。このテキストは，共通の合意事項の長い諸点の概略を示していた。未解決の問題はすべて脚注に示されるか，空欄とされた。この主要な努力の結果は，西ベルリンにおける西ドイツのプレゼンス，西ベルリンへのアクセス，その西ドイツとの結びつき，西ベルリンの国外における代表の問題，そして壁をまたぐコミュニケーションといった重要な諸問題について，実質的な進展がなされたことをあらわしていた」。Catudal, *The Diplomacy of the Quadripartite*, p. 170.

55　Keliher, *The Negotiations on Mutual and Balanced Force Reductions,* pp. 25-26; *AAPD 1971*, Dok. 179, fn. 3, p. 810.

56　第三章第 3 節参照。

57　TNA. FCO 41/829, UKDEL NATO tel no. 183 to FCO, 18.5.1971. また，Spencer, "Canada and the Origins of the CSCE", p. 65 も参照。

58　Keliher, *The Negotiations on Mutual and Balanced Force Reductions*, pp. 25-27.

59　TNA. FCO 41/830, Bridges to Wiggin, 21.5.1971.

60　ただし，実際の軍縮交渉には慎重であった。1971 年 5 月 21 日付けの国家安全保障決定覚書（National Security Decision Memorandum）108 はつぎのように述べている。「われわれは，(1) この段階で追求されうる外交的模索と，(2) さらなる〔MBFR の〕準備が完成するまでは始めることはない正式の交渉の第一段階とを明確に区別すべきである」。*FRUS 1969-1976, vol. XXXIX, European Security*, Doc. 53, National Security Decision Memorandum 108, Subject: Guidance on Mutual and Balanced Force Reductions, 21.5.1971.

61　*AAPD 1971*, Dok. 161, Runderlaß des Staatssekretärs Frank, 10.5.1971; TNA. FCO 41/829, UKDEL NATO tel no. 175 to FCO, 17.5.1971.

62　TNA. FCO 41/829, FCO tel no. 152 to UKDEL NATO, 18.5.1971.

63　リスボン会議のまえに，キャリントンはダグラス＝ヒューム外相に書簡を送り，米ソが通常兵力削減の問題を二国間で扱おうとするかもしれないと警告している。TNA. FCO 41/830, the Secretary of State for Defence to Douglas-Home, 28.5.1971. イタリア政府も同様に，MBFR に関する超大国間の二国間主義の可能性を懸念しており，その懸念を直接アメリカ政府へ伝えていた。TNA. FCO 41/829, Washington tel no. 1867 to FCO, 28.5.1971.

64　1971 年 7 月，ブロジオに代わり，オランダ外相のルンスが新 NATO 事務総長に就

任していた。

65 *AAPD 1971*, Dok. 348, Aufzeichnung des Vortragenden Legationsrat I. Klasse Mertes, 14.10.1971; TNA. FCO 41/838, UKDEL NATO tel no. 468 to FCO, 7.10.1971; Müller. *Politik und Bürokratie*, pp. 151-54.

66 TNA. FCO 41/807, Paris tel no. 666 to FCO, 26.5.1971.

67 TNA. FCO 41/806, UKDEL NATO tel no. 155 to FCO, 6.5.1971.

68 TNA. FCO 41/806, Peck to Bridge, 28.4.1971.

69 PAAA, B-40, Bd. 190, Italiensche Haltung zur KSE, 17.3.1971; MAE, Série Europe 1971 - juin 1976, carton 2921, Note by Arnaud, 17.4.1971.

70 TNA. FCO 41/806, Bridges to Brimelow, 5.5.1971.

71 MAE, Série Europe 1971 - juin 1976, carton 2921, memo written by Tine. Objet: session ministerielle - question de Berlin, 4.6.1971.

72 TNA. FCO 41/807, UKDEL NATO tel no. 184 to FCO, 18.5.1971.

73 TNA. FCO 41/806, FCO tel no. 124 to UKDEL NATO, 30.4.1971.

74 TNA. FCO 41/808, Lisbon tel no. 262 to FCO, 3.6.1971.

75 MAE, Série Europe 1971 - juin 1976, carton 2921, memo written by Tine. Objet: session ministerielle - question de Berlin, 4.6.1971; TNA. FCO 41/807, Paris tel no. 666 to FCO, 26.5.1971.

76 リスボンNATO外相会議のコミュニケのテキストは，http://www.nato.int/docu/comm/49-95/c710603a.htm

77 TNA. FCO 41/833, Braithwaite to Bridges, 15.7.1971; ibid., Record of Conversation between the Foreign and Commonwealth Secretary and the French Ambassador in the Foreign and Commonwealth Office on Tuesday 22 June, 1971 at 10.50 a.m.; *FRUS 1969-1976, vol. XXXIX, European Security*, Doc. 69, Memorandum from Sonnenfeldt to Kissinger, 20.9.1971.

78 TNA. FCO 41/832, Davidson to Braithwaite, 9.7.1971.

79 Ibid.

80 TNA. FCO 41/833, Braithwaite to Bridges, 15.7.1971.

81 Ibid.

82 TNA. FCO 41/888, FCO tel no. 659 to Paris, 27.9.1971.

83 Ibid.

84 TNA. FCO 41/833, Braithwaite to Bridges, 15.7.1971.

85 *FRUS 1969-1976, vol. XXXIX, European Security*, Doc. 53, National Security Decision Memorandum 108 [Guidance on Mutual and Balanced Force Reductions], 21.5.1971.

86 TNA. FCO 41/834, Anglo-US Talks on MBFR in the State Department on 22 July, 1971 at 10.15 a.m.

87 Ibid.

88 Ibid.

89 *FRUS 1969-1976*, vol. XL, Germany and Berlin, 1969-1972, Doc. 241. Message from Kissinger to Rush, 24.5.1971.

90 *AAPD 1971*, Dok. 185, Staatssekretär Bahr, Bundeskanzleramt, an den Sicherheitsberater des amerikanischen Präsidenten, Kissinger, 24.5.1971.

91 Geyer, "The Missing Link", p. 89; Kissinger, *White House Years*, p. 829 より再引用。

92 *FRUS 1969-1976*, vol. XL, Germany and Berlin, 1969-1972, Doc. 274. Message from Rush to Kissinger, 29.7.1971.

93 TNA. PREM 15/396, MacGlashan to Unwin, 19.8.1971; *DBPO, III, I*, Doc. 70, fn. 7, p. 361; Ibid., p. 376. また，Catudal, *The Diplomacy of the Quadripartite*, pp. 174-77 も参照。

94 ワシントンのイギリス大使館からの多くの報告は，アメリカ国務省が安保会議とMBFRを結びつけることにますます魅力を感じるようになっていることを示している。TNA. FCO 41/887, Crowe to Braithwaite, 18.8.1971; Crowe to Braithwaite, 19.8.1971; Cape to Bridges, 26.8.1971; Butler to Bridges, 3.9.1971.

95 Ibid., Braithwaite to Bridges, 7.9.1971.

96 MAE, Série Europe 1971 - juin 1976, carton 2922, Note pour le Ministre, 30.8.1971.

97 TNA. FCO 41/887, Simpson-Orlebar to Braithwaite, 6.9.1971.

98 MAE, Série Europe 1971 - juin 1976, carton 2922, Circulaire no. 317, 1.9.1971.

99 TNA. FCO 41/836, Simpson-Orlebar to Bridges, 8.9.1971.

100 *AAPD 1971*, Dok. 311, Gespräch des Bundeskanklers Brandt mit dem Generalsekretär des ZK der KpdSU, Breschnew, in Oreanda, 17.9.1971.

101 *Ibid.*

102 *FRUS 1969-1976, vol. XL, Germany and Berlin, 1969-1972*, Doc. 327, Telegram From the Mission in Berlin to the Department of State, 3.9.1971. ベルリン大使級協定のテキストは，*Documents on Germany, 1944-1985,* pp. 1135-48。1971 年 9 月の最終段階において，正式の 4 大国ベルリン大使級協定は，翻訳の問題のために，英語，フランス語，ロシア語のみで作成され，結局ドイツ語版は公式のものはつくられなかった。Sarotte, *Dealing With the Devil*, pp. 121-22. おそらくこの経験のために，西ドイツは将来の CSCE においてドイツ語を会議の公式言語のひとつにするよう多大な外交努力を傾注することになった。ドイツ問題は非常にデリケートな問題であり，どのような文言が安保会議の最終合意で使われるのかは西ドイツにとって非常に重要であったからである。正確なニュアンスや意味内容を確保するためにもドイツ語が公式言語のひとつとならなければならなかった。それゆえ，この言語の問題は，1971 年末から 1972 年にかけての NATO 内の，そしてソ連との協議における西ドイツ外務省の CSCE 政策の最優先課題となったのである。この点に関しては，Spohr-Readman, "National Interests and the Power of 'Language'.

103 DNSA, Presidential Directives, Part II, Conference on European Security-

Talking Points, PR00912, 19.11.1971.

104　ソ連にとってのモスクワ条約の重要性については，Sarotte, *Dealing With the Devil,* pp. 136-37.

105　*AAPD* 1971, Dok. 311, Gespräch des Bundeskanklers Brandt mit dem Generalsekretär des ZK der KpdSU, Breschnew, in Oreanda, 17.9.1971.

106　*AAPD 1971*, Dok. 323, Ministerialdirektor von Staden, z.Z. New York, an das Auswärtige Amt, 27.9.1971.

107　TNA. FCO 41/837, Washington tel no. 3235 to FCO, 29.9.1971.

108　Ibid.

109　Meimeth, *Frankreichs Entspannungspolitik*, p. 163.

110　AN, 5AG2/1018, Second tête-à-tête entre le Président de la République et Monsieur Brejnev, le 26 octobre 1971, Elysée, 16 h. 50 à 20 h. 15; TNA. FCO 41/890, Paris tel no. 1279 to FCO, 26.10.1971.

111　TNA. FCO 41/891, Bonn tel no. 1377, 27.10.1971; *AAPD 1971*, Dok. 354, Gesandter Blomeyer-Bartenstein, Paris, an das Auswärtige Amt, 19.10.1971.

112　TNA. FCO 41/894, Bridges to Private Secretary, 26.11.1971.

113　PAAA, B-28, Bd. 1572, Betr.: Ausserungen BM über zeitlichen Zusammenhang zwischen Berlin-Regelung und Beginn multilateraler KSE-Vorbereitung sowie über “Gegenjunktim” in Bracciano am 6.11.1971, 9.11.1971.

114　TNA. FCO 41/894, Bridges to Private Secretary, 26.11.1971.

115　*AAPD 1971*, Dok. 412, Ministerialdirektor von Staden an die Ständige Vertretung bei der NATO in Brüssel, 23.11.1971; TNA. FCO 41/893, Paris tel no. 1429 to FCO, 17.11.1971.

116　MAE, Série Secrétariat Général, Entretiens et Messages, 1956-1971, Compte Rendu de l’Entretien entre M. Schumann et M. Scheel à Paris, le 19 novembre 1971, Séance de l’apès-midi, 25.11.1971; *AAPD 1971*, Dok. 403, Gespäch des Bundesministers Scheel mit dem französischen Außenminister Schumann in Paris, 19.11.1971.

117　*AAPD 1971*, Dok. 416, Gespräch des Bundesministers Scheel mit dem sowjetischen Außenminister Gromyko in Moskau, 28.11.1971.

118　TNA. FCO 41/894, Bonn tel no. 1606 to FCO, 4.12.1971.

119　*AAPD 1971*, Dok. 436, Ministerialdirigent van Well, z.Z. Brüssel, an Bundeskanzler Brandt, z.Z. Oslo, 9.12.1971; TNA. FCO 41/810, Record of a Conversation at the Quadripartite Dinner in the German Embassy, Brussels, at 9 p.m. on 8 December 1971, 8.12.1971.

120　DNSA, Kissinger’s Transcripts, NSC Meeting-December 1, 1971 on MBFR and CES, KT00396, 1.12.1971; DNSA, Presidential Directives, Part II, Presidential Guidance on Mutual and Balanced Force Reductions and a European Conference [NSDM 142], PR00138, 2.12.1971.

121　TNA. FCO 41/810, Record of a Conversation at the Quadripartite Dinner in the

German Embassy, Brussels, at 9 p.m. on 8 December 1971.

122 アメリカ以外のすべてのNATO諸国は，原則として，ヘルシンキにおいて安保会議のための多国間の協議を行うことを求めるフィンランド政府の招待を受け入れていた。とりわけ，準備協議の開催のタイミングに関して西側内の協議で負けたフランスは，スカンジナヴィア諸国の支持を得ながら，ヘルシンキ案を承認し，フィンランドにおいて準備が迅速に進められるという印象を与えるような文言をコミュニケにおいて用いるべきであると主張した。TNA. FCO 41/809, Telegram from the US Department of State, dated 11.12.1971. ロジャース米国務長官のみがヘルシンキを安保会議の準備協議の場として承認することに頑強に反対していた。フィンランド政府が，外交関係のない東ドイツと西ドイツの両方に招待状を送っていたことに，アメリカ政府は不快感をもっていた。しかしながら，孤立したロジャースは，ある程度妥協しなければならなかった。結局，NATOはコミュニケにおいて，「彼ら〔NATOの外相たち〕は，この問題について協議するために，フィンランド政府と連絡をとり続けるであろう」と言及しつつ，フィンランド政府の招待に「留意し(took note)」，その招待を「歓迎する（appreciated)」としたのであった（1971年12月のブリュッセルにおけるNATO外相理事会のコミュニケのテキストは，http://www.nato.int/docu/comm/49-95/c711209a.htm)。このコミュニケの文言は，ヘルシンキを公式に承認したわけではなく，最終決定はあとになされる余地を残すものであったが，アメリカはフィンランドのイニシアティヴに対して積極的な支持を示すことを強いられたといえよう。

123 Christoph Bluth, *The Two Germanys and Military Security in Europe*, Palgrave, 2002, p. 139.

第七章　ヨーロッパ政治協力の出現

1 これらの諸問題に関する分析については，たとえば，Spencer, "Canada and the Origins of the CSCE", pp. 64-72; Romano, *From Détente in Europe*, pp. 103-21.

2 TNA. FCO 41/884, US Delegation. Procesures, 6.4.1971.

3 TNA. FCO 41/890, Procedure for a Conference on European Security: US Views, undated.

4 Andéani, *Le Piège*, p. 51.

5 TNA. FCO 41/747, Canada's paper, 24.2.1970.

6 MAE, Série Pactes 1961-1970, carton 278, Réunions franco-américaines des 6 et 7 April 1970, 16.4.1970; Ibid., carton 274, Note a.S. Position française sur les procedures de négociation entre l'Est et l'Ouest, undated.

7 TNA. FCO 41/1069, a US document dated 14 March 1971 given to Brimelow by Galloway of the US Embassy.

8 TNA. FCO 41/890, Procedure for a Conference on European Security: US Views, undated.

9 Ibid.

10 TNA. FCO 41/885, Grattan to MacDonald, 29.4.1971.

11　TNA. PREM 15/1522, Paris tel no. 1109 to FCO, 17.9.1971.

12　TNA. FCO 41/885, SPC Report on East-WestNegotiations, undated.

13　TNA. FCO 41/893, Lever to Braithwaite, 5.11.1971.

14　TNA. FCO 41/888, Bridge to Pemberton Pigott, 23.9.1971.

15　TNA. FCO 41/890, Procedure for a Conference on European Security: US Views, undated.

16　TNA. FCO 41/888, Bridges to Wiggin, 23.9.1971.

17　TNA. FCO 41/891, FCO tel no. 366 to UKDEL NATO, 27.10.1971.

18　のちに，外相会議は年４回，政務委員会は回数制限を設けず開かれることとなる。

19　*AAPD 1970*, Dok. 564, Runderlaß des Ministerialdirektors von Staden, 23.11.1970; Simon Nuttall, *European Political Co-operation*, OUP, 1992, p. 55. EPC は，CSCE とならんで，中東問題および対東側政策を協議の議題としていた。EC と東側との関係もまた EPC のなかで協議の対象となっていた。1970 年代前半のデタントの時代における，EC とソ連・東欧諸国との関係については，Takeshi Yamamoto, “Détente or Integration? EC Response to Soviet Policy Change towards the Common Market, 1970-75”, *Cold War History*, 7/1 (2007).

20　TNA. FCO 41/883, Palliser to Cable, 5.3.1971; MAE, Série Europe 1971-juin 1976, carton 2921, circulaire no. 119, 8.4.1971.

21　フランスの外交官アンドレアーニが NATO 公使に任命された際，アルファン事務次官は彼に，「あなたは NATO に行きます。つまり，あなたは３年間の完全な休暇を得られるのです。というのも，そこでは何もすることがないからです」といったという。このアルファンの発言は，フランス外務省の NATO 軽視の姿勢を示すものであった。Garret Martin’s interview with Jacques Andréani, 15 February 2006. また Locher, “A Crisis Foretold” も参照。

22　TNA. FCO 41/888, Palliser to Simpson-Orlebar, 24.9.1971; MAE, Série Europe 1971- juin 1976, carton 2922, Note. a.s. Rapport du Comite politique sur la CSCE, 30.10.1971; *AAPD 1971*, Dok. 409, Aufzeichnung des Ministerial direktors von Staden, 22.11.1971.

23　PAAA, B-40, Bd. 187, Aufzeichnung. Betr.: KSE; hier: Verfahrensfragen, 4.10.1971; TNA. FCO 41/888, Palliser to Simpson-Orlebar, 24.9.1971.

24　PAAA, B-40, Bd. 189, Sachstand. Thema: KSE - franzosische und deutsche Haltung; Koordination durch die Sechs, 16.2.1971; MAE, Série Europe 1971 - juin 1976, carton 2921, Paris tel nos. 190-93 à Repan-Bruzelles, 8.4.1971; *AAPD 1971*, Dok. 128, Anm. 3, p. 612.

25　Vanke, “An Impossible Union”.

26　Anjo Harryvan and Jan van der Harst, “Swan Song or Cock Crow? The Netherlands and the Hague Conference of December 1969”, *Journal of European Integration History*, 9/2 (2003).

27　MAE, Série Europe 1971 - juin 1976, carton 2921, circulaire no. 119, 8.4.1971;

TNA. FCO 41/888, Palliser to Simpson-Orlebar, 24.9.1971.

28 TNA. FCO 41/885, Grattan to MacDonald, 29.4.1971.

29 MAE, Série Europe 1971 - juin 1976, carton 3791, NOTE. a.s. Discussion relative à la Conférence européenne sur la sécurite et la coopération en Europe au cours de la réunion des ministres des affaires étrangères des Six, 12.5.1971.

30 TNA. FCO 41/888, Palliser to Simpson-Orlebar, 24.9.1971; MAE, Série Europe 1971-juin 1976, carton 2922, Note. a.s. Rapport du Comite politique sur la CSCE, 30.10.1971; *AAPD 1971*, Dok. 409, Aufzeichnung des Ministerial direktors von Staden, 22.11.1971.

31 TNA. FCO 41/888, Rhodes to Braithwaite, 24.9.1971.

32 ただし類似の構想は以前から存在し，フランスによるまったく新しい提案というわけではない。たとえば，第一章で触れた 1966 年のイギリスの「ヨーロッパ宣言」構想があげられる。

33 TNA. FCO 41/552, Délegation de la France au Conseil de L'Atlantique Nord, 23.5.1969.

34 MAE, Europe, 1971-juin 1976, 3743, Note "A/S. - Examen, au point de vue politique, des relations possibles entre la CEE et le COMECON, 18.9.1971.

35 Frédéric Bozo, "A French View", in Richard Davy (ed.), *European Détente: A Reappraisal*, Royal Institute of International Affairs: Sage, 1992, p. 55.

36 第二章でふれた，1969 年 7 月 4 日の駐ソ仏大使セイドーへのフランス本国からの訓令のなかには，「人権」という言葉が含まれていたが，人権に関する原則はフランスが提案した「正しい行動規範」には含まれていなかった。おそらく人権問題は主権国家間の関係を規定する原則にはそぐわないと考えられたのであろう。

37 Loth, "Moscow, Prague and Warsaw", p. 104.

38 James E. Goodby, *Europe Undivided: The New Logic of Peace in U.S.-Russian Relations*, United States Institute of Peace Press, 1998, p. 54.

39 *DBPO, III, I*, Doc. 62, The Brezhnev Doctrine and a European Security Conference, [16].3.1971.

40 Ibid.; TNA. FCO 41/884, the US paper entitled "principles governing relations between states," 31.3.1971.

41 *DBPO, III, I*, doc. 62, The Brezhnev Doctrine and a European Security Conference, [16].3.1971, p. 320.

42 TNA. FCO 41/884, Grattan to Braithwaite, 25.3.1971.

43 *AAPD 1971*, Dok. 366, Runderlaß des Staatssekretärs Frank, 25.10.1971.

44 *AAPD 1971*, Dok. 386, Aufzeichnung des Vortragenden Legationsrats Dahlhoff, 8.11.1971; TNA. FCO 41/889, Ramsay to Pembaerton-Pigott, 15.10.1971.

45 TNA. FCO 41/893, UK Delegation to NATO, Conference on European Security and Co-operation: Negotiating Approaches," 17.11.1971; MAE, Série Europe 1971-juin 1976, carton 2923, De Rose to Schumann. A/s: Principes régissant les relations

entre Etats, 23.2.1972.

46 TNA. FCO 41/1065, German Delegation, Draft Declaration on Principles Governing Relations between States, 5.11.1971.

47 アメリカとフランスのペーパーは，TNA. FCO 41/896 に所収されている。

48 TNA. FCO 41/896, Poter to MacDonald, 8.4.1971.

49 TNA. FCO 41/896, Poter to Braithwaite, 11.8.1971.

50 *AAPD 1971*, Dok. 313, Ministerialdirigent Diesel an die Ständige Vertretung bei der NATO in Brüssel, 17.9.1971; 齋藤『冷戦変容とイギリス外交』，160 頁。

51 Hakkarainen, "From Linkage to Freer Movement", p. 174.

52 TNA. FCO 28/1678, Luxembourg tel no. 86 to FCO, 29.2.1972.

53 TNA. FCO 41/897, UKDEL NATO tel no. 457 to FCO, 30.9.1971.

54 Goodby, *Europe Undivided*, p. 58; Hakkarainen, "From Linkage to Freer Movement", p. 173.

55 TNA. FCO 41/897, Ramsay to Porter, 24.9.1971.

56 TNA. FCO 41/896, Ramsay to Poter, 2.9.1971.

57 TNA. PREM 15/1522, Moon to McCluney, 27.8.1971. この問題に関するヒースの姿勢については齋藤『冷戦変容とイギリス外交』，152 頁。また，Michael D. Kandiah and Gillian Staerck, *The Helsinki Negotiations: The Accords and Their Impact*, Centre for Contemporary British History, 2006, p. 29 も参照。

58 Bundesarchiv Koblenz, Bundeskanzleramt files, B136/6419, Konferenz für Sicherheit und Zusammenarbeit in Europa. Grössere Freizügigkeit für Menschen, Ideen und Informationen, 17.3.1972.

59 TNA. FCO 41/1043, Lever to Ramsay, 21.4.1972. 利用可能な史料では，この人権条項を盛り込むことについて NATO 内で大きな論争が起きた形跡はない。それはおそらく，一方で人権の重要性を否定できないものの，他方でそれを武力不行使や内政不干渉といった国家間関係を規定する原則と同列に並べることに躊躇があったからではないかと推察される。ちなみに，人権条項そのものについての論争は史料からは見当たらないが，国家間関係の原則を，ブレジネフ・ドクトリンに対抗するためだけのシンプルなものにするのか，それとも東西間の経済・文化協力なども原則のなかに含めるのかについての論争が NATO 内にはあった。

60 齋藤『冷戦変容とイギリス外交』，162 頁。

61 PAAA, Zwischenarchiv 109304, Sondersprechzettel. Thema: Freer movement of people, ideas and information, 29.5.1972; Hakkarainen, "From Linkage to Freer Movement."

62 MAE, Série Europe 1971 - juin 1976, carton 2923, Paris tel nos. 418-22 to London, 9.3.1972.

63 MAE, Série Europe 1971 - juin 1976, carton 2923, NOTE. A.s. - CSCE elements de discussion, 17.2.1972; Ibid, Alphand to Bruxelles (OTAN), 10.4.1972.

64 *DBPO, III, II*, doc. 20, fn. 3, p. 88.

65 Von Otto Graf Schwerin, "Die Solidarität der EG-Staaten in der KSZE", *Europa-Archiv* 15(1975); Hanns-Jürgen Küsters, "Die außenpolitische Zusammenarbeit der Neun und die KSZE", in Helga Haftendorn, u.a., (Hrsg.), *Verwaltete Außenpolitik. Sicherheits- und entspannungspolitische Entscheidungsprozesse*, Verlag Wissenschaft und Politik, 1978; Philippe de Schoutheete, "La Conference sur la Securite et la Cooperation en Europe", in Philippe de Schoutheete, *La coopération politique européenne*, Editions Labor, 1980; Götz von Groll, "The Nine at the Conference on Security and Cooperation in Europe", in David Allen, Reinhardt Rummel and Wolfgang Wessels (eds.), *European Political Cooperation: Towards a Foreign Policy for Western Europe*, Butterworth Scientific, 1982; Alfred Pijpers, "European Political Cooperation and the CSCE Process", *Legal Issues of European Integration*, vol. 1, 1984; A. Bredimas, "La Coopération Politique Européenne à la Conférences sur la Sécurité et la Coopération en Europe et aux Conférence sur le Règlement Pacifique des Differends", in C. Stephanou (ed.), *La Communauté Européenne et ses états-membres dans les enceintes internationales*, Triantafielis, 1985; Michael Clarke "Britain and European Political Cooperation in the CSCE", in Kenneth Dyson (ed.), *European Détente: Case Studies of the Politics of East-West Relations*, F. Pinter, 1986; Hartmut Mayer, "L'Allemagne, la politique de coopération européenne et le processus de la CSCE (1972-1975)", Élisabeth du Réau et Robert Frank (dir.), *Dynamiques européennes, Nouvel espace Nouveaux acteurs, 1969-1981*, Publication de la Sorbonne, 2002; Angela Romano, "The Nine and the Conference of Helsinki: a Challenging Game with the Soviets", in Jan van der Harst (ed.), *Beyond the Customs Union: the European Community's quest for deepening, widening and completion, 1969-1975*, Bruylant, 2007; Daniel Möckli, "The EC Nine, the CSCE, and the Changing Pattern of European Security", in Andreas Wenger, Vojtech Mastny, and Christian Nuenlist (eds.), *Origins of the European Security System: The Helsinki Process Revisited, 1965-75*, Routledge, 2008.

66 EPCと中東問題については，Panayiotis Ifestos, *European Political Cooperation: Towards a Framework of Supranational Diplomacy?*, Avebury, 1987.

67 MAE, Série Europe 1971 - juin 1976, carton 2922, circulaire no. 344, 23.9.1971.

68 *AAPD 1971*, Dok. 311, Gespräch des Bundeskanzlers Brandt mit dem Generalsekretär des ZK der KPdSU, Breschnew, in Oreanda, 17.9.1971. プレ会議に関するブラントとブレジネフとのあいだの意見交換は進展しなかった。ブラントの考えでは，プレ会議とCSCEの準備協議は別のものであった。しかし，ブレジネフはプレ会議の考えを受け入れる姿勢を示しつつも，それを準備協議であると解釈しようとした。それゆえ，ブラントはそれ以上この問題について議論するのを止め，話題を変えたのだった。

69 MAE, Série Europe 1971 - juin 1976, carton 2922, Paris tel nos. 1317-1320 to Bonn, 5.10.1971.

70 Ibid., Paris tel nos. 1342-45 to Bonn, 11.10.1971.

71 PAAA, B-40, Bd. 193, Aufzeichnung. Betr.: Sitzung des Unterausschusses KSE des Politisches Komitees der Sechs in Brussel, 15.12.1971.

72 PAAA, B-40, Bd. 190, Vermerk. Betr.: Sitzung der deutsch-französischen Studiengruppe in Bonn am 1. Oktober 1971, hier: Behandlung des Themas KSE, 4.10.1971.

73 MAE, Série Europe 1971 - juin 1976, carton 2923, NOTE. A/S: Évolution récente conversations sur la Conférence sur la sécurite et la coopération en Europe, 26.1.1972; TNA. FCO 41/1052, Bonn tel no. 170 to FCO, 9.2.1972.

74 TNA. FCO 41/1041, Bonn tel no. 392 to FCO, 17.3.1972.

75 MAE, Série Europe 1971 - juin 1976, carton 2923, NOTE. A/S: Évolution récente conversations sur la Conférence sur la sécurite et la coopération en Europe, 26.1.1972; TNA. FCO 41/1052, Bonn tel no. 170 to FCO, 9.2.1972.

76 TNA. FCO 41/1052, Braithwaite to Brimelow, 10.2.1972.

77 TNA. FCO 41/1065, Staples to Braithwaite, 19.7.1972.

78 Jan van der Harst, "The Netherlands, the Gaullist Chanllenge and the Evolving Cold War, 1966-1973", in N. Piers Ludlow (ed.), *European Integration and the Cold War: Ostpolitik-Westpolitik, 1965-1973*, Routledge, 2007.

79 TNA. FCO 41/888, Rhodes to Braithwaite, 24.9.1971.

80 TNA. FCO 41/888, Bridges to Wiggin, 23.9.1971.

81 MAE, Série Europe 1971 - juin 1976, carton 2922, circulaire no. 400, 9.9.1972.

82 TNA. FCO 41/1053, EEC Political Consultations/Ten Foreign Ministers' Meeting, Luxembourg, 27 May 1972, undated.

83 *FRUS 1969-1976, vol. XXXIX, European Security*, Doc. 110, Memorandum from Sonnenfeldt to Kissinger, undated (1972).

84 *Ibid.*

85 MAE, Série Europe 1971 - juin 1976, carton 2924, circulaire no. 445, 10.10.1972; TNA. FCO 41/1054, FCO tel no. 298 to UKDEL NATO, 9.10.1972.

86 MAE, Série Europe 1971 - juin 1976, carton 3791, NOTE sur CSCE, 16.11.1972; ibid., carton 2925, circulaire no. 532, 21.11.1972.

87 TNA. FCO 41/1052, Braithwaite to Tickell, 1.3.1972.

88 Ibid.

89 TNA. FCO 41/1052, Faber to Mason, 7.1.1972.

90 *DBPO, III, II*, Doc. 37, Mr. Elliott (Helsinki) to Sir A. Douglas-Home, 13.6.1973.

91 Morgan, "The United States and the Making of the Helsinki Final Act", pp. 170-71.

第八章　軍縮・軍備管理デタントと CSCE

1 TNA. FCO 41/21, paper entitled 'United Kingdom and European Security

Measures', September 1967.

2 Ibid., TNA. FCO 41/23, UK DEL NATO tel no. 129 to FO, 8.3.1968.

3 TNA. FCO 41/810, Brief no. 3, Background, The Work of the Political Committee, undated 〔November 1971〕; *AAPD 1972*, Dok. 28, Gespräch des Bundeskanzlers Brandt mit Staatspräsident Pompidou in Paris, 10.2.1972; また, Wilfried Loth, "The Road to Vienna: West German and European Security from 1969 to 1973", in Loth and Soutou (eds), *The Making of Détente*, pp. 159-56; Haftendorn, "The Link between CSCE and MBFR", pp. 247-48.

4 TNA. FCO 41/894, UKDEL NATO tel no. 578 to FCO, 29.11.1971; ibid., Lever to Bridges, 1.12.1971; TNA. FCO 41/809, UKDEL NATO tel no. 625 to FCO, 9.12.1971; *AAPD 1971*, Dok. 439, Botschafter Krapf, Brüssel (NATO), an das Auswärtige Amt, 10.12.1971. MBFR における軍縮対象国にハンガリーを含めるかどうかは, 東西間のみならず西側陣営内でも論争となった。西欧諸国はハンガリーを含めるべきとの立場であったのに対し, アメリカはソ連とともにハンガリーを含める必要はないと主張したのである。結局, ハンガリーの参加問題は MBFR 本会議のなかで決められるという妥協案が図られた。つまり, 当面ハンガリーは軍縮の対象から外されることを意味したのである。MBFR 本会議の早期開催を実現するため, ヨーロッパ諸国の意見よりもソ連の主張に傾いたことは, アメリカに対する西欧諸国の不信感をさらに高めることとなったのである。Loth, "The Road to Vienna", p. 163.

5 http://www.nato.int/docu/comm/49-95/c711209a.htm

6 1971 年 10 月 2 日にニクソンは,「ヨーロッパ安全保障会議に関する諸問題をすべて検討する」よう指令した。DNSA, Presidential Directives, Part I, NSSM 138; European Security Conference, PD01442, 2.10.1971. また, Goodby, *Europe Undivided*, pp. 58-59 も参照。

7 DNSA, Presidential Directives, Part II, Response to NSSM-138, PR00910, 3.11.1971; *FRUS 1969-1976, vol. XXXIX, European Security*, Doc. 76, Paper Prepared by the National Security Council Staff [NSSM 138], undated.

8 EC 諸国は, 東側陣営が CSCE の常設組織の枠組みのなかで,「西ヨーロッパ諸国が統合を進展させることは, 全ヨーロッパ諸国による協力の発展を妨げることになる」と主張することで, 統合の進展を妨害しようとすることを懸念していた。TNA. FCO 41/1052, Luxembourg tel no. 86 to FCO, 29.2.1972; *DBPO, III, II*, p. 78, fn. 18. また, Möckli, "The EC Nine, the CSCE", pp. 158-59 も参照。

9 DNSA, Presidential Directives, Part II, Memorandum from Sonnenfeld to Kissinger [Subject: SRG Meeting on European Security Conference], PR00911, 18.11.1971; *FRUS 1969-1976, vol. XXXIX, European Security*, Doc. 78, Minutes of a Senior Review Group Meeting, 23.11.1971.

10 TNA. FCO 41/1039, U.S. Delegation, Consideration of Stabilization measures ("Collateral Constraints") in the CSCE context, 1.2.1972; TNA. FCO 41/998, U.S. Mission to NATO, MBFR and CSCE: A Proposed Relationship, 13.4.1972.

11 Maresca, *To Helsinki*, p. 169.

12 DNSA, Presidential Directives, Part II, MBFR and CSCE, PR00918, 20.3.1972.

13 Maresca, *To Helsinki*, p. 169.

14 TNA. FCO 41/1046, Braithwaite to Thomson, 17.7.1972.

15 TNA. FCO 41/1041, German Delegation, Re.: Joint Declaration on MBFR Principles, 23.2.1972; Müller, *Politik und Bürokratie*, pp. 178-79. 西ドイツ政府によって提案されたMBFRに関する諸原則は，たとえばつぎのようなものを含んでいた。「すべての削減方法は，どの国もまたどの諸国家のグループにとっても軍事的な不利益にならないようにあらゆる段階において均衡が保たれるように，そして安全保障が損なわれないことが参加国すべてに保証されるように，行われなければならない」。

16 TNA. FCO 41/999, Wiggin to Thomson, 16.5.1972.

17 TNA. FCO 41/998, Tickell to Thomson, 18.4.1972. イギリス政府はNATO内のさまざまな立場を調停しようと試みた。イギリスの提案は，CSCE外相会議において安全保障委員会を設置し，MBFRに関する宣言と，信頼醸成措置について交渉するというものであった。そのようなかたちでCSCEとMBFRをリンクさせようとしたのである。この委員会はさらに実際の兵力削減に関する交渉を進める下位の委員会を設置し，そこには兵力削減に直接関係する中欧諸国のみが参加することになっていた。こうすることで，イギリスはMBFRには直接関与しない国も間接的に関与する体裁を整えることで，それらの国をなだめようとしたのである。ただし，CSCEはMBFR交渉に直接影響を与える権限はもっていないとすることがイギリスの提案の重要な点であった。TNA. FCO 41/1045, British paper on "Mutual and Balanced Force Reductions (MBFR) and the Conference on Security and Co-operation in Europe (CSCE)", 19.6.1972. イギリスにとっては残念なことに，この提案にはどの国も満足しなかった。MAE, Europe 1971 - juin 1976, vol. 2924, Rose à Europe Orientale, 27.7.1972. イギリスのNATO常駐代表は，「つまり，われわれの提案はほとんどすべての側面から攻撃されているようなものなのです」と嘆いた。TNA. FCO 41/1046, Thomson to Tickell, 11.7.1972.

18 MAE, Série Europe 1971 - juin 1976, carton 2923, Paris tel nos. 111-116 to Repan Bruxelles, 23.5.1972 ; AN, 5AG2/1011, Premier entretien entre M. Pompidou et le Chancelier Brandt, à Bonn, le 3 juillet 1972 11 h -13 h 10, 3.7.1972. また，Soutou, *L'alliance incertaine*, p. 336 も参照。

19 TNA. PREM 15/904, Record of conversation between the Prime Minister and the President of the French Republic at Chequers at 10.30 a.m. on Sunday, 19 March 1972, 22.3.1972.

20 Garthoff, *Détente and Confrontation*, pp. 132-33.

21 *FRUS 1969-1975, vol. XXXIX, European Security*, Doc. 70, Minutes of a Verification Panel [Subject: MBFR], 21.9.1971.

22 TNA. FCO 41/1002, Thomson to Wiggin, 20.9.1972.

23 *FRUS 1969-1975, vol. XXXIX, European Security*, Doc. 89, National Security

Decision Memorandum 162, Presidential Guidance on Mutual and Balanced Force Reductions and a Conference on Cooperation and Security in Europe, undated (5.4.1972).

24 *FRUS 1969-1976, vol. XIV, Soviet Union, October 1971-May 1972*, Doc. 125, Attachment, Memorandum from Sonnenfeldt to Kissinger, 17.4.1972.

25 *AAPD 1971*, Dok. 416, Gespräch des Bundesministers Scheel mit dem sowijetischen Außenminister Gromyko in Moskau, 28.11.1971; *AAPD 1972*, Dok. 32, Gesandter Boss, Brüssel (NATO), an das Auswärtige Amt, 15.2.1972; Haftendorn, *Sicherheit und Entspannung*, pp. 554-56.

26 1972年1月26日のプラハにおけるワルシャワ条約機構の政治諮問委員会（首脳会議）のコミュニケは，http://www.isn.ethz.ch/php/documents/collection_3/PCC_docs/1972/1972_9.pdf

27 Kissinger, *White House Years*, p. 310.

28 *FRUS 1969-1976, vol. XXXIX, European Security*, Doc. 89, National Security Decision Memorandum 162, Presidential Guidance on Mutual and Balanced Force Reductions and a Conference on Cooperation and Security in Europe, undated (5.4.1972).

29 DNSA, Presidential Directives, Part II, MBFR and CSCE, PR00918, 20.3.1972.

30 Garthoff, *Détente and Confrontation*, pp. 335-38.

31 DNSA, KT, European Problems, Memorandum of Conversation [between Nixon and Brezhnev], KT00495, 24.5.1972.

32 Ibid.

33 Keliher, *The Negotiations on Mutual and Balanced Force Reductions*, p. 31.

34 *AAPD 1972*, Dok. 159, Runderlaß des Ministerialdirektors von Staden, 2.6.1972; TNA. FCO 41/969, Bonn tel no. 741 to FCO, 31.5.1972.

35 *AAPD 1972*, Dok. 189, Aufzeichnung des Botschaters Roth, 27.6.1972.

36 *AAPD 1972*, Dok. 199, Aufzeichnung des Votragenden Legationsrats Steger, 7.7.1972.

37 Van Oudenaren, *Détente in Europe*, p. 321.

38 MAE, Europe 1971 - juin 1976, carton 2924, Washington tel no. 5756-70 to Paris, 25.8.1972.

39 Dujardin, *Pierre Harmel*, p. 512.

40 CD-ROM *The Rise of Détente*, Memorandum for Mr. Kissinger. From: Helmut Sonnenfeldt, Subject: Relaunching MBFR, 25.8.1972.

41 DNSA, KT, Memorandum of Conversation [with Dobrynin], KT00551, 5.9.1972; *FRUS 1969-1976, vol. XXXIX, European Security*, Doc. 108, Editorial Note.

42 *FRUS 1969-1976, vol. XXXIX, European Security,* Doc. 112, Memorandum of Conversation [Discussion with Leonid Brezhnev of U.S. Businesses, European Security, and Arms Control], 12.9.1972.

43 *Ibid.*

44 先行研究は，米ソが CSCE と MBFR をいつ開始するのかについて合意したことを指摘するのみであり，CSCE をいつ終わらせるのかという米ソ密約の核心部分についてはまったく触れていない。たとえば，Dyson, "The Conference on Security and Cooperation in Europe", p. 89.

45 *FRUS 1969-1976, vol. XXXIX, European Security*, Doc. 112, Memorandum of Conversation [Discussion with Leonid Brezhnev of U.S. Businesses, European Security, and Arms Control], 12.9.1972.

46 AN, 5AG2/1022, Audience de M. Henry Kissinger, Conseiller du Président Nixon, le 15 septembre 1972, 17 h. 30 - 18 h. 55.

47 Ibid.

48 TNA. FCO 41/1002, UKDEL NATO tel no. 375 to FCO, 15.9.1972.

49 MAE, Série Europe 1971 - juin 1976, carton 2924, Speaking note 'Conversation between the Netherlands and Soviet Ministers of Foreign Affaires on CSCE', undated.

50 TNA. FCO 41/1002, UKDEL NATO tel no. 389 to FCO, 27.9.1972; Ibid., FCO 41/1003, UKDEL NATO tel no. 403 to FCO, 5.10.1972.

51 TNA. FCO 41/1005, Anglo/German Talks on MBFR: Bonn Friday, 20.10.1972.

52 Ibid.

53 TNA. FCO 41/1048, A secret document, untitled, undated.

54 TNA. FCO 41/1055, "Meeting of the Foreign Ministers of the Nine 20/21 November in The Hague. Agenda item 1: Conference on Security and Co-operation in Europe", undated.

55 すでに 1971 年 8 月 15 日に，ニクソン大統領は同盟国と何ら事前に協議することなく，金とドルの交換停止を発表していた。このいわゆるニクソン・ショックは，EC 諸国にニクソン政権に対する強い不信感を植えつけていた。Duccio Basosi, "Helsinki and Rambouillet: US Attitudes towards Trade and Security during the Early CSCE Process, 1972-75", in Wenger, Mastny, and Nuenlist (eds.), *Origins of the European Security System*, p. 224. 米ソ接近は，ほかの NATO 諸国の対米不信を増幅させたのである。

56 最終勧告のテキストは，Maresca, *To Helsinki*, pp. 211-25.

57 *DBPO, III, II*, p. 136, fn. 2.

58 Ferraris, *Report on a Negotiation*, pp. 9-40; Spencer, "Canada and the Origins of the CSCE", pp. 84-94; Spohr-Readman, "National Interests and the Power of 'Language'", pp. 1098-116.

59 *DBPO, III, II*, Doc. 37, Mr. Elliott (Helsinki) to Sir A. Douglas-Home, 13.6.1973.

60 *DBPO, III, II*, Doc. 20, Minute from Mr. Tickell on CSCE Preparatory Talks, 25.1.1973.

61 たとえば，スイスは，CSCE が紛争の平和的解決のための仲裁システムを構築すること

を提案した。しかし，そのような野心的な提案はNATO側にもワルシャワ条約機構側にも受け入れられなかった。Nuenlist, “Expanding the East-West Dialog beyond the Bloc Division”, pp. 205-06.

62 中立・非同盟諸国とは，主にフィンランド，スウェーデン，スイス，オーストリア，ユーゴスラヴィアを指す。

63 Ibid., pp. 208-10; Fischer, “The Birth of the N+NA”.

64 TNA. FCO 41/1296, Burns to Wiggin, 11.5.1973.

65 PAAA, B-28, Bd. ZA111531, Betr.: KSZE-Prinzipienerklärung, 2.2.1973.

66 “Report on the Consultation of the Warsaw Treaty Counties' Deputy Foreign Ministers Held in Moscow on 15 November 1972”, PHP, http://www.isn.ethz.ch/php/documents/collection_3/DepFM_docs/translations/721115-Moscow.pdf

67 *DBPO, III, II*, Doc. 29, Sir A. Douglas-Home to Mr. Elliott (Helsinki), 28.3.1973.

68 Morgan, “The United States and the Making of the Helsinki Final Act”, pp. 170-71. また，Burdett, “The effectiveness of European political cooperation”, p. 55, fn. 72 も参照。

69 Goodby, *Europe Undivided*, p. 62; Hanhimäki, “‘They Can Write it in Swahili’”, p. 45.

70 TNA. FCO 41/1068, Helsinki tel no. 846 to FCO, 19.12.1972; また，Spencer, “Canada and the Origins of the CSCE”, pp. 83-84 も参照。

71 *DBPO, III, II*, Doc. 37, Mr. Elliott (Helsinki) to Sir A. Douglas-Home, 13.6.1973.

72 Andréani, *Le Piège*, p. 86.

73 “Telegram by the Romanian Foreign Minister, 15.1.1973”, PHP, http://www.isn.ethz.ch/php/documents/collection_3/CMFA_docs/CMFA_1973/1973_2.pdf

74 AN, 5AG2/1019, Tête à tête entre M. Pompidou et M. Brejnev, 12.1.1973.

75 のちにブレジネフは，バールとの会談においてつぎのように述べ，このときの期待が裏切られたことへの不満を吐露している――「ポンピドゥが第二段階として各委員会を設置することを提案したのだ。（わたしは）それに合意した。いまや，（わたしには）それらがただ（安保会議の協議を）遅延させる目的のためだけに使われているようにしか見えない」。*AAPD 1974*, Dok. 64, Aufzeichnung des Bundesministers Bahr, z.Z. Moskau, 1.3.1974, p. 243.

76 AN, 5AG2/1019, Tête à tête entre M. Pompidou et M. Brejnev, 12.1.1973.

77 MAE, Série Europe 1971 - juin 1976, 2926, Compte-Rendu de l'Entretien de M. Schumann et M. Gromyko à Minsk, le 12 janvier 1973, 19.1.1973; MAE, Série Europe 1971 - juin 1976, 3722, Compte-Rendu de l'Entretien de M. Puaux avec M. Oberemko, 22.1.1973; ibid., Moscou tel no. 1229 to Paris, 23.2.1973; ibid., Moscou tel no. 1264 to Paris, 24.2.1973; ibid., Moscou tel no. 1278 to Paris, 24.2.1973; ibid., Compte-Rendu de l'Audience accordée par le Ministre à M. Gromyko, 28.2.1973; ibid., Entretien du Secétaire général avec M. Zemskov, Vice-Ministre soviétique des Affaires Etrangeres, 28.2.1973.

78　MAE, Série Europe 1971-juin 1976, 3722, Compte-Rendu de l'Entretien de M. Puaux avec M. Oberemko, 22.1.1973.
79　Andréani, *Le Piège*, p. 86.
80　*Ibid.*, p. 89. また，Möckli, "The EC Nine, the CSCE", p. 153 も参照。
81　*DBPO, III, III: Détente in Europe, 1972-76*, p. 35.
82　ヒース英首相の訪米に備えた1973年1月31日付けメモランダムのなかで，キッシンジャーはニクソンにこう伝えている。「わが国の〔MBFRの〕目的はソ連とともに迅速な削減を模索することではない〔傍点，原文下線〕。われわれはヨーロッパにおける米軍の維持を望んでいる。……一方的削減を求める議会の圧力に対抗するために，われわれは東側との交渉が着実に進展しているという印象を生み出すことを望んでいる」。*Rise of Détente*, Memorandum from Kissinger to Nixon, 31.1.1973.
83　TNA. FCO 41/1226, Thomson to Tickell, 10.5.1973.
84　*FRUS 1969-1976, vol. XXXIX, European Security*, Doc. 134, Editorial Note.
85　*FRUS 1969-1976, vol. XXXIX, European Security*, Doc. 147, Memorandum of Conversation [with Gromyko], CSCE, MBFR, Nuclear Agreement, U.N. Membership for FRG and GDR, 6.5.1973.
86　*DBPO, III, II*, p. 103, fn. 6.
87　*FRUS 1969-1976, vol. XXXIX, European Security*, Doc. 130, Letter from Vest to Stoessel, 5.3.1973.
88　*AAPD 1973*, Dok. 137, Botschafter von Staden, Washington, an Ministerialdirektor van Well, 12.5.1973; *FRUS 1969-1976, vol. XXXIX, European Security*, Doc. 149, Memorandum of Conversation [between Kissinger and von Staden], 12.5.1973.
89　*Ibid.*
90　*AAPD 1971*, Dok. 310, Aufzeichnung des Bundeskanzlers Brandt, z.Z. Oreanda, 17.9.1971.
91　PAAA, B-28, Bd. ZA 111516, Delegationsgespräch zwischen Minister Scheel und Minister Gromyko, 18.5.1973; *AAPD 1973*, Dok. 146, Gespräch des Bundesministers Scheel mit dem sowijetischen Außenminister Gromyko, 18.5.1973. シェールが党首を務める自由民主党は，西ドイツのなかではCSCE実現にもっとも積極的な政党であった。Haftendorn, *Sicherheit und Entspannung*, p. 428; Patton, *Cold War Politics*, p. 69.
92　*AAPD 1973*, Dok. 152, Aufzeichnung des Bundeskanzlers Brandt, 22.5.1973.
93　MBFR開催のタイミングに関するソ連の意向については，1973年5月21日にほかのNATO諸国にも伝えられた。TNA. FCO 41/1226, UKDEL NATO tel no. 334 to FCO, 21.5.1973.
94　TNA. FCO 41/1226, Moscow tel no. 615 to FCO, 24.5.1973.
95　AN, 5AG2/1019, Entretiens Franco-sovietiques 25-27 juin 1973: Note synthèse, 20.6.1973.

96 吉川『ヨーロッパ安全保障協力会議』，46 頁。

97 TNA. FCO 41/1226, UKDEL NATO tel no. 344 to FCO, 24.5.1973.

98 TNA. FCO 41/1226, FCO tel no. 132 to Vienna, 17.5.1973; DNSA, Kissinger Transcript, KT00719, Memorandum of Conversation [between Kissinger and Douglas-Home], 10.5.1973.

99 Ferraris, *Report on a Negotiation*, p. 40.

100 PAAA, B-28, Bd. ZA 111516, Vermerk, Betr.: Sowjetische Haltung zum Ergebnis der MV, 25.5.1973; TNA. FCO 41/1226, UKDEL NATO tel no. 363 to FCO, 30.5.1973.

101 TNA. FCO 41/1226, UKDEL NATO tel no. 363 to FCO, 30.5.1973.

102 TNA. FCO 41/1226, UKDEL NATO tel no. 422 to FCO, 8.6.1973; *FRUS 1969-1976, vol. XXXIX, European Security*, Doc. 150, Editorial Note.

103 *Ibid.*, Doc. 155, Transcript of Telephone Conversation Between the President's Assistant for National Security Affairs (Kissinger) and the Assistant Secretary of State for European Affairs (Stoessel), 2.6.1973; Ibid., Doc. 156, Memorandum of Conversation, 4.6.1973; TNA. FCO 41/1226, Washington tel no. 1745 to FCO, 4.6.1973.

104 米ソ首脳会談の共同コミュニケは，European NAvigator (ENA) のウェッブサイトで閲覧可能である。http://www.ena.lu/mce.cfm. *FRUS 1969-1976, vol. XXXIX, European Security*, Doc. 163, Editorial Note.

105 Keliher, *The Negotiations on Mutual and Balanced Force Reductions*, p. 41.

106 ブレジネフとの会談のまえにキッシンジャーによって準備されたニクソンのためのメモランダムに，同盟国，とりわけ英仏の抵抗について述べられている。*FRUS 1969-1976, vol. XXXIX, European Security*, Doc. 159, Memorandum From the President's Assistant for National Security Affairs (Kissinger) to President Nixon, undated.

107 *Ibid.*, Doc. 162, Memorandum of Conversation [Discussion of Leonid Brezhnev and Richard Nixon on Arms Control and European Security], 20.6.1973.

エピローグ

1 会議に参加した 35 カ国はつぎの通りである。〈NATO 加盟国〉アメリカ，カナダ，イギリス，フランス，イタリア，西ドイツ，オランダ，ベルギー，ルクセンブルク，デンマーク，ノルウェー，ポルトガル，ギリシャ，トルコ，アイスランド，〈ワルシャワ条約機構加盟国〉ソ連，東ドイツ，ポーランド，ハンガリー，チェコスロヴァキア，ルーマニア，ブルガリア，〈その他〉フィンランド，ユーゴスラヴィア，スイス，オーストリア，スウェーデン，バチカン，アイルランド，スペイン，キプロス，リヒテンシュタイン，マルタ，サンマリノ，モナコ。p. x の地図 2，地図 3 も参照。

2 *AAPD 1973*, Dok. 221, Runderlaß Vortragenden Legationsrats I. Klasse Dohms, 10.8.1973.

3 TNA. FCO 41/1317, Helsinki tel no. 735 to FCO, 6.7.1973.

4 *DBPO, III, II*, Doc. 42, Mr. Elliott (Helsinki) to Sir A. Douglas-Home, 16.7.1973.

5 CSCE 第二段階についての詳細な議論については，Ferraris, *Report on a Negotiation*, pp. 9-40; Maresca, *To Helsinki*, pp. 48-195; 齋藤『冷戦変容とイギリス外交』，182-94 頁。

6 吉川『ヨーロッパ安全保障協力会議』，50-51 頁。

7 MAE, Série Europe 1971 - juin 1976, 2926, Paris tel circulaire 388, 30.6.1973.

8 *DBPO, III, II*, Doc. 57, Mr Elliott (Geneva) to Sir A. Douglas-Home, 15.12.1973.

9 *DBPO, III, II*, Doc. 54, Mr. Hildyard (UKMIS Geneva) to Sir A. Douglas-Home, 17.11.1973.

10 信頼醸成措置において対象となる軍隊の規模はより大きなものに，事前通告の日数はより短く，そして適応される距離は短くされた。Dyson, "The Conference on Security and Cooperation in Europe, pp. 97-98; *DBPO, III, II*, Doc. 136, Mr. Hildyard (UKMIS Geneva) to Mr. Callaghan, 25.7.1975; *FRUS 1969-1976, vol. XXXIX, European Security*, Doc. 284, Memorandum of Conversation [between Kissinger and Gromyko], 19.5.1975.

11 くわしくは，Spohr-Readman, "National Interests and the Power of 'Language'"; Gottfried Niedhart, "Peaceful Change of Frontiers as a Crucial Element in the West German Strategy of Transformation", in Bange and Niedhart (eds.), *Helsinki 1975*.

12 Maresca, *To Helsinki*, p. 176.

13 N. Scott, "La diplomatie économique multilatérale Est-Ouest: La Conference sur la Sécurité et la Coopération en Europe et la Commission économique pour l'Europe des Nationas Unies," *Relations internationales*, 40 (1984).

14 *DBPO, III, II*, Doc. 36, Minute from Mr. J. K. Gordon to Mr. M. J. E. Fretwell, 24.5.1973.

15 東側諸国は CAP を農産物に関する東西貿易を妨げる差別的政策であると非難していた。

16 Dyson, "The Conference on Security and Cooperation in Europe", p. 98.

17 「パートナー間の平等と相互の満足を基盤とし，そして全体として，比較できる規模での利点と義務の平等な配分を可能とする互恵主義の原則を基盤として」といった文言がヘルシンキ最終議定書の第二バスケットの前文に盛り込まれることとなった。Maresca, *To Helsinki*, p. 239; *DBPO, III, II*, Doc. 135, Letter from Dr. Fielder (UKMIS Geneva) to Mr. T. Alexander, 21.7.1975.

18 Philip Hanson, "Economic aspects of Helsinki", *International Affairs*, 4/61 (1985); Juhana Aunesluoma, "Finlandisation in Reverse: The CSCE and the Rise and Fall of Economic Détente, 1968-1975", in Bange and Niedhart (eds.), *Helsinki 1975*, p. 105.

19 Pijpers, "European Political Cooperation", p. 142.

20 *DBPO, III, II*, Doc. 94, Mr. Elliott (Helsinki) to Mr. Callaghan, 29.7.1974.

21 Maresca, *To Helsinki*, p. 142; *DBPO, III, II*, Doc. 115, p. 388, fn. 3.

22 *DBPO, III, II*, Doc. 123, Mr. Hildyard (UKMIS Geneva) to Mr. Burns, 30.5.1975; Acimovic, *Problems of Security*, p. 133.

23 Nuenlist, “Expanding the East-West Dialog beyond the Bloc Division”, p. 215.

24 Möckli, “The EC Nine, the CSCE”, pp. 158-59.

結 論　多国間デタントと冷戦

1 Bozo, “Detente versus Alliance”; Helga Haftendorn, “The Adaptation of the NATO Alliance to a Period of Détente: The 1967 Harmel Report”, in Loth (ed.), *Crises and Compromises*; Wenger, “Crisis and Opportunity”; Ellison, “Defeating the General”.

2 念のため繰り返すが，NATO 諸国が二国間でソ連・東欧諸国と会談を行った際に，安保会議の構想に前向きな姿勢を示すことは 1960 年代よりあった。しかしNATO として安保会議にコミットすることはなかったのである。

3 ブラント政権は，東方政策の成功のために，ソ連が提唱する安保会議構想を利用しようとした。しかしながら，西ドイツは東側諸国との二国間での交渉がまとまるまで，NATO が多国間交渉に関与する姿勢を示すことには反対であった。

4 *DBPO, III, II*, Doc. 12, Brimelow to Wiggin, 14.8.1972.

5 TNA. PREM 15/1362, Record of Discussions with Dr. Kissinger at Washington, 28.7.1972.

6 Dyson, “The Conference on Security and Cooperation in Europe”, p. 86.

7 Wenger and Suri, “At the Crossroads of Diplomatic and Social History”, p. 29.

8 対象国を中欧諸国に限った MBFR と異なり，CFE は NATO とワルシャワ条約機構の全加盟国がかかわる軍縮交渉として進められた。

9 Haftendorn, “The Link between CSCE and MBFR”, p. 254.

10 ただし，このことは筆者が国際政治全般において信頼醸成措置が無意味であると主張するものではない。

11 Thomas, *The Helsinki Effect*, p. 94.

12 Maresca, *To Helsinki*, p. xii.

13 たしかにこの時点で，冷戦の経済的対立の象徴であったココム（対共産圏輸出統制委員会）が解体されたわけではない。だが，東側陣営との貿易や借款の供与といった点での心理的障害はヨーロッパにおいて消えつつあった。1981 年にポーランドが戒厳令を敷いたとき，アメリカは経済制裁を行ったが，西欧諸国はそれに同調することはなかったのである。Helene Sjursen, *The United States, Western Europe and the Polish Crisis: International Relations in the Second Cold War*, Palgrave, 2003, p. 72.

14 Loth, *Overcoming the Cold War*, pp. 145-47. また，Marie-Pierre Rey, “Le retour à l'Europe? Les décideurs soviétiques face à l'intégration oust-européenne, 1957-1991”, *Journal of European Integration History*, 11/1 (2005), pp. 19-20 も参照。

15 William V. Wallace and Roger A. Clarke, *Comecon, Trade and the West*, F. Pinter, 1986, pp. 162-63.

16 Reynolds, *One World Divisible*, p. 551.

17 Tony Judt, *Postwar: A History of Europe Since 1945*, Pimlico, 2005, pp. 581-82; Ouimet, *The Rise and Fall of the Brezhnev Doctrine*, pp. 80-82. ただし，東西貿易は直線的に増え続けたわけではない。東側陣営の工業製品が西側市場において競争力のないことにくわえて，西側の景気後退，そして1980年代初頭のポーランド危機という政治的要因のために，80年代に入ると東西貿易の伸び率は劇的に低下する。Aunesluoma, "Finalndisation in Reverse", p. 100.

18 Judt, *Postwar*, pp. 566-84.

19 Thomas, *The Helsinki Effect*.

20 Ouimet, *The Rise and Fall of the Brezhnev Doctrine*, p. 202; Loth, "Moscow, Prague and Warsaw"; Vojtech Mastny, "The Soviet Non-Invasion of Poland in 1980-1981 and the End of the Cold War", *Europe-Asia Studies*, 51/2 (1999).

21 Vladislav M. Zubok "Why Did the Cold War End in 1989? Explanations of 'The Turn'", in Odd Arne Westad (ed.), *Reviewing the Cold War: Approaches, Interpretations, Theory*, Frank Cass, 2000.

22 ミハイル・ゴルバチョフ『ゴルバチョフ回想録』(下巻)，工藤精一郎・鈴木康雄訳，新潮社，1996年，83-84頁。

23 Reynolds, *One World Divisible*, p. 551.

24 Hans-Hermann Hertle, "Germany in the Last Decade of the Cold War", in Olav Njølstad (ed.), *The Last Decade of the Cold War: From Conflict Escalation to Conflict Transformation*, Frank Cass, 2004, p. 273; Garton Ash, *In Europe's Name*, pp. 370-71.

25 Geir Lundestad, "The European Role at the Beginning and Particularly the End of the Cold War", in *The Last Decade of the Cold War*, pp. 74-75. また，Vojtech Mastny, "Did Gorbachev Liberate Eastern Europe?" in *The Last Decade of the Cold War*も参照。

26 米ソ冷戦の終焉に関しては非常に多くの研究が蓄積されているが，コンパクトにまとまったものとして，Jeremi Suri, "Explaining the End of the Cold War: A New Historical Consensus?" *Journal of Cold War Studies*, 4/4 (2002).

27 Zubok, "Why Did the Cold War End in 1989?".

28 1990年にジスカール・デスタンは，チェコスロヴァキアの反体制活動家の中心人物のひとりであったイアン・ウルバンに，ヘルシンキ最終議定書は意味があったかどうかを尋ねた。ウルバンはこう叫んだという。「もちろんですよ。私たちにとって決定的だった。あれがすべての始まりだったのです！」ヴァレリー・ジスカールデスタン『エリゼ宮の決断――続フランス大統領回想録』池村俊郎訳，読売新聞社，1993年，149-50頁。

あとがき

1 ラドロウ先生の近著，N. Piers Ludlow, *The European Community and the Crises of the 1960s: Negotiating the Gaullist Challenge*, Routledge, 2006 についてわたしが書いたつぎの書評を参照されたい。山本健「N・ピアーズ・ラドロウ著『ヨーロッパ共同

体と1960年代危機：ド・ゴールの挑戦を巡る交渉』」*NUCB Journal of Economics and Information Science*, 53/2 (2009).